普通高等教育"十一五"规划教材（高职高专教育）

PUTONG
GAODENG JIAOYU
SHIYIWU
GUIHUA JIAOCAI

建筑统计

主编　张加瑄
编写　王　君　朱　颖　王龙志
主审　周晓静

微信扫码查看本书

扫码关注加入读者圈
获取课件、行业最新
发展咨询等资源

中国电力出版社
CHINA ELECTRIC POWER PRESS

内 容 提 要

本书为普通高等教育"十一五"规划教材（高职高专教育）。全书分上、下两篇，上篇为统计学基础知识，共四章，内容包括综合指标、动态分析、统计指数与指数因素分析等；下篇是建筑企业统计，共十一章，主要讲解建筑企业施工生产统计、建筑企业劳动工资统计、建筑企业机械设备统计、建筑企业原材料及能源统计、建筑企业质量统计、附营业务活动统计、财务经营成果统计、建筑业行业统计及统计分析等内容。

全书理论联系实际，贴近建筑企业经营和管理实际，案例丰富，数据资料充足，具有很强的实践性。书中叙述深入浅出，通俗易懂，可读性强。

本书主要作为高职高专建筑工程管理、工程造价专业教材，也可供建筑企业员工培训使用。

图书在版编目（CIP）数据

建筑统计/张加瑄主编. —北京：中国电力出版社， 2009.7
（2021.2重印）

普通高等教育"十一五"规划教材. 高职高专教育
ISBN 978 - 7 - 5083 - 8951 - 6

Ⅰ. 建… Ⅱ. 张… Ⅲ. 建筑企业-工业统计-高等学校：技术学校-教材 Ⅳ. F407.924

中国版本图书馆 CIP 数据核字（2009）第 096188 号

中国电力出版社出版、发行

（北京市东城区北京站西街 19 号 100005 http://www.cepp.sgcc.com.cn）
北京传奇佳彩数码印刷有限公司印刷
各地新华书店经售

*

2009 年 7 月第一版 2021 年 2 月北京第七次印刷
787 毫米×1092 毫米 16 开本 20 印张 489 千字
定价 **60.00** 元

前　言

为贯彻落实教育部《关于进一步加强高等学校本科教学工作的若干意见》和《教育部关于以就业为导向深化高等职业教育改革的若干意见》的精神，加强教材建设，确保教材质量，中国电力教育协会组织制订了普通高等教育"十一五"教材规划。该规划强调适应不同层次、不同类型院校，满足学科发展和人才培养的需求，坚持专业基础课教材与教学急需的专业教材并重、新编与修订相结合。本书为新编教材。

建筑统计是建筑工程管理、工程造价专业的专业课程，本书是根据高等教育（高职高专教育）院校《建筑统计》教学大纲，并在学科专业指导委员会的指导下，为高职院校建筑工程管理、工程造价专业编写的。

近年来，随着高等职业教育的迅速发展，越来越多的学生选择了职业教育。高职教育立足培养既有一定的理论知识，又有一定实践经验的高技能人才，这就给我们从事高职教育的教师带来了新的任务。以往的高等院校教材比较注重理论，实践内容涉及得少，已不能满足现代职业教育的需求。在这种形势下，我们组织了从事职业教育的教师及在建筑企业一线工作的工程技术人员，共同编写了这本教材。希望这本教材的出版，能为建筑业培养既有理论基础又有实践技能的专业人才，为建筑企业职工学习统计知识，在实践中发展建筑统计学科，作出一份贡献。

本书贯彻了理论联系实际的原则。在编写过程中，尽可能使教材内容符合实际需要，在文字上力求做到深入浅出、通俗易懂，并结合高职教育的特点，在每章内容后面都附有思考题和练习题，有助于学生复习和掌握。本书共分上、下两篇，上篇为统计学基础知识，共四章，为学习专业统计打下基础；下篇是建筑企业统计，共十一章，主要讲解建筑企业施工生产统计，劳动工资统计，质量统计，材料、能源统计，机械设备统计，财务经营成果统计，附营业务活动统计，建筑业行业统计及统计分析等内容。

为了使本书满足培养应用型人才的需用，除了组织高职院校的教师编写以外，还聘请了许多建筑企业从事统计工作的专家参与编写。具体分工为：第一章、第二章、第三章、第四章由山东城市建设职业学院王君老师编写；第五章、第六章、第八章、第九章、第十一章、第十三章由山东城市建设职业学院张加瑄老师编写；第十章由张加瑄、王君老师共同编写；第十二章、第十四章、第十五章由山东城市建设职业学院朱颖老师编写；第七章由中国建筑总公司第八工程局高级工程师王龙志编写。本教材由张加瑄任主编，北京建筑工程学院周晓静教授主审。

建筑企业统计理论来源于实践，又将在实践中得到更好的发展。建筑统计是为建筑企业经营和管理提供信息服务的，是为企业决策者提供统计依据的。不论是作为高职院校的教材使用，还是建筑企业进行职工培训，我们都希望这本教材能发挥它应有的作用。在编写的过程中，参考了众多专家学者的著作，均在参考文献中一一列出，在此向为本书引用的参考文献的作者致以谢意。

由于作者水平有限，书中难免有疏漏及错误之处，敬请广大读者和专家提出宝贵意见，我们将不断改进和提高。

张加瑄

山东城市建设职业学院

2009.2

目　录

上篇 统计学基础知识

第一章 概 论

第一节 统计的产生与发展

一、统计的三种含义

统计，原本是统而计之、合而计之的意思，后来延伸为以数字表述事实。现代生活中的统计一词又延伸为三种含义：统计工作（统计活动）、统计资料、统计学。

统计工作：即统计实践，是指统计的业务活动。指利用科学的方法，搜集、整理、分析和提供有关社会现象数字资料工作的总称。

统计资料：即统计工作的成果。是统计工作者所搜集、整理、编制的各种数据资料的总称。

统计学：即指导统计工作的理论和方法的科学。是研究如何收集、整理、分析和解释涉及社会、经济、管理问题的数据，并对研究对象进行统计推断的一门科学。

"统计"的三种含义具有密切的联系：统计工作是人们的统计实践，是主观反映客观的认识过程；统计资料是统计工作的结果。统计工作与统计资料是过程与成果的关系。统计学是统计工作经验的总结和概括；反之，统计学所阐述的理论和方法又是指导统计工作的原则和方法。统计工作与统计学是实践与理论的关系。

二、统计的产生与发展

（一）统计和统计学

原始社会末期，在奴隶社会的形成过程中，当时的统治者为了征兵、收税，需要了解人口、土地、粮食、牲畜等方面的情况，开始有了计量活动，这是统计的萌芽。清朝以前，统计意为汇总、总计、计算。现代统计是由西方经日本传入中国的。西方统计由十八世纪德国"国势学派"发展到十九世纪的"政治算术学派"（威廉·配第），由英国人将其名称译成英语 Statistics（统计学），就是我们今天所学的统计。

统计是人们正确运用统计理论和统计方法采集数据、整理数据、分析数据和由数据得出结论的实际操作过程，是人们从数据上对客观世界的一种认识活动和结果。因此，统计活动的中心问题就是要获取数据与得出结论进而向人们提供服务。在日常生活中，人们离不开统计数据。比如，学生考试要统计总成绩、平均成绩、及格率、优良率等；企业管理者要统计生产成本、利润、税金等数字；政府或研究部门要公布国内生产总值、物价指数、证券股票指数等。这些数字就是统计数据。统计就是一门研究数据的技术。

统计学是一门阐明如何去采集、整理、显示、描述、分析数据，由数据得出结论的一系列概念、原理、原则、方法和技术的科学，是一门独立的、实用性很强的通用方法论科学。它根据自己的研究对象（数据），科学系统地阐述统计的理论、方法和应用。它是人类几千年长期统计实践活动的经验总结与理论概括，它源于实践、升华实践、指导实践，从而使统计实践活动更科学、严谨、标准和规范。统计学可分为理论研究、方法研究和应用研究三个层次。

（二）各种统计学派简介

在统计学作为一门科学逐渐形成的过程当中，由于历史和社会的原因，形成了很多学派。

1. 古典统计学

一般地说，古典统计学的产生与发展，按时间顺序先有德国的国势学派，后有英国的政治算术学派，最后汇合成为古典统计学。

国势学派也称为记述学派，是伴随德意志的兴盛而产生的。代表人物是康令（H. Conring，1606～1681 年）和阿亨瓦尔（G. Achenwall，1719～1772 年）。国势学以叙述国家显著事项和国家政策关系为内容，并给出了统计学这一名词。但国势学主要用文字表述，缺乏数字内容，和现在统计学比较起来，有一些实不副名，即没有太多的实际内容符合统计学的名称。

政治算术学派产生于 17 世纪的英国，代表人物是威廉·配第（W. Petty，1623～1687 年）和约翰·格朗特（John Graunt，1620～1674 年）。威廉·配第著有《政治算术》一书，在书中他用数字来表述，用数字、重量和尺度来计量，并配以直观的图标，为现代统计学提供了一个完美的开端。约翰·格朗特对英国伦敦人口的出生率和死亡率分别进行统计，并编制出世界上第一张"死亡率"统计表。他们的工作和使用方法，在现代统计学中也是重要的，但遗憾的是，他们没有使用"统计学"一词，后人戏称"名不副实"，即没有用适当的名称称呼其实际的统计工作内容。

这两个学派同时开始于 17 世纪中叶，直到 19 世纪末，从不同的国度、地域做了统计学的奠基工作。从统计学的内容上看，描述统计学的基本内容和方法已经给出，从时间上划分，这两个半世纪的统计学研究，又可称为"古典统计学"。并且随着微积分的完善、概率论的发展，为统计学注入新的内容，共同为推断统计学的形成打下了基础。

2. 近代统计学

近代统计学的产生以把概率论收入统计学为标志。18 世纪和 19 世纪，用概率论研究法律、政治和经济等社会问题的人日益增多，逐渐形成数理统计学派，其中贡献最大的是法国数学家拉普拉斯（Pierre Simon Laplace，1749～1827 年）和比利时统计学家凯特勒（Adolphe Quelelet，1796～1874 年）。拉普拉斯的主要贡献是他所著的《概率论分析》，其中阐述了几何概率论、伯努利定理、最小二乘法，并导入"拉普拉斯变换"。凯特勒最先提出用数学中的大数定律，即用平均数定律来作为分析社会经济现象的一种工具。

其后，经过多方面的研究，特别是数理统计学吸收了其他学科研究中的有益成果，有统计学家葛登（F. Galton，1822～1911 年）、皮尔逊（K. Pearson，1857～1936 年）、戈塞特（W. S. Gosset，1876～1937 年）、费歇尔（R. A. Fisher，1890～1962 年）和奈曼（J. Neyman）等，相继提出并发展了回归和相关、X^2 分布、t 分布、F 分布和假设检验等理论，数理统计学的框架已完成。值得一提的是戈塞特和瓦尔德（A. Wald，1902～1951 年），1907 年英国统计学家戈塞特以"学生"的笔名，发表其研究成果，即小样本的 t 统计量，使统计学进入推断统计的新阶段，而 20 世纪 40 年代，瓦尔德将统计估计、假设检验及其他推断方法纳入到统一的统计判断理论模式下，使统计学的方法论体系日趋完善，统计学也逐渐发展成为一门完整的学科。

3. 现代统计学

一般认为 1950 年以后，开始了现代统计学。从 20 世纪 50 年代以后，统计理论、方法和应用进入了一个全面发展的新阶段。一方面，统计学受计算机科学、信息论、混沌理论等现代科学技术的影响，新的研究领域层出不穷，例如多元统计分析、现代时间序列分析、贝叶斯统计、非参数统计、线性统计模型等。另一方面，统计方法的应用领域不断扩展，几乎所有科学研究都离不开统计方法。因为不论是自然科学、工程技术、农学、医学、军事科学还是社会科学都离不开数据，而要对数据进行研究和分析就必然要用到统计方法。可以说，统计方法和数学、哲学一样已经成为所有学科的基础。

（三）统计学的发展趋势

随着统计应用范围的扩大和要求的提高，对自然界和社会各种纷繁复杂现象的数量表现和数量关系，都要求有比较完备的理论和方法去进行研究，从而使统计学得到不断充实和完善。统计学是处理信息与数据的科学，计算机对信息与数据的高效传输、加工处理以及辅助决策能力，增加了统计在帮助人们认识和改造世界中的作用，有利于统计信息、咨询、监督职能的充分发展，成为统计生命力的重要组成部分。由于统计理论与方法日趋复杂，使得其计算更加复杂、困难，因此，统计理论的发展和计算机的发展是相互促进的。当统计学家提出一种新的统计决策方法，计算机科学家就会相应推出更新、更有效地实现这些方法的软件；反过来随着计算机功能的逐渐增强，也激励和促使统计学家研究探索更加精确的统计分析决策方法。同时，统计学在计算机的许多领域，如机器学习、人工智能神经网络和识别等领域中扮演了举足轻重的角色。

总之，统计学随着统计认识的不断发展而向广度、深度和精密度三方面深入，计算机对统计学发展的影响也日益增大。随着计算机的发展和应用以及各学科之间的相互交叉渗透，统计应用的领域将会更加广阔，统计学将会有更大的发展。

第二节 统计学中的重要概念

统计学中的概念很多，其中有几个是经常用到的重要概念，有必要作单独的介绍。这些概念包括：统计总体和总体单位、标志和标志表现、指标和指标体系。

一、统计总体和总体单位

（一）统计总体和总体单位的概念

统计学将构成研究对象全部元素的集合称为统计总体，简称总体。而将组成总体的每个元素称为总体单位，简称单位。下面通过几个例子说明它的含义。

例如，商家从生产厂家购进一批日光灯管，要检验这批日光灯管是否合格，这批日光灯管就是总体；每个日光灯管就是总体单位。

又如，为研究全国国有建筑企业发展状况，就以全国国有建筑企业作为一个总体；而每个国有建筑企业就是组成总体的总体单位。

统计总体是客观存在的、在相同性质的基础上结合起来的许多个别事物的整体。而总体单位是各项统计资料的承担者，要了解总体的数量特征，就必须从总体单位一个个登记开始。随着研究目的的不同，总体单位可以是人、物，也可以是企业、机构、地域，甚至可以是状况、长度、时间等。例如要研究全市建筑业总产值，那么全市的建筑企业是总体，每一个建筑企业是总体单位；如果要研究某建筑企业机械设备的新旧程度，那么该建筑企业的机械设备是总体，每一台机械设备是总体单位。

（二）统计总体的特征

一个统计总体需要同时具备以下三个特征。

1. 大量性

大量性即构成总体的总体单位数目要足够多。因为统计研究的是大量客观现象的数量方面，是反映大量客观现象的数量特征的。只有从大量客观现象之间的关联中才能看出客观现象发展的规律性。大量性并不意味着对全部总体单位都进行调查，可以是全面调查，也可以是非全面调查。但是，非全面调查中被调查的总体单位必须多到足以能够显示该总体的真实特征。所以，大量性是形成统计总体的充分条件。

2. 同质性

构成总体的各个单位，必须在某些点上是同性质的，即总体单位都必须具有某些共同的品质标志属性或数量标志数值。这是构成总体的前提。只有同性质的总体才能说明总体的综合数量特征。所以同性质是构成统计总体的前提条件。例如在某市建筑企业这一总体中，每一个企业都必须具有"建筑业"这一共同性质，凡是不具备这一共同性质的都不能进入这一总体。

3. 变异性

构成同一统计总体的各个单位，在某些方面是性质相同的，但在其他方面必定有差异，即总体单位必须具有一个或若干个可变的品质标志或数量标志。由此可见，差异性是形成统计总体的必要条件。如在全市建筑企业这一总体中，每一个建筑企业在建筑业总产值、职工人数、工程质量优良品率、利润总额等方面都有差异，这种差异是普遍存在的，所以才对大量的具体单位进行调查和统计。如果总体中每一个具体单位在所有方面表现共同性，就无需对每一个具体单位进行统计了。

二、标志与标志表现

（一）标志

标志是说明总体单位属性或特征的名称。这些属性或特征是统计总体各单位所共同具有的。例如，若把每个同学作为总体单位，那么，每个同学都有性别、年龄、民族、身高、体重等特征；若把每个建筑企业作为总体单位，那么每个建筑企业都有所有制形式、职工人数、工资水平、建筑业总产值、成本、利润等特征。这些特征叫做标志。它是统计调查中的调查项目，即统计调查中所要采集的资料。

标志按其特征的性质不同，可以分为品质标志和数量标志。品质标志是表明总体单位属性的特征，如前例每个同学的性别、民族，每个建筑企业的所有制形式等。数量标志是表明总体单位数量方面特征的名称，用数值表示，如建筑企业的工资水平、建筑业总产值、成本、利润等。

（二）标志表现

标志的具体表现是指在所属的标志名称之后所列示的属性或数值，它是某一共同品质属性或数量特征在总体各单位上的具体体现。标志的具体表现，可以表明总体各单位之间在某个特征上的差别。品质标志的具体表现是用文字来说明的。如"性别"这一标志有男、女之分。"企业的所有制形式"这一标志表现为公有制企业、非公有制企业等。数量标志的具体表现是通过数字来说明的，如"年龄"这一标志有 20 岁、19 岁、18 岁等之分；"工资水平"这一标志有 400 元、500 元、550 元等之分。数量标志的具体表现称为标志值。

总体单位是标志的承担者。标志名称是统计所要调查的项目，标志表现是统计调查的结果，例如"年龄"是标志名称，"19 岁"是标志表现；"性别"是标志名称，"男"是标志表现。

三、指标和指标体系

根据一定的统计方法对总体各单位的标志表现进行登记、核算、汇总、综合，就形成能说明总体某一数量特征的指标。指标这一概念，有两种理解：一是说明总体特征的名称，一是说明总体特征的名称和数值。例如，建筑业总产值或建筑业总产值 2 亿元，都可以理解为一个指标。若将指标仅理解为名称，指标的具体数值就相当于指标的具体表现。

指标按其说明总体特征内容的不同，分为数量指标和质量指标。数量指标是说明总体外延量大小的指标，如人口总数、土地面积、钢产量等。质量指标是说明总体内涵量的指标，如人口出生率、劳动生产率、人均国民生产总值等。指标按其作用功能不同，分为描述指标和分析指标。客观反映总体数量特征的指标称为描述指标，对描述指标加以提炼、综合、重组，用以评价、判别、分析总体数量规律的指标，称为分析指标。

一个指标说明总体某一方面的特征，多个指标才能全面说明总体的特征。全面说明总体特征或说明总体全面特征的多个相互联系的指标组成一个指标群，这个指标群称为指标体系。例如，一个工业企业是人力、物质、资金、生产、供应、销售相互联系的整体运作，以一个群指标说明和分析企业的全面情况，就形成工业企业统计指标体系。又如工业产品产量可以选用实物产量、定额工时产量、价值产量（总产值、净产值、增加值）指标加以统计描述，这就可以称为产量统计指标体系。而产值＝产量×价格，销售额＝价格×销量等，也可以称为指标体系。

四、统计指标和标志的区别与联系

两者的区别表现为：第一，指标是说明总体特征的，而标志则是说明总体单位特征的；第二，标志有用文字表示的品质标志与用数值表示的数量标志两种，而指标都是用数值表示的，没有不能用数值表示的统计指标。

两者的联系是：第一，有许多统计指标的数值是从总体单位的数量标志值汇总而来的，如某市建筑企业职工总数是由其所属的各建筑企业职工人数汇总而来，某市建筑企业总产值是从所属各建筑企业总产值汇总而来的；第二，指标和数量标志之间存在着一定的转换关系。随着统计研究目的的不同，原来的统计总体若变成了总体单位，则其相应的统计指标也变成了数量标志，反之也是如此，如研究某市所属各建筑集团公司的生产经营状况，由公司所属的各建筑企业汇总而来的建筑业增加值是总体单位的数量标志，全市各集团公司建筑业增加值就是统计指标；反之若以研究某集团公司建筑生产经营情况为目的，则该公司所属各企业汇总而来的建筑业增加值是统计指标。

第三节 统 计 工 作 过 程

一、统计工作的职能

1. 信息职能

统计是一种认识活动，统计信息是一种重要的社会经济资源。统计信息是统计数据加工的结果，它可以用文字、数字、字符、图形等形式表示。根据统计工作所得信息对客观现象的特征、性质、形态、结构、生成、发展、变化等进行分析，可以帮助人们解读客观事物的本质。因此，统计信息职能就是指统计工作者根据统计方法制度，系统地搜集、整理、分析、存储和传递以数量描述为特征的社会经济信息。

2. 咨询职能

统计咨询职能是统计工作者利用已经掌握的系统的统计信息，再进行深入的综合分析和专题研究，为社会提供咨询建议和对策方案。

3. 监督职能

统计监督职能是指通过统计调查和统计分析，及时、准确地从整体上反映经济、社会和科技的运行状态，并对其实行全面、系统的定量检查、检测和预警，以促进国民经济按照客观规律的要求持续、稳定、健康的发展。

二、统计工作的环节

一项完整的统计工作过程由统计设计、统计调查、统计整理和统计分析四个环节组成。

统计设计就是对统计工作的各个方面和各个环节进行通盘的考虑和安排。统计设计的结果形成设计方案，如指标体系、分类目录和调查方案等。它是统计工作的先行环节。

统计调查就是按照调查方案，有计划、有步骤地搜集原始资料和相关资料。它是统计工作的基础环节。

统计整理就是对调查得到的资料加以综合、汇总和改制，使之条理化、系统化，为进一步的分析提供便利。它是统计工作的中间环节。

统计分析就是对整理后的资料，运用一定的方法，进行对比、分析、引申判断等，以揭示研究对象的数量特征，提出决策或管理的建议。它是统计工作的决定性环节。

三、统计设计

（一）统计设计的意义

统计设计是统计工作的第一个工作阶段，是根据统计研究对象的特点和研究目的的需要，对统计工作的各个方面作出的通盘考虑和安排。所谓各个方面，是指研究对象的各个组成方面。例如，建筑企业统计包括人力、物资供应、资金、生产经济效益等各方面的调查与分析。所谓全部过程，是指统计工作的各个环节或阶段。例如，指标体系的建立，统计资料的采集、整理和分析，统计资料的发布、保管等。统计设计的结果表现为各种设计方案，如统计指标体系、分类目录、统计报表制度、调查方案、整理方案等。

统计设计对整个统计工作，起着两方面的作用：

一是它是统计工作由定性认识向定量认识的过渡。统计工作从对研究对象总体的定性认识出发，经过设计环节对总体进行全面考虑，制订活动方案，为取得资料并开展定量分析作出计划安排。

二是它对统计工作起通盘安排的作用。在设计过程中，根据研究的需要与可能，对各种不同的局部设计或总体设计进行评价、比较，最终拟就一套科学、合理的方案。以这一方案指导并制约统计工作全过程，就能协调平行作业活动，衔接工序作业活动，减少或避免重复和遗漏，使整个统计工作井然有序地顺利进行。

（二）统计设计的内容

统计设计的内容按设计种类的不同而有所不同，但一般内容是相似的，主要内容如下：

1. 统计指标和指标体系的设计

这是统计设计的主要内容，也是首先要解决的问题。研究任何统计对象，都要确定了解哪些方面的数量状况，即用什么统计指标来反映它。例如反映一个建筑企业的生产经营活动，就有许多方面，如果扩大一些还可以包含其中的政治思想状况、健康状况等方面。这就需要根据建筑企业性质、特点和管理的要求去设计一套统计指标，例如房屋建筑面积、机械设备台数、实物工程量、建筑业总产值、增加值、职工人数、劳动生产率、利润总额等。

2. 统计分类和统计分组的设计

统计分类和统计分组指的是统计总体本身的分类和分组。例如，职工按文化程度分组、企业按经济类型分类、工人按工种分类等。统计分类是一件很重要也很复杂的工作，这就需要统计人员具有极高的理论素养和丰富的实践经验。

3. 统计资料搜集方法的设计

搜集统计资料的方法是多种多样的。搜集所有总体单位的原始资料，然后加以整理和计算；搜集部分总体单位的统计资料，再推算总体数值等。具体使用哪种方法要根据统计对象的特点、性质以及统计研究的任务和对资料要求的精度来确定。

4. 统计力量的组织和安排设计

主要是指专业统计机构的组织和统计力量的安排，各项工作如何分工，各安排多少人，及其各自的职责等，以此保证统计工作顺利进行。

四、统计调查

（一）统计调查的概念和意义

统计调查，就是按照预定的目的和科学的方法，向研究对象总体的所有或部分单位征询、登记标志的具体表现，搜集大量原始资料的工作过程。

所谓原始资料，也称初级资料、第一手资料，是指直接向总体单位搜集的，尚待汇总整理，需要由个体过渡到总体的统计资料。深入的统计研究，还需要搜集大量的次级资料。所谓次级资料，也称间接资料、第二手资料，是指经过加工整理，由个体过渡到总体，能够在一定程度上说明总体数量特征的统计资料，一切次级资料都是由原始资料加工整理而来。所以，统计调查的基本任务，主要是搜集统计研究所需要的原始资料。

统计调查是认识客观事物的起点，人们要认识客观现象，就得深入实际调查，取得真实的原始资料，经过加工整理后，使之准确反映事物的各种特征，从而达到认识社会的目的。统计调查是统计整理和统计分析的基础，是保证统计工作质量的基本环节。因此，统计调查的资料必须准确、全面、及时，不能有丝毫疏忽。

（二）统计调查的种类和方法

根据统计调查的基本组织形式将其分为两类：一类是专门调查，即为了研究某项专门问题而组织的调查，包括普查、重点调查、典型调查、抽样调查；另一类是统计报表制度。

1. 普查

普查是为某一特定目的而专门组织的一次性全面调查。普查主要是用来搜集那些不宜或不能用定期的统计报表搜集的资料。普查是我国重要的调查组织方式之一，是我国统计调查体系的基础，具有重要的作用，通过普查可以掌握关系到国情国力的重要数据，其目的是掌握特定社会经济现象的基本全貌，为国家制定有关政策或措施提供依据。例如，全国职工人数普查，全国工业普查、全国基本单位普查、全国人口普查等，这些都为国家制定重大方针政策、编制长远发展规划提供基础资料。

2. 重点调查

重点调查是在调查对象中选取重点单位进行调查，其目的是通过对重点单位的调查，以了解和掌握总体的基本情况，其特点是省时省力，能反映总体的基本情况，是一种非全面调查。所谓重点单位，是指在总体中举足轻重的那些单位。这些单位虽然在全部总体中只占较小的比重，但这些单位的标志值之和却占总体标志总量的绝大比重，因此对这些单位进行调查，就能反映总体标志总量的基本情况。例如，首钢、宝钢、鞍钢等几个钢铁企业，虽然在全国钢铁企业中只占少数，但它们的钢铁产量却占绝大比重。对这些重点企业进行调查，就可以比全面调查省时省力，也能反映全国钢铁生产的基本情况和基本趋势。

3. 典型调查

典型调查也是一种专门组织的非全面调查。它是在对被调查对象经过初步分析的基础上，有意识地从中选出若干具有代表性的单位进行调查研究，借以认识事物发展变化规律的一种调查方式。在进行典型调查时，需要确定典型单位的性质。典型单位在调查对象的所有单位中可以是最先进的，也可以是最落后的，还可以是中等的。究竟选择哪一类，这与调查目的有关。如果调查的目的是要了解调查对象的一般数量表现，可以选择中等的典型；如果调查目的是要总结成功的经验或失败的教训，可以选取先进的典型或者选取落后的典型。

4. 抽样调查

抽样调查是一种专门组织的非全面调查，它是按照随机原则从总体中抽取一部分单位进行观察，并且根据其观察结果，从数量上来推算总体数量的一种调查方式。抽样调查一般适用于对总体不可能或不必要进行全面调查，而又必须掌握全体总体指标数值的情况。例如，对工业产品质量的检查、职工家庭生活收支情况的调查等，不可能进行全面调查，但又必须取得全体总体指标数值，因而采用抽样调查的方式来获得满足研究目的所需要的统计资料。同时运用抽样调查资料还可以对全面调查的资料加以修正补充。例如，普查资料如果发生重复或遗漏现象，可通过抽样调查资料校核修正，以有效地提高普查资料的质量。

抽样调查与其他非全面调查比较，具有以下特点：

一是随机原则。抽样调查是按照随机原则或称同等机会的原则抽取样本。所抽取的单位（样本）完全是凭偶然的机会，在总体中每一个单位都有一个指定的概率被抽取且被抽取的机会是均等的，不受调查者主观意图的影响。因此能保证被抽中的单位在总体中的均匀分布，不致出现倾向性误差，代表性强。这是区别于典型调查和重点调查最根本的特点。

二是从数量上推算总体。其他的非全面调查，一般不用来推算总体，而抽样调查却正是通过部分调查单位的调查资料来推算总体。例如，抽查部分居民的收入以推算整个地区居民的全部收入。没有这种数量上的推算，抽样调查也就失去了意义。

5. 统计报表制度

统计报表制度是各级各类统计部门依照国家或上级主管部门规定的统一表式、统一指标、统一报送方式、统一报送时间，自下而上逐级定期提供统计资料的调查组织形式。它是我国搜集工业、农业、人民生活、固定资产投资、财政、城市概况等方面的基本资料的重要方法，对于科学地制定国家的发展计划，研究社会、经济发展规律等，具有非常重要的作用。

统计报表制度的内容包括：一是样式。样式是国家统计部门根据研究的任务与目的而专门设计的统计报表表格，用于搜集统计资料，它是统计报表制度的主体，表格中包括总标题、主词、宾词补充资料等。每张表列有表名、表号、审批单位、制表机关、文号、填报单位、单位负责人、统计负责人、填表人、报出人、报出日期等。二是填表说明。它是对统计报表的统计范围、指标等作出的规定。包括：填报范围，即统计报表的实施范围，它明确规定每种统计报表的报告单位和填报单位，各级统计部门与主管部门的综合范围等；指标解释，即对列入表式的统计指标的口径、计算方法、计算中应注意的问题，以及其他有关问题的具体说明；分类目录，即有关统计报表主栏中应进行填报的有关项目的分类，它是填报单位进行填报的重要依据等。

统计报表的类型多样，按报送范围不同可分为全面统计报表和非全面统计报表。全面统计报表要求调查对象中的每一个单位都填报，如中国公路水路交通行业发展统计公报，中国海洋经济统计公报等。非全面统计报表只要求调查对象中的一部分单位填报。我国大多数统计报表要求调查对象全部单位填报，具有统一性、全面性、周期性、可靠性等特点。目前，我国的统计报表是由国家统计报表、业务部门统计报表和地方统计报表组成，按日期又可分为月度、季度的定期统计报表和年度统计报表，报表中涉及国民经济各行业各部门。

五、统计整理

统计整理是统计工作的第三阶段。它是统计调查的继续，统计分析的前提。在整个统计工作过程中，它起着承上启下的作用，统计整理经过审核、分组、汇总等工作环节，得出整理的结果。统计整理的结果，往往以统计图表等形式来表述和呈现。

（一）统计整理的概念

统计整理是根据统计研究的目的，对统计调查所获得的原始资料（初级资料）进行科学的分类和汇总，或对已经加工过的资料（次级资料）进行再加工，为统计分析准备系统化、条理化的综合资料的工作过程。

作为一个相互独立的统计工作阶段来说，统计资料整理主要是指原始资料的整理。统计调查取得的总体单位的原始资料，只能说明各单位的具体情况。这种零星的、分散的、不系统的资料，也只能说明事物的表面现象。要说明总体情况反映事物的本质，还需要对这些资料进行整理，使之系统化、条理化。

（二）统计整理的程序

1. 统计资料的审核

在统计调查时，由于各种原因可能使统计资料产生差错。因此为了保证统计资料的质量，在统计整理前必须对统计资料进行全面的审核，以保证资料的准确性。

统计资料的审核主要围绕准确性、及时性、全面性、系统性四个方面进行。审核资料的准确性，就是检查所有总体单位的资料是否符合客观实际情况，有无差错；审核资料的及时性，就是检查所有报告单位的资料是否都按规定的时间上报；审核资料的全面性，就是检查所有报告单位的资料是否齐全，调查项目是否齐全；审核资料的系统性，就是检查有关指标是否反映事物的内在联系，有无互相矛盾的现象，统计资料在时间上是否前后联系。

2. 统计分组

统计分组是根据统计研究的任务和对象的特点，按照某种分组标志将统计总体分为若干组成部分。

（1）统计分组的作用。

一是划分客观现象的类型。在复杂的社会经济现象中，往往通过统计分组将总体划分为性质不同的类型，如将建筑企业按经济成分不同划分为公有经济、非公有经济两大类别，或国有经济、集体经济、私有经济、港澳台经济、外商经济五种类型等，以便分析各类建筑企业在建筑经济中的地位和作用。

二是反映客观现象的内部结构。总体由大量总体单位组成，在将其划分为不同类型的基础上，计算出各种类型在总体中所占的比重，用以反映总体的内部结构和发展变化。

三是分析客观现象间的依存关系。事物之间总是相互联系、相互依存的，一个现象的变化常会引起另一现象的变化。统计要研究这种依存关系，就必须运用统计分组的方法。例如劳动生产率的提高可以使成本降低等。

（2）统计分组的方法。

一是按品质标志和数量标志分组。品质标志分组，就是按现象的性质分组。即选择反映事物属性差异的品质标志为分组标志，并在品质标志的变异范围内划定各组界限，将总体划分为若干个性质不同的组成部分。例如，将企业职工按性别分为男、女两组；企业按经济类型划分为国有经济、集体经济、私营经济等。数量标志分组，就是按表现总体单位数量特征的标志进行分组。它在总体不同单位之间表现为数量上的差异，如职工按工龄分组，工业企业按产值计划完成程度分组。这种分组的结果形成变量数列，并可分为两种情况，一种是变量值的个数不多，变动范围不大，可作单项分组；另一种是变量值较多，变动范围较大，应作组距分组。

二是简单分组和复合分组。由于采用分组标志数的不同，统计分组可以分为简单分组和复合分组。简单分组是对总体只按一个标志分组，形成的各个组直接说明总体在某一方面的差别或分组情况。例如将全国的建筑企业按投资额多少分组。复合分组是用两个或两个以上标志重叠起来进行分组，这种分组在实际中应用也比较广泛，例如，将企业职工先按岗位分为工人、学徒、工程技术人员、管理人员、服务人员、其他人员等，其次再按性别分为男、女两组，见表1-1。

（3）分配数列。

在统计分组的基础上，将总体中所有单位按组归类整理，形成总体中各单位数在各组间的分布，叫做次数分布。分布在各组的个体单位数叫次数或频数。各组次数与总频数之比称为频率。将各组借以划分的标志表现依一定顺序，同时将各组频数相应列出，即构成次数分布数列（或频数分布数列），简称分配数列。

分配数列按选用的分组标志不同，可分为品质数列和变量数列两种。品质数列是按品质标志分组形成的分配数列。品质标志主要由两个基本要素构成，即各组的名称和各组的次数。例如，某学校建筑经济管理专业的学生按性别分组，可编制品质数列见表1-2。

表1-1　　　复 合 分 组 表

岗位分组	性别分组
工人	男 女
学徒	男 女
...	...

表1-2　某学校建筑经济管理专业学生分配数列

性别	人数（人）	比重（%）
男	863	68.6
女	395	31.4
合计	1258	100.0

变量数列是按照数量标志分组所形成的变量分配数列。变量数列也是由两个基本要素构成，即各组的变量值和各组的次数。某单位职工技术等级分组见表 1-3，各组变量值为"技术等级"，各组的次数即为"工人人数"。

在变量数列中，作为分组标准的那个数量标志，称为变量。变量有离散型和连续型两种。连续变量的数值是不间断的，相邻两值之间可作无限分割，即可取无限数值。例如，身高、体重、年龄等。连续变量年龄也可离散化，比如年龄采用足岁为单位时，即视为离散变量。离散变量的数值都是以整数位断开的。例如，人数、设备台数等。

变量数列有单项变量数列和组距变量数列之分。单项变量数列就是数列中每个组只用一个变量值表示的数列。例如，某车间工人工资情况见表 1-4，"工资级别"对应的只有一个变量值。

表 1-3　某单位职工技术等级分配数列

按技术等级分组（级）	工人人数（人）	比重（%）
2	7	6.5
3	25	23.4
4	40	37.4
5	25	23.4
6	10	9.3
合计	107	100.0

表 1-4　某车间工人工资情况分配数列

工资级别	工人人数（人）	比重（%）
2	25	25
3	20	20
4	25	25
5	15	15
6	15	15
合计	100	100.0

组距变量数列就是数列中的各个组由两个分组标志值所决定的一定区间表示的数列，简称组距数列。例如，某建筑企业工人日完成土方工程量统计资料见表 1-5，"日完成土方工程量"都以一定区间表示。

组距数列中界定一组变量值区间的两个数值，统称组限。其中，较大的数值为上限，较小的数值为下限，每组的区间叫组距，计算组距的通用公式为

表 1-5　某建筑企业工人日完成土方工程量分配数列

日完成土方工程量（m³）	工人人数（人）	比重（%）
2.0 以下	4	10
2.0～2.2	20	50
2.2～2.4	10	25
2.4 以上	6	15
合计	40	100.0

$$组距＝本组上限－前一组上限＝后组下限－本组下限 \tag{1-1}$$

当组限相连时，上一组上限即为本组下限，下一组下限即为本组上限。故各组上限与下限之间的中点数值称为组中值。组中值的一般计算方法是（本组下限＋下一组下限）÷2 或（本组上限＋上一组上限）÷2，且当组限相连时，即为该组（上限＋下限）÷2。它是假定各组变量值均匀变化时的一个代表值。在组距数列和单项数列中，最大值与最小值之差称为全距。

各组组距都相等的组距数列，称为等距数列。各组组距不完全相等的组距数列，称为异距数列。上下限齐全的组称为闭口组，上下限不全的组称为开口组。通常，开口组以其相邻组的组距作为该组组距。开口组的组中值计算公式为

$$\left.\begin{array}{l}最小开口组的组中值＝上限－相邻组的组距/2\\最大开口组的组中值＝下限＋相邻组的组距/2\end{array}\right\} \tag{1-2}$$

3. 统计汇总

调查资料经过分组之后就要进一步进行汇总工作。统计汇总是在科学分组的基础上，将各总体单位分别归组，计算各组及总体单位数，计算各组及总体的标志总量。通过统计汇总，能全面了解有关总体及其各组的数量特征。

统计资料的汇总方法，在我国的统计实践中，常用的有手工汇总和电子计算机汇总两种。手工汇总是指以算盘和小型计算器为工具通过手工操作而进行的汇总。常用的方法有划记法、过录法、折叠法、卡片法。采用电子计算机汇总，是统计汇总的新发展，主要的步骤有：对原始资料审查和编码；根据汇总整理的要求，选用适当的计算机语言编写程序；录入数据资料和程序；逻辑检查和运算；汇总结果制表打印。

4. 统计图表

(1) 统计表。

从广义上说，统计工作各个阶段所使用的一切表格都是统计表。但这里所指的统计表是狭义的，专指统计整理阶段用于表现统计汇总结果所使用的表格。将统计资料整理结果体现在统计表上有如下几个作用：能使统计资料条理化、系统化、使读者一目了然；便于比较分析，检查数字的完整性和准确性；便于积累资料。

从形式上看，统计表由总标题、横标题、纵标题和指标数值等要素构成。见表1-6。

表1-6　　　　　　　　　**某市建筑业产值统计表（总标题）**

（三级以上资质建筑业企业完成情况）

年份	三级以上资质建筑业总产值（亿元）	同比增长率（%）	建筑业增加值（亿元）	同比增长率（%）	实现利税（亿元）	同比增长率（%）
2004	22.36		5.96		0.96	
2005	25.6	14.49	6.8	14.09	1.23	28.13
2006	29.36	14.69	8.22	20.88	1.4	13.82

总标题，是统计表的名称，简明扼要地说明统计表的内容，置于统计表的上方。

横标题，通常称为统计表的主词，在统计表中通常用来表示总体各组或各单位的名称，说明统计研究的对象，一般写在表的左部。

纵标题，通常称为统计表的宾词，是纵栏的名称，用来说明统计指标的名称，置于表的右上端。

指标数值，列在各横标题和纵标题的交叉处，以表明横标题所呈现的指标数值是多少。与纵标题总称宾词。

(2) 统计图。

统计资料不仅可以用统计表来表示，而且还可以用统计图表示。根据统计资料所绘的图形，亦即用点、线、面、体或形象等来表现的统计资料，以反映社会现象数量特征的图形，称为统计图。利用图形表现统计资料的方法，叫做统计图示法。用图形表现统计资料的显著优点是，形象具体、简明生动、通俗易懂、一目了然。

统计图的种类主要有：条形图、圆形图、直方图、折线图、象形图等。

1) 条形图。

条形图是利用相同宽度的条形的高低或长短来表示统计指标数值大小的一种图形，用来对比的指标可以是绝对数或平均数。条形图主要用来表明各个指标之间的差异，或反映指标在时间上的变化。条形图的图形既可以是纵的，也可以是横的。纵条形图也叫柱形图，一般以横轴表示所分各组，以纵轴表示各组统计指标数值。横条形图也叫带形图，一般以纵轴表示所分各组，以横轴表示各组统计指标数值。

以表 1-6 为例，绘制柱形图如图 1-1 所示。

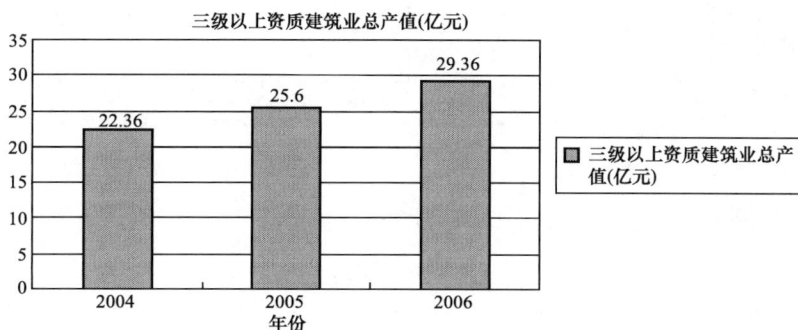

图 1-1 柱形图的绘制

以表 1-6 为例，绘制带形图如图 1-2 所示。

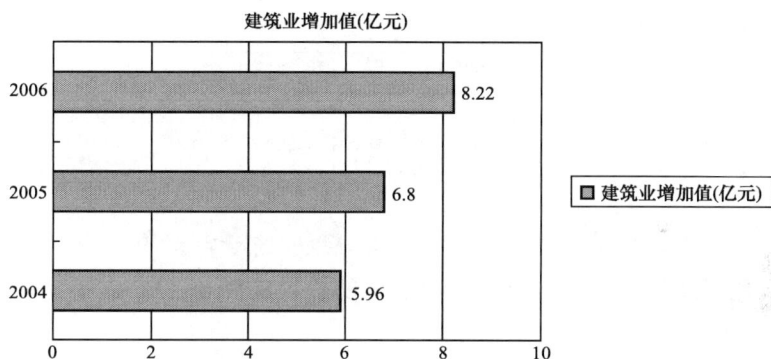

图 1-2 带形图的绘制

2）圆形图。

圆形图又称扇形图，它用来表明总体内部的结构关系。这种图形以全圆面积表示总体，把全圆分成若干扇形部分，以扇形面积的大小表示总体各组成部分所占百分比的大小。以全圆面积为 100%。

以表 1-3 为例，绘制圆形图如图 1-3 所示。

3）直方图。

直方图是指在横纵轴之间以直方条形来显示频数分布的图形。在直角坐标系中，以横轴表示所分的组或变量值，纵轴表示频率或频数。

以表 1-5 为例，绘制直方图如图 1-4 所示。

4）折线图。

折线图是将直方图各条形顶端中点两两连接起来，所形成的图形叫折线图。它是在直方图的基础上形成的。折线图能用折线表示数量变化特征和规律，以反映事物发展变化的趋势。

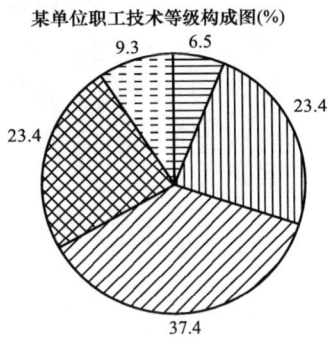

图1-3　圆形图的绘制

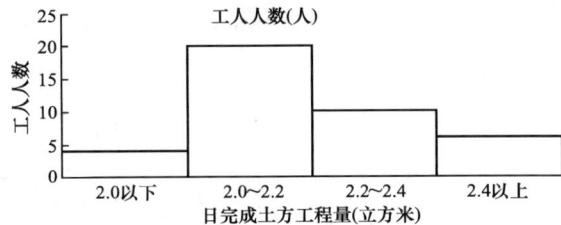

图1-4　直方图的绘制

以表1-6为例，绘制折线图如图1-5所示。

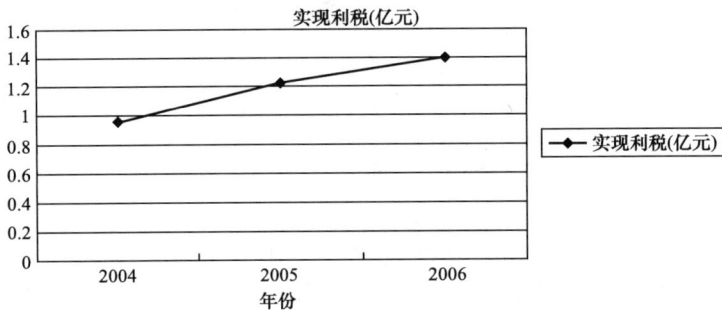

图1-5　折线图的绘制

5）象形图。

象形图也称形象图，是用各种实物的具体形象反映统计资料的一种形象图形，给人以直观清晰的印象。象形图的绘制方法是先将要表示的资料画成条形图或圆形图，再在图上画出具体形象。

本　章　小　结

本章是全书的总领，应重点掌握统计的含义、统计学中的几个基本概念、以及统计工作过程各环节及其内容。

统计包括三种含义：统计工作（统计活动）、统计资料、统计学。

统计中的概念很多，其中有几个是经常用到的重要概念，包括统计总体和总体单位、标志和标志表现、指标和指标体系。

一项完整的统计工作过程由统计设计、统计调查、统计整理和统计分析四个环节组成。统计设计就是对统计工作的各个方面和各个环节进行通盘的考虑和安排。统计设计的结果形成设计方案，如指标体系、分类目录和调查方案等，它是统计工作的先行环节。统计调查就是按照调查方案，有计划、有步骤地搜集原始资料和相关资料，它是统计工作的基础环节。统计整理就是对调查得到的资料加以综合、汇总和改制，使之条理化、系统化、为进一步的分析提供便利。它是统计工作的中间环节。统计分析就是对整理后的资料，运用一定的方法，进行对比、分析、引申判断等，以揭示研究对象的数量特征，提出决策或管理的建议。它是统计工作的决定性环节。

练 习 题

1. 如何理解统计的含义？
2. 简述统计总体和总体单位的概念，并举例说明。
3. 试述统计总体的特征。
4. 简述标志和标志表现的概念，并举例说明。
5. 简述指标和指标体系的概念，并举例说明。
6. 试述统计指标和标志的区别与联系。
7. 试述统计工作过程的环节。
8. 试述统计设计的内容。
9. 统计调查的方法有哪些？
10. 某建筑企业 50 名工人工资从低到高排列如下：

800	820	840	870	890	890	930	930	960	970
970	980	990	990	990	1000	1000	1030	1030	1040
1070	1080	1090	1130	1160	1170	1180	1180	1190	1190
1230	1240	1260	1260	1280	1290	1290	1290	1290	1290
1310	1320	1320	1330	1350	1360	1370	1370	1370	1390

根据上述资料编制等组距变量数列，计算全距、组中值，并将变量数列中的数字填入设计的统计表中。

11. 某建筑企业 2006 年从业人员工资统计资料见表 1-7，试绘制其直方图。

表 1-7　　　　　某建筑企业 2006 年从业人员工资统计资料表

工资（元）	从业人员人数（人）	工资（元）	从业人员人数（人）
600～800	150	1200～1400	250
800～1000	240	1400～1600	120
1000～1200	300	合计	1060

第二章 综 合 指 标

第一章已经讲述了统计指标的概念，以及统计指标按其反映社会经济现象总体的不同内容，可以划分为数量指标和质量指标。如果按统计指标的指标数值的表现形式，还可以划分为总量指标（又称绝对数指标、绝对数）、相对指标（又称相对数指标、相对数）和平均指标（又称平均数指标、平均数）。这三类指标通常合称为综合指标。综合指标是统计分析的基本工具和方法。

第一节 总 量 指 标

一、总量指标的概念

总量指标是反映社会经济现象总体在一定时间、空间条件下的总规模或总水平的综合指标。总量指标以绝对数的形式表示，因此也称为绝对指标、绝对数。例如，2004 年某地区国民生产总值 978 亿元，年末人口数 370 万人；某建筑公司 2006 年全年总产值 9400 万元，年末职工人数 543 人，全年工资总额 1173 万元。

总量指标也可以表现为社会经济现象总体在一定时空条件下数量增减变化的绝对数。例如，某地区 2006 年比 2005 年国民生产总值增加 10 亿元，耕地面积减少 2 万亩。

总量指标是最基本的综合指标，其特点是它的数值大小随所研究总体范围大小而呈同方向变化，即总体范围大，指标数值大；总体范围小，指标数值小。

二、总量指标的作用

（1）总量指标是对社会经济现象总体认识的起点。

人们要全面了解国情国力、经济发展、社会进步状况，科学制定经济发展战略，首要的问题就是要能度量或计量一定时间、地点、条件下的经济活动及其结果的绝对数量。例如，某市 2006 年全年完成建筑业增加值 70 亿元，年末建筑企业个数达到 300 家，全年施工面积 1200 万 m^2 等，以此反映该市 2006 年建筑业的基本状况。

（2）总量指标是编制计划，实行经营管理的主要依据。

企业的经营管理中，必须做到对企业人力、物力、财力等各方面的具体掌控，这就需要把握各个时期产品产值、产量、从业人员人数、工资总额、生产费用等，它们都表现为总量指标。

（3）总量指标是计算相对指标和平均指标的基础。

相对指标和平均指标一般都是由两个有联系的总量指标对比计算出来的。它们是总量指标的派生指标，其计算的质量必然决定于总量指标的计算质量。

三、总量指标的种类

（1）按其反映的内容不同分为：总体单位总量（总体总量）和标志总量。

像职工人数、工业企业数等用来反映总体中总体单位数总和的总量指标，称为总体总量。像工资总额、工业总产值等用来反映总体中总体单位的某一数量标志的标志值总和的总量指标，称为标志总量。总体总量和标志总量，在不同的研究目的下，会发生变动。例如，要研究企业工资水平时，职工人数为总体总量，工资总额为标志总量；而研究企业规模水平时，职工人数为标志总量，企业个数成为总体总量。应当注意的是：一个总体一经确定，其总体单位数就固定了，即总体单位总量是唯一的。而一个总体内各单位可以有许多不同的数量标志，任何一个数量标志的各标志值之和都能形成该标志的标志总量。因此，一个总体内标志总量不是唯一的，可以有许多个。

（2）按其反映的时间状况不同分为：时点总量指标和时期总量指标。

时点总量指标又称时点指标、存量、时点总量，反映总体在某一时刻（瞬间）的水平，如职工人数、设备台数、物资库存量等。时期总量指标又称时期指标、流量、时期总量，反映总体在一段时期内活动的过程和成果，如产品产量、固定资产投资额、生产费用等。

时点指标和时期指标的区别：一是时期指标的数值可以连续计数，例如一年的产品产量是日产量的累计；时点指标的数值只能间断计数，它的每个数据都表示总体发展到一定时点上所处的水平，例如年末职工人数，是年初的总人数经过一年的增减变化至年末的实有职工人数。二是时期指标数值的大小与包含的时期长短有直接关系，时期越长，指标数值越大。例如一个季度的产量一定大于一个月的产量；时点指标的数值大小与其时间间隔的长短没有直接关系。例如年末职工人数与年初职工人数相比，可能增加，也可能减少。三是不同时期的时期指标数值具有可加性，相加后表示更长时期社会经济现象发展的总量。例如将一年12个月的利润额相加就得到全年实现的总利润额；不同时点的时点指标数值不具有可加性，相加无任何意义。例如某企业一月末有200名职工，二月末有210名职工，三月末有190名职工，不能说第一季度末职工人数是600名。三者相加没有任何意义。所以正确区分时期指标和时点指标，在统计上有重要意义。

四、总量指标的计量单位

总量指标的计量单位可以分为实物单位、货币单位和劳动单位三种。

1. 实物单位

实物单位是根据事物的属性和特点而采用的计量单位，包括：自然计量单位、度量衡计量单位、复合计量单位和双重或多重计量单位。

自然计量单位按照被研究对象的自然状况来度量其数量。如竣工工程以项为单位，职工人数以人为单位。

度量衡计量单位是按照统一度量衡制度的规定来度量客观事物数量的一种计量单位。如水泥按吨、木材按立方米等。

两种计量单位结合使用的称为复合计量单位。如货物周转量、发电量分别以吨公里、千瓦时计量。

双重或多重计量单位是同时采用两种或多种计量单位表明某一事物的数量。如电动机以台/千瓦计量，船舶以艘/瓦/吨位计量。

2. 货币单位

货币单位是用货币（价格）来度量物质财富或劳动消耗、劳动成果的计量单位。例如工业总产值、商品销售额、商品流通费等。实物指标只能具体表明事物实际数量，但不能直接加总。而价值指标所具有的广泛的综合性和概括性，使其能成为反映部门、企业的工作总量或工作总成果的基本指标。

　　货币单位有现价（现行价格）和不变价（不变价格）之分。按现价，即按计算期当时使用的价格计算的价值指标，可用以反映部门、企业工作总量或工作总成果的实际水平；按不变价，即按某一特殊时期或时点的价格（各计算期保持不变）计算的价值指标，可用以反映部门、企业工作总量或工作总成本的实际变动。

　　3. 劳动单位

　　劳动单位是用劳动时间表示的计量单位。例如工业统计中的实际工日数、实际工时数，都是以人们在生产经营活动中所消耗的劳动时间来计量的。劳动量指标也可以直接加总，用以表明劳动消耗总量。

五、运用总量指标应注意的问题

　　总量指标的计算和使用，必须注意以下几个问题。

　　1. 对总量指标包含的含义、范围应做严格的确定

　　总量指标不同于数学中的绝对数，不是一个单纯技术性的加总问题，而是一定社会经济现象的数量表现。每一个总量指标都具有确定的社会经济内容，都具有一定质的规定性。因此，必须正确地确定总量指标所表示的各种社会现象的概念、构成、范围和计算方法。否则，就不能得到反映社会经济内容的正确数字。例如要统计建筑产品，就要从理论上、实际上弄清什么是建筑产品，应当包括哪些范围，用什么样的计算方法等。

　　2. 要明确时域概念

　　这就是要弄清统计对象是属于时期指标还是时点指标。因为这两种指标的计算方法是不同的。这就是要区分清楚什么是时期现象，什么是时点现象，然后才能计算出正确的指标数值。

　　3. 要有统一的计量单位

　　总量指标的计量单位是一个重要问题，必须按照国家统一规定的计量单位进行计量。

　　计算总量指标的具体方法有：

　　（1）直接计量法。即通过统计调查和数据整理，对所有调查单位进行计数、点数或测量等，然后逐步汇总得到总量指标的方法。

　　（2）推算法。即在总量指标不能直接计算或不必直接计算的条件下，根据有关资料进行推算或估算的方法。一般有：根据抽样调查、典型调查资料进行推算；根据有关资料进行平衡推算、因素关系推算、比例关系推算、插值推算等。

第二节　相　对　指　标

　　在对现象总体规模进行统计描述的基础上，我们再来对现象总体的数量特征和数量关系进行统计描述。要解决这些问题，需要计算一系列比率，以描述现象数量之间的相对水平或程度，即相对指标。

一、相对指标的概念

　　相对指标，又称为统计相对数，它是由两个有相互联系的指标数值进行对比，来反映数量之间相互联系程度的指标。这里的"有联系"是指同一总体内不同现象、不同部分之间的内在性联系，也可以是为了研究目的的需要，在两个独立总体之间比较同类现象的外在联系。相对指标的基本公式为

$$相对指标 = \frac{比数}{基数} \qquad (2-1)$$

作为分母的基数，是用来作为对比标准的基础数据；作为分子的比数，是用来与基数对比的那个数据。

【例 2-1】 某工厂 2007 年计划工业总产值为 250 万元，实际完成 270 万元，其计划完成程度为

$$工业总产值计划完成程度 = \frac{270}{250} \times 100\% = 108\%$$

该厂 2007 年工业总产值超额 8% 完成计划。这里，计划规定数就是对比的标准、基础。

二、相对指标的作用

相对指标并不是随意的两个统计指标对比而求得的，必须是有经济联系的两个指标进行对比才能求得。借助于相对指标对现象进行对比分析，是统计分析的基本方法。在统计分析中相对指标的作用主要表现在以下两个方面。

1. 相对指标能清楚地描述总体数量的相对水平

计划完成情况相对指标可以描述总体数量的相对程度，结构相对指标可以描述总体数量的内部构成，比例相对指标可以描述总体内部是否协调，比较相对指标可以描述不同总体间的水平高低，动态相对指标可以描述总体数量的发展变化态势，强度相对指标可以描述客观事物或现象的强度、密度、普遍程度、分布程度和利用程度等。

2. 相对指标能将不可比的总量指标转化为可比

如比较不同类型企业生产经营状况，由于投资规模、生产条件、产品产量等不同，所以不能直接用产值指标对比说明企业的生产经营状况，但是可以通过计算利润率等相对指标就可以进行比较分析。

三、相对指标的数值表现形式

相对指标的数值有两种表现形式：一是有名数；一是无名数。

有名数相对指标是指有具体计量单位的相对指标。由于分子、分母的计量单位不同，因此在计算相对指标时，同时使用分子、分母的数值计量单位形成复名数。如人口密度用"人/平方公里"，建筑业每万元产值耗电量用"度/万元"表示。

无名数相对指标是指相对指标值后边没有计量单位，或者没有实质性的具体的计量单位而只有抽象的计量单位。从种类上讲，大多数相对数指标为无名数，无名数相对指标有系数、倍数、成数、百分数等形式。

四、相对指标的种类及其计算

（一）计划完成情况相对指标

计划完成情况相对指标有计划完成程度相对指标和计划完成进度相对指标两种。

1. 计划完成程度相对指标

计划完成程度相对指标是现象在某一时期的实际完成数与同期的计划数进行对比，反映计划完成程度的相对数，用百分数表示。简称"计划完成程度指标"、"计划完成百分比"。

其基本公式为

$$计划完成程度相对指标 = \frac{全期实际完成数}{全期计划规定数} \times 100\% \qquad (2-2)$$

由于计划规定数是计算计划完成程度的基数，计划规定数可以是总量指标、相对指标、

平均指标等形式，所以计划完成程度相对指标有以下几种不同的计算方法。

（1）计划规定数是总量指标、平均指标。

当计划规定数是总量指标或平均指标时，即直接运用基本公式，就可计算出计划完成程度相对指标。

【例 2-2】　某建筑企业 2005 年计划完成施工产值 1200 万元，实际完成 1000 万元，则

$$计划完成程度 = \frac{1000}{1200} \times 100\% = 83.33\%$$

$$未完成产值 = 1200 - 1000 = 200（万元）$$

（2）计划规定数是相对指标。

当计划规定数是相对指标，应按基本公式的实质要求，对资料作适当处理，方可计算出正确的计划完成程度相对指标。

【例 2-3】　2005 年某预制构件单位成本计划降低 7%，实际降低 10%。若单位成本计划完成程度相对指标计算为

$$10\% \div 7\% = 174.86\%$$

则不符合基本公式的实质含义，只有计算为

$$\frac{100\% - 10\%}{100\% - 7\%} = 96.78\%$$

因为计划规定的是降低率，所以计算结果越小越好。上述结果表明，实际单位成本比计划规定的单位成本降低了 3.22%。

也就是说，在相对数资料下，不能以实际降低率（或增长率）除以计划降低率（或增长率），而应当包括原有基数（100%）在内。

在实际工作中，也常用减法计算相对数资料的计划完成程度。如上例，可计算为

$$10\% - 7\% = 3\%$$

减法和除法计算的结果不同，说明的意义也不同。3% 表明实际单位成本比计划多降低了 3 个百分点；96.78% 表明单位成本计划超额 3.22% 完成，确切反映了计划的完成程度。

2. 计划完成进度相对指标

计划完成进度相对指标是某一总体累计至本期的实际完成数与全期计划规定数之比，直接表明计划的完成进度。其计算公式为

$$计划完成进度相对指标 = \frac{累计至本期的实际完成数}{全期计划规定数} \times 100\% \tag{2-3}$$

【例 2-4】　某建筑企业 2005 年施工产值计划为 4000 万元，第一、第二和第三季度实际完成产值 855、1100 和 1200 万元，则该企业各季度的产值计划完成进度分别为

一季度

$$\frac{855}{4000} \times 100\% = 21.4\%$$

二季度

$$\frac{855 + 1100}{4000} \times 100\% = 48.9\%$$

三季度

$$\frac{855 + 1100 + 1200}{4000} \times 100\% = 78.9\%$$

计算结果表明，该企业第一、二季度计划完成进度稍慢；截止第三季度，进度加快，已完成全年计划的 78.9%。在正常生产条件下，全年计划可望完成或超额完成。

（二）结构相对指标

结构相对指标是某一总体部分数值与全部数值之比重或比率，表明总体内部构成状况。其计算公式为

$$结构相对指标 = \frac{部分数值}{全部数值} \times 100\% \qquad (2-4)$$

结构相对指标的分母项可以是某一总体的总体总量，也可以是该总体的标志总量；其分子项则为相应总体的某一组的总体单位数或该组的标志值。结构相对指标一般用百分数或系数表示，总体各组的结构相对指标之和应等于 1 或 100%。

表 2-1　　某建筑企业人员结构表

按职称分组	人数（人）	人员构成比重（%）
初级	350	35
中级	400	40
高级	250	25
合计	1000	100

【例 2-5】 某建筑企业人员结构见表 2-1。

该企业人员结构相对指标是：

$$初级职称人员比重\% = \frac{350}{1000} \times 100\% = 35\%$$

$$中级职称人员比重\% = \frac{400}{1000} \times 100\% = 40\%$$

$$高级职称人员比重\% = \frac{250}{1000} \times 100\% = 25\%$$

$$各部分比重之和 = 35\% + 40\% + 25\% = 100\%$$

结构相对指标可以用来在求得总量平衡的基础上，进行总体内部的结构调整、资源配置、优化组合。

结构相对指标除了用来反映总体内部结构外，还可通过不同时期结构相对指标的变化，反映出事物发展变化过程及其规律性。

（三）比例相对指标

比例相对指标是总体中某一组的指标数值与另一组指标数值之比。它表明组与组之间的联系程度或比例关系，一般是用百分数或倍数表示，有时用 1 比多少或 100 比多少表示。其计算公式为

$$比例相对指标 = \frac{总体中某一组的指标数值}{总体中另一组的指标数值} \qquad (2-5)$$

【例 2-6】 某地 2005 年第一、二、三产业增加值分别为 180 万元、300 万元、120 万元，那么该地 2005 年产业增加值的比例相对指标是：

$$\frac{二产}{一产} = \frac{300}{180} = 1.7$$

$$\frac{三产}{一产} = \frac{120}{180} = 0.7$$

即 　　　　　　　　　　一产：二产：三产 = 1：1.7：0.7

比例相对指标用来研究现象之间的比例关系，以利于促进其协调发展。计算时一般用绝对数进行对比，有时根据研究目的和所掌握的资料，也可用总体中各部分的相对指标或平均

指标。

（四）比较相对指标

比较相对指标是两个总体同一指标的不同指标数值之比，表明某一现象在不同总体内发展程度的差异。其计算公式为

$$比较相对数 = \frac{某一总体某一指标数值}{另一总体同一指标数值} \qquad (2-6)$$

比较相对指标的分子、分母项可以是总量指标，也可以是相对指标或平均指标。由于总量指标易受总体规模大小的影响，因而计算比较相对指标，更多的是采用相对指标和平均指标。比较相对指标的数值通常用百分数或倍数表示。例如，第四次人口普查结果显示上海市人口总数为 1334 万人，北京市人口数为 1082 万人，沪京两市人口的比较相对指标为 123%或 1.23 倍。

一般情况下，比较相对指标的分子、分母项可以互换，从不同的角度说明同一问题。例如，若以上海市人口总数作为基数，则京沪两市人口的比较相对指标为 81.11%。

比较相对指标既可以用于不同国家、地区、单位的比较，也可用于先进与落后、实际水平与标准水平的比较。例如，在经济管理中，把企业的各项技术经济指标与同类企业的先进水平或国际先进水平对比、与国家规定的质量标准对比，从而找出自身差距、瞄准赶超目标，为提高企业水准提供依据。

（五）动态相对指标

动态相对指标是某一总体同一指标不同时间上的不同指标数值之比，表明某一现象在不同时间上的发展程度的差异，其计算公式为

$$动态相对指标 = \frac{某一时间某一指标数值}{另一时间同一指标数值} \qquad (2-7)$$

通常把用来作为比较基础的时期称为"基期"，与基期比较的时期称为"报告期"。动态相对指标一般用百分数或倍数表示。基期的选择，要根据统计研究的目的来确定，通常以前期或上年同期为基期，也可以历史上某一重要时期或者历史最好水平的时期为基期。因而动态相对指标的计算公式也可以写为

$$动态相对指标 = \frac{报告期指标数值}{基期指标数值} \qquad (2-8)$$

【例 2-7】 2006 年某地建筑业总产值为 6480 亿元，2005 年该地建筑业总产值为 6000 亿元，则 2006 年为 2005 年的动态相对指标为

$$动态相对数 = \frac{6480 \ 亿元}{6000 \ 亿元} \times 100\% = 108\%$$

如果说比较相对指标是同一指标、同一时间下的空间比较，是静态、横向比较；那么，动态相对指标就是同一指标、同一空间下的时间比较，是动态、纵向比较。在对不同的社会制度、不同国家的经济发展水平作比较时，应把纵比和横比结合起来，进行全面的、综合的比较。动态相对指标又称发展速度，在统计分析中有着广泛的应用（详述放在时间数列一章中）。

（六）强度相对指标

强度相对指标是反映总体中两种不同现象、不同性质指标的对比所得的比值。其基本公式为

$$强度相对指标 = \frac{某一现象某一性质指标值}{另一有联系现象另一性质指标值} \qquad (2-9)$$

它是用来反映现象的强度、密度、普遍程度或利用程度的综合指标。如人口密度、人均国民生产总值都为强度指标。它们的计算结果以有名数表示。如果对比的两个总量指标的计量单位相同，强度相对指标的数值也可用百分数、千分数表示。如人口自然增长率就以千分数表示。

在统计分析中，强度相对指标具有广泛应用。它可以说明现象的强弱程度，如人均国民生产总值说明国家经济实力；也可以说明现象的密集程度，如人口密度说明居住的疏密状况；还可以说明现象的普遍程度，如医疗卫生业、工程咨询业的普及程度。

五、运用相对指标的原则

(一) 保持可比性

相对指标是由两个有关指标数值对比而成，对比结果是否正确、合理，首先决定于对比指标的可比性。所谓可比性，即要求在计算相对指标时，必须保持其分子、分母项的一致性和适应性。它有两层含义：其一，计划完成程度相对指标、比较相对指标和动态相对指标等，它们的分子和分母项在含义内容、口径范围、计算方法等方面的一致性；其二，计划完成程度相对指标、结构相对指标、比例相对指标和强度相对指标，它们的分子和分母项在对比角度、相互关系、实际意义等方面的适应性。例如，计算比较相对指标，以对比不同国家或地区同一指标的差距时，必须注意到指标口径、价格等方面的差异，作必要的调整后，再作对比。

(二) 结合总量指标

相对指标通过两个有关的总量指标对比，以一个抽象化的比值有效地反映了现象间的联系及现象的发展变化程度。但另一方面，它也把现象的绝对水平、现象间的绝对差别抽象化、模糊化了。其结果往往是，两个大的总量指标之比为一个小的相对指标，两个小的绝对数之比为一个大的相对指标。因此在分析问题时，应该将相对指标与总量指标结合起来使用。

(三) 运用多指标

运用多指标是指不仅要把相对指标和绝对指标结合分析，而且还要把多种相对指标结合运用。这样才能更全面、更深刻地说明、比较社会经济现象。即"纵比看成就，横比看差距"。例如对一个建筑企业的生产情况进行评价，不仅要纵向考察其施工产值、劳动生产率、利润总额等指标，还要横向考察其与同行业、国内外先进水平的对比，这样才能立体地研究其生产发展状况，做出准确评价。

第三节 平 均 指 标

一、平均指标的概念

平均指标又称统计平均数，用以反映社会经济现象总体各单位某一数量标志在一定时间、地点条件下所达到的一般水平的综合指标。

平均指标在统计学中具有一种非常重要的地位，以至于在统计学发展的历史上，曾有人将统计学称之为"是关于平均数的科学"。

二、平均指标的特点

（1）平均指标必须在同一总体内计算。如某企业职工平均工资，只能根据该企业范围内的职工人数和相应的工资总额进行计算，凡不属于此范围的职工和工资额都不能包括在内。

（2）平均指标是一个代表值，代表现象的一般水平。它将总体标志总量在总体各单位之间数值差异抽象化了。例如，一个企业职工工资高低不同，而平均工资就是将不同工资差异抽象化了，说明现象的一般水平。

（3）平均指标是指现象在一定条件下的一般水平。由于客观现象是随着时间、地点条件的变化，所以反映现象一般水平的平均指标并不是固定不变的。

（4）平均指标反映总体分布的集中趋势。总体分布一般由变量数列反映，就多数现象来看，接近平均指标的变量值居多，远离平均指标的变量值较少，整个变量数列表现出以平均数为中心的波动。

三、平均指标的种类和计算方法

平均指标按计算方法不同分为：算术平均数、调和平均数、几何平均数、中位数和众数。

（一）算术平均数

算数平均数是统计中最常用的一种平均指标。它是将总体各单位的标志值相加，求得标志总量后除以总体单位数而得到的。计算公式为

$$算术平均数 = \frac{总体标志}{总体单位} \tag{2-10}$$

在实际工作中，由于单位的资料不同和计算上的复杂程度不同，算术平均数有两种计算形式，即简单算术平均数和加权算术平均数。

1. 简单算术平均数

简单算术平均数是依据未分组的原始数据，将总体各单位标志值简单相加求和，除以总体单位数求得。

简单算术平均数适用于未分组的统计资料，如果已知各单位标志值和总体单位数，可采用简单算术平均数方法计算。公式为

$$\bar{x} = \frac{x_1 + x_2 + x_3 + \cdots + x_n}{n} = \frac{\sum x}{n} \tag{2-11}$$

式中　$\bar{x}$——平均数；

x——标志值；

n——总体单位数；

$\sum$——总和符号。

【例 2-8】　某瓦工队有 10 名工人，每天砌筑工程量（m^3）分别为：1.4、1.6、1.7、1.9、1.9、2.0、2.1、2.1、2.3、2.4，求平均每人日完成工程量。

解

$$\bar{x} = \frac{\sum x}{n} = \frac{1.4 + 1.6 + 1.7 + 1.9 + 1.9 + 2.0 + 2.1 + 2.1 + 2.3 + 2.4}{10} = \frac{19.4}{10} = 1.94 m^3$$

2. 加权算术平均数

计算算术平均数，如果原始数据经过分组，变成了变量数列，就采用加权算术平均的方法，即用各组标志值乘以相应的各组单位数求出各组标志总量，进一步加总得到总体标志总

量，再除以总体单位总量，所得结果为加权算术平均数。公式为

$$\bar{x} = \frac{x_1 f_1 + x_2 f_2 + x_3 f_3 + \cdots + x_n f_n}{f_1 + f_2 + f_3 + \cdots + f_n} = \frac{\sum xf}{\sum f} \qquad (2-12)$$

式中　f——各组次数或各组单位数；

　　　$\sum f$——总体单位数；

　　　$\sum xf$——总体标志总量数。

【例 2-9】　某建筑工地上有 10 台起重机在工作，其中 2 台的起重重量为 20t，3 台为 16t，4 台为 10t，1 台为 8t。根据资料计算每台起重机平均起重重量。

解　由于每个标志值出现的次数都不一样，就不能用简单算术平均数计算，而应按加权算术平均数计算。见表 2-2。

表 2-2　　　　　　　　　　　　　　　某工地起重机资料表

起重重量（t）	起重机台数（台）	起重总量（t）	起重重量（t）	起重机台数（台）	起重总量（t）
x	f	xf	x	f	xf
20	2	40	8	1	8
16	3	48			
10	4	40	合计	10	136

平均每台起重机的起重重量

$$\bar{x} = \frac{\sum xf}{\sum f} = \frac{136}{10} = 13.6\text{t}$$

从上式可见，加权算术平均数的大小不仅取决于总体单位标志值（x），同时也取决于各标志值的次数（f）。次数多的标志值对平均数的影响要大些，次数少的标志值对平均数的影响要小些。标志值次数的多少对平均数的影响有权衡轻重的作用，所以又称为权数。

权数也可以用各组单位数占总体单位数的比重表示，其计算结果是一样的，因此便有了另一种加权算术平均数的形式，就是用标志值乘以相应的频率。其公式为

$$\bar{x} = x_1 \cdot \frac{f_1}{\sum f} + x_2 \cdot \frac{f_2}{\sum f} + \cdots + x_n \cdot \frac{f_n}{\sum f} = \frac{\sum xf}{\sum f}$$

【例 2-10】　根据表 2-2 的资料用频率形式计算加权平均数。

解　见表 2-3。

表 2-3　　　　　　　　　　　　　　　某工地起重机频率资料表

起重重量（t）	起重机台数构成（%）	$x(f/\sum f)$	起重重量（t）	起重机台数构成（%）	$x(f/\sum f)$
x	$f/\sum f$		x	$f/\sum f$	
20	20	4	8	10	0.8
16	30	4.8			
10	40	4	合计	100.0	13.6

$$\bar{x} = \frac{\sum xf}{\sum f} = 13.6\text{t}$$

计算结果和前面计算的加权算术平均数完全相同。上例是根据单项式变量数列计算加权算术平均数的，如果已知资料为组距式变量数列，可以用组中值代替各组标志值计算平均数。

（二）调和平均数

调和平均数，又称倒数平均数，是一群数据的倒数的均值的倒数。也就是说，先求每一

个数据的倒数，再计算全部倒数的均值，最后求该均值的倒数，即为原数据的调和平均数。调和平均数有简单调和平均数和加权调和平均数两种。

1. 简单调和平均数

简单调和平均数是对各标志值的倒数求简单算术平均数，再取这一平均数的倒数。其计算公式为

$$M_H = \cfrac{1}{\left(\cfrac{1}{x_1} + \cfrac{1}{x_2} + \cdots + \cfrac{1}{x_n}\right)\cfrac{1}{n}} = \cfrac{n}{\left(\cfrac{1}{x_1} + \cfrac{1}{x_2} + \cdots + \cfrac{1}{x_n}\right)} = \cfrac{n}{\sum\cfrac{1}{x}} \qquad (2-13)$$

式中　　M_H——调和平均数；

　　　　x——标志值；

　　　　n——变量值项数；

　　　　$\sum$——求和符号。

【例 2-11】　甲、乙、丙三种材料价格分别为：每公斤 0.2 元、0.18 元、0.16 元。若各购买 100 元，求三种材料的平均价格。

解　　　　　　　　$M_H = \cfrac{300}{\cfrac{100}{0.2} + \cfrac{100}{0.18} + \cfrac{100}{0.16}} = 0.18$ 元

2. 加权调和平均数

简单调和平均数是在各标志值对平均数起同等作用的条件下（各标志总量相等）应用的。如果各标志值对于平均数的作用是不同的，这时就应以各组标志值的标志总量为权数计算加权调和平均数了。加权调和平均数适用于只掌握变量数列各组标志值和标志总量，而当缺少各组单位总数的平均数的计算。计算公式为

$$M_H = \cfrac{m_1 + m_2 + \cdots + m_n}{\cfrac{m_1}{x_1} + \cfrac{m_2}{x_2} + \cdots + \cfrac{m_n}{x_n}} = \cfrac{\sum m}{\sum \cfrac{m}{x}} \qquad (2-14)$$

式中　　M_H——调和平均数；

　　　　m——各组标志总量；

　　　　x——各组标志值；

　　　　$\sum m$——总体标志总量；

　　　　$\cfrac{m}{x}$——各组单位数；

　　　　$\sum \cfrac{m}{x}$——总体单位数。

【例 2-12】　某建筑企业，50 个工人的工资及工资计算资料如下，见表 2-4。

表 2-4　　　　　　　　　　　　　　某企业工人工资资料表

工资级别	月工资（元）	工资总额（元）	工人数（人）	工资级别	月工资（元）	工资总额（元）	工人数（人）
	x	m	m/x		x	m	m/x
1	800	4000	5	4	1100	11 000	10
2	900	13 500	15	5	1200	6000	5
3	1000	15 000	15	合计	—	44 450	50

解
$$M_{\text{H}} = \frac{\sum m}{\sum \dfrac{m}{x}} = \frac{49\ 500}{50} = 990\ \text{元}$$

调和平均数有以下特点：

（1）调和平均数由于是根据所有标志值计算的，所以易受极端值的影响，当数列分布呈明显偏态时，调和平均数的代表性也会受到影响。

（2）当标志值取 0 时，无法计算调和平均数。

（三）几何平均数

几何平均数是 n 个变量值连乘积的 n 次方根。

应用几何平均数时，首先变量值必须是相对数，其次是变量值的连乘积有实际意义，而且数列中不能有一项为零或者负数。因此在社会经济现象中，几何平均数多用于计算平均比率和平均速度。如平均利率、平均发展速度、平均合格率等。

几何平均数可以分为简单几何平均数和加权几何平均数两种。

1. 简单几何平均数

简单几何平均数是 n 个变量值连乘积的 n 次方根。计算公式为

$$M_{\text{g}} = \sqrt[n]{x_1 x_2 \cdots x_n} = \sqrt[n]{\prod x} \tag{2-15}$$

式中　x——变量值；

　　　n——项数；

　　　$\prod$——连乘符号；

　　　M_{g}——几何平均数。

【例 2-13】　某企业生产某一产品，有四个流水连续作业的车间。本月份第一车间产品合格率为 90%，第二车间产品合格率为 95%，第三车间产品合格率为 96%，第四车间产品合格率为 85%，求平均车间产品合格率。

解　采用几何平均数而不能采用算术平均数或调和平均数。因为各车间产品合格率总和并不等于全厂总合格率。第二车间的合格率是在第一车间制品全部合格的基础上计算的，第三车间的合格率又是在第一、第二车间制品全部合格率的基础上计算的，由此类推。各车间合格率的连乘积等于全厂产品的总合格率，所以要采用几何平均数计算平均车间合格率，即

$$M_{\text{g}} = \sqrt[4]{90\% \times 95\% \times 96\% \times 85\%} = 91.4\%$$

2. 加权几何平均数

当计算几何平均数的每个变量值的次数不相同时应用加权几何平均数，其计算公式为

$$M_{\text{g}} = \sqrt[\sum f]{\prod x^f} \tag{2-16}$$

式中　$\sum f$——次数总和；

　　　f——每个变量值的次数。

【例 2-14】　继续用［例 2-13］中的数据，产品合格率为 90% 的有两个车间，合格率为 95% 的有两个车间，用加权方法计算如下：

$$M_{\text{g}} = \sqrt[\sum f]{\prod x^f} = \sqrt[2+2]{(90\%)^2 \times (95\%)^2} \approx 92\%$$

（四）中位数

将总体各单位的标志值按照大小顺序排列，处于中间位置的标志值就是中位数。中位数用 M_{e} 表示。由于位置居中，中位数将数列分为相等的两部分，一部分的标志值小于中位

数，另一部分的标志值大于中位数，因而，有时利用它来代表现象的一般水平。例如，职工年龄中位数可表示职工总体年龄的一般水平；建筑企业资产总额中位数可表示建筑企业资产总额的一般水平。

中位数和众数都属于位置中位数，其大小取决于其所在数列的位置，因此，不受极端值的影响。在总体标志值差异很大的情况下，中位数比算术平均数更具有代表性。

确定中位数，必须将总体各单位的标志值按大小顺序排列，最好是编制出变量数列。这里有两种情况：一是数据未经分组；二是数据已经分组。

1. 由未分组数据确定中位数的步骤

（1）首先必须将标志值按数值大小排序。设排序的结果为

$$x_1 \leqslant x_2 \leqslant x_3 \leqslant \cdots \leqslant x_n$$

（2）确定中位数的位置，即中点位置，一般地，设一组数据个数为 n，则中点的位置为 $\dfrac{n+1}{2}$。

（3）确定中位数。

$$M_e = \begin{cases} x_{\frac{n+1}{2}} & （n \text{ 为奇数}） \\ \dfrac{x_{\frac{n}{2}} + x_{\frac{n}{2}+1}}{2} & （n \text{ 为偶数}） \end{cases} \tag{2-17}$$

【例 2-15】 某施工队挖土方有甲乙两组工人分别为 9 人和 10 人，每人完成的工程量（m^3）如下。

甲组：10、12、12、13、14、15、17、17、18

乙组：10、11、11、12、13、14、15、18、19、19

甲组由于工人数为奇数，则中位数位置为 $\dfrac{9+1}{2}=5$，即第 5 位工人的日挖土方量 $14m^3$ 为中位数。

乙组由于工人数为偶数，则中位数位置在 $\dfrac{10}{2}=5$ 和 $\dfrac{10}{2}+1=6$ 之间，因此中位数为第 5 位和第 6 位工人日挖土方量的算术平均数，即 $\dfrac{13+14}{2}=13.5m^3$。

2. 由分组数据确定中位数的步骤

（1）首先应先按 $\dfrac{\sum f}{2}$ 的公式求出中位数所在组的位置。

（2）然后再按下限公式或上限公式确定中位数。

下限公式：
$$M_e = L + \frac{\dfrac{\sum f}{2} - S_{m-1}}{f_m} \times d \tag{2-18}$$

上限公式：
$$M_e = U - \frac{\dfrac{\sum f}{2} - S_{m+1}}{f_m} \times d \tag{2-19}$$

式中 M_e——中位数；

L——中位数所在组下限；

U——中位数所在组上限；

f_m——中位数所在组的次数；

$\sum f$——总次数；

d——中位数所在组的组距；

S_{m-1}——中位数所在组以下的累计次数；

S_{m+1}——中位数所在组以上的累计次数。

这里需要说明，根据组距数列确定中位数位次时，其公式为$\frac{\sum f}{2}$，这是因为绝大多数组距数列的标志值的变化是连续不断的，$\frac{\sum f}{2}$与$\frac{\sum f+1}{2}$对应的标志值没有截然界限。用$\frac{\sum f}{2}$完全可以代表中位数的位置。

【例2-16】 对某市建筑企业职工2006年月收入进行抽样调查。其资料整理后见表2-5。计算该市建筑企业职工2006年月收入的中位数。

表2-5　　　　　　　　　　某市建筑企业职工2006年月收入抽样调查统计表

月收入分组（元）	职工人数（人）	比重（%）	月收入分组（元）	职工人数（人）	比重（%）
1000以下	20	10	1600～1800	25	12.5
1000～1200	30	15	1800以上	15	7.5
1200～1400	70	35	合计	200	100
1400～1600	40	20			

经过整理得表2-6。

表2-6　　　　　　　　　某市建筑企业职工2006年月收入抽样调查统计表

月收入分组（元）	职工人数（人）	比重（%）	职工人数累计（人）		百分比累计（%）	
			较小累计	较大累计	较小累计	较大累计
1000以下	20	10	20	200	10	100
1000～1200	30	15	50	180	25	90
1200～1400	70	35	120	150	60	75
1400～1600	40	20	160	80	80	40
1600～1800	25	12.5	185	40	92.5	20
1800以上	15	7.5	200	15	100	7.5

解

（1）确定中位数所在的组。

根据表2-6中的资料，得知中位数位次为$\frac{\sum f}{2}=\frac{200}{2}=100$，即中位数在（1200～1400）组。

（2）根据下限公式或上限公式确定中位数。

由于
$$f_m=70, S_{m-1}=50, S_{m+1}=80$$
$$L=1200, U=1400, d=200$$

按下限公式计算得

$$M_e=L+\frac{\frac{\sum f}{2}-S_{m-1}}{f_m}\times d=1200+\frac{100-50}{70}\times 200\approx 1342.9\text{（元）}$$

或按上限公式计算得

$$M_e = U - \frac{\frac{\sum f}{2} - S_{m+1}}{f_m} \times d = 1400 - \frac{100 - 80}{70} \times 200 \approx 1342.9 \text{（元）}$$

（五）众数

众数是指一组数据中出现次数最多的那个数据，一组数据可以有多个众数，也可以没有众数。统计中有时利用它来说明总体现象的一般水平。例如，为了掌握市场上某种商品的价格水平，有时难以全面登记该商品的成交量和成交额，则只用市场上最普遍的成交价格即可。假定市场上 25cm 型号的男鞋销售量最大，则 25cm 就是众数。又如某瓦工队 50 个工人中技术等级为 4 级的有 32 人，人数最多，则 4 级为众数。则用它来表示该瓦工队工人技术等级的一般水平。

众数只有在总体单位数多、有明显的集中趋势、标志值中极差（全距）很大情况下，其计算才具有合理的代表性和现实意义；相反，当总体单位数少，或者虽然总体单位多，但无明显集中趋势时，就不存在众数。

根据变量数列的种类不同，确定众数可采用不同的方法。

1. 单项式变量数列求众数

由品质数列和单项式变量数列确定众数比较容易，哪个标志值出现的次数最多，它就是众数。

【例 2 - 17】 某商场一月份男式皮鞋销售量资料见表 2 - 7。

从表 2 - 7 中可直接看出，销售量最大的为 25 号鞋 1200 双，即 25cm 就是众数。

2. 组距数列确定众数

若所掌握的资料是组距式数列，则只能按一定的方法来推算众数的近似值。首先确定众数组，然后按上限公式或下限公式求插值，其计算公式为

表 2 - 7　某商场一月份男式皮鞋销售量

皮鞋号码（cm）	销售量（双）
24	382
24.5	877
25	1200
25.5	789
26	40
26.5	7
27	2
合计	3297

下限公式：
$$M_o = L + \frac{\Delta_1}{\Delta_1 + \Delta_2} \times d \qquad (2-20)$$

上限公式：
$$M_o = U - \frac{\Delta_2}{\Delta_1 + \Delta_2} \times d \qquad (2-21)$$

式中　L——众数所在组下限；

U——众数所在组上限；

Δ_1——众数所在组次数与其下限的邻组次数之差；

Δ_2——众数所在组次数与其上限的邻组次数之差；

d——众数所在组组距。

【例 2 - 18】 仍以表 2 - 5 资料为例，计算该市建筑企业职工 2006 年月收入的众数。

解　由表中可以看出，次数最多的职工人数是 70，占全部抽查人数的 35%。因此，这一组的月收入（1200～1400 元）就是众数组。那么众数的具体位置如何确定呢？这要依众数组相邻两组的次数多少而定。如果众数组相邻两组的次数相等，则众数组的组中值就是众数；如果众数组下一组（比它小的相邻组）的次数较多，上一组的次数较少，则众数在众数

组内靠近它的下限；如果众数组上一组的次数较多，下一组的次数较少，则众数在众数组内靠近它的上限。在众数组内计算众数时，有下限公式和上限公式之分。同时次数可以用绝对数表示，亦可以用相对数（比重）表示。

（1）用下限公式求解 $\qquad M_{o} = L + \dfrac{\Delta_1}{\Delta_1 + \Delta_2} \times d$

根据表中资料 $\qquad L = 1200，U = 1400$

$$\Delta_1 = 70 - 30 = 40 \quad 或 \quad \Delta_1 = 35\% - 15\% = 20\%$$

$$\Delta_2 = 70 - 40 = 30 \quad 或 \quad \Delta_2 = 35\% - 20\% = 15\%$$

$$d = 1400 - 1200 = 200$$

将上列数据代入下限公式 $\qquad M_{o} = 1200 + \dfrac{40}{40 + 30} \times 200 \approx 1314.3（元）$

或 $\qquad M_{o} = 1200 + \dfrac{20}{20 + 15} \times 200 \approx 1314.3（元）$

（2）用上限公式求解 $\qquad M_{o} = U - \dfrac{\Delta_2}{\Delta_1 + \Delta_2} \times d$

根据表中资料 $\qquad U = 1200$

将有关资料代入公式 $\qquad M_{o} = 1400 - \dfrac{30}{40 + 30} \times 200 \approx 1314.3（元）$

或 $\qquad M_{o} = 1400 - \dfrac{15}{20 + 15} \times 200 \approx 1314.3（元）$

上述两公式求众数无论用绝对数还是相对数计算结果相同，表明该市建筑企业职工2006 年月收入的众数为 1314.3 元。

利用上述公式计算众数时是假定数据分布具有明显的集中趋势，且众数组的频数在该组内是均匀分布的，若这些假定不成立，则众数的代表性就会很差。从众数的计算公式可以看出，众数是根据众数组及相邻组的频率分布信息来确定数据中心点位置的，因此，众数是一个位置代表值，它不受数据中极端值的影响。

本 章 小 结

本章主要讲述总量指标的概念、作用和种类；相对指标的概念、表现形式、作用及几种相对指标的特点和计算方法；平均指标的概念、作用以及几种平均指标的特点和计算方法。

总量指标是对总体规模的描述，反映社会经济现象总体在一定时间、空间条件下的总规模或总水平。总量指标按其反映的内容不同分为：总体单位总量（总体总量）和标志总量；按其反映的时间状况不同分为：时点总量指标和时期总量指标。

相对指标是关于对比关系的描述，是由两个有相互联系的指标数值进行对比，来反映数量之间相互联系程度。相对指标分为：计划完成情况相对指标、结构相对指标、比例相对指标、比较相对指标、动态相对指标、强度相对指标。

平均指标是对总体集中趋势的描述，用以反映社会经济现象总体各单位某一数量标志在一定时间、地点条件下所达到的一般水平。平均指标按计算方法不同分为：算术平均数、调和平均数、几何平均数、中位数和众数。

练　习　题

1. 试述总量指标的分类及其含义。

2. 如何区分时期指标和时点指标？

3. 相对指标的概念及其运用的原则。

4. 平均指标的特点有哪些？

5. 属于同一总体内部之比的相对指标有哪些？属于两个总体之间对比的相对指标有哪些？

6. 比例相对指标和比较相对指标的区别。

7. 某公司 2004、2005 年的产量情况见表 2-8（单位：t）。

表 2-8　　　　　　　　　　　　某公司 2004、2005 年的产量情况表

	2004 年实际产量	2005 年产量	
		计　　划	实　　际
甲	35 070	36 000	42 480
乙	15 540	17 500	19 775
丙	7448	8350	8016

计算各产品的产量动态相对指标及 2005 年计划完成程度相对指标。

8. 某地区小水电站按发电机组能力分组的资料见表 2-9，试计算平均每个小水电站的发电能力。

表 2-9　　　　　　　　　　　　某地区小水电站按发电机组能力分组资料表

按发电机组能力分组（kW）	水电站个数	按发电机组能力分组（kW）	水电站个数
<1.0	3	2.5~4.0	108
1.0~1.5	20	>4.0	4
1.5~2.5	18	合计	45

9. 某班 40 名学生统计学考试成绩（分）如下：

57　89　49　84　86　87　75　73　72　68

75　82　97　81　67　81　54　79　87　95

76　71　60　90　65　76　72　70　86　85

89　89　64　57　83　81　78　87　72　61

要求：

（1）将成绩分为以下几组：60 分以下，60~70，70~80，80~90，90~100，编制一张次数分配表。

（2）根据次数分配表，计算该班学生统计的平均成绩。

10. 某预制构件厂三个车间一季度生产情况如下：

车间	计划完成百分比	实际产量（件）	单位产品成本（元/件）
第一车间	90%	198	15
第二车间	105%	315	10
第三车间	110%	220	8

根据以上资料计算：

（1）一季度三个车间产量平均计划完成百分比。

（2）一季度三个车间平均单位产品成本。

11. 某企业 2006 年某月份按工人劳动生产率高低分组的有关资料见表 2-10。

表 2-10　　　　某企业 2006 年某月份按工人劳动生产率高低分组资料表

按工人劳动生产率分组（件/人）	生产班组	生产工人数	按工人劳动生产率分组（件/人）	生产班组	生产工人数
50~60	3	150	80~90	2	30
60~70	5	100	90 以上	2	50
70~80	8	70			

试计算该企业工人平均劳动生产率。

12. 企业生产一种产品需顺次经过四个车间，这四个车间的废品率分别 1.5%、2.0%、2.0% 和 1.0%。该企业生产这种产品的平均废品率是多少？

13. 甲、乙两个企业生产三种产品的单位成本和总成本资料见表 2-11。

表 2-11　　　　　　　　产品的单位成本和总成本资料表

产品名称	单位成本（元）	总成本（元）	
		甲企业	乙企业
A	15	2100	3255
B	20	3000	1500
C	30	1500	1500

试比较哪个企业的总平均成本高并分析其原因。

14. 对某地区 120 家企业按利润额进行分组，结果见表 2-12。

表 2-12　　　　　　　　某地区 120 家企业按利润额分组资料表

按利润额分组（万元）	企业数（个）	按利润额分组（万元）	企业数（个）
200~300	19	500~600	18
300~400	30	600 以上	11
400~500	42	合计	120

要求：计算 120 家企业利润额的众数、中位数。

第三章 动 态 分 析

第一节 时 间 数 列 概 述

一、时间数列的概念和作用

综合指标是根据同一时间的资料，从静态上对总体的数量特征进行分析。除此之外人们还需要对社会现象总体在不同时间的变化进行动态分析，这就要通过编制时间数列实现。

时间数列就是将社会经济现象的某一指标在不同时期或时点上的指标数值按时间的先后顺序加以排列而形成的数列，又称为动态数列。例如表 3-1、表 3-2 所示。

表 3-1 　　　　　　　　　　　某企业某年上半年统计资料

月 份	1	2	3	4	5	6
月初职工人数（人）	124	126	123	122	126	127
月实现利税额（万元）	24	25	32	25	24	21

表 3-2 　　　　　　　　　某建筑企业 2002～2006 年统计资料

序号	统 计 指 标	计量单位	2002	2003	2004	2005	2006
1	年末从业人数	人	100	150	180	200	220
2	自行完成施工产值	万元	1000	1400	1800	2000	2200
3	竣工工程优良品率	%	40	42	50	60	70
4	平均人数	人	120	140	160	190	230
5	劳动生产率	万元/人	8.3	10.0	11.3	10.5	9.7

可见时间数列由两个互相配对的要素构成。一个要素是现象所属的时间，如表 3-1 中 1 月、2 月，表 3-2 中的 2002 年、2003 年等；另一个要素是反映客观现象在各个时间上的统计指标数值，如表 3-1 中各月指标数值及表 3-2 中各年指标数值。

时间数列具有两个特点：一是反映现象的指标概念相对稳定；二是指标数值随着时间的变化而不断变化。

时间数列在统计分析中有着重要作用。首先，它可以描绘社会经济现象发展变化的过程和结果；其次，通过时间数列的研究可以说明社会经济现象发展的速度和趋势；第三，通过对时间数列的分析可以探索社会经济现象发展变化的规律；第四，可以对社会经济现象的发展进行预测，这是统计预测方法的一个重要内容；第五，利用不同的时间数列对比，既可以计算出派生指标，也可以发现它们之间的各种联系和依存关系。

二、时间数列的种类

时间数列由时间和指标数值两要素组成。时间长度不同（年、月、日）或指标形式不同（总量指标、相对指标、平均指标），形成不同的时间数列。一般不考虑时间要素，而只从所排列的指标数值所属的指标形式出发，将时间数列分为总量指标时间数列，又称绝对数时间数列；相对指标时间数列，又称相对数时间数列；平均指标时间数列，又称平均数时间数列三种。其中，绝对数时间数列是基本数列，其余两种是派生数列。

（一）绝对数时间数列

绝对数时间数列是由一系列同类总量指标按时间先后顺序排列而形成的时间数列。它反映了某种社会现象在各个时期所达到的绝对水平及其发展变化的情况。按其所反映的社会现象的性质不同，又可分为时期数列和时点数列两种。

1. 时期数列

时期数列是由一系列时期指标形成的绝对数时间数列，称为时期数列。它是反映某种社会现象在一段时期内发展过程的总量。如表 3－1 中第 2 项月实现利税额时间数列，它即是由绝对数排列而成的，这些指标又是时期指标，所以称为时期数列。

时期数列的特点主要有：

（1）时期数列中各个指标值可以相加，相加后的指标值表示现象在更长时期内发展过程的总量。

（2）时期数列中每个指标值的大小与时期的长短有直接关系，即具有时间长度。"时期"是指时间数列中每个指标值所包括的时间长度。除个别指标值可能出现负数外，一般来讲，时期越长，指标值越大；反之，指标值越小。

（3）时期数列中的指标值，一般采用连续登记办法获得。因为时期数列各指标值是反映现象在一段时间内发展过程的总量，它就必须对在这段时间内所发生的数量逐一登记后进行累计。

2. 时点数列

时点数列是由一系列时点指标组成的绝对数时间数列。数列中每个指标数值都是反映现象在某一时点上所达到的状态或水平。如表 3－2 中第 1 项年末从业人数时间数列。由于这些指标都是时点指标，所以称为时点数列。

时点数列的特点主要有：

（1）不可加性，即时间数列中各时点上的同一空间的数值不具有可加性。由于时点数列显示的是社会经济现象在某一时点（或时刻）上所处的状态或水平，因而将同一空间各个不同时点上的数值相加，无法说明这个数值是属于哪一个时间状态或水平，除了在不同空间上或在计算过程中可以相加外，一般相加无实际意义。

（2）时点数列的每个指标值只表明现象在某时点的数量，其指标值大小与时间间隔的长短无直接关系，即不具有时间长度。如某时点现象的年末数值可能大于日末数值，也可能小于日末数值。

（3）时点数列的指标值，一般采用间断登记办法获得。因为时点数列的各指标值都是反映现象在某一时刻上的数量，只要在某一时点上进行统计，就可以取得该时点的资料，不必连续进行登记。

（二）相对数时间数列

相对数时间数列是把一系列的同类相对指标按时间先后顺序排列而形成的时间数列。它可以反映两个相互联系的社会现象之间的发展变化情况。如表 3－3 中第 2 项房屋竣工率时间数列就是相对数时间数列。

由于统计指标有 6 种，所以相对数时间数列也有 6 种。现用表 3－3 资料举例说明。

注意在相对数时间数列中，由于各个指标对比的基数不同，它们不能相加。

表 3 - 3 相对数时间数列例表

序号	指 标 名 称	计量单位	2000	2001	2002	2003	2004	指标分类
1	计划完成程度	%	98	90	100	110	115	计划完成
2	房屋竣工率	%	52	53	55	58	60	结构
3	生产人员为非生产人员的比率	%	126	160	134	138	110	比例
4	甲企业总产值为乙企业的百分比	%	110	115	120	120	125	比较
5	总产值为上年度百分比	%	101	101	102	102	103	动态
6	流动资金利润率	%	3	4.2	6	6.8	7.7	强度

（三）平均数时间数列

平均数时间数列是将一系列同类平均指标按时间先后顺序排列而形成的时间数列。它可以反映社会经济现象一般水平的发展趋势。如表 3 - 2 中第 4、5 项就是平均数时间数列。

由于平均指标有静态平均数和动态平均数两种，所以平均数时间数列也有两类。一类是由一般平均数组成的时间数列，如表 3 - 2 中第 5 项；另一类是由序时平均数组成的时间数列，如表 3 - 2 中第 4 项，是动态平均数。

平均数时间数列中各个指标数值不能相加，相加后无意义。

为了对社会经济现象发展过程进行全面分析，上述各种时间数列可结合起来运用。

三、时间数列的编制原则

编制时间数列的目的就是通过对数列中各个指标进行动态分析来研究社会经济现象的发展变化过程及其规律性。因此保证数列中各个指标的可比性，是编制时间数列的基本原则。具体讲应注意以下几点：

1. 时间长短应该相等

对于时期数列，它的指标数值的大小与包含的时间长短有直接关系，所以同一时期数列，各指标值所属的时间长短应当一致；对于时点数列，要求各时点的间隔尽可能相等，以便准确地研究现象发展变化的动态或趋势。

2. 总体范围要一致

指标值的大小与被研究对象所属总体空间范围有直接关系。例如，研究四川省自改革开放以来的经济发展状况时，对重庆市划出成为直辖市前后四川省的各项经济指标是不能直接进行对比的，只有调整后的在同一总体范围内的各年经济指标对比才能说明问题。

3. 经济内容要一致

对于指标名称相同，而前后时期经济内容不一致的时间数列，不能进行对比，需要作调整。比如，劳动生产率有按国内生产总值（GDP）计算的劳动生产率和按总产出计算的劳动生产率，两者是不同的。

4. 计算方法要一致

对于指标名称相同，经济内容一致的时间数列，有时因计算方法不同，各时间的指标值也不具有可比性。当某种统计数据的计算方法做了重大改变，要利用时间数列进行动态比较时，要统一计算方法。

5. 计算价格和计量单位要一致

统计指标在计算时所使用的价格种类较多，同类指标值的计算价格不同，指标值的大小也不同。因此，在时间数列中同类指标数值的计算价格要统一，实物指标值的计量单位也要相同。

第二节 动 态 分 析 指 标

编制和运用时间数列，必须进一步作动态分析，目的是要深刻地揭示社会经济现象的发展过程和规律性，反映现象的发展水平和发展速度。因此动态分析指标包括现象发展的水平指标和现象发展的速度指标。水平指标包括：发展水平、平均发展水平、增长量和平均增长量；速度指标包括：发展速度、平均发展速度、增长速度、平均增长速度。

一、时间数列水平指标

（一）发展水平

发展水平（以 a_i 表示）是指时间数列中某一指标的各项指标数值，它反映现象发展变化在各个不同时期（时点）所达到的规模或水平。发展水平是计算其他时间数列指标的基础。

发展水平一般指总量指标，如工资总额、产品产值、建筑业增加值、年末从业人数等。也包括相对指标，如人口出生率、人口密度、产值计划完成程度、生产人员占全部从业人员比重等；以及平均指标，如平均工资、劳动生产率、单位产品成本等。

各指标数值在时间数列中分别处在不同位置上。处在数列第一项的指标数值，称最初水平，以 a_0 表示，处在最后一项的称最末水平，以 a_n 表示；其他各项称中间水平，以 a_i 表示。在动态对比时，作为对比基础时期（时点）的指标数值，称基础水平或基期水平，所要分析研究的那个时期（时点）的指标数值，称报告期水平或计算期水平。

发展水平在文字说明上，习惯用"增加到"或"增长为"、"降低到"或"降低为"来表示。

（二）平均发展水平

平均发展水平又称序时平均数或动态平均数。它是将时间数列中各发展水平加以平均而得到的平均数，用来反映某一现象在一段时期内的一般水平。

1. 平均发展水平的作用

（1）平均发展水平可以反映某种社会经济现象在一段时间内发展所达到的一般水平；

（2）平均发展水平可以消除现象在短时间波动的影响，便于在各段时间之间进行比较，来观察现象的发展趋势；

（3）平均发展水平可以用于更广泛的对比，如对不同单位、不同地区或不同国家在某一段时间内，某一事物发展达到的一般水平进行比较。

2. 平均发展水平与一般平均数的关系

平均发展水平和一般平均数都是把现象的数量差异加以抽象化，概括地反映现象的一般水平，这是共同点。两者的区别表现为，平均发展水平所平均的是社会经济现象在不同时间上的数量差异，从动态上说明其在某一段时间内发展的一般水平，它是根据时间数列来计算的；一般平均数所平均的是总体各单位某一标志值之间的差异，从静态上说明总体某一数量标志的一般水平，它是根据变量数列计算的。

3. 平均发展水平的计算方法

由于时间数列有绝对数时间数列、相对数时间数列和平均数时间数列三种，它们计算平均发展水平的方法也有所不同。

（1）根据绝对数时间数列计算平均发展水平。

由于绝对数时间数列分为时期数列和时点数列，它们有不同的特点，计算平均发展水平的方法也不同。

第一，根据时期数列计算平均发展水平。因为时期数列中的各指标是反映事物在一段时期发展过程的结果，其数值可以相加。因此采用简单算术平均法，即以时期项数去除时期数列中各个指标数值之和。其计算公式为

$$\bar{a} = \frac{a_1 + a_2 + \cdots + a_n}{n} = \frac{\sum a}{n} \tag{3-1}$$

式中　$\bar{a}$——平均发展水平；

　　　a——各期发展水平；

　　　n——时期项数。

【例3-1】　根据表3-2中第2项中自行完成施工产值的资料，计算2002～2006年间平均年发展水平时，根据公式计算如下。

$$年平均完成施工产值 = \frac{1000 + 1400 + 1800 + 2000 + 2200}{5} = 1680 \text{万元}$$

第二，根据时点数列计算平均发展水平。时点数列求平均发展水平有别于时期数列，通常以两步平均过程来完成。即首先分别求每两个时点之间的平均水平，然后再对各段平均水平再平均，最后得到全数列的总平均水平。时点数列都是某一时点的资料，在时点数列的两个时点之间一般都是有一定间隔的。因此根据时点数列求平均发展水平有两种情况。

1）第一种情况，由间隔相等的连续时点数列计算平均发展水平，计算公式为

$$\bar{a} = \frac{\dfrac{a_0 + a_1}{2} + \dfrac{a_1 + a_2}{2} + \cdots + \dfrac{a_{n-1} + a_n}{2}}{n} = \frac{\displaystyle\sum_{i=1}^{n} \dfrac{a_{i-1} + a_i}{2}}{n}$$

化简可得如下形式：

$$\bar{a} = \frac{\dfrac{1}{2} a_0 + a_1 + a_2 + \cdots + a_{n-1} + \dfrac{1}{2} a_n}{n} \tag{3-2}$$

【例3-2】　某施工单位下半年用工统计资料见表3-4。

表3-4　　　　　　　　　　　　某施工单位下半年用工资料表

时间	6月末	7月末	8月末	9月末	10月末	11月末	12月末
人数	132	155	121	187	217	210	194

求该单位下半年平均用工人数。

解　　　$$\bar{a} = \frac{\dfrac{132}{2} + 155 + 121 + 187 + 217 + 210 + \dfrac{194}{2}}{6} = 175.5 \text{（人）}$$

应进一步说明的是，由式（3-2）可看到，当数列的数值个数很多时，对 a_0、a_n，两个数分别除以2的影响就很小了。这时即可直接采用简单算术平均的方式计算，误差是很小的。如，当我们已知某单位一月份每天的用工人数，求月平均用工人数，就可用每天人数之和除以全月天数即可。

2) 第二种情况，根据间隔不等的连续时点数列计算平均发展水平。这种时点数列的资料不是逐日变动，只在变动时加以登记，就要以每次资料持续不断的间隔长度为权数对各时点水平加权，应用加权算术平均法计算平均发展水平，其计算公式为

$$\bar{a} = \frac{\frac{a_0+a_1}{2}t_1 + \frac{a_1+a_2}{2}t_2 + \cdots + \frac{a_{n-1}+a_n}{2}t_n}{t_1+t_2+\cdots+t_n} = \frac{\sum_{i=1}^{n}\left(\frac{a_{i-1}+a_i}{2}\right)}{\sum_{i=1}^{n}t_i} \qquad (3-3)$$

式中 t_i——$i-1$ 与 i 两点之间的间隔时间长度。

【例 3-3】 某市一年内进行了四次流动人口调查，调查结果见表 3-5。

表 3-5　　　　　　　　　某市一年内流动人口调查资料表

调查时间	1月1日	4月1日	9月1日	12月31日
流动人口（万人）	118.6	139.5	130.2	105.9

求该市全年平均流动人口数。

解 该市全年平均流动人口数：

由题已知 $a_0=118.6$，$a_1=139.5$，$a_2=130.2$，$a_3=105.9$，$t_1=3$，$t_2=5$，$t_3=4$

$$\bar{a} = \frac{\frac{118.6+139.5}{2}\times3 + \frac{139.5+130.2}{2}\times5 + \frac{130.2+105.9}{2}\times4}{3+5+4} = 127.8（万人）$$

（2）根据相对数时间数列计算平均发展水平。

因为相对数时间数列是由两个有密切联系的绝对数时间数列相应项对比而形成的，而且相对数之间不能直接相加，所以根据相对数时间数列计算平均发展水平，其基本方法是：先分别计算构成相对数时间数列的分子和分母数列的平均发展水平，然后再将这两个平均发展水平对比求得。其计算公式为

$$\bar{c} = \frac{\bar{a}}{\bar{b}} \qquad (3-4)$$

式中 $\bar{c}$——相对数时间数列发展水平；

$\bar{a}$——分子项数列的平均发展水平；

$\bar{b}$——分母项数列的平均发展水平。

由于相对数时间数列可以由两个时期数列对比形成，也可以由两个时点数列对比形成，还可能是由一个时期数列和一个时点数列对比形成。因此由于相对数时间数列的特点不同，计算其平均发展水平的方法也不一样，下面分三种情况介绍。

1) 第一种情况，由两个时期数列相应项对比形成的相对数时间数列计算平均发展水平。根据掌握资料不同分三种情况。

① 形成相对数时间数列的分子、分母资料齐备，则用两个简单算术平均数求平均发展水平。其计算公式为

$$\bar{c} = \frac{\frac{\sum a}{n}}{\frac{\sum b}{n}} = \frac{\sum a}{\sum b} \qquad (3-5)$$

② 当只掌握相对数时间数列资料和分母资料，缺少分子资料时，其计算公式为

$$\bar{c} = \frac{\sum bc}{\sum b} \qquad (3-6)$$

③ 当只掌握相对数时间数列资料和分子资料，缺少分母资料时，其计算公式为

$$\bar{c} = \frac{\sum a}{\sum \dfrac{a}{c}} \qquad (3-7)$$

【例 3 - 4】 某建工集团公司 2006 年第一季度所属甲、乙、丙三个建筑企业生产情况见表 3 - 6。

表 3 - 6 三个建筑企业生产情况表

企业名称	指 标 名 称	1 月	2 月	3 月
甲	实际竣工面积（a）	110	150	150
	计划竣工面积（b）	100	145	136
乙	计划竣工面积（b）	100	180	160
	实际完成（c）%	102	103	105
丙	实际竣工面积（a）	150	100	160
	实际完成（c）%	108	92	103

根据表 3 - 6 资料计算各企业第一季度月平均计划完成程度。

解 甲企业第一季度月平均计划完成程度：

$$\bar{c} = \frac{\sum a}{\sum b} = \frac{110 + 150 + 150}{100 + 145 + 136} \times 100\% = 107.6\%$$

乙企业第一季度月平均计划完成程度：

$$\bar{c} = \frac{\sum bc}{\sum b} = \frac{100 \times 102\% + 180 \times 103\% + 160 \times 105\%}{100 + 180 + 160} \times 100\% = 103.5\%$$

丙企业第一季度月平均计划完成程度：

$$\bar{c} = \frac{\sum a}{\sum \dfrac{a}{c}} = \frac{150 + 100 + 160}{\dfrac{150}{108\%} + \dfrac{100}{92\%} + \dfrac{160}{103\%}} \times 100\% = 101.8\%$$

2) 第二种情况，由两个时点数列相应项对比形成的相对数时间数列计算平均发展水平。

由于时点数列可分为连续时点数列和间断时点数列，且它们又分间隔相等和间隔不相等两种类型，因此其计算公式也不同。其中最常用的是根据间隔相等的间断时点数列计算平均发展水平。

① 根据两个间隔相等的连续时点数列相应项对比形成的相对数时间数列可用简单算术平均法计算平均发展水平，其计算公式为

$$\bar{c} = \frac{\dfrac{\sum a}{n}}{\dfrac{\sum b}{n}} = \frac{\sum a}{\sum b} \qquad (3-8)$$

计算方法与由两个时期数列对比形成的相对数时间数列求平均发展水平基本相同。

② 根据两个间隔不等的连续时点数列相应项对比形成的相对数时间数列计算平均发展水平的基本公式为

$$\bar{c} = \frac{\bar{a}}{\bar{b}} = \frac{\dfrac{\sum af}{\sum f}}{\dfrac{\sum bf}{\sum f}} = \frac{\sum af}{\sum bf} \tag{3-9}$$

【例 3-5】 某建筑企业 2007 年 4 月从业人数变动资料见表 3-7。

表 3-7　　　　　　　　　　某企业 2007 年 4 月从业人数变动表

时　间	1~5 日	6~20 日	21~30 日
生产人员数 a（人）	100	100	100
从业人员数 b（人）	120	150	140

根据上表资料，计算 4 月份生产人员占全部从业人员平均比重。

解　$\bar{c} = \dfrac{\sum af}{\sum bf} = \dfrac{100 \times 5 + 100 \times 15 + 100 \times 10}{120 \times 5 + 150 \times 15 + 140 \times 10} \times 100\% = 70.6\%$

③ 根据两个间隔相等的间断时点数列相应项对比所形成的相对数时间数列计算平均发展水平，其计算公式为

$$\bar{c} = \frac{\bar{a}}{\bar{b}} = \frac{\dfrac{a_0}{2} + a_1 + a_2 + \cdots + a_{n-1} + \dfrac{a_n}{2}}{\dfrac{b_0}{2} + b_1 + b_2 + \cdots + b_{n-1} + \dfrac{b_n}{2}} \tag{3-10}$$

【例 3-6】 某建筑企业 2007 年第三季度各月末从业人员人数资料见表 3-8。

表 3-8　　　　　某建筑企业 2007 年第三季度各月末从业人员人数统计表

时　间	6 月 30 日	7 月 31 日	8 月 31 日	9 月 30 日
生产人员数 a（人）	100	90	110	120
从业人员数 b（人）	120	100	120	140

根据表 3-8 资料，计算该企业第三季度生产人员占全体从业人员比重。

解　$\bar{c} = \dfrac{\dfrac{100}{2} + 90 + 110 + \dfrac{120}{2}}{\dfrac{120}{2} + 100 + 120 + \dfrac{140}{2}} \times 100\% = 88.6\%$

④ 根据两个间隔不等的间断时点数列相应项对比所形成的相对数时间数列计算平均发展水平，其计算公式为

$$\bar{c} = \frac{\bar{a}}{\bar{b}} = \frac{\dfrac{a_0 + a_1}{2} f_1 + \dfrac{a_1 + a_2}{2} f_2 + \cdots + \dfrac{a_{n-1} + a_n}{2} f_n}{\dfrac{b_0 + b_1}{2} f_1 + \dfrac{b_1 + b_2}{2} f_2 + \cdots + \dfrac{b_{n-1} + b_n}{2} f_n} \tag{3-11}$$

【例 3-7】 某建筑企业 2007 年第三季度从业人员变动资料见表 3-9。

表 3-9　　　　　　某建筑企业 2007 年第三季度从业人员变动资料表

时　间	6 月 30 日	8 月 31 日	9 月 30 日
生产人员数 a（人）	100	110	90
从业人员数 b（人）	120	140	100
生产人员比重 c（%）	83.3	78.6	90

根据表 3-9 资料，计算该企业第三季度生产人员占从业人员的平均比重。

解

$$\text{生产人员平均比重} = \frac{\dfrac{100+110}{2}\times 2 + \dfrac{110+90}{2}\times 1}{\dfrac{120+140}{2}\times 2 + \dfrac{140+100}{2}\times 1}\times 100\% = \frac{320}{380}\times 100\% = 84.2\%$$

3) 第三种情况，由时期数列和时点数列相应项对比形成的相对数时间数列计算平均发展水平。一般情况下，分子为时期数列，分母为间隔相等的间断时点数列，则应先根据时间数列的特点采用不同的公式计算分子项数列的平均发展水平和分母项数列的平均发展水平，再将两个平均发展水平对比求得相对数时间数列的平均发展水平。其计算公式为

$$\bar{c} = \frac{\bar{a}}{\bar{b}}$$

【例 3-8】 某建筑企业 2007 年第一季度库存钢筋资料见表 3-10。

表 3-10　　　　　　　　　　企业 2007 年第一季度库存钢筋情况表

时　　间	上年 12 月	1 月	2 月	3 月
钢筋消耗量 a (t)	—	100	80	120
月末库存量 b (t)	10	20	10	30

根据表 3-10 计算钢筋在第一季度月平均周转率。

解　$\text{钢筋周转率} = \dfrac{\text{钢筋消耗量}}{\text{平均钢筋库存量}}\times 100\%$

由于表 3-10 的钢筋消耗量是时期数列，钢筋库存量是时点数列，则第一季度平均钢筋周转率为

$$\bar{a} = \frac{\sum a}{n} = \frac{100+80+120}{3} = \frac{300}{3} = 100 \ (\text{t})$$

$$\bar{b} = \frac{\dfrac{b_0}{2}+b_1+\cdots+b_{n-1}+\dfrac{b_n}{2}}{n} = \frac{\dfrac{10}{2}+20+10+\dfrac{30}{2}}{3} = \frac{50}{3} = 16.7 \ (\text{t})$$

$$\bar{c} = \frac{\bar{a}}{\bar{b}} = \frac{100}{16.7}\times 100\% = 598.8\%$$

(3) 根据平均数时间数列计算平均发展水平。

由于平均数时间数列可由一般平均数或序时平均数组成，它们的计算方法有一定区别。

1) 第一种情况，根据一般平均数组成的平均数时间数列计算平均发展水平。

平均数时间数列同相对数时间数列一样也是由两个绝对数时间数列相应项对比形成的，分子项数列是标志总量数列，分母项数列是总体单位总量数列，因此，计算其平均发展水平也应先分别计算分子项数列和分母项数列的序时平均数，再将这两个序时平均数进行对比，求得一般平均数时间数列的平均发展水平。其计算公式为

$$\bar{c} = \frac{\bar{a}}{\bar{b}}$$

【例 3-9】 某施工企业 2006 年下半年各月工人工资资料见表 3-11。

表 3-11   某施工企业 2006 年下半年各月工人工资

时间（月）	6	7	8	9	10	11	12	平均
工资总额 a（万元）	—	100	110	90	97	100	85.8	98.8
月末职工人数 b（人）	800	810	814	820	830	842	850	823.5
月平均工资 c（元）	—	1235	1351	1098	1169	1188	1009	1200

根据以上资料计算该企业 2006 年下半年月平均工资。

解 $\bar{c} = \dfrac{\bar{a}}{\bar{b}} = \dfrac{98.8}{823.5} \times 10\,000 = 1200$（元）

2）第二种情况，根据序时平均数形成的平均数时间数列计算平均发展水平，也分为两种。

① 由时期相等的序时平均数所形成的平均数时间数列可用简单算术平均法，其计算公式为

$$\bar{a} = \frac{\sum a}{n} \tag{3-12}$$

【例 3-10】 某施工企业 2006 年流动资金占用资料见表 3-12。

表 3-12   某施工企业 2006 年流动资金占用情况表

时间（月）	1	2	3	4	5	6	7	8	9	10	11	12	合计
流动资金平均占用额（万元）	180	190	210	210	220	230	210	200	230	250	260	260	2650

根据上表资料，计算该企业 2006 年流动资金月平均占用额。

解 $\bar{a} = \dfrac{2650}{12} = 220.83$（万元）

② 根据时期不等的序时平均数所形成的平均数时间数列计算平均发展水平，则以时期长度为权数，用加权算术平均法计算。计算公式为

$$\bar{a} = \frac{\sum af}{\sum f} \tag{3-13}$$

【例 3-11】 某施工企业 2006 年流动资金占有情况为：第一季度每月占流动资金 200 万元，第二、第三季度每月占用流动资金 300 万元，第四季度每月占流动资金 250 万元，求该企业 2006 年流动资金月平均占用额。

解 $\bar{a} = \dfrac{\sum af}{\sum f} = \dfrac{200 \times 3 + 300 \times 3 \times 2 + 250 \times 3}{12} = 262.5$（万元）

（三）增长量

1. 增长量的概念

增长量是说明数列中报告期水平与基期水平相比变动的绝对数量，反映报告期比基期增长的水平。计算公式为

$$增长量 = 报告期水平 - 基期水平 \tag{3-14}$$

增长量可以是正值，也可以是负值，正值表示增加或增长，负值表示减少或降低。其具体的经济意义要根据指标的性质进行分析而定。例如产品产量、产值、劳动生产率等增长量为正值较好；单位成本、期间费用等是负值较好。

2. 增长量的计算种类

由于采用的基期不同，增长量又可分为逐期增长量和累计增长量两种。

（1）逐期增长量。

逐期增长量就是报告期水平与前一期水平之差，说明本期比上期增长的绝对数量。用公式表示为

$$逐期增长量 = 报告期水平 - 前一期水平 \qquad (3-15)$$

它表明相邻两个时期每一个报告期比基期增长或减少的绝对数量，用符号表示为

$$a_1 - a_0, a_2 - a_1, a_3 - a_2, \cdots, a_n - a_{n-1}$$

（2）累计增长量。

累计增长量就是报告期水平与某一固定时期水平（通常为最初水平）之差，说明本期比某一固定时期增长的绝对数量。用公式表示为

$$累计增长量 = 报告期水平 - 固定基期水平 \qquad (3-16)$$

它表明现象在一段时期内报告期比某一固定时期水平总的增加或减少数量，用符号表示为

$$a_1 - a_0, a_2 - a_0, a_3 - a_0, \cdots, a_n - a_0$$

（3）逐期增长量与累计增长量的关系。

同一时间数列的逐期增长量与累计增长量之间存在着一定的计算关系，一是累计增长量等于相应各时期逐期增长量之和。用公式表示为

$$a_n - a_0 = (a_1 - a_0) + (a_2 - a_1) + \cdots + (a_n - a_{n-1}) \qquad (3-17)$$

【例 3-12】　某市 2001～2006 年房屋建筑竣工面积见表 3-13。

表 3-13　　　　　　　　　某市 2001～2006 年房屋建筑竣工面积资料表

年　　份		2001	2002	2003	2004	2005	2006
房屋建筑竣工面积	符号	a_0	a_1	a_2	a_3	a_4	a_5
	数量（万 m^2）	899.87	943.66	987.54	1000.77	1100.67	1309.64
逐期增长量 $a_n - a_{n-1}$		—	43.79	43.88	13.23	99.9	208.97
累计增长量 $a_n - a_0$		—	43.79	87.67	100.9	200.8	409.77

解　从表 3-13 资料得：43.79+43.88+13.23+99.9+208.97＝409.77（万 m^2）

二是相邻两个累计增长量之差，等于相应时期的逐期增长量。即

$$(a_n - a_0) - (a_{n-1} - a_0) = a_n - a_{n-1}$$

表 3-13 中，2004 年的逐期增长量＝100.9－87.67＝13.23（万 m^2）

（4）年距增长量。

在实际统计分析工作中，为了消除季节变动的影响，经常使用年距增长量指标，即本期发展水平比上年同期发展水平的增长量。用公式表示为

$$年距增长量 = 本期发展水平 - 上年同期发展水平 \qquad (3-18)$$

例如，某市 2006 年初有建筑企业 260 个，2005 年初有 236 个，则年距增长量＝260－236＝24（个），说明该市建筑企业个数 2006 年年初比 2005 年年初增加 24 个。

（四）平均增长量

平均增长量是逐期增长量的序时平均数，用来说明社会现象在一定时期内平均每期增加或减少的数量。其计算公式为

$$平均增长量 = \frac{逐期增长量之和}{逐期增长量的项数} = \frac{累计增长量}{时间数列项数 - 1} \qquad (3-19)$$

根据上表中的资料，计算 2001～2006 年该市每年的平均房屋建筑面积增长量为

$$年均房屋建筑竣工面积增长量 = \frac{43.79 + 43.88 + 13.23 + 99.9 + 208.97}{5}$$

$$= \frac{409.77}{5} = 81.95 （万 m^2）$$

二、时间数列速度指标

时间数列的速度指标主要有发展速度、增长速度、平均发展速度、平均增长速度四种。其中发展速度是最基本的速度指标。它是从相对数和平均数的角度来分析社会经济现象的发展程度和增长幅度。

（一）发展速度

1. 发展速度的概念

发展速度是报告期水平与基期水平之比，表明现象发展变化的程度动态相对指标。一般用百分数表示。其计算公式为

$$发展速度 = \frac{报告期水平}{基期水平} \qquad (3-20)$$

当发展速度大于 1 时，说明现象发展呈上升趋势；当发展水平速度等于 1 时，说明现象没有变化；当发展速度小于 1 时，说明现象的发展呈下降趋势。

2. 发展速度的种类及计算方法

根据采用的基期不同，发展速度可分为环比发展速度和定基发展速度两种，构成两个速度数列。

（1）环比发展速度。

环比发展速度就是报告期水平与前一期水平之比，说明报告期水平相当于它前一期水平的若干倍或百分之几。其计算公式为

$$环比发展速度 = \frac{报告期水平}{前一期水平} \qquad (3-21)$$

用符号表示为

$$\frac{a_1}{a_0}, \frac{a_2}{a_1}, \frac{a_3}{a_2}, \cdots, \frac{a_n}{a_{n-1}}$$

由公式可看出，环比发展速度是数列中相邻的两个发展水平比，它说明现象在数列各期上的相对变动发展程度，亦可称为逐期发展速度。

（2）定基发展速度。

定基发展速度就是报告期水平与某一固定基期水平（一般为最初水平）之比，说明报告期水平相当于固定基期水平的若干倍或百分之几。同时也表明这种现象在较长时期内总的发展速度。其计算公式为

$$定基发展速度 = \frac{报告期水平}{固定基期水平} \qquad (3-22)$$

用符号表示为

$$\frac{a_1}{a_0}, \frac{a_2}{a_0}, \frac{a_3}{a_0}, \cdots, \frac{a_n}{a_0}$$

由公式可看出，定基发展速度是数列中各期发展水平分别与某一固定时期的发展水平对比的结果，它反映了各期现象的发展水平相对于数列基期水平的发展变化程度，又称总发展速度。

（3）环比发展速度和定基发展速度的关系。

它们之间的数量关系表示为同一时间数列的定基发展速度等于相应各环比发展速度的连乘积。即

$$\frac{a_n}{a_0} = \frac{a_1}{a_0} \times \frac{a_2}{a_1} \times \cdots \times \frac{a_n}{a_{n-1}}$$

另外，两个相邻时期的定基发展速度之商等于相应时期的环比发展速度。即

$$\frac{a_n}{a_{n-1}} = \frac{a_n}{a_0} \div \frac{a_{n-1}}{a_0}$$

【例 3-13】　以表 3-13 提供的房屋建筑竣工面积时间数列资料，计算其发展速度指标，见表 3-14。

表 3-14　　　　　　　　　　　**环比发展速度及定基发展速度表**

年　　份		2001	2002	2003	2004	2005	2006
房屋建筑竣工面积	符号	a_0	a_1	a_2	a_3	a_4	a_5
	数量（万 m^2）	899.87	943.66	987.54	1000.77	1100.67	1309.64
环比发展速度（%）$\frac{a_n}{a_{n-1}}$		—	104.87	104.65	101.34	109.98	118.99
定基发展速度（%）$\frac{a_n}{a_0}$		100	104.87	109.74	111.21	122.31	145.54

解　用上表资料计算得出：

$$145.54\% = 104.87\% \times 104.65\% \times 101.34\% \times 109.98\% \times 118.99\%$$

（4）年距发展速度。

在实际统计分析工作中，为了消除季节变动的影响，常常计算年距发展速度，即本期发展水平与上年同期发展水平对比而达到的发展程度。一般在时间长度短于一年的月、季时期指标或时点指标之间计算，用公式表示为

$$年距发展速度 = \frac{报告期水平}{上年同期水平} \tag{3-23}$$

（二）增长速度

1. 增长速度的概念

增长速度是用增长量与基期水平对比所得到的相对数。它是扣除了基数后的变动程度，表明现象增长（或下降）的相对程度。其计算公式为

$$增长速度 = \frac{增长量}{基期水平} = \frac{报告期水平 - 基期水平}{基期水平} = 发展速度 - 1 \tag{3-24}$$

当发展速度大于 1 时，增长量为正值，表示现象增长程度和发展方向是上升的；当发展速度小于 1 时，增长速度为负值，表示现象的降低程度，其发展方向是下降的。

2. 增长速度的种类及计算方法

（1）环比增长速度。

环比增长速度是选择前一期水平作基期，表明现象逐期增长（或降低）的程度及方向。即

$$环比增长速度 = \frac{逐期增长量}{前一期水平} = 环比发展速度 - 1 \quad（或100\%）\qquad (3-25)$$

用符号表示为

$$\frac{a_1 - a_0}{a_0}, \frac{a_2 - a_1}{a_1}, \frac{a_3 - a_2}{a_2}, \cdots, \frac{a_n - a_{n-1}}{a_{n-1}}$$

或

$$\frac{a_1}{a_0} - 1, \frac{a_2}{a_1} - 1, \frac{a_3}{a_2} - 1, \cdots, \frac{a_n}{a_{n-1}} - 1$$

（2）定基增长速度。

定基增长速度是选择固定基期水平作基期，表明现象在一个较长时期内总的增长（或降低）的程度及方向，又称总增长速度。计算公式为

$$定基增长速度 = \frac{累计增长量}{固定基期水平} = 定基发展速度 - 1（或100\%）\qquad (3-26)$$

以符号表示为

$$\frac{a_1 - a_0}{a_0}, \frac{a_2 - a_0}{a_0}, \frac{a_3 - a_0}{a_0}, \cdots, \frac{a_n - a_0}{a_0}$$

或

$$\frac{a_1}{a_0} - 1, \frac{a_2}{a_0} - 1, \frac{a_3}{a_0} - 1, \cdots, \frac{a_n}{a_0} - 1$$

【例 3-14】 以表 3-13 资料为例，计算其增长速度指标，见表 3-15。

表 3-15　　　　　　　　　　　环比增长速度及定基增长速度表

年　份		2001	2002	2003	2004	2005	2006
房屋建筑竣工面积	符号	a_0	a_1	a_2	a_3	a_4	a_5
	数量（万 m^2）	899.87	943.66	987.54	1000.77	1100.67	1309.64
环比增长速度（%）$\frac{a_n}{a_{n-1}} - 1$		—	4.87	4.65	1.34	9.98	18.99
定基增长速度（%）$\frac{a_n}{a_0} - 1$		—	4.87	9.74	11.21	22.31	45.54

（3）环比增长速度和定基增长速度的关系。

环比增长速度和定基增长速度都是发展速度的派生指标，它们只反映现象增长（或下降）的相对程度，所以，定基增长速度不等于各环比增长速度的连乘积，相互间不能直接推算。如要由环比增长速度求定基增长速度，必须将环比增长速度加上基数 1 还原为环比发展速度，然后再将各环比发展速度连乘得到定基发展速度，最后将其结果减 1 就是定基增长速度。

（三）平均发展速度

平均发展速度也是序时平均数，它是对时间数列中不同时间单位上环比发展速度的平

均，反映现象在较长时期内平均每一期的发展程度。平均发展速度的计算不能采用算术平均的方法，而是要采用几何平均法和方程式法两种。这里主要介绍几何平均法的计算。

几何平均法是以各期环比发展速度的连乘积开项数次方求平均发展速度。公式推导如下：

由于
$$\frac{a_1}{a_0} \times \frac{a_2}{a_1} \times \cdots \times \frac{a_n}{a_{n-1}} = \frac{a_n}{a_0}$$

$$\chi_1 \cdot \chi_2 \cdot \chi_3 \cdot \cdots \cdot \chi_n = R \quad （总速度）$$

$$\bar{\chi} = \sqrt[n]{\chi_1 \cdot \chi_2 \cdot \chi_3 \cdot \cdots \cdot \chi_n} = \sqrt[n]{\frac{a_n}{a_0}} = \sqrt[n]{R}$$

式中　　　　　　　　$\bar{\chi}$——平均发展速度；

$\chi_1, \chi_2, \chi_3, \cdots, \chi_n$——各期环比发展速度；

a_0——基期水平；

a_n——报告期水平；

R——总速度；

n——环比发展速度的项数。

平均发展速度是表明现象在一定发展阶段内发展变动的一般程度，是总速度 R 的平均数，而总速度又是各期环比发展速度的连乘积。因此，计算平均发展速度的三个公式实质是一样的，在应用中可以根据已知资料不同选择使用。

仍以表 3-13 资料为例，计算 2001～2006 年房屋建筑竣工面积的平均发展速度如下：

$$\bar{\chi} = \sqrt[5]{104.87\% \times 104.65\% \times 101.34\% \times 109.98\% \times 118.99\%} = \sqrt[5]{145.54\%} \approx 107.79\%$$

计算平均法的思路是：从最初水平 a_0 出发，在平均发展速度 $\bar{\chi}$ 下，经过几期达到最末水平 a_n。这种方法重点在于考察最末期水平，因此叫水平法。

（四）平均增长速度

平均增长速度是说明现象在一段时期内平均每年增长的程度，它比平均发展速度能更好地反映现象的发展变化。

平均增长速度不能直接根据环比增长速度或增长量计算，而只有先计算平均发展速度，将其减 1（或 100%）即可。公式为

$$平均增长速度 = 平均发展速度 - 1 \quad （或 100\%） \tag{3-27}$$

仍以表 3-13 资料为例，计算 2001～2006 年房屋建筑竣工面积的平均增长速度如下：

$$平均增长速度 = \sqrt[n]{\frac{a_n}{a_0}} - 1 = \sqrt[5]{145.54\%} - 1 \approx 107.79\% - 1 = 7.79\%$$

第三节　时间数列构成分析

仅仅对时间数列的水平、速度进行计算分析有时还不够，要进一步认识现象发展变化的内在原因和规律，就需要对时间数列的构成要素进一步的分析与研究。

一些社会经济现象的长期变化往往是由多种因素影响所致。在这些因素中，有些是具有决定性作用的本质因素，有些则是偶然发生作用的非本质因素。本质因素的作用稳定、一

贯，往往决定了现象发展的长期趋势或有规则的变动；非本质因素的作用是不稳定的，常常导致现象发生短期的不规则变动。对这些因素加以分析，对它们的影响进行测量和分析，无疑将大大有助于我们对现象发展变化规律性的认识和把握，以及对现象未来发展趋势的预测。

一、时间数列的构成

某种社会经济现象随着时间推移而呈现的变化，是由许多复杂因素共同作用的结果，通过时间数列将每一种因素的影响程度分别测定出来是能够做到的。就社会经济现象而言，构成时间数列的要素一般可分为四类：长期趋势、季节变动、循环波动和不规则变动。

1. 长期趋势

长期趋势是指现象在较长时期的发展变化中所呈现出来的上升或下降的趋势，通常被解释为是影响现象发展的一些基本因素作用的结果。这些基本因素可以是生产力的发展，也可以是社会制度或某种经济体制的改革等，例如新中国成立以来我国国民收入持续增长的总趋势，其根本原因是社会制度使生产力得到了解放。认识和掌握现象变动发展的长期趋势，可以把握事物变化发展的基本态势。

2. 季节变动

季节变动是指现象在发展过程中因季节性因素或与季节相关的因素影响而发生的随季节变换而有规则地反复出现的变动，其周期一般为一年。许多社会经济现象的时间数列都有一定季节性的上升和下降的规律，如施工企业每年的2月和雨季为施工淡季，春、秋为旺季；沙河和河卵石的开挖也受季节影响；啤酒的生产销售也有季节变动等。虽然不同的时间数列季节变动幅度不同，但它们的周期都是固定的，一般均为一年。引起季节变动的原因既有自然因素，也有人为因素，如气候条件、节假日以及风俗习惯等。认识和掌握季节变动，对于未来行动决策有着重要意义。

3. 循环波动

循环波动也是一种周而复始的周期性变动，它与季节变动的区别主要在于变动周期较长，且周期长度也不十分确定，其形成因素也较为复杂，是动态研究中的难点。不同现象变动周期的长短不同，上下波动的程度也不同，但每一周期都呈现盛衰起伏相间的状况。它与季节性变动不同，循环波动的周期常在一年以上。例如经济周期表现为扩张、衰退收缩和复苏等阶段性的起伏，一种新型建筑材料从试销到大批量生产，从盛到衰，最后被其他新产品代替。认识和掌握循环变动的周期和规律，预见下一个循环变动可能产生的影响，对经济发展具有重要作用。

4. 不规则变动

不规则变动是指那些因突发性事件和偶然性因素导致的现象短期变动，这种变动因其无规律可循而难以预料，动态分析中希望排除它们的影响。例如战争、地震、洪水等引起的无规律的变动，都是无法预知的。

二、时间数列的分解模型

时间数列构成分析就是把时间数列受各因素的影响状况分别测出来，找到现象变化的原因和规律，为预测和决策提供依据。一个时间数列的数值表现，理论上讲包含了四种因素共同作用的结果，但在实际统计分析过程中，时间数列包含什么因素就测定什么因素。

时间数列构成分析首先要建立构成因素与时间数列关系的数学模型，许多研究从不同的角度建立了许多不同的时间数列构成模型。其中一种最基本、最常见的是乘法模型。

设时间数列为 Y，长期趋势为 T，季节变动为 S，循环波动为 C，不规则变动为 I，则时间数列构成的乘法模型为

$$Y = T \times S \times C \times I$$

其中，长期趋势的测量值 T 是与时间数列 Y 相同计量单位的数值，而其他要素的测量值均为相对数数值，一般为百分数形式。

三、长期趋势的测定

研究长期趋势目的在于测定和分析过去一段相当长的时间内，客观现象持续上升、持平或下降的总发展趋势，这对编制长期计划、指导生产具有重要作用，同时可以消除原有时间数列长期趋势的影响，以便更好地研究季节变动等因素。

所谓长期趋势测定，就是运用一定的计算分析方法，将原时间数列（实际值数列），加工成一个新数列（趋势值数列），以新数列鲜明地揭示出现象发展变化的总趋势。

长期趋势测定的方法很多，常用的有移动平均法和最小二乘法两种。

（一）移动平均法

移动平均法是通过对原时间数列的修匀，来达到消除数列中的各种短期变动，呈现现象基本发展趋势的目的。

移动平均法的步骤为：首先，根据原数列变动的特点确定平均的项数，尽量选择奇次项；随后，自数列首项开始逐项向后推移地计算前若干项数值的均值，每次平均的项数不变，直至推移平均到原数列的最后一项；最后，得到由一系列均值构成的一个新的时间数列。新数列的每个均值，其时间位置应居于所平均各项的中间点。即当平均项数为奇数时，均值正对中间项；若平均项数为偶数时，则均值落在中间两项之间，这时数列的时间状态不明确，需要再做一次两项移动平均，使均值数列移正与原数列的时间对齐。

【例 3 - 15】 某施工企业 2002～2006 年各季度完成的建筑业总产值资料见表 3 - 16，根据所给资料求该施工企业季度建筑业总产值数列的移动平均趋势数列。

表 3 - 16　　　　　　　某施工企业 2002～2006 年各季度建筑业总产值　　　　　单位：万元

年份	季　　度			
	一	二	三	四
2002	627	921	892	834
2003	776	1016	1026	1001
2004	965	1399	1361	1332
2005	1309	1553	1513	1429
2006	1361	1657	1635	1594

根据表 3 - 16 资料计算移动平均数列见表 3 - 17。

表 3 - 17　　　　　　　　　　　　　移 动 平 均 数 列

年.季	建筑业总产值	三项平均	四项平均	移动平均
2002.1	627	—	—	—
2	921	813.3	—	—
3	892	882.3	818.5	837.1
4	834	834.0	855.8	867.6

续表

年.季	建筑业总产值	三项平均	四项平均	移动平均
2003.1	776	875.3	879.5	896.3
2	1016	939.3	913.0	933.9
3	1026	1014.3	954.8	978.4
4	1001	997.3	1002.0	1049.9
2004.1	965	1121.7	1097.8	1139.6
2	1399	1241.7	1181.5	1222.9
3	1361	1364.0	1264.3	1307.3
4	1332	1334.0	1350.3	1369.5
2005.1	1309	1398.0	1388.8	1407.8
2	1553	1458.3	1426.8	1438.9
3	1513	1498.3	1451.0	1457.5
4	1429	1434.3	1464.0	1477.0
2006.1	1361	1482.3	1490.0	1505.3
2	1657	1551.0	1520.5	1541.1
3	1635	1628.7	1561.8	—
4	1594	—	—	—

根据表 3-17 绘制图 3-1。

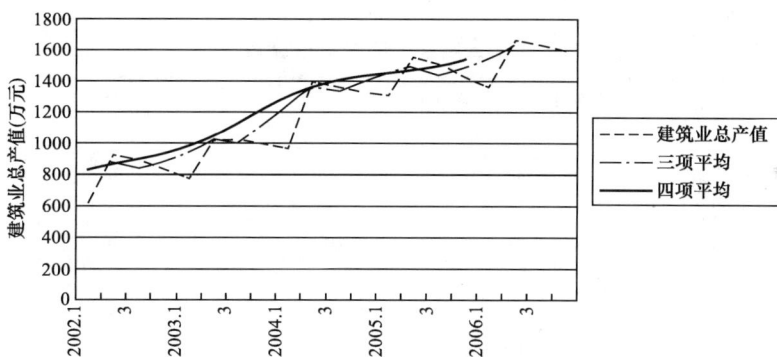

图 3-1 移动平均趋势数列对比图

从图 3-1 可以看出，移动平均后的新数列与原数列比较消除了许多短期变动，所以能凸显该施工企业五年间建筑业总产值的总体变化趋势。而且比较四项移动平均和三项移动平均的结果发现，平均项数越多，消除的差异越多，总体趋势也更明显。但是，移动平均法平均的项数越多，新数列两端损失的信息也就越多，描述的范围就变小，并且移动平均法无法进行趋势的外推，不适于预测。

（二）最小二乘法

对于同一个表现为直线趋势的时间数列，可以配合许多个方程，画出不同的直线，但总有一条最接近原趋势线，可以配合一个最适当的方程式，使实际指标值（y）与用该方程计算出的趋势值（y_t）之间的离差平方和最小，这种方法叫最小二乘法，也称最小平方法。用公式表示为

$$y_t = a + bt \tag{3-28}$$

式中　t——时间序号，可以是年、月、日；

　　　a——直线在 y 轴上的截距，即 t 为零时的 y 值；

　　　b——直线斜率，表示 t 每增加一个单位时 y_t 的变动值。

在趋势分析中，时间 t 是自变量，发展水平（指标数值）y 是因变量，根据最小二乘法的基本原理，解趋势方程 $y_t=a+bt$ 中的参数 a、b 的方程组为

$$\begin{cases} \sum y=na+b\sum t \\ \sum ty=a\sum t+b\sum t^2 \end{cases} \tag{3-29}$$

解此关于参数 a、b 的方程组得

$$\begin{cases} b=\dfrac{\sum ty-\dfrac{1}{n}\sum t\sum y}{\sum t^2-\dfrac{1}{n}(\sum t)^2} \\[3mm] a=\dfrac{\sum y}{n}-b\dfrac{\sum t}{n} \end{cases} \tag{3-30}$$

由这两个值确定的直线就是最佳的趋势直线。

在已知发展水平（y）及时间序号（t）的情况下，列表计算 $\sum y$、$\sum ty$、$\sum t^2$ 的数值，代入上面公式，从而得到 a、b。要注意的是，使用这种方法对时间数列进行预测必须注明原点和计算单位。

【例 3-16】　用最小二乘法测定表 3-16 的长期趋势。

表 3-18　　　　　　　　　　　最小二乘法长期趋势计算表　　　　　　　　单位：万元

年.季	时间序号（t）	建筑业总产值（y）	t^2	ty	$y_t=a+bt$
2002.1	1	627	1	627	733.1
2	2	921	4	1842	783.3
3	3	892	9	2676	833.5
4	4	834	16	3336	883.7
2003.1	5	776	25	3880	933.9
2	6	1016	36	6096	984.1
3	7	1026	49	7182	1034.3
4	8	1001	64	8008	1084.5
2004.1	9	965	81	8685	1134.7
2	10	1399	100	13 990	1185.0
3	11	1361	121	14 971	1235.2
4	12	1332	144	15 984	1285.4
2005.1	13	1309	169	17 017	1335.6
2	14	1553	196	21 742	1385.8
3	15	1513	225	22 695	1436.0
4	16	1429	256	22 864	1486.2
2006.1	17	1361	289	23 137	1536.4
2	18	1657	324	29 826	1586.6
3	19	1635	361	31 065	1636.8
4	20	1594	400	31 880	1687.1
$\sum$	210	24 201	2870	287 503	

根据表 3-18，解方程组求参数 a、b 得

$$b=\frac{\sum ty-\frac{1}{n}\sum t\sum y}{\sum t^2-\frac{1}{n}(\sum t)^2}=\frac{287\ 503-\frac{1}{20}\times210\times24\ 201}{2870-\frac{210^2}{20}}\approx50.21$$

$$a=\frac{\sum y}{n}-b\frac{\sum t}{n}=\frac{24\ 201}{20}-50.21\times\frac{210}{20}\approx682.85$$

因此趋势方程为：$y_t=682.85+50.21t$

按此趋势方程，令 $t=1$，2，3，…，20，可得到各期相应的趋势值，计算结果见表 3-18 中的 y_t，并绘制直线趋势图 3-2。

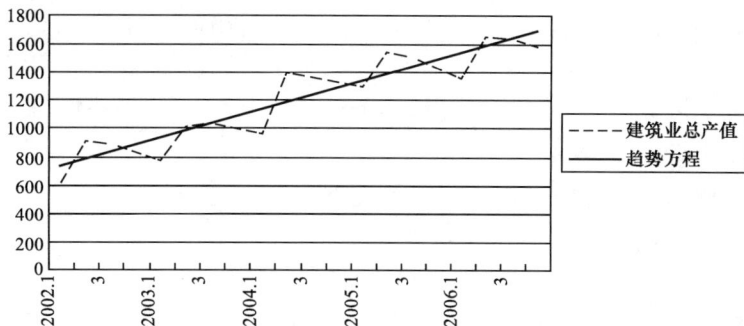

图 3-2 直线趋势图

用最小二乘法拟合的趋势方程具有外推的意义，可以用来对现象未来的趋势值进行预测。

例如，预测该施工企业 2010 年第二季度的建筑业总产值。

即 2010 年第二季度的趋势值，$t=34$，即 $y_{34}=682.85+50.21\times34=2389.99$（万元）

四、季节变动的测定

现象季节变动是指某些社会经济现象，由于受到自然条件和社会条件的影响，随着季节的变更而出现季节性的变化。测定季节变动的目的在于掌握季节变动的周期和规律，克服由于季节变动引起的不良影响，以便更好地制订计划、组织生产，促进经济不断发展。例如，建筑业生产受季节变动的影响较大，北方的冬季、南方的雨季都会对露天作业的施工生产造成不利影响。所以，南方在雨季到来前，北方在冬季到来前，如果能科学地安排生产，就能把不利影响降低到最小。

季节变动的测定方法有很多，通常用按月（季）平均法和趋势剔除法。

（一）按月（季）平均法

按月（季）平均法是最常用也是最简便的方法，这种方法不考虑长期趋势的影响，直接用原时间数列来计算，为了较准确的观察季节变动情况，需要连续三年以上的发展水平资料，加以平均分析。其计算步骤和方法如下：

（1）根据各年按月（季）的时间数列资料计算出各年同月（季）的平均水平。

（2）计算全时间数列总平均月（季）水平。

（3）将各年同月（季）的平均水平与总平均水平进行对比，即得到季节指数。

【例 3-17】 某建筑公司在 2004～2006 年各月完成施工产值资料见表 3-19。

表 3-19　　　　　　　　某建筑公司在 2004～2006 年各月完成施工产值资料表

	1月	2月	3月	4月	5月	6月	7月	8月	9月	10月	11月	12月	全年月平均
2004	252	220	306	330	332	344	320	310	355	380	418	440	333.9
2005	261	227	313	345	354	358	331	322	369	398	430	452	346.7
2006	283	249	334	362	363	367	342	335	372	410	441	463	360.1
三年合计	796	696	953	1037	1049	1069	993	967	1096	1188	1289	1355	12 488
三年月平均	265	232	318	346	350	356	331	322	365	396	430	452	346.9
季节比率（%）	76.4	66.9	91.7	99.6	100.9	102.6	95.4	92.8	105.2	114.2	124	130.3	100.0

根据表 3-19 资料，计算过程如下。

（1）计算各年同月份的平均数，首先将各年同月数值相加，再求出各月平均数。如 1 月份平均数为

$$(252+261+283)/3＝265$$

其他月份依次类推。见表 3-19。

（2）计算三年间总平均月施工产值，得 12 488/36＝346.9

（3）计算各月季节指数。如 1 月份为

$$265/346.9≈76.4\%$$

其他各月依次类推。见表 3-19。

如此由各月季节指数排列成的时间数列，清楚地表明该施工队施工生产受季节影响的幅度较大。三年平均 2 月份产值最低，12 月份最高，全年 12 个月高于平均月产值的只有 5月、6 月、9 月、10 月、11 月、12 月，说明这些时期气候较适宜施工生产，是建筑生产的黄金季节；1 月、2 月份产值较低的主要原因在于气候寒冷不利于施工，再加上 2 月份节假日占一定时间，使产值更低；7、8 月较前后月份有所降低，主要与季节来临、气候炎热有关，明显地反映出施工生产的变动规律。

（二）趋势剔除法

趋势剔除法是通过乘法模型剔除长期趋势的影响，然后再以同期平均法消除其他变动因素的影响，其步骤是：

（1）以乘法模型 $Y＝T×S×C×I$ 为依据，用 $\dfrac{Y}{T}$ 剔除长期趋势的影响。T 为通过移动平均法或最小二乘法所测定的长期趋势值。

（2）$\dfrac{Y}{T}＝S×C×I$ 表明剔除长期趋势后的数列为包含 S、C、I 三者影响在内的相对数数列，对该数列的各年同月或同季数据求同期平均数，再做适当调整，即可得到季节指数。

【例 3-18】　以表 3-16 资料为例，计算该施工企业建筑业总产值的季节指数 S。计算结果见表 3-20 所示。

由该季节指数计算表可知，该施工企业的建筑业总产值由于季节因素的影响，在第一、四季度下降，在第二、三季节增加。

另外可以通过季节指数对趋势值进行季节调整。如上例中预测该施工企业 2010 年第二季度的建筑业总产值的趋势值进行季节调整：y_{34} 季节调整值＝2389.99×111.1%＝2655.3（万元）。

表 3 - 20　　　　　　　　　　　**季节指数计算表**

	年份	一季度	二季度	三季度	四季度
原数列 Y （万元）	2002	627	921	892	834
	2003	776	1016	1026	1001
	2004	965	1399	1361	1332
	2005	1309	1553	1513	1429
	2006	1361	1657	1635	1594
长期趋势 $T=y_t$	2002	733.1	783.3	833.5	883.7
	2003	933.9	984.1	1034.3	1084.5
	2004	1134.7	1185.0	1235.2	1285.4
	2005	1335.6	1385.8	1436.0	1486.2
	2006	1536.4	1586.6	1636.8	1687.1
无趋势变动 $\dfrac{Y}{T}$	2002	85.5%	117.6%	107.0%	94.4%
	2003	83.1%	103.2%	99.2%	92.3%
	2004	85.0%	118.1%	110.2%	103.6%
	2005	98.0%	112.1%	105.4%	96.2%
	2006	88.6%	104.4%	99.9%	94.5%
同期平均季节指数 S		88.1%	111.1%	104.3%	96.2%

五、循环波动及不规则变动的测定

循环波动和不规则变动的测定，采用剩余法，即依据乘法模型的思路，从时间数列资料中陆续或以此消除长期趋势和季节变动，得到剩余的循环变动和不规则变动的数列；继而运用移动平均法消除不规则变动，测定出循环变动。如果原数列是年度资料，不含季节变动，则只需从原数列中消去长期趋势，而后移动平均消除不规则变动，即可呈现资料的循环变动。

本 章 小 结

统计动态分析是经济统计的重要内容，它可以使统计数字"活"起来，说明一定的经济现象。时间数列分析是根据社会经济现象在不同时间下的数量表现来研究它的发展变化过程，认识它的发展规律并预测其发展变化趋势，从而为科学的预测和决策提供依据。本章主要内容包括编制时间数列的方法和如何进行时间数列的分析。

掌握时间数列的概念、作用和种类以及动态分析指标的计算方法。时间数列动态分析指标包括现象发展的水平指标和现象发展的速度指标。水平指标包括：发展水平、平均发展水平、增长量和平均增长量；速度指标包括：发展速度、平均发展速度、增长速度、平均增长速度。

时间数列的构成要素包括长期趋势、季节变动、循环波动和不规则变动。重点掌握长期趋势和季节变动的测定方法。

练 习 题

1. 什么是时间数列？它分为哪几种类型？

2. 根据时点数列计算序时平均数的基本思想是什么？

3. 简述定基发展速度与环比发展速度之间的关系。

4. 几何平均法计算平均发展速度的基本原理是什么？该方法具有什么特点？

5. 时间数列构成因素有哪些？

6. 简述移动平均法的基本思想。

7. 某施工企业的施工产值和职工人数资料见表 3-21。

表 3-21　　　　　　某施工企业的施工产值和职工人数资料表

月　份	3	4	5	6
施工产值（万元）	1500	1600	1650	1850
月末职工人数（人）	600	615	630	660

计算该企业第 2 季度人均施工产值。

8. 1990~1995 年我国居民消费水平统计数据见表 3-22。

表 3-22　　　　　　1990~1995 年我国居民消费水平统计数据表

年　份	1990	1991	1992	1993	1994	1995
居民消费水平（元）	803	896	1070	1331	1781	2311

计算：（1）各年逐期增长量、累积增长量及年平均增长量；

　　　（2）各年环比发展速度、定基发展速度及各自的增长速度；

　　　（3）按水平法计算年平均发展速度及平均增长速度。

9. 试根据动态指标的相互关系，确定某建筑企业各年的建筑业总产值水平及相关动态指标并填入表 3-23 中空格。

表 3-23　　　　　　某建筑企业各年的建筑业总产值水平及相关动态指标表

年份	产值（万元）	增长量（万元）	发展速度（%）	增长速度（%）
2001	120	—	—	—
2002		8		
2003			108	
2004				6

10. 现有某建筑企业职工人数资料见表 3-24。

表 3-24　　　　　　某建筑企业职工人数资料表

	1 月	2 月	3 月	4 月	5 月	6 月	7 月
月初职工人数（人）	902	906	910	914			
月平均职工人数（人）				916	922	930	936

要求：（1）填各空格内所缺的职工人数；

　　　（2）计算第一季度和上半年的平均人数；

　　　（3）计算 6 月底较 1 月初职工人数的增长速度。

11. 某施工企业上半年工人数和总产值资料见表 3-25。

表 3 - 25 施工企业上半年工人数和总产值资料表

月 份	1	2	3	4	5	6	7
月初工人数（人）	2000	2020	2025	2040	2035	2045	2050
总产值（万元）	362	358	341	347	333	333	330

要求：（1）该企业第一季度和第二季度工人的平均劳动生产率，并加以比较；

（2）该企业上半年工人的劳动生产率。

12. 某市今年基建投资实际额为 890（百万元），计划明后两年基建投资额是今年的 2.8 倍，求年平均增长率以及明后两年各年的计划投资额。

13. 甲、乙两企业各年的产量资料见表 3 - 26。

表 3 - 26 甲、乙两企业各年的产量资料表

年 份	2001	2002	2003	2004	2005	2006	2007
甲企业产量（t）	3500	3550	3720	3880	3800	3900	4000
乙企业产量（t）	4800	4750	4950	5200	5250	5360	5500

要求：（1）分别计算两企业产量的平均发展速度。

（2）按现在甲企业的平均发展速度，要几年才能达到乙企业 2007 年的水平？

（3）如要求甲企业从 2007 年起，在五年内达到乙企业 2007 年的水平，则甲企业的发展速度必须达到多少？

14. 某企业各年产值呈稳定上升趋势，根据表 3 - 27 中的资料，试用最小二乘法拟合趋势直线方程，并估计各年的趋势值。

表 3 - 27 某 企 业 各 年 产 值 表

年份	1993	1994	1995	1996	1997	1998	1999	2000	2001	2002	2003	2004	2005	2006	2007
产值（万元）	50	46	41	47	45	42	42	44	61	61	71	71	65	69	100

15. 假设某市在最近三年中，各月份商品房的平均房屋竣工面积见表 3 - 28。

表 3 - 28 某市近三年中各月份商品房的平均房屋竣工面积表

月 份	1	2	3	4	5	6	7	8	9	10	11	12
平均房屋竣工面积（万 m²）	16	13	9	4	3	2	3	7	21	28	23	19

求各月的季节指数。

16. 某市建筑企业建筑业总产值资料见表 3 - 29。

表 3 - 29 某市建筑企业建筑业总产值资料表 单位：百万元

年份 \ 季度	一	二	三	四
2000	—	—	12	16
2001	18	14	15	18
2002	20	15	16	22
2003	21	16	20	24
2004	24	27	—	—

要求：（1）以按季平均法求季节指数。

　　　　（2）剔除长期趋势，求季节指数。

17. 某建筑企业 1991～1999 年的职工工资总额数据如下：

表 3-30　　　　　　　　某建筑企业 1991～1999 年的职工工资总额数据表

年　份	工资总额（万元）	年　份	工资总额（万元）
1999	80	2004	101
2000	83	2005	107
2001	87	2006	115
2002	89	2007	125
2003	95		

要求：（1）应用 3 年和 5 年移动平均法计算趋势值；

　　　　（2）应用最小二乘法计算出各年的趋势值。

第四章 统计指数与指数因素分析

第一节 统 计 指 数 概 述

一、统计指数的概念和作用

指数的概念起源于对物价水平在一定期间内变动趋势及幅度的度量。举个简单的例子说明指数的概念如下。

表4-1中的"价格比"，表明甲、乙、丙产品的价格分别为：下跌25％、上涨60％、上涨20％。能否以一个数值概括、归纳若干种（上例为甲乙丙三种）产品价格的综合变动，即若干种产品的价格水平是涨了或跌了？涨或跌的幅度是多少？所谓指数，就是这样一种概括、归纳、综合的数值。指数是一种特殊的相对数，是用以综合反映数量上不能直接加总的复杂社会经济现象总体（上例甲乙丙三种产品的价格不能直接相加）发展变动的相对数。

表4-1   某厂产品的出厂价格统计表

产品	单位	出厂价格（元）		价格比 $\left(K=\dfrac{P_1}{P_0}\right)$（％）
		2003年（P_0）	2004年（P_1）	
甲	吨	800	600	75
乙	件	50	80	160
丙	箱	20	24	120

把指数仅仅理解为一种特殊的相对数，一般称为狭义指数；不仅把上述特殊相对数理解为指数，而且把上例的三个价格比也理解为指数，此称广义指数。指数的概念进一步扩展、延伸，使得将所有的相对数都可以称为指数。正如英国百科全书对指数所下的定义："指数是用来测定一个变量对于一个特定变量值大小的相对数"。

可见，指数是特殊相对数、是动态相对数，还是所有相对数，这取决于我们如何理解。但究其基本或原本含义，指数是特殊相对数。为表示区别，特殊相对数的指数，一般称为总指数。

统计指数的作用主要有以下几个方面：

（1）能够反映不能直接相加或者不能直接对比的现象总的变动程度和方向。

在统计分析过程中，除了要说明个别现象，如某种产品产量、某种产品成本等在不同时期的变动情况外，还要研究由多种现象构成的总体的综合变动情况。因为这些现象因使用价值不同，计量单位不同，它们是不能直接相加的，因而也无法进一步对比，只有编制总指数才能将那些不能直接相加对比的现象，过渡到能够相加对比，以反映其综合变动程度和方向。表4-2是某施工企业的统计资料。

表4-2   某施工企业分部分项工程统计资料

分部分项工程名称	计量单位	2005年	2006年	发展速度（％）
甲	m²	400	600	150
乙	m³	80	70	87.5
丙	m	100	110	110

上述资料说明，该施工企业 2006 年与 2005 年相比，分部分项工程甲和丙工程量增加，乙工程量减少，由于三种工程性质不同，计量单位不一致，数值之间不能直接加总，因而也无法搞清完成的工程量总的来说是增加还是减少。通过编制指数，利用预算单价这个媒介，就可以使其变成价值量的形式，以便相加对比，计算出三种工程量综合变动情况。

（2）能够测定现象总体的总变动中各个因素变动影响的相对程度和绝对差额。

任何一个社会经济现象的总体都是由各个因素构成的，各种因素综合变动的结果，导致了总体的变动。例如，施工产值是由报告期完成的实物工程量和预算单价两个因素构成，用数量关系表示为：施工产值＝实物工程量×预算单价。施工产值的增减变化情况决定于实物工程量和预算单价的增减变化。我们可以使用指数方法分别测定实物工程量和预算单价变动对施工产值产生的相对影响程度和绝对差额。

（3）能够测定平均水平对比分析中各组平均水平与总体结构变动的影响程度和方向。

在对现象进行分组的条件下，总体平均水平的高低，不仅受各组标志值水平的影响，还受总体内部结构变动的影响。例如，职工平均工资的变化，不仅受各组平均工资的影响，还受到各组工人人数在全体职工中所占比重的影响，要分析测定平均水平中两个因素对总平均水平的影响程度和方向，可以通过编制平均指标指数来解决这一问题。

（4）能够测定分析现象在长时间内的变动趋势。

通过编制一定时期的指数数列，可以用来反映现象发展变化的趋势。一般的时间数列只能反映单项事物的发展趋势，而指数数列则反映了那些性质不同，但在经济上有一定联系的多项事物综合变动趋势。例如，编制每天的股价指数，用来反映股票价格总的上升或者下降情况；编制每年的建筑产品价格指数，用来反映建筑产品价格一年内的变化情况。

二、统计指数的种类

统计指数可以从不同的角度加以分类。

（1）按所反映对象范围的不同可以分为个体指数和总指数。

个体指数是说明单一项目的简单总体现象总体变动状况的指数。如某种实物工程量指数、某种材料采购价格指数等。前例表 4－1 中三种产品的价格比即为三个个体指数。很显然，个体指数是在简单总体现象总体的条件下存在的，其计算方法比较简单。个体指数与发展速度、动态相对数实为同一指标。总指数是反映由多个项目组成的、不能直接加总的复杂总体综合变动状况的指数，例如若干种产品价格的总指数，若干种产品产量的总指数。在个体指数和总指数之间还有类（组）指数。类指数是指计算同于总指数，只是所包含的项目相对少于总指数。

（2）按所表明现象的数量特征不同，指数分为数量指标指数和质量指标指数。

数量指标指数是表明总体在规模上数量变动的指数，例如产品产量指数、职工人数指数。质量指标指数是表明总体在内涵上数量变动的指数，例如产品价格指数、工人劳动生产率指数。

（3）按比较的对象不同，指数分为动态指数和静态指数。

动态指数又称时间性指数，反映现象在时间上的动态变化，其对比基准是现象在基期的水平。静态指数主要包括地区性指数和计划完成指数。地区性指数是同一时期、不同地区（单位）之间同一指标的不同数值对比形成的指数，反映现象在空间上的比例状况，其对比基准是现象在某地区（单位）的水平。地区性指数即比较相对数，计划完成指数即计划完成相对数，它反映所研究现象的计划完成程度，其对比基准是该现象的计划规定数。

（4）按计算总指数的方法不同，指数分为综合指数和平均指数。

就表4-1所言，所谓综合指数，是指按下式计算三种产品的价格总指数。即

$$\frac{\sum P_1}{\sum P_0} = \frac{600+80+24}{800+50+20} = 80.9\%$$

而所谓平均指数，是指按下式计算价格总指数，即

$$\frac{\sum K}{N} = \frac{0.75+1.60+1.20}{3} = 118.3\%$$

可见综合指数是先综合、后对比，计算总指数；平均指数是先对比、后综合，计算总指数。

三、指数的性质

指数，特别是总指数具有下列四项重要性质：

（1）相对性。指数是一个比较值，表明现象发展变化的程度。它常以百分数表示，而且百分号可省略。例如物价指数125%，可写作物价指数125。

（2）综合性。指数是一个综合值，综合反映包含多个项目的复杂总体的变动方向和大小。综合指数方法是对绝对数的综合，平均数指数方法是对相对数的综合。所以总指数实为一个综合对比之数。

（3）平均性。指数是一个平均值。总指数所反映的复杂总体的综合变动，实质上就是总体内各个项目变动的平均数。人们物价变动的自我感受与统计部门公布的物价指数之间存在差异的原因之一，就在于：自我感受对应某一种或某一类商品价格的具体上涨或下跌，而物价指数对应若干种或若干类商品价格的平均涨跌程度。

（4）代表性。指数是一个代表值。实际编制总指数，不可能将复杂总体所包含的全部项目一一列入计算范围，只能选取其中的若干重要项目作为代表计算之。例如，目前我国零售商品价格指数，是根据所选择的353种商品的价格资料作为全部零售商品价格资料的代表，按平均数指数方法编制而成的。

第二节　指　数　计　算

指数的计算方法主要有两类，一是综合法总指数方法，二是平均数指数方法。

一、综合法总指数的概念和特点

（一）综合法总指数的概念

综合法总指数是总指数的基本形式。它是由两个总量指标对比形成的指数。凡是一个总量指标可以分解为两个或两个以上的因素指标时，将其中一个或一个以上的因素指标固定下来，仅观察另一个因素指标的变动程度，这样的总指数就叫综合法指数。例如，某施工企业三种分项工程资料见表4-3。

表 4 - 3　　　　　　　　　　　　某施工企业三种分项工程资料表

分项工程名称	计量单位	预算单价（元）		实物工程量		施工产值（元）		
		基期 p_0	报告期 p_1	基期 q_0	报告期 q_1	$p_0 q_1$	$p_0 q_0$	$p_1 q_1$
甲	m^3	100	120	80	100	10 000	8000	12 000
乙	m^2	200	230	10	8	1600	2000	1840
丙	t	6	5	3000	3200	19 200	18 000	16 000
合计	—	—	—	—	—	30 800	28 000	29 840

由于施工产值＝实物工程量×预算单价

则预算单价指数用公式表示为　　　　　$k_p = \dfrac{\sum p_1 q_1}{\sum p_0 q_1}$ 　　　　　　　　　（4 - 1）

实物工程量指数用公式表示为　　　　　$k_q = \dfrac{\sum p_0 q_1}{\sum p_0 q_0}$ 　　　　　　　　　（4 - 2）

计算综合法总指数时所采用的综合指数公式有两个因素，即指数化因素和同度量因素。指数化因素是指计算的综合指数所反映变动的那个因素，如式（4 - 1）中预算单价指数中的预算单价因素（p）；同度量因素是指使不能直接进行对比的总体数值转化为能进行对比的总体数值的条件，如式（4 - 1）中所采用的预算单价指数中的报告期实物工程量（q_1）。

（二）综合法总指数的特点

1. 先综合后对比

这一方法的基本思路是"先综合，后比较"。即先分别计算多种现象在基期和报告期的综合值，再进行比较，求得反映这些现象综合变动的总指数。

首先要从所研究现象的联系分析中找出与所研究现象相联系的因素作为同度量因素，把不能同度量的现象过渡成为同度量现象，来综合反映这些现象的总变动。如鸡蛋、布匹、空调等商品，由于使用价值、计量单位的差异，直接相加是不能测定总变动的，只有通过起媒介作用的同度量因素，才能进行综合、对比。

2. 固定同度量因素

计算综合法总指数，在有两个或两个以上因素指标时，分析一个因素变动对总量指标变动的影响，就要把其他因素指标固定，才能测定该因素指标的影响。

3. 指数的分子、分母所研究对象的范围应一致

计算综合指数时，分子、分母所包括的范围，如商品品种、计量单位等应当一致。

二、综合指数的形式及编制方法

（一）综合指数的形式

综合指数方法是编制总指数的基本方法。计算综合指数的关键在于多种现象综合值的计算，一般不宜采用简单加总的方式。原因在于：一方面，各现象数值往往因计量单位不同而不具有可加性；另一方面，在指数计算中，简单加总的综合值难以正确体现各现象在现象综合变动中的作用和影响。正确的方法是采用加权的形式，对各现象数值进行加权综合计算。适当的权数既可消除原数值间的不可加性，又可正确体现指数计算中各现象的相对重要性。由此构造综合指数基本公式如下。

价格指数

$$K_p = \frac{\sum p_1 q_{固定}}{\sum p_0 q_{固定}} \qquad (4-3)$$

式中　　K_p——价格指数；

$\quad\quad p_1$——每件商品报告期价格；

$\quad\quad p_0$——每种商品基期价格；

$\quad\quad q_{固定}$——权数，即每种商品的销售量。

数量指数

$$K_q = \frac{\sum q_1 p_{固定}}{\sum q_0 p_{固定}} \qquad (4-4)$$

式中　　K_q——数量指数；

$\quad\quad q_1$——每种商品报告期销售数量；

$\quad\quad q_0$——每种商品基期销售数量；

$\quad\quad p_{固定}$——权数，即每种商品的价格。

由式价格指数的计算公式看到，计算价格指数时通常是以销售量为权数。因为，每种商品的销售量恰恰可以体现该商品价格对价格总水平影响的份额；其次以销售量为权数，可以使不宜直接加总的各种商品价格转变为可以加总的销售额；最后，作为权数在指数的分子和分母中采用同样的销售量。所以计算结果并非反映销售额的变动，而是反映了各种商品价格的综合变动。同样的道理，在计算数量指数时通常采用每种商品的价格为权数。

此外，作为权数的销售量 $q_{固定}$（价格指数）和价格 $p_{固定}$（数量指数）是哪个时期有三种选择：基期、报告期、某一稳定时期。由此又构造出小有差异的不同形式的综合指数公式。

1. 以基期资料为权数

$$K_p = \frac{\sum p_1 q_0}{\sum p_0 q_0} \qquad (4-5)$$

$$K_q = \frac{\sum q_1 p_0}{\sum q_0 p_0} \qquad (4-6)$$

2. 以报告期资料为权数

$$K_p = \frac{\sum p_1 q_1}{\sum p_0 q_1} \qquad (4-7)$$

$$K_q = \frac{\sum q_1 p_1}{\sum q_0 p_1} \qquad (4-8)$$

3. 以某一稳定时期为权数

$$K_p = \frac{\sum p_1 q_n}{\sum p_0 q_n} \qquad (4-9)$$

$$K_q = \frac{\sum q_1 p_n}{\sum q_0 p_n} \qquad (4-10)$$

式中　　q_n——某特定时期各种商品的销量；

$\quad\quad p_n$——某特定时期各种商品的价格。

以上三种以不同时期资料加权的综合指数形式都是合理的，但意义各有不同。使用中应根据所分析的问题和占有的资料情况，做出选择。一般的做法是：计算价格指数尽可能采用报告期的销量加权；计算数量指数尽可能采用基期的价格加权；而在编制长期连续的指数数列时，无论是价格指数还是数量指数，都应采用固定时期的权数。

（二）综合指数的编制方法

根据表 4-3 资料，如果要对比每种分项工程实物工程量报告期比基期的变化，只需要简单地把该种分项工程实物工程量报告期与基期对比就可。但要综合观察三种分项工程实物工程量报告期比基期的变化情况，就需要通过指数的方法来解决，因为三种商品的使用价值、计量单位各异，不能直接相加。我们可以通过预算单价、实物工程量、施工产值三者的关系，分别将每种分项工程的实物工程量乘以其预算单价，得到该分项工程的施工产值，然后加总进行对比。即

$$\sum (\text{实物工程量} \times \text{预算单价}) = \text{施工总产值}$$
$$\sum (q \times p) = \sum qp$$

1. 价格指数的编制方法

以表 4-3 为例，从表中可见若计算预算单价个体指数，很明显，甲、丙分项工程预算价格上升，乙分项工程预算单价下降，但是综合三个分项工程的预算价格的总变动趋势不能说明。由于各预算单价不能直接相加对比，因此，必须运用综合指数方法。

按照综合指数原理，以实物工程量为权数，固定在适当时期，以便单独考察预算单价的综合变动情况。通常是把报告期的实物工程量作为权数，即预算单价综合指数为

$$K_{\mathrm{p}} = \frac{\sum p_1 q_1}{\sum p_0 q_1} \tag{4-11}$$

这里为什么要把实物工程量固定在报告期呢？

研究价格指数，一方面是为了反映预算价格的总变动，另一方面是要通过价格指数反映由于价格变动对客观现实产生的实际经济效果。为了满足上述双重目的的要求，同时也是为了保证统计指数体系的完整性，必须选择报告期实物工程量作为权数。

根据表 4-3 资料，计算预算单价综合指数如下：

$$K_{\mathrm{p}} = \frac{\sum p_1 q_1}{\sum p_0 q_1} = \frac{29\,840}{30\,800} \approx 96.9\%$$

计算结果表明，三种分项工程预算价格下降了 3.1%（96.9% - 100% = -3.1%）。

由于预算价格下降引起销售额变动的绝对额为

$$\sum p_1 q_1 - \sum p_0 q_1 = 29\,840 - 30\,800 = -960 \text{（元）}$$

由于三种预算单价下降了 3.1%，从而使施工产值下降了 960 元。

K_{p} 实质上属于施工产值指数，但是这个施工产值指数只受预算单价变动的影响，因而称之为预算单价综合指数。这就是说，K_{p} 具有双重含义：①说明预算单价的变动方向和程度；②说明由于预算单价变动引起施工产值变动的方向和程度。

2. 数量指数的编制方法

仍然以表 4-3 为例，如果计算实物工程量的个体指数，显然甲、乙的实物工程量下降，丙的实物工程量增加。但是，全部分项工程实物工程量消耗的总变动趋势难以说明。由于甲、乙、丙三种分项工程的使用价值不同，不能用简单相加对比的方法，因此，必须用综合指数法。

与实物工程量密切相关的另一因素是预算单价，而且两者的乘积等于相应的施工产值。因此，以预算单价作为权数，用实物工程量乘以各自的预算单价，得到价值指标施工产值。

由于价值指标以货币量作为计量单位，体现了人类的抽象劳动，可以直接相加对比，从而有了间接考察实物工程量变动的条件。

计算施工产值指数如下：

$$K_{pq} = \frac{\sum p_1 q_1}{\sum p_0 q_0} = \frac{29\ 840}{28\ 000} \approx 106.6\%$$

显然，上式反映了施工产值的总变动，它是由实物工程量 q 和预算单价 p 两因素同时变动引起的结果，而现在考察的对象仅仅限于实物工程量，根据综合指数法原理，必须把预算单价作为权数固定在适当时期，以便单独体现实物工程量的总变动。通常把基期的预算单价作为权数，此时实物工程量综合指数为

$$K_q = \frac{\sum p_0 q_1}{\sum p_0 q_0} = \frac{30\ 800}{28\ 000} = 110.0\%$$

计算结果表明，三种分项工程实物工程量消耗增加了 10.0%（110.0%－100%＝10.0%）。

由于实物工程量消耗增加引起施工产值变动的绝对额为

$$\sum p_0 q_1 - \sum p_0 q_0 = 30\ 800 - 28\ 000 = 2800\ （元）$$

由于实物工程量消耗增加 10% 导致施工产值增加 2800 元。

把预算单价固定在基期，可以清除预算单价变动的影响，所计算的综合指数纯粹的反映了实物工程量的综合变动。如果把预算单价固定在报告期，计算所得的指数并未彻底消除预算单价变动的影响，报告期增长的那部分实物工程量，还会因预算单价变动而引起施工产值的变动，而从实物工程量综合指数的任务来看，只应当反映实物工程量的变动，而不应当同时反映预算单价的变动。

三、平均数指数方法

（一）平均数指数的概念和分类

运用综合法计算总指数，是将一个真实的现象总量指标与一个假定的现象总量指标进行对比，其结果可以反映所研究现象的变动方向和程度，还可以利用分子、分母的差额反映所研究现象变动的实际经济效果。平均数指数是通过个体指数进行加权平均而求得的反映不能直接加总的多个个体所组成的复杂总体综合变动的指数。它分为两种：一种是加权算术平均数指数；二是加权调和平均数指数。

（二）加权算术平均数指数的编制

一般情况下，数量指数可以改变为加权算术平均数指数，即以数量指标个体指数为变量，以数量指标综合指数相应的分母指标为权数，运用加权算术平均法计算总指数。其计算公式为

数量指数

$$k_q = \frac{\sum \frac{q_1}{q_0} pq}{\sum pq} \tag{4-12}$$

pq 为权数，在实际应用中，通常选用基期 pq 作为权数，这时的加权算术平均数指数与基期加权的综合指数是等价的。

仍以表 4-3 资料为例，用平均数指数法计算实物工程量指数。

$$k_p = \frac{\sum \frac{p_1}{p_0} pq}{\sum pq} = \frac{\frac{120}{100} \times 8000 + \frac{230}{200} \times 2000 + \frac{5}{6} \times 18\ 000}{8000 + 2000 + 18\ 000} \approx 96.1\%$$

$$k_q = \frac{\sum \frac{q_1}{q_0} pq}{\sum pq} = \frac{\frac{100}{80} \times 8000 + \frac{8}{10} \times 2000 + \frac{3200}{3000} \times 18\ 000}{8000 + 2000 + 18\ 000} = 110.0\%$$

（三）加权调和平均数指数的编制

一般情况下，价格指数可以改变为加权调和平均数指数，即以个体价格指数的倒数为变量，以价格指数相应分子指标为权数，运用加权调和平均法公式计算总指数。其计算公式为

价格指数

$$k_p = \frac{\sum pq}{\sum \frac{1}{p_1/p_0} pq} \tag{4-13}$$

pq 为权数，在实际应用中，通常选用报告期 pq 作为权数，这时的加权调和平均数指数与报告期加权的综合指数是等价的。

仍以表 4 - 3 资料为例，用平均数指数法计算预算价格指数。

$$k_p = \frac{\sum pq}{\sum \frac{1}{p_1/p_0} pq} = \frac{12\ 000 + 1840 + 16\ 000}{\frac{100}{120} \times 12\ 000 + \frac{200}{230} \times 1840 + \frac{6}{5} \times 16\ 000} \approx 96.9\%$$

第三节　指数体系及其因素分析

一、指数体系的概念与作用

（一）指数体系的概念

社会经济现象的数值变动，常取决于两个或两个以上因素的共同作用。因此，在分析现象的变动时，应考虑各个因素和总体之间的内在联系，编制相互联系的若干指数，组成指数体系。所谓指数体系，是指若干相互联系指数形成的一个指数群体，即是由反映社会经济现象总体变动的指数和反映各个因素变动的指数共同构成的体系。

指数体系从相对数来看，各个因素指数之乘积应等于总体变动指数；从绝对数来看，各个因素指数的分子与分母差额之和应等于总体变动指数分子与分母的差额，也就是各个因素影响总体差额之和应该等于总体变动差额。例如：

商品销售量 × 商品销售价格 ＝ 商品销售额

$$q \times p = qp$$

其指数体系表现为

$$\frac{\sum q_1 p_0}{\sum q_0 p_0} \times \frac{\sum p_1 q_1}{\sum p_0 q_1} = \frac{\sum p_1 q_1}{\sum p_0 q_0}$$

即：

商品销售量指数 × 商品销售价格指数 ＝ 商品销售额指数

$$(\sum q_1 p_0 - \sum q_0 p_0) + (\sum p_1 q_1 - \sum p_0 q_1) = \sum p_1 q_1 - \sum p_0 q_0$$

商品销售量影响差额 ＋ 商品销售价格影响差额 ＝ 商品销售额变动差额

由此可见，商品销售量和商品价格是影响商品销售额的两个因素。

类似这种因果关系的，举例如下：

$$总产值 = 产品价格 \times 产品产量$$
$$总成本 = 单位成本 \times 产品产量$$
$$总消耗量 = 单位消耗 \times 产品产量$$
$$资本金总市值 = 股票价格 \times 股票发行量$$
$$施工产值 = 实物工程量 \times 预算单价$$
$$原材料费用总额 = 产品产量 \times 单位产品原材料消耗量 \times 原材料单价$$

以上各经济关系，都分别构成各自独立的指数体系，如下：

$$总产值指数 = 产品价格指数 \times 产品产量指数 \tag{4-14}$$
$$总成本指数 = 单位成本指数 \times 产品产量指数 \tag{4-15}$$
$$总消耗量指数 = 单位消耗指数 \times 产品产量指数 \tag{4-16}$$
$$资本金总市值指数 = 股票价格指数 \times 股票发行量指数 \tag{4-17}$$
$$施工产值指数 = 实物工程量指数 \times 预算单价指数 \tag{4-18}$$
$$原材料费用总额指数 = 产品产量指数 \times 单位产品原材料消耗量指数 \times 原材料单价指数$$
$$\tag{4-19}$$

（二）指数体系的作用

指数体系在实际工作中的作用主要表现在以下两点。

（1）利用指数体系进行因素分析。

被研究对象的变动，受多个因素变动的影响，可通过指数体系来测定，分析各个因素变动对被研究现象总变动的影响。如利用指数体系，可测定在商品销售额的总变动中，商品销售量的变动和商品价格的变动各有多大影响。

（2）利用指数体系进行推算。

利用指数之间的经济数量关系，可以进行估计推算。根据指数体系中的任意两项，可推算出第三项。如：

$$商品价格指数 = 商品销售额指数 \div 商品销售量指数$$

二、因素分析法的概念、种类及步骤

（一）因素分析法的概念

因素分析法就是利用指数体系，对现象的综合变动从数量上分析其受各因素影响的一种分析方法。即根据指数体系将多因素综合现象的变动理解为各单因素现象变动的结果，从而从现象的相对变动程度和绝对水平变动两个方面，对各单因素现象对多因素综合现象的影响作出分析，对多因素综合现象的变动作出解释。

（二）因素分析法的种类

（1）按分析对象的复杂程度不同，可分为简单现象的因素分析和复杂现象的因素分析。

（2）按分析指标的表现形式不同，可分为总量指标变动影响分析和平均指标变动影响分析。

（3）按影响因素的个数不同，可分为两因素分析和多因素分析。其中两因素分析是最常用、最基本的形式。

（三）因素分析法的步骤

（1）根据指标间的数量对等关系，确定分析所采用的反映社会经济现象总体变动的指数和反映各个因素变动的指数，并写出其关系式。例如：

$$施工产值 = 预算单价 \times 实物工程量$$
$$产品总成本 = 单位成本 \times 产品产量$$

（2）根据指标关系式建立分析变动所用的指数体系及相应的绝对增减量关系式。如果指标之间存在着一定的数量对等关系，那么表现在动态上，他们的指数也必然存在着这种数量对等关系。例如：

$$施工产值指数 = 预算单价指数 \times 实物工程量指数$$
$$产品总成本指数 = 单位成本指数 \times 产品产量指数$$

（3）应用实际资料，根据指数体系及绝对量关系式，依次分析每个因素变动对现象总变动影响的相对程度和绝对数量。

（4）根据计算结果得出分析结论。说明每一个因素的变动对现象总变动影响的方向和程度。

三、因素分析法的应用

利用指数体系进行因素分析，在实际工作中应用很广。指数体系的因素分析有两因素分析与多因素分析，在两因素分析中有总量指标两因素分析与平均指标的两因素分析。

（一）总量指标变动的两因素分析

在总量指标的两因素分析中，指数体系及其反映的相对数关系、绝对数关系可用以下关系式表示：

$$K_{pq} = \frac{\sum p_1 q_1}{\sum p_0 q_0}, \ K_p = \frac{\sum p_1 q_1}{\sum p_0 q_1}, \ K_q = \frac{\sum p_0 q_1}{\sum p_0 q_0} \qquad (4-20)$$

$$总量指标指数 = 数量指标指数 \times 质量指标指数$$
$$K_{pq} = K_p \times K_q$$

或

$$\frac{\sum p_1 q_1}{\sum p_0 q_0} = \frac{\sum p_1 q_1}{\sum p_0 q_1} \times \frac{\sum p_0 q_1}{\sum p_0 q_0} \qquad (4-21)$$

总量指标指数分子分母差额 = 数量指标指数分子分母差额 + 质量指标指数分子分母差额

$$\sum p_1 q_1 - \sum p_0 q_0 = (\sum q_1 p_0 - \sum q_0 p_0) + (\sum p_1 q_1 - \sum p_0 q_1) \qquad (4-22)$$

【例 4-1】　以表 4-3 中的资料为例，对该施工企业报告期施工产值的变动情况作出分析与解释。

由表 4-3 中计算已知：$\sum p_0 q_0 = 28\ 000$（元），$\sum p_1 q_1 = 29\ 840$（元），$\sum p_0 q_1 = 30\ 800$（元）

首先，从相对变动程度方面分析如下。

建立指标体系：

施工产值指数 = 报告期实物工程量加权的预算价格指数 × 基期预算价格加权的实物工程量指数

$$\frac{\sum p_1 q_1}{\sum p_0 q_0} = \frac{\sum p_1 q_1}{\sum p_0 q_1} \times \frac{\sum p_0 q_1}{\sum p_0 q_0}$$

$$\frac{29\ 840}{28\ 000} = \frac{29\ 840}{30\ 800} \times \frac{30\ 800}{28\ 000}$$

$$106.6\% = 96.9\% \times 110.0\%$$

结论：该企业施工产值增长 6.6% 是由实物工程量消耗平均上涨 10% 和预算单价平均下降 3.1% 所造成的。由此可得到该企业施工产值的增长主要来自实物工程量消耗的增加。

从绝对水平变动方面分析：

产值实际变动额＝预算单价变动影响额＋实物工程量变动影响额

$$\sum p_1 q_1 - \sum p_0 q_0 = \left(\sum p_1 q_1 - \sum p_0 q_1\right) + \left(\sum q_1 p_0 - \sum q_0 p_0\right)$$

$$29\,840 - 28\,000 = (29\,840 - 30\,800) + (30\,800 - 28\,000)$$

$$1840(元) = -960(元) + 2800(元)$$

结论：由于实物工程量消耗上涨 10％而使施工产值增加 2800 元，由于预算单价下降 3.1％而带来施工产值下降 960 元。两因素共同推动施工产值增加 6.6％，实际增加 1840 元。

（二）平均指标变动的两因素分析

如果一个总量指标可以分解为两个因素指标的乘积，就可使用指数体系对此进行两因素分析，对于平均指标也可以用同样的方法分析其变动情况，此时，将平均指标也分解为两个影响因素，一个是总体内部各部分（组）的平均水平，另一个是各部分单位数占总体单位数的比重。总平均指标的变动是这两个因素综合变动的结果。平均指标变动的因素分析，就是利用指数体系，从数量上分析总体各部分的平均水平与总体各部分单位数占总体单位数的比重这两个因素变动对总体平均指标变动的影响。

在总体分组的条件下，其加权算术平均数是由各组变量值 X 和各组权数比重 $f/\sum f$ 两个因素计算的，其计算公式为

$$\overline{X} = \sum X \frac{f}{\sum f} \tag{4-23}$$

对于一个加权算术平均数在不同时期的变动用可变构成指数表示，其计算公式为

$$K_{可变构成} = \frac{\overline{X}_1}{\overline{X}_0} = \frac{\sum X_1 \dfrac{f_1}{\sum f_1}}{\sum X_0 \dfrac{f_0}{\sum f_0}} \tag{4-24}$$

由上式可看到，加权算术平均数的变动是变量值的变化（由 $X_0 \rightarrow X_1$）和权数比重的变化（由 $f_0/\sum f_0 \rightarrow f_1/\sum f_1$）这两个因素变化的综合结果。分别测量这两个因素变化对绝对值变动的影响，将使我们对平均指标变动的原因和程度作出更深一步的解释与分析。

将单纯反映变量值变化影响的指数称为固定构成指数，单纯反映权数比重变化影响的指数称为结构影响指数，它们与可变构成指数一起组成一个专用于分析加权平均指标变动的指数体系。这一指数体系公式如下：

可变构成指数 ＝ 固定构成指数 × 结构影响指数

$$\frac{\overline{X}_1}{\overline{X}_0} = \frac{\sum X_1 \dfrac{f_1}{\sum f_1}}{\sum X_0 \dfrac{f_0}{\sum f_0}} = \frac{\sum X_1 \dfrac{f_1}{\sum f_1}}{\sum X_0 \dfrac{f_1}{\sum f_1}} \times \frac{\sum X_0 \dfrac{f_1}{\sum f_1}}{\sum X_0 \dfrac{f_0}{\sum f_0}} \tag{4-25}$$

进一步从绝对水平变动来分析，有如下关系式：

平均指标实际变动额＝变量值变动影响额＋权数比重变动影响额

$$\sum X_1 \frac{f_1}{\sum f_1} - \sum X_0 \frac{f_0}{\sum f_0} = \left(\sum X_1 \frac{f_1}{\sum f_1} - \sum X_0 \frac{f_1}{\sum f_1}\right) + \left(\sum X_0 \frac{f_1}{\sum f_1} - \sum X_0 \frac{f_0}{\sum f_0}\right) \tag{4-26}$$

【例 4-2】　某建筑企业按人员分类的平均工资水平数据见表 4-4，请进行平均指标变动的两因素分析。

表 4－4　　　　　　　　　　　　　　某建筑企业平均工资计算表

人员分类	月平均工资（元）		人数（人）		工资总额（元）		
	x_0	x_1	f_0	f_1	$x_0 f_0$	$x_1 f_1$	$x_0 f_1$
技术工人	1000	1200	80	90	8000	108 000	90 000
熟练工人	800	850	180	200	144 000	170 000	160 000
普通工人	600	620	160	210	96 000	130 200	376 000
Σ	—	—	420	500	320 000	408 200	376 000

（1）计算可变构成指数和全部工人平均工资变动额。

$$K_{可变构成} = \frac{\sum X_1 \dfrac{f_1}{\sum f_1}}{\sum X_0 \dfrac{f_0}{\sum f_0}} = \frac{\dfrac{408\ 200}{500}}{\dfrac{320\ 000}{420}} \approx 107.2\%$$

$$总平均工资变动额 = \sum X_1 \frac{f_1}{\sum f_1} - \sum X_0 \frac{f_0}{\sum f_0} = 816.4 - 761.9 = 54.5（元）$$

由计算结果可看到，全部工人总平均工资上涨了 7.2%，实际增加 54.5 元。

（2）计算固定构成指数和各组平均工资变动的影响额。

$$K_{固定构成} = \frac{\sum X_1 \dfrac{f_1}{\sum f_1}}{\sum X_0 \dfrac{f_1}{\sum f_1}} = \frac{\dfrac{408\ 200}{500}}{\dfrac{376\ 000}{500}} \approx 108.6\%$$

$$各组平均工资变动影响额 = \sum X_1 \frac{f_1}{\sum f_1} - \sum X_0 \frac{f_1}{\sum f_1} = 816.4 - 752 = 64.4（元）$$

由计算结果可看到，消除人员结构变动的影响后，职工工资平均增长 8.6%，人均增加 64.4 元。

（3）计算结构影响指数和人员结构变动的影响额。

$$K_{结构影响} = \frac{\sum X_0 \dfrac{f_1}{\sum f_1}}{\sum X_0 \dfrac{f_0}{\sum f_0}} = \frac{\dfrac{376\ 000}{500}}{\dfrac{320\ 000}{420}} \approx 98.7\%$$

$$人员结构变动影响额 = \sum X_0 \frac{f_1}{\sum f_1} - \sum X_0 \frac{f_0}{\sum f_0} = 752 - 761.9 = -9.9（元）$$

计算结果表明，由于人员结构的变化（低工资的普通工人比重的增加），使全队总平均工资下降了 1.3%，人均工资额减少了 9.9 元。

（4）建立指数体系，分析因果关系。

从相对变动程度分析，指数体系为：107.2% = 108.6% × 98.7%

从绝对水平变动的因素分解看：54.5(元) = 64.4(元) - 9.9(元)

以上分析表明，企业全部工人总平均工资上涨了 7.2%，人均增加了 54.5 元。由于各种平均工资增加 8.6% 使得全部工人平均工资增加 64.4 元，但由于人员结构发生了变化，低工资人员比重上升而导致总平均工资的水平略有下降。

本 章 小 结

统计指数是反映现象变动和进行因素分析的基本方法。本章主要讲述统计指数的概念、作用和分类；着重掌握指数的计算方法，并要熟练运用指数体系进行因素分析。

指数的计算方法主要有两类，一是综合法总指数方法，二是平均数指数方法。综合法总指数是总指数的基本形式，重点掌握其特点、形式和编制方法。平均数指数是通过个体指数进行加权平均而求得的反映不能直接加总的多个个体所组成的复杂总体综合变动的指数。它分为两种：一种是加权算术平均数指数；二是加权调和平均数指数。

指数体系，是若干相互联系指数形成的一个指数群体，是由反映社会经济现象总体变动的指数和反映各个因素变动的指数共同构成的体系。因素分析法就是利用指数体系，对现象的综合变动从数量上分析其受各因素影响的一种分析方法。本章要求能熟练运用指数体系对总量指标和平均指标的变动进行因素分析。

练 习 题

1. 什么是指数？它有哪些性质？
2. 编制计算综合指数时，引入权数的作用？
3. 加权综合指数和加权平均指数有何区别与联系？
4. 什么是指数体系？它有什么作用？
5. 某建材公司三种商品的销售量和销售价格统计数据见表 4 - 5。

表 4 - 5　　　　某建材公司三种商品的销售量和销售价格统计数据表

商品名称	计量单位	销售量		单　价	
		2006 年	2007 年	2006 年	2007 年
甲	件	1800	1300	35.3	43.6
乙	盒	2400	2600	15.4	18.5
丙	个	3500	3800	8.0	10.0

要求：（1）计算三种商品的销售额总量指标；

（2）以 2007 年销售量为权数计算三种商品的价格指数；

（3）以 2006 年单价为权数计算三种商品的销售量指数；

（4）分析销售量和价格变动对销售额影响的绝对数和相对数。

6. 根据第 5 题中的数据，计算以 2006 年销售量为权数的价格指数和以 2007 年单价为权数的销售量指数，并将结果与第 5 题的结果进行比较，说明产生差异的原因。

7. 某家具公司生产三种产品的有关数据见表 4 - 6。

表 4 - 6　　　　　某家具公司生产三种产品的有关数据表

产品名称	总生产费用（万元）		报告期产量比基期增长％
	基期	报告期	
写字台	45.4	53.6	14.0
椅子	30.0	33.8	13.5
书柜	55.2	58.5	8.6

计算：（1）三种产品的生产费用总量指数；

（2）以基期生产费用为权数的产量指数；

（3）以报告期生产费用为权数的单位成本总指数；

（4）分析产量和单位成本变动对总生产费用的影响。

8. 某企业生产三种型号产品的有关数据见表 4-7。

表 4-7　　　　　　　　　　　某企业生产三种型号产品的有关数据表

产品名称	2000 年不变价格（元）	产量（台）			
		2004 年	2005 年	2006 年	2007 年
甲	600	300	320	320	330
乙	900	120	220	225	240
丙	300	250	250	255	270

试用 2000 年不变价格为权数，以 2004 年为基期计算各年的产量指数。

9. 利用指数体系之间的关系回答下列问题：某企业 2007 年同 2006 年相比，各种产品的产量增长了 8%，总生产费用增长了 12%。该企业 2007 年的单位成本有何变化？

10. 设有三种工业类股票的价格和发行量数据见表 4-8。

表 4-8　　　　　　　　　　　三种工业类股票的价格和发行量数据表

股票名称	价格（元）		发行量（万股）
	前收盘	本日收盘	
A	6.42	6.02	12 000
B	12.36	12.50	3500
C	14.55	15.60	2000

试计算股票价格指数，并对股价指数的变动作简要分析。

11. 某建材市场三种商品的价格和销售量资料见表 4-9。

表 4-9　　　　　　　　　　　某建材市场三种商品的价格和销售量资料表

商品名称	计量单位	基　期		报告期	
		价格（元）	销售量	价格（元）	销售量
甲	件	11.00	2800	10.20	3200
乙	公斤	1.30	5200	1.30	5200
丙	双	0.40	50 000	0.32	65 000

求商品销售额指数、价格指数和商品销售量指数，并利用指数体系从相对数和绝对数两方面分析三者之间的关系。

12. 某产品生产费用总额 2003 年为 94 万元，2004 年增加到 100 万元，产品产量增长 11.2%，试计算该产品生产费用总额变动中，产品产量和单位成本两因素变动的影响程度和影响绝对值。

13. 某公司所属三个企业生产同种产品，单位成本及产量资料见表 4-10。

分析该公司三个企业平均单位成本的变动以及各个因素对平均单位成本变动的影响。

14. 某企业生产三种产品的有关资料见表 4-11。

表 4 – 10 　　　　　　**某公司所属三个企业生产同种产品，单位成本及产量资料表**

企业	单位成本（元）		产品产量（件）	
	2004 年	2005 年	2004 年	2005 年
甲	5.0	4.5	800	1200
乙	5.2	4.6	900	1200
丙	4.8	4.8	1200	800
合计	—	—	2900	3200

表 4 – 11 　　　　　　　　　**某企业生产三种产品的有关资料表**

产品名称	计量单位	生产支出总额（万元）		2 季度比 1 季度增长的％
		1 季度	2 季度	
甲	吨	150		12
乙	台	90		0
丙	箱	180		8
合计	—	420	475	—

要求：分析该企业三种产品生产支出总额的变动及其各个因素对生产支出总额变动的影响程度和影响绝对值。

15. 根据表 4 – 12 资料计算平均工资指数，并从相对数和绝对数两个方面分析平均工资变动的原因。

表 4 – 12 　　　　　　　　　　**工人人数及工资总额表**

工人组别	工人数（人）		工资总额（元）	
	基期	报告期	基期	报告期
甲	400	330	200 000	214 500
乙	600	770	480 000	770 000
合计	1000	1100	680 000	984 500

16. 分析 15 题中工资总额变动受工人人数、不同组的工资水平和工人人数结构变动三个因素的影响程度和影响绝对值。

下篇　建筑企业统计

第五章　建筑业统计概述

第一节　建筑业统计的概念、对象和特点

一、建筑业统计的概念

建筑业是国民经济中从事建筑安装工程的勘察设计、建筑施工、设备安装和建筑工程维修更新等建筑生产活动的重要物质生产部门。它由三个部分所组成：

（1）土木工程建筑业。包括从事铁路、公路、隧道、桥梁、堤坝、电站、码头、飞机场、厂房、剧院、旅馆、商店、学校和住宅的建筑业以及专门从事土木建筑物修缮的专业公司等行业；

（2）线路、管道和安装业。包括专门从事电力、通信线路、石油、天然气、煤气、自来水、暖气、热水、污水等管道系统的建设和设备安装业；

（3）勘察设计业。包括中央和地方各业务主管部门设立的独立的勘察设计单位，如冶金、机械、水利、城建、铁路、交通等部门所属的设计院、分院、勘察公司等。

建筑业统计是从事建筑生产活动的物质生产部门对建筑经济现象的数量方面的资料进行收集、整理和分析的过程。

建筑业统计是建筑业管理工作的一个重要组成部分。因此，搞好建筑业统计，是多快好省地完成建筑业生产的一个重要保证，也为国民经济统计提供资料。

二、建筑业统计的对象

建筑业统计是社会经济统计学的重要分科之一，它是在社会经济统计基本理论的指导下，对建筑经济现象的数量方面的资料进行收集、整理和分析，以反映建筑产品的生产、经营和效果以及建设规模、水平、速度、比例、构成等。通过这个对象的研究，进而认识建筑业发展变化的规律性。建筑业统计的对象包括：

（1）建筑产品。包括三大类，一是各种用途的房屋构筑物；二是各类机械设备的安装；三是原有建筑物的修理和纳入建筑企业施工活动的非标准设备的制造。

（2）建筑产品的生产和经营的全部经济活动。建筑业统计不仅要反映建筑产品的生产状况，而且要研究建筑施工的经营管理情况，从而加快施工速度，保证工程质量，挖掘节约建设资金的潜力，努力降低工程成本。为此，建筑业统计必须及时掌握建筑施工的人力、物力、财力的配备，以及建筑产品的生产、供应、销售的经营成果，正确反映建筑产品生产经营的全部经济活动。

（3）建筑业的经济效益。主要分析研究建筑企业计划执行的情况，对生产经营活动的经济效益作出综合评价；分析研究生产经营活动过程中影响经济效益的薄弱环节和建筑企业经济效益的发展变化趋势。

三、建筑业统计的特点

建筑业统计的特点是由建筑业行业特点决定的。建筑行业的产品特点、生产特点和经营特点，以及建筑市场的特殊性，都给建筑业统计带来了一些影响。

（一）建筑行业统计的特点

（1）由于建筑产品生产周期长，决定了建筑产品统计核算必须以半成品、在制品为主要对象。

建筑产品与一般工业产品不同。一般讲来，建筑产品体积巨大，一项工程从设计开始到竣工使用，都需要经过较长的时间才能完成。在建筑产品生产过程中，需要占用大量的人力、物力和财力。它不像工业生产那样，可以在较短的时间内生产出成品，及时进行产品销售，除了少数生产周期长（如生产期在六个月以上）的可以包括在制品、半成品价值外，大多数都不包括。但在建筑产品核算时，为了解决建筑企业流动资金的周转问题，除了极少数工期特别短的产品可以建成产品计算产值以外，对于绝大多数产品，有必要在工程全部竣工之前，将建筑产品按完工程度加以划分，对其中在技术上达到一定成熟阶段的建筑产品计算产值，作为建设单位与施工单位逐期结算工程价款的依据。同时，也是负责拨款的建设银行进行拨款的依据。经过建设单位与施工单位结算拨款的这部分工程，也就是施工单位已经卖给建设单位的商品。施工单位内部核算成本、计算工资和利税等，也均以在制品作为核算对象。所以，按在制品为核算完成产值的对象进行统计，与企业的会计核算、业务核算是一致的。

（2）由于建筑产品的固定性和生产队伍的流动性，决定了建筑产品的生产必须依靠建设单位和施工单位的共同配合，投资统计与施工单位统计密切结合。

与工业产品不同，建筑产品是根据使用者的要求，建造在它将来发挥作用的地点上的，这就决定了施工队伍和施工机械设备随着生产不同的建筑产品而流动。建筑产品的生产工期、质量、成本等情况，不仅生产单位必须了解，而且建设单位也很关注。由于生产单位和建设单位在建筑产品的生产活动中具有一个共同的目标，而且施工单位统计是投资统计中主要指标的资料来源。因此，建设单位和施工单位在建筑过程中必须加强配合，他们的投资统计指标体系、计算方法等必须和施工单位的施工统计相应指标配套，以便全面分析建筑产品的情况。

（3）由于建筑产品内容复杂、形式多样，每个产品从形式到内容都有其特点，决定了建筑业的统计核算必须以设计预（概）算为依据。

建筑生产与工业生产的一个重要区别，在于建筑生产没有或很少有重复生产，每个产品有每个产品不同的设计，其造价也随之而不同。即使采用的都是标准设计，也会因为建设地点、自然条件的不同而有较大的差别。例如，地下水位高低、有无地震因素、气候条件因素怎样、所采用的施工方法、施工企业的机械装备情况和生产工人的技术熟练程度等，都可能对其造价有所影响，这就决定了建筑产品的核算必须以设计预（概）算为依据。在实际工作中，设计预（概）算还是编制生产计划，签订承包合同，进行统计核算、会计核算和银行结算的依据。

（4）由于建筑产品的生产都需要集中耗用大量人力、物力和财力，而且每项产品一经建成，就要长时间使用，决定了建筑业统计中的工期统计、质量统计比一般工业生产统计尤为重要。

缩短时间，提高产品质量是所有物质生产部门都必须遵循的共同原则，而这个原则对建筑业生产的重要性更为突出。"百年大计，质量第一"，"时间就是金钱"几乎已成为每个施工现场的座右铭。这是因为：①建筑产品的效果都是在产品建成之后陆续发挥的，早一天投产就可以为国家早一天创造财富，建设投资就可以早一天回收；②建筑产品的生产周期长，在很长一段时间内只有投入没有产出，大量的人力、物力和财力积压在建筑工程上会使企业的流动资金急剧减少，影响企业的效益；③建筑产品极大部分属于固定资产，它一经建成，就要在使用中长期发挥作用，绝不允许生产一件废品流入市场，至少就应是个合格品。这充分说明建筑产品的工期统计和质量统计特别重要。

（5）建筑市场存在着以下特点：建筑产品生产与交易的统一性、交易商品的多样性、交易商品的社会性、交易活动的长期性和阶段性、与房地产市场的交融性等。

（二）建筑业统计的特点

建筑业统计是研究发生在建设领域内的一切经济现象，是对建筑业经济现象的数量方面进行的一种调查研究活动，也是对社会经济现象的一种认识活动，它除了具有一般统计的数量性、总体性、变异性、广泛性特点以外，还有其自己独有的特点。

（1）统计具有针对性。建筑业统计是用各种建筑业统计指标表明建筑业的发展规模、发展水平以及各种经济现象之间的数量关系，它可以针对某一施工阶段进行专项统计，也可以针对某一施工单位进行综合统计。

（2）统计范围的宏观性。建筑业统计是多产品的、多专业的、多组织的，是建筑市场的总体。

（3）统计服务的多角性。既要为行业管理者进行本行业管理服务，又要为行业管理者处理与其他行业的关系服务；还要为市场主体进行交易服务。

（4）统计关系的复杂性。即建筑业统计与建筑业企业、与项目法人、与供应商、与勘察设计单位、与中介服务机构均有密切联系，还与固定资产投资统计及国民经济发展计划有密切联系，这就给建筑业统计工作带来了复杂性及很大的难度。

四、建筑业统计的任务

建筑业统计的根本任务是围绕建筑企业发展情况进行统计调查、统计分析，提供统计资料，实行统计监督。其具体任务是：

（1）为上级管理部门制定政策和检查政策的执行情况提供可靠依据。

国家的各项经济政策都是根据我国的具体国情制定出来的，各部门、各单位必须坚决贯彻执行。建筑业统计必须如实地反映政策的执行情况，及时、准确、全面地提供有关统计资料，为各级管理部门制定政策提供科学的依据。

（2）为建筑企业编制计划和检查计划执行情况提供依据。

建筑企业生产、经营活动都是有计划进行的，而编制切实可行的计划以及检查一定时期计划的执行情况，都离不开准确、全面的统计资料。因此建筑业统计要为编制计划提供必要的统计数据，并对计划执行情况进行检查，考核各项指标的完成程度，及时发现问题，提出建议，促进计划任务的全面完成。

（3）为建筑企业科学管理提供依据。

现代企业都在实行科学管理，而科学管理必须以准确、完整的统计资料为依据。建筑业统计就是要及时了解、掌握建筑企业内外部的统计信息，准确、无误、全面地为建筑企业科学管理提供有力的统计依据。

（4）进行统计分析和统计预测。

建筑企业要经常系统地积累统计资料，开展综合分析或专题分析，总结企业经营活动的经验，研究企业经济活动的具体规律，并开展统计预测工作。

第二节　建筑业统计的内容和范围

一、建筑企业的概念

建筑企业从其外延上讲，是建筑生产任务的主要承担者，是国民经济物质生产部门之一（建筑业的细胞），是为社会提供建筑产品或建筑劳务的经济组织，是建筑企业统计的基本调查单位。而从其内涵上讲建筑企业是指从事建筑商品生产或提供建筑劳务的企业。

具体讲，建筑企业是从事铁路、公路、隧道、桥梁、堤坝、电站、码头、机场、厂房、剧院、旅馆、商店、学校和住宅等土木工程建筑活动，从事电力、通讯线路、石油、天然气、煤气、自来水、暖气、热水、污水等管道系统的建设和各类机械设备、装置的安装活动，从事建筑物内外装修和装饰的设计、施工和安装活动的企业。

二、建筑企业的分类

建筑业的生产任务是由各种类型的建筑企业共同完成的。根据企业的经营范围、承包方式、生产能力、专业类别等不同，可以有不同的分类。

（一）按承包工程能力的不同分类

（1）工程总承包企业。指能为建设单位提供工程勘察设计、工程施工管理、工程材料设备采购、工程技术开发与应用、工程建设咨询监理等全过程服务的智力密集型企业。工程总承包企业可以对工程建设项目进行设计、施工一体化总承包或施工总承包，也可以将承包的部分工程分包给其他具备资质条件的企业。

（2）施工承包企业。指从事工程建设项目施工承包与施工管理的企业。施工承包企业可为业主直接对工程建设项目进行施工承包，也可为工程总承包企业提供工程分包，还可以将所承包施工项目中的部分工程分包给其他具备资质条件的企业。这类企业数量大、门类多，是建筑业中的骨干企业。根据目前我国现有施工技术和机械装备水平，这类企业属于劳动密集型企业。

（3）专项承包企业。指从事工程施工专项分包活动的劳务性企业。专项承包企业只能为总承包企业或施工承包企业提供专业工种施工的劳务，一般不能单独承包工程。这类企业规模小、数量多，属于劳动密集型企业。

（二）按生产能力不同分类

可划分为大型、中型和小型建筑企业，见表5-1。

表5-1　　　　　　　　　　　　　　　　　按生产能力企业分类

类　　型	指标（万元）	大型	中型	小型
土木工程建筑企业	建筑业总产值	5500及以上	1900及以上～5500及以下	1900以下
	生产用固定资产原值	1900及以上	1100以上～1900以下	1100以下
线路、管道和设备安装企业	建筑业总产值	4000及以上	1500及以上～4000以下	1500以下
	生产用固定资产原值	1500及以上	800及以上～1500以下	800以下

（三）按经济类型不同分类

可以划分为国有、集体、私有、股份制、外商投资、港澳台投资、其他等企业。

（四）按专业类别不同分类

（1）综合性企业。指主要从事房屋建筑或专业土木建筑，同时兼搞其他专业工程施工的企业或单位。

（2）专业土木建筑。指专门从事铁路、公路、桥梁、港口、航道、水利、市政、上下水及道路等施工的企业单位。

（3）房屋建筑。指专门从事房屋建筑施工的企业或单位。

（4）机械设备安装。指专门从事机械设备安装工程施工的企业或单位。

（5）矿山建设。指专门从事矿山剥离和掘进工程施工的企业或单位。

（6）机械化施工。指专门从事或承包机械施工的企业或单位。

（7）其他。指不属于上述专业类别的施工企业或单位。

（五）按企业资质划分

2001 年 7 月 1 日正式施行的《建筑业企业资质等级标准》中，将房屋建筑工程施工总承包企业资质划分为特级、一级、二级、三级；各专业承包企业资质等级标准，如地基与基础工程、土方工程、钢结构工程、高耸构筑物工程、建筑装饰装修工程、建筑幕墙工程等专业承包企业资质等级标准均划分为一级、二级、三级；预拌商品混凝土专业、混凝土预制构件专业企业资质等级标准划分为二级、三级。

三、建筑企业统计范围、内容

建筑企业统计的范围非常广泛，它是对整个建设过程经济现象的反映。建筑业统计从微观上讲，是对一个工程项目的全过程进行的统计，包括建设前期工作、建筑施工、竣工验收三大部分的经济活动。建设前期阶段工作主要内容是勘察设计工作。建筑施工、竣工验收阶段工作是指建筑安装工程的施工生产和交工验收活动；从宏观上讲，它是对一个企业或者一个部门、一个地区等的建筑经济活动的综合反映。不论何种统计，都要包括以下内容。

（1）建筑产品统计。包括建筑产品产量、产值和质量的统计。建筑产品产量的统计又分为实物量统计、房屋建筑面积统计和施工进度、工程形象部位统计；建筑产品产值统计包括总产值、竣工产值、净产值、增加值的统计。

（2）劳动工资统计。包括劳动力的数量、构成和劳动时间的利用情况，以及劳动生产率、劳动报酬和劳动安全的统计。

（3）建筑机械设备的统计。包括机械设备数量、能力、完好情况、利用程度、设备修理等方面的统计。

（4）建筑材料、能源统计。包括原材料、燃料的收入、消耗和储备统计。

（5）财务成本统计。包括固定资金、流动资金、工程成本和利润统计。

（6）附属辅助生产统计。包括工业产品产量、产值、产品质量、生产能力统计以及有关汽车运输方面的统计。

（7）经济效益统计。包括对有关经济效益指标的考核、评价和分析等。

（8）统计分析。包括统计分析的内容、方法等。

第三节　建筑企业统计分析原理

一、统计分析的意义和任务

统计分析是根据统计的目的，对搜集、整理的统计资料，运用统计分析的方法，通过对比、综合分析、推理和判断，揭示生产经营活动的内在联系及其发展的规律性，从中发现问题，找出主要矛盾，提出解决的办法，推动生产发展。它是把统计资料变活、发挥作用的重要手段。它既是统计工作的最后阶段，又是更深化、更全面、更本质的统计阶段。统计分析与预测、控制相结合，就能发挥指导生产、促进生产的积极作用。因此，统计分析担负着以下任务：

（1）检查、总结、分析计划执行情况，对生产经营活动作出综合评价。

（2）及时分析、研究企业生产经营活动过程中的成就和薄弱环节，揭露矛盾，找出差距，提出解决问题的措施。

（3）综合分析各项经济指标的动态、相互依存关系、平衡关系，研究企业生产经营的规律性，不断提高企业的生产经营管理水平和经济效益水平。

（一）统计分析的原则、步骤和方法

1．统计分析原则

（1）要运用辩证的观点，即"一分为二"的观点，如既看到支流，也看到主流，既看到成绩，又看到存在的问题等。

（2）要运用全面的观点，即在统计分析时要注意全面、全局、大量、综合、总体、规律等，避免以点概全，以单为总，以个别概括全局。

（3）要运用唯物观点，即实事求是，一切从实际出发；结论产生在分析之后。

（4）数字与实际情况结合。数字反映生产经营的数量方面，实际情况则是定性的资料。两者结合使用，才能分析透彻，得出合情合理的结论。

（5）围绕企业的生产经营活动进行分析，为企业生产和经营提供服务。

2．统计分析的步骤

统计分析分四步进行：

（1）明确分析目的。应对企业生产经营活动中的重大问题进行分析，事先做出分析设计，提出目的、任务、需用资料及其运用的方法。

（2）对拥有的统计资料进行鉴别和加工，使之能够真实地说明问题，为分析服务。

（3）进行分析。分析要系统、缜密，发现问题、揭露矛盾、提出措施。

（4）编写分析报告。就是把分析结果整理起来，进行文字说明，提供给使用者，以此达到分析的目的，发挥分析的作用。

3．统计分析的方法

统计分析的方法是由统计数量的大量性和类型多样性规定的，是有分析的目的要求的，可以进行有针对性地选用。主要有以下几种方法。

（1）分组法。由于数量大、类型多，故要根据统计分析的目的进行分组整理。分组整理首先要选择分组标志，如按指标分组，按时间分组，按部位分组，按机械分组等。分组统计以后，进行分析就容易得出规律性的认识和结论。

（2）综合指标法。综合指标法是在分组的基础上，从个别到一般，从个性到共性，进行综合概括的方法。综合指标有总量指标、相对指标和平均数指标，各自反映一定的经济现象，有利于进行分析使用。

（3）动态数列法。即研究现象在不同时间上的发展趋势及变化规律。它是把一系列指标按时间顺序排列起来，加以比较，找出规律的方法。这些指标有增长量、增长速度、发展速度、平均增长量、平均发展速度、平均增长速度等。

（4）指数法。这也是研究经济现象发展变动的方法。它与动态数列法不同的是，要对影响现象变动的各因素进行分析，观察各因素的变动对总动态的影响程度，用来作计划检查分析和不同地区之间进行对比分析。

（5）相关法。此法反映现象之间相互关系的形式和相关程度。

（6）平衡法。它研究一定时期中收付、进出、供需、分配等对应统一的相互关系。可用来研究劳动力、材料、设备及资金等的平衡关系，为组织生产、安排供应、进行调度工作提供依据。

（7）因素分析法。即分析各因素对总体指标的影响。

（二）统计分析的内容

（1）计划完成情况分析。例如，求计划指标与实际指标的差异及计划指标完成百分比。

（2）预计分析。例如，利用动态数列对本期和前期的比较，以及计划和实际累计数分析，预计计划完成情况等。

（3）动态分析。例如，分析平均发展（或增长）速度、发展趋势与变动的对比分析、现象变动的对比分析、季节变动规律分析等。

（4）构成分析。即研究统计对象的内部构成，如职工队伍的构成、某项综合指标的构成分析等。

（5）平衡关系分析。包括施工任务与劳动力的关系分析、施工需要与机械设备的平衡关系等。

（6）因果关系分析。包括两因素现象变动分析和多因素现象变动分析等。

（7）现象结构变动分析。例如，各组工人人数变动、总人均变动、总人均工资变动的影响，价格变化对工程造价的影响等。

（三）统计分析报告

统计分析报告是运用统计资料和统计方法研究与反映生产经营等情况的文件。统计分析报告可作为领导了解情况、解决问题提供依据，也可以作为一种管理成果。

1. 统计分析报告的基本要点

（1）统计分析报告是一种以统计数据为依据的经济分析文章。建筑企业的统计分析报告依据企业的各种统计数据及分析的结果编写。

（2）统计分析报告要以深入的、科学的态度去认识企业的生产经营状况，得出本质的、规律性的结论。

（3）要求统计分析报告的数据真实可靠，观点鲜明、重点突出、层次分明、通俗生动。

2. 统计分析报告的构成

统计分析报告没有固定的格式，其构成由分析研究的对象和分析者的构思决定，其一般构成如下：

（1）基本情况描述，即说清所分析的问题的概况。

（2）采用一定的统计分析方法进行统计分析，并用文、表或图反映出来。

（3）肯定成绩，找出问题，作出判断或结论。

（4）提出建议或措施。

二、建筑企业统计组织与管理

由于企业的规模不同，在设置统计机构和统计人员时应有所区别，同时要适应企业内部的组织形式，以利于开展工作。

在三级管理的企业中，统计机构一般分为公司、工程处、施工队三级，公司设综合和生产统计员；工程处设综合统计员；施工队设统计员。从事三级管理范围内的综合统计工作使之上下成线。同时在各职能管理部门（或人员）也都建立相适应的专业统计，使之相互之间以及与同级综合统计之间互相提供资料，使之纵横成网。只有这样，才能既满足企业综合管理的需要，也能满足各级组织以及专业管理的需要，充分发挥各方面的积极性，保证统计任务的全面完成。

而生产工人班组虽不是一级统计机构，但它在企业内处于第一线的最基层单位。企业内绝大部分的经济活动都发生在班组，企业主要统计资料也来源于班组。因此搞好班组统计也是保证企业统计质量的关键所在。

现将企业各级统计的职责和工作内容概述如下。

（一）统计机构

《中华人民共和国统计法》对企业的统计组织有很明确的规定，第十八条规定："企业事业组织根据统计任务的需要设立统计机构或者在有关机构中设置统计人员，并指定统计负责人。企业事业组织执行国家统计调查或者执行地方统计调查任务，接受地方人民政府统计机构的指导。"

按照这一规定，一般在大中型建筑企业的计划部门中设统计组，负责生产业务统计和综合统计。在其他各专业部门（劳动、材料、机械、财务）中设统计人员负责各专业统计。分公司的生产部门设统计人员，在项目经理部内设统计人员或由生产计划人员兼做统计工作。应当在班组内设兼职统计员。改革以后，有些企业的统计工作由企业管理办公室组织完成，也有的企业交由信息中心或计算机室进行统计工作。

（1）组织、协调本单位的统计工作。完成国家统计调查、部门统计调查和地方统计调查任务；搜集、整理、提供统计资料。

（2）对本单位的计划执行情况进行统计分析，实行统计监督。

（3）管理本单位的统计调查表，建立健全统计台账制度，并会同有关机构或人员建立健全原始记录制度。

（4）加强本单位统计工作建设，总结推广统计工作先进经验，组织业务学习，不断提高统计人员的政策业务水平，为实现统计工作现代化作出贡献。

（二）专业统计分工

专业统计按照"管什么工作搞什么统计"的原则，在公司、工程处各业务部门建立相应专业的统计工作，并根据需要设专职（或兼职）统计员、负责本专业的统计工作。例如，建筑产品统计由施工计划部门负责；劳动工资统计由劳动工资部门负责；建筑机械设备统计由机械动力部门负责等。

（三）统计职责

1. 法律规定

《中华人民共和国统计法》中的第二十二条规定：企业、事业组织的统计机构或者统计负责人的主要职责是

（1）组织、协调本单位的统计工作，完成国家统计调查、部门统计调查和地方统计调查任务，搜集、整理、提供统计资料。

（2）对本单位的计划执行情况进行统计分析，实行统计监督。

（3）管理本单位统计调查表，建立健全统计台账制度，并会同有关机构或者人员建立健全原始记录制度。

建筑企业应根据上述综合统计人员的法律规定制定本单位统计人员的职责。

2．一般综合统计人员的职责

（1）切实执行上级统计机构颁发的统计制度和统计方法，完成上级交给的统计调查任务。

（2）组织本企业或本单位的统计工作，检查各项计划的执行情况，编写统计报告。

（3）开展调查研究，做好统计分析，参与经济活动分析工作。

（4）统一管理和审查本企业或单位的统计报表，防止漏报、错报或不报。

（5）整理、积累统计历史资料汇总成册。

（6）组织统计业务学习与培训，总结交流工作经验，开展统计人员的同业务竞赛。

（7）会同有关部门建立台账、原始记录等制度。

3．专业部门统计人员的职责

专业部门统计人员应本着"管什么专业工作，搞什么统计"的精神，做好相应专业的统计工作，其职责如下：

（1）执行上级统计机关颁发的统计方法制度，完成上级布置的统计调查任务。

（2）组织本企业或单位的专业统计工作，检查归口计划执行情况，编写专业统计报告。

（3）开展调查研究，做好专业统计分析，参与经济活动分析工作。

（4）管理和审查本企业或单位的专业统计报表，防止差错。

（5）整理、积累专业统计历史资料。

（6）建立健全有关专业的统计台账和原始记录。

4．项目经理部统计人员的职责

（1）认真执行上级规定的统计方法制度。

（2）检查项目计划执行情况、质量控制情况和成本控制情况，填报各种企业内部统计报表。

（3）认真做好施工记录、进行施工任务书统计，开展单位工程的统计核算。

（4）全面积累项目和班组的统计资料。

（5）定期公布项目和班组的计划完成情况。

5．班组兼职统计人员的职责

（1）认真填写各种原始记录，汇总上报项目经理部。

（2）做好施工任务书完成情况、考勤情况等的记录、汇总，向班组公布，向项目经理部汇报。

（3）开展班组经济活动分析，找出计划执行情况、节约情况和各项目标完成情况的直接原因。

（四）统计人员的权限和法律责任

1．权限

《中华人民共和国统计法》第二十三条规定，统计人员有下列权限。

（1）要求有关单位和人员依照国家规定，提供资料。

（2）检查统计资料的准确性，要求改正不确实的统计资料。

（3）揭发和检举统计调查工作中的违反国家法律和破坏国家计划的行为。

2. 法律责任

《中华人民共和国统计法》第二十七条规定，统计人员的法律责任是：有下列行为之一、情节较严重的，可以对有关领导人员或直接责任人给予行政处分：虚报、瞒报统计资料；伪造篡改统计资料；拒报或屡次迟报统计资料；侵犯统计机构、统计人员行使本法规定的职权；违反本法，未经批准，自行编制发布统计调查表；违反本法规定，未经核定和批准，自行公布统计资料；违反本法有关保密的规定。

（五）建筑企业的统计管理

建筑企业应建立统计管理制度，使统计工作制度化、规范化、程序化。

1. 统计制度管理

企业必须在保证满足国家和上级统计部门统计调查任务要求的前提下，根据企业管理的需要，建立企业内部的统计管理制度，制定内部统计用表，并根据国家规定确定统计指标的计算口径和计算方法，严格规定统计取量的方法、台账的建立、资料的供应传递和保管、报表的编制、审核和上报等。

2. 统计数字的管理

对取得的统计数字，在汇总和使用前必须进行技术的和逻辑的审查，以确定其可靠程度，然后决定取舍。对差错的数字，要经查询和订正后再使用。杜绝虚报、瞒报、拒报、迟报、伪造、篡改数字的情况发生。上报的统计报表要按规定由有关负责部门和负责人审查、签字、盖章，由综合统计部门归口管理对外，提供的统计数字，做到数据口径一致，不互相矛盾，按规定公布和保密。

3. 统计人员的管理

由于在企业管理中地位的肯定，管理现代化的发展需要，信息的重要性提高，所以统计工作只能加强、不能削弱。统计人员的设立、统计部门的建立是必不可少的。也就是说要保持统计人员队伍的稳定性，任何借"精简"和"一岗多职"为名取消统计人员和统计机构的做法都是不允许的，是与统计法的规定相违背的。还要开展对统计人员的培训，提高他们的业务素质，建立必要的考核制度，保证他们的质量。要用制度保证统计人员的工作顺利进行，学习《统计法》，增强他们的统计法制观念。

第四节　建筑企业统计与固定资产投资统计

一、建筑企业统计与固定资产投资统计的关系

固定资产投资活动是国民经济重要的经济活动。固定资产投资活动的目的是进行固定资产的扩大再生产，从而发展国民经济，提高人民的物质文化生活水平。

固定资产投资由基本建设投资和技术改造投资两部分组成。基本建设投资的目的是通过新建、扩建，进行外延的固定资产扩大再生产；更新改造投资的目的是通过对原有固定资产的改造提高技术水平，生产新的更高档次的产品或满足新的需要，走内涵扩大再生产的道路。固定资产投资中包括建筑工程投资、安装工程投资、设备购置投资、工具家具器具购置投资和其他投资。前两种投资是其主要构成，约占60%以上。这两部分投资是由建筑业中的建筑企业完成的。因此可以说，建筑企业是完成固定资产投资的最主要生产企业。如此说来，建筑企业统计就与固定资产投资统计的关系密切了。对一个工程项目来说，固定资产投

资统计是由项目法人完成的，而建筑安装工程统计是由建筑企业完成的；从宏观上来说，固定资产投资统计中的建筑安装产值是由建筑企业提供的。

固定资产投资统计有以下特点：

（1）固定资产投资统计是综合性较强的专业统计。

这是由于固定资产投资是一项综合性非常强的经济活动。它与国民经济各部门均有密切联系；它与国家的人力、物力、财务的供应关系密切；与国家的生产力布局和生产发展有着密切关系，与人民生活的提高有关系。因此，固定资产投资统计就要掌握大量的资料，胸怀国家经济全局，做好这项复杂的综合性工作。

（2）固定资产投资统计是协调性很强的经济统计，必须做好相关各方面的工作。

这就是说，固定资产投资的实现，要依靠多部门协调配合，只有把各方面的统计工作协调起来才能做好固定资产投资统计工作，固定资产投资统计，既离不开项目法人的统计，又离不开建筑企业统计和勘察设计统计。

（3）建筑产品生产周期长、耗资巨大，决定了固定资产投资统计必须重视投资指标、工期指标和质量指标。因为投资指标的大小影响投入的多少，牵动着国民经济各部门的产出和财政支出；工期指标影响着固定资产投资效果的发挥，又影响着国民经济各部门的发展和人民生活水平的提高速度；质量指标反映固定资产的质量，这是"百年大计"，来不得半点马虎，没有"废品率"的指标，只有合格和优良的质量要求。

（4）由于固定资产投资所得产品（固定资产）的一次性，故必须单独进行估算和预算，因此估算和预算就成了固定资产投资统计指标的重要对比依据和核算依据，固定资产投资统计的质量与预算估算的质量有着密切关系。

二、固定资产投资统计的对象和范围

固定资产投资统计的对象是固定资产建造和购置活动的数量现象。通过对固定资产再生产全过程的数量的观察、收集、加工、整理和分析，研究固定资产的投资规模、投资结构和投资效果，发现其规律，服务于国民经济的发展和固定资产投资活动的发展。

固定资产投资统计的任务有四个：

（1）准确、及时地调查和提供固定资产投资的完成情况，为国家制定经济政策和编制国民经济发展计划提供依据。

（2）对政策和计划执行情况进行检查和监督。固定资产统计得出的实际数量与计划和政策的要求相对比，即可判断计划和政策执行的情况，从而为改善政策、修订计划服务。

（3）为加强经济管理服务。固定资产投资统计是提供固定资产投资信息的手段，这些信息又是进行经济管理不可缺少的依据。

（4）积累历史资料，为研究经济发展规律服务。如固定资产投资规模、投资结构、它与国民生产总值的关系、与工农业生产状况的关系、各种比例关系的确定、新增固定资产能力的计划与决策等，都需要在研究历史资料的基础上进行。

固定资产投资统计的范围是全社会固定资产投资。不管是何种所有制、何种性质的建设项目、使用什么资金、是什么部门和地区建设的项目，都在固定资产投资统计的范围之内。但是固定资产投资统计的项目规模是有要求的。按照我国现行规定，固定资产投资统计的对象是：总投资在5万元以上的全民所有制建设项目；总投资5万元以上的城镇集体所有制的建设项目、农林集体所有制单位固定资产投资、农林个人固定资产投资；城镇个人住房投资。总投资 2 万元至 5 万元的全民所有制建设项目一般一年收集一次资料。

三、固定资产投资统计的调查方法

进行统计工作要经过统计设计、统计调查、统计资料整理和统计分析四个阶段。确定调查方法是个关键问题。当前取得固定资产统计资料的基本方法是全面布置报表的方法和抽样调查方法；一小部分资料是根据生产信息推算的。

当前，全面布置报表取得的资料占固定资产投资统计资料的 2/3。由于固定资产投资是按照投资性质分口管理的，所以统计资料的取得是按管理分工渠道进行的。有三套报表：一是全民所有制基本建设投资统计报表，二是全民所有制更新改造报表，三是全民所有制其他投资报表。

全民所有制基本建设报表统计列入国家基本建设计划的建设项目；基本建设计划内投资和更新改造计划投资合建的新建项目；达到大中型标准的扩建项目和由于生产力布局调整而全面性迁建项目；既未列入基本建设计划，也未列入更新改造计划的项目，以及行政、事业单位增建业务用房和行政单位增加生活福利建设项目。

更新改造投资报表统计列入更新改造计划内的项目，以技术改造为主的基本建设计划内投资和更新改造投资合建的项目；由于增建主要生产车间、分厂等，其新增生产能力（或效益）未达到大中型标准的扩建项目，以及由于城市环境保护、安全生产需要而进行迁建的项目；既未列入基本建设计划，也未列入更新改造计划的更新改造项目等。

其他投资报表统计未列入基本建设计划和更新改造计划，而用专用资金建设的项目，当前主要包括油田维护费、石油开发基金、采掘、采伐企业维护简单再生产资金、公路养护费，以及简易建筑费进行的指定性工程建设投资。

对城镇集体所有制项目，目前也用统计报表的形式取得资料，但未分基本建设、更新改造和其他投资。凡是固定资产投资，且总投资在 5 万元以上的均应填报，指标内容与全民所有制项目是一样的。

城镇和工矿区个人建房投资也是用统计报表的形式取得资料的，不过指标内容比较简单。

抽样调查方法在改革中有扩大的趋势。目前它主要用来取得农村集体所有制固定资产投资与农村个体固定资产投资的资料。根据抽样调查原理抽取一定范围的样本，然后用数学方法推算出总体的统计数字。

四、固定资产投资统计的指标体系

固定资产投资统计指标体系，应能全面反映固定资产投资的过程和结果，故应包括三个部分：一是反映建设规模和建设速度的指标，二是反映建设成果的指标，三是反映投资效果的指标，以下七种指标可以满足以上三方面的要求。

1. 建设项目统计指标

建设项目统计指标主要包括建设项目个数、建成投产建设项目个数、建设项目一览表。

2. 投资额统计指标

投资额统计指标包括：累计完成投资额，分构成、用途的投资额，分建设性质、建设阶段、国民经济行业投资完成额等。

3. 财务资金统计指标

财务资金主要统计指标有：本年拨款额、本年贷款额、本年实际支出资金等。

4. 新增固定资产统计指标

新增固定资产统计指标主要有：自开始建设至报告期止累计新增固定资产、本年新增固定资产等。

5. 新增生产能力或工程效益统计指标

新增生产能力或工程效益统计主要指标有：建设规模、施工规模和新增生产能力或工程效益及反映建设成果的实物指标。

6. 房屋建筑面积统计指标

房屋建筑面积主要统计指标有：施工房屋建筑面积、竣工房屋建筑面积、竣工房屋价值等。

7. 投资效果统计指标

投资效果统计指标是对一个时期投入资金和产出成果的比较，或对一个时期内占用的投资和产出的成果的比较，以计算投资效果的高低。由于宏观经济效果和微观经济效果差异很大，因此现行制度分别规定了不同的计算投资效果的指标。例如，微观统计指标（工程项目或企业）有：建设工期、单位生产能力投资或单位投资新增生产能力，投资回收期或投资利润率，新增固定资产产值率、单位产品的预计成本等。宏观（国民经济及部门）指标有：建设周期、固定资产交付使用率、未完工程投资占用率、平均单位生产能力投资、国民经济及部门投资经济效果系数等。

五、固定资产投资统计的基础工作

基层统计工作是整个统计工作的基础。固定资产投资统计报表基层填报单位是建设单位（项目法人）。因此，搞好建设单位统计工作对保证统计数据的质量，提高统计工作水平，具有决定性的作用。建设单位投资活动的原始记录和台账（卡片）是基础工作的主要内容，主要有以下几方面：

（1）为计算建筑安装投资完成额，要有工程进度原始记录。这部分工作一般由承包工程的施工单位完成，按时报送给建设单位。

（2）为了了解设备情况，要有完整的出入库手续及安装情况说明。为计算设备、工具、器具投资额、要有设备验收入库单、出库单，以反映设备到货、验收、入库情况，以及出库交付安装情况。

（3）要建立费用支出凭证。为了计算"其他费用"支出额，要有为工程建设所支付的一切费用的原始凭证，反映各种费用的支付情况。

（4）要建立完善的工程档案，在此要注意保存工程建成投产验收鉴定书，包括建设工期起止年月、验收日期、工程质量、生产能力、建筑面积（或容积）及工程造价等。

把各种原始记录数据分门别类地按一定时间顺序加以记录，汇总在表册上，就形成了各种统计台账。统计台账是整理原始记录的一种形式，也是积累资料的基础。通过统计台账了解工程进度，为编制报表提供依据，亦便于对工程进行动态分析。

第五节　建筑业企业资质管理及有关内容

一、建筑业企业资质管理的概念

企业资质是指企业的建设业绩、人员素质、管理水平、资金数量和技术装备等。建筑业企业资质管理是指建设行政主管部门对从事建筑活动的建筑施工企业、勘察单位、设计单位和工程监理单位的人员素质、管理水平、资金数量、业务能力等事先进行审查，确定其承担任务的范围，核准其资质等级、颁发相应的资质证书以及对其进行后续监督、调控的一系列活动。

二、建筑业企业资质分类分级

建筑业企业资质分为施工总承包、专业承包和劳务分包三个序列。

获得施工总承包资质的企业，可以对工程实行施工总承包或者对主体工程实行施工承包。承担实施总承包的企业可以对所承接的工程全部自行施工，也可以将非主体工程或者劳务作业分包给具有相应专业承包资质或者劳务分包资质的其他建筑业企业。

获得专业承包资质的企业，可以承接施工总承包企业分包的专业工程或者建设单位按照规定发包的专业工程。专业承包企业可以对其承接的工程全部自行施工，也可以将劳务作业分包给具有相应劳务分包资质的劳务分包企业。

获得劳务分包资质的企业，可以承接施工总承包企业或者专业承包企业分包的劳务作业。

施工总承包资质、专业承包资质、劳务分包资质序列按照工程性质和技术特点分别划分为若干资质类别。

各资质类别按照规定的条件划分为若干资质类别。

建筑业企业资质等级标准由国务院建设行政主管部门会同国务院有关部门制定。

三、建筑企业资质等级标准及承包工程范围

根据《建筑业企业资质管理规定》（建设部令第 87 号），建设部会同有关部门制定了《建筑业企业资质等级标准》。建筑施工总承包企业资质等级标准如下。

（一）房屋建筑工程施工总承包企业资质等级标准

房屋建筑工程施工总承包企业资质分为特级、一级、二级、三级。

1. 特级资质标准

（1）企业注册资本金 3 亿元以上；

（2）企业净资产 3.6 亿元以上；

（3）企业近 3 年年平均工程结算收入 15 亿以上；

（4）企业其他条件均达到一级资质标准。

2. 一级资质标准

（1）企业近 5 年承担过下列 6 项中的 4 项以上工程的施工总承包或主体工程承包，工程质量合格。

1）25 层以上的房屋建筑工程；

2）高度 100m 以上的构筑物或建筑物；

3）单体建筑面积 3 万 m^2 以上的房屋建筑工程；

4）单跨跨度 30m 以上的房屋建筑工程；

5）建筑面积 10 万 m^2 以上的住宅小区或建筑群体；

6）单项建安合同额 1 亿元以上的房屋建筑工程。

（2）企业经理具有 10 年以上从事工程管理工作经历或具有高级职称；总工程师具有 10 年以上从事建筑施工技术管理工作经历并具有本专业高级职称；总会计师具有高级会计职称；总经济师具有高级职称。

企业有职称的工程技术和经济管理人员不少于 300 人，其中工程技术人员不少于 200 人；

工程技术人员中，具有高级职称的人员不少于 10 人，具有中级职称的人员不少于 60 人。

企业具有的一级资质项目经理不少于 12 人。

（3）企业注册资本金 5000 万元以上，企业净资产 6000 万元以上。

（4）企业近 3 年最高年工程结算收入 2 亿元以上。

（5）企业具有与承包工程范围相适应的施工机械和质量检测设备。

3．二级资质标准

（1）企业近 5 年来承担过下列 6 项中的 4 项以上工程的施工总承包或主体工程承包，工程质量合格。

1）12 层以上的房屋建筑工程；

2）高度 50m 以上的构筑物或建筑物；

3）单体建筑面积 1 万 m^2 以上的房屋建筑工程；

4）单跨跨度 21m 以上的房屋建筑工程；

5）建筑面积 5 万 m^2 以上的住宅小区或建筑群体；

6）单项建安合同额 3000 万元以上的房屋建筑工程。

（2）企业经理具有 8 年以上从事工程管理工作经历或具有中级以上职称；技术负责人具有 8 年以上从事建筑施工技术管理工作经历并具有专业高级职称；财务负责人具有中级以上会计职称。

企业有职称的工程技术和经济管理人员不少于 150 人，其中工程技术人员不少于 100 人；工程技术人员中，具有高级职称的人员不少于 2 人，具有中级职称的人员不少于 20 人。

企业具有二级资质以上项目经理不少于 12 人。

（3）企业注册资本金 2000 万元以上，企业净资金 2500 万元以上。

（4）企业近 3 年最高年工程结算收入 8000 万元以上。

（5）企业具有与承包工程范围相适应的施工机械和质量检测设备。

4．三级资质标准

（1）企业近 5 年来承担过下列 5 项中的 3 项以上工程的施工总承包或主体工程，工程质量合格。

1）6 层以上的房屋建筑工程；

2）高度 25m 以上的构筑物或建筑物；

3）单体面积 5000m^2 以上的房屋建筑工程；

4）单体跨度 15m 以上的房屋建筑工程；

5）单项建安合同额 500 万元以上的房屋建筑工程。

（2）企业经理具有 5 年以上从事工程管理工作经历；技术负责人具有 5 年以上从事建筑施工技术管理工作经历并具有本专业中级以上职称；财务负责人具有初级以上会计职称。

企业具有职称的工程技术和经济管理人员不少于 50 人，其中工程技术人员不少于 30 人，工程技术人员中，具有中级以上职称的人员不少于 10 人。

企业具有的三级资质以上项目经理不少于 10 人。

（3）企业注册资本金 600 万元以上，企业净资产 700 万元以上。

（4）企业近 3 年最高年工程结算收入 2400 万元以上。

（5）企业具有与承包工程范围相适应的施工机械和质量检测设备。

（二）承包工程范围

1. 特级企业

可承担各类房屋建筑工程的施工。

2. 一级企业

可承担单项建安合同额不超过企业注册资本金 5 倍的下列房屋建筑工程的施工。

（1）40 层以下，各类跨度的房屋建筑工程；

（2）高度 240m 及以下的构筑物；

（3）建筑面积 20 万 m^2 及以下的住宅小区或建筑群体。

3. 二级企业

可承担单项建安合同额不超过企业注册资本金 5 倍的下列房屋建筑工程的施工。

（1）28 层以下，单跨度 36m 及以下的房屋建筑工程；

（2）高度 120m 及以下的构筑物；

（3）建筑面积 12 万 m^2 及以下的住宅小区或建筑群体。

4. 三级企业

可承担单项建安合同额不超过企业注册资本金 5 倍的下列房屋建筑工程的施工。

（1）14 层以下，单跨跨度 24m 及以下的房屋建筑工程；

（2）高度 70m 及以下的构筑物；

（3）建筑面积 6 万 m^2 及以下的住宅小区或建筑群体。

注：房屋建筑工程是指工业、民用与公共建筑（建筑物、构筑物）工程。工程内容包括地基与基础工程、土石方工程、结构工程、屋面工程、内外部的装修装饰工程、上下水、供暖、电器、卫生洁具、通风、照明、消防、防雷等安装工程。

四、建筑企业资质的申请和审批

新设立的建筑业企业，到工商行政管理部门办理登记注册手续并取得企业法人营业执照后，方可到建设行政主管部门办理资质申请手续。

新设立的建筑业企业申请资质，应当向建设行政主管部门提供下列资料：

（1）建筑业企业资质申请表；

（2）企业法人营业执照；

（3）企业章程；

（4）企业法人代表和企业技术、财务、经营负责人的任职文件、职称证件、身份证；

（5）企业项目资格证书、身份证；

（6）企业工程技术和经济管理人员的职称证书；

（7）需要出具的其他有关证件、资料。

施工总承包序列中特级和一级企业、专业承包序列中一级企业资质经省级建设行政主管部门审核同意后，由国务院建设行政主管部门审批；施工总承包序列和专业承包序列中二级及二级以下企业资质，由企业注册所在地省、自治区、直辖市人民政府建设行政主管部门审批。

本 章 小 结

建筑业统计是社会经济统计学的重要分科之一，它是在社会经济统计基本理论的指导下，对建筑经济现象的数量方面的资料进行收集、整理和分析，以反映建筑产品的生产、经营和效果以及建设规模、水平、速度、比例、构成等。通过这个对象的研究，进而认识建筑业发展变化的规律性。

建筑业统计的研究对象，它是研究建筑业领域内大量的社会经济现象的数量方面。通过对建筑业生产经营活动各种数量关系的研究，揭示建筑业的发展变化及其规律性。

建筑业统计作为一种调查研究活动，它必须坚持针对性、宏观性、多角性和科学性的基本原则。只有这样，才能全面完成统计工作任务。

建筑业统计的主要任务是：准确、及时、全面，系统地搜集、整理和分析建筑业统计资料。为制定政策和计划提供依据。对政策、计划执行情况进行统计检查和监督，为企业管理和科学研究提供资料。

为了反映建筑业生产经营活动的全过程，必须运用一系列与它相适应的统计指标体系，它的形成和内容是由建筑业客观经济现象的特点所决定的。

为了保证全面完成统计任务，还必须加强统计的组织与管理工作。首先是要建立和健全统计组织，明确职责范围，建立各级责任制；其次要加强统计的工作制度，数字管理和统计人员的管理。

固定资产投资由基本建设投资和技术改造投资两部分组成。基本建设投资的目的是通过新建、扩建，进行外延的固定资产扩大再生产；更新改造投资的目的是通过对原有固定资产的改造提高技术水平，生产新的更高档次的产品或满足新的需要，走内涵扩大再生产的道路。固定资产投资中包括建筑工程投资、安装工程投资、设备购置投资、工具家具器具购置投资和其他投资。

对一个工程项目来说，固定资产投资统计是由项目法人完成的，而建筑安装工程统计是由建筑企业完成的；从宏观上来说，固定资产投资统计中的建筑安装产值是由建筑企业提供的。

企业资质是指企业的建设业绩、人员素质、管理水平、资金数量和技术装备等。建筑业企业资质管理是指建设行政主管部门对从事建筑活动的建筑施工企业、勘察单位、设计单位和工程监理单位的人员素质、管理水平、资金数量、业务能力等事先进行审查，确定其承担任务的范围，核准其资质等级、颁发相应的资质证书以及对其进行后续监督、调控的一系列活动。

练　习　题

1. 建筑业统计的对象包括哪些内容？
2. 建筑业统计的特点有哪些？
3. 建筑业统计的范围包括哪些？
4. 建筑业统计的任务是什么？
5. 简述统计分析的步骤和内容。
6. 固定资产投资统计的特点有哪些？
7. 什么是建筑企业资质？

第六章　建筑企业施工生产统计

建筑业的生产活动与其他物质生产部门一样，具有自己的生产内容和特点。建筑业生产活动包括：建筑工程；机械设备安装工程；房屋、构筑物的大修理；以及与建设对象有关的工程地质勘探、设计等方面的内容。由此可见，国家固定资产投资主要是通过建筑业的生产活动来实现的。建筑业担负着实现社会固定资产再生产的重要任务。

第一节　建筑产品的概述

一、建筑产品的概念

建筑产品的概念有广义和狭义之分。

广义的建筑产品不仅包括有形的建筑产品，而且也包括无形的建筑产品。它是建筑市场的交易对象，在不同的生产交易阶段，表现为不同的形态。如，可以是咨询公司提供的咨询报告、咨询意见或其他服务；还可以是勘察设计单位提供的设计方案、施工图纸、勘察报告；可以是生产厂家提供的混凝土构件；当然也包括承包商生产的房屋和各类构筑物。

狭义的建筑产品是指建筑企业进行建筑安装活动所取得的预期有效的成果——工厂、铁路、桥梁、住宅等房屋和构筑物。而我们建筑企业统计研究的正是狭义建筑产品的概念。要满足这一概念，必须具备以下几个条件。

（1）建筑产品必须是建筑企业生产活动的成果。建筑产品是建筑企业职工生产劳动的成果，因此凡未经本企业追加生产劳动的一切物资，如砖、瓦、砂、石、结构件等，在未经建筑生产活动构成工程实体前，不能视为建筑产品。

（2）建筑产品必须是建筑企业进行建筑安装活动的成果。建筑安装活动是建筑企业的基本生产活动。在建筑企业中，除了进行建筑安装活动外，一般还设有若干为之服务的附属辅助生产单位，从事某些非建筑安装活动。附属辅助生产单位所生产的工业产品或运输作业，如生产的预制构件、施工机具、家具以及为外单位完成的货物周转量等，虽然也是建筑企业职工生产活动的成果，但不是建筑安装活动的成果，不应视为建筑产品。

（3）建筑产品必须是建筑企业建筑安装活动的有效成果。企业进行生产的目的，是为社会提供具有一定使用价值的物质财富。在建筑施工中出现的不符合质量要求而需要返工的工程，虽然也投入了材料、人工，但在返修合格之前，不应作为建筑安装活动的有效成果而计入建筑产品。

（4）建筑产品必须是建筑企业建筑安装活动的直接成果。建筑安装活动的直接目的，是为社会建造房屋和构筑物。在建筑施工过程中所产生的边角余料，虽然可利用或销售，但它们不是建筑企业进行生产活动的直接目的，因此不能视为建筑产品。

二、建筑产品的特点

（一）建筑产品生产与交易的统一性

建筑物与土地相连，不可移动，这就要求施工人员和施工机械只能随建筑物不断流动。

从工程的勘察、设计、施工任务的发包到工程的竣工，发包方与承包方、咨询方进行的各种交易与生产活动交织在一起。因此，建筑产品统计工作也较为复杂，需要划分清楚哪些是建筑产品；哪些是交易商品，以免重复统计。

（二）建筑产品的多样性与复杂性

建筑产品包括各种房屋和构筑物、机器设备安装，以及房屋和构筑物的修理作业等方面的内容。由于对各种房屋和构筑物用途、性能要求不同以及它们的坐落位置、建设地点的差异，致使所处的自然条件与技术经济条件各异，决定了多数建筑产品不能批量生产，而采用非标准设计；即使采用标准设计也会因地点、土壤、气候条件的不同而有所变动。因此，几乎每一个工程都有其独特的结构和形式。机器设备的规格多、种类繁、安装复杂，即使同类工厂的建设，由于生产规模、新技术的采用和其他原因，所需设备也不尽相同。至于房屋、构筑物的修理更是随具体情况而定。

基于建筑产品的多样性和复杂性，决定了各个建筑产品的价格都要通过分别编制各自的工程预算来确定。因而工程预算是建筑产品统计核算的重要依据。此外，由于结构的多样性、工程的单件性，在比较研究各建筑企业或同一建筑企业不同时期的生产成果时，应当考虑上述因素，注意结合计划与定额来进行比较。

（三）建筑产品生产周期较长并具有不可逆性

建筑产品一般体积庞大、结构复杂、生产周期较长，并且一旦进入生产阶段，其产品不可能退换，也难以重新建造。一项工程从开工到竣工，少则数月，多则数年，经历各种不同的施工阶段，需要长期占用大量的人力、物力和财力。因此，建筑产品不能像一般工业产品那样，待整个产品生产过程完全结束并具有完整的使用价值时，才进行统计，而是必须结合企业管理的需要，将建筑产品加以划分为不同的阶段，这是因为建筑最终产品质量是由各阶段成果的质量决定。如按完成程度划分，可划分为已完施工、未完施工、已完工程项目、未完工程项目。随着工程进展，分段核算生产成果，反映施工进度。此外，施工的长期性，还会引起施工的阶段性，使建筑产品在不同时期处于不同的施工阶段。如厂房施工，初期是土方工程，随后各期分别是基础、结构、屋面等工程。在进行动态分析时，必须注意施工的阶段性等不同时期的施工经营成果所产生的影响。

（四）建筑产品固定于土地具有不可移动性

建筑产品固定于土地，具有不可移动的特点，这样必然会引起施工力量的流动。这一特点，集中表现在两个方面：一是建筑企业或单位的施工力量随着房屋、构筑物坐落位置的变化而转移地点；二是在房屋、构筑物的施工过程中，施工力量又要随着工程部位的不同而上下左右流动，不断变换操作地点。因此，人员、机具、材料的流动，操作地点与条件的不断变化，必然会引起劳动组织、劳动效率，以及各种消耗的变化。同时，在不同地区施工，施工方法也不尽相同，人工、材料、机械等消耗也将因之各异等。所有这些，都将影响建筑企业的施工进度和建筑产品的价值。

因此，在统计上不仅要考核生产成果及其进度，而且要注意考核生产消耗的情况。

三、建筑产品的分类

（1）建筑产品就其是否提供新的使用价值划分，可以划分为实物产品和生产性作业两种。

1）实物产品。是指建筑企业从事建筑安装生产活动所创造的具有新的物质形态和新的使用价值的产品，如房屋、水塔、道路等。

2）生产性作业。凡是建筑安装生产活动的成果，不具有独立的、新的物质形态，也不提供新的使用价值，而只是恢复其已丧失的使用价值，或者为发挥原有的使用价值创造条件的，称为生产性作业。

（2）建筑产品按其完成程度可以划分为竣工工程、已完工程和未完施工工程三种。

1）竣工工程。是指建筑企业完成了单位工程承包合同所规定的全部施工任务，并经办理交工验收手续移交建设单位的建筑安装工程，它是建筑企业的最终产品。

2）已完工程。是指在施工的分部分项工程中，已经完成了预算定额所规定的全部工作内容不需要再进行加工的分项工程。

3）未完施工工程。指已投入了人工和材料，但还没有完成预算定额所规定的全部内容的工程。由于未完施工不易鉴定工程质量和计算工程数量。因此，未完施工在原则上建设单位不予结算，也不反映在投资完成额中。但建筑企业要用来计算和考核劳动生产率、材料消耗以及成本等指标。

四、建筑产品统计的任务

建筑产品统计的任务，就是要从数量上反映产品的多寡；从质量上反映产品的优劣；从生产周期上反映产品生产的速度；从价值上综合反映企业生产的规模、水平、计划完成情况以及生产发展的动态。

第二节　建筑产品实物量统计

建筑产品实物量是以物理或自然计量单位表示的、建筑企业在一定时间内完成的各种工程的数量。建筑产品实物量统计，就是要反映建筑产品生产所处的各个施工阶段的实物形态及其数量。

建筑企业的最终产品是竣工工程。竣工工程的数量，一般用"项"或"个"为计量单位来计算；房屋建筑则用"平方米"（面积）来表示。由于建筑产品生产周期比较长，用竣工工程数量不能全面反映企业在一定时期内完成的生产总量。为了及时反映在一定时期内的施工进度及其生产量，除了进行竣工工程数量的统计外，还必须对在建工程的已完施工实物量和未完施工实物量进行统计。也就是说竣工工程说明企业在一定时期内向社会提供的可供使用的最终产品。在建工程的已完施工和未完施工实物量说明企业在一定时期内所达到的生产规模。

因此，建筑产品的实物量统计主要包括建筑产品实物工程量统计、单项工程或单位工程的形象进度统计、单位工程个数统计（建设项目统计）和房屋建筑面积统计四种表现形式。

一、建筑产品实物工程量统计

（一）建筑产品实物工程量统计的意义

建筑产品实物工程量通常也称为分部分项工程量。由于分部分项工程是单位工程的组成部分，在单位工程未竣工之前，统计分部分项工程实物量，可以全面反映建筑企业施工的各工种工程的完成数量。通过实物工程量指标的计算，可以说明建筑企业为社会提供了多少使用价值，反映施工进度情况。它是基层施工单位编制与检查施工作业计划、绘制施工指示图表，确定劳动力、材料、机械设备需要量和检查施工作业计划完成情况的重要依据，又是计算建筑施工产值、拨付工程价款和计算实物劳动生产率及其他技术经济指标的基础。

（二）建筑产品实物工程量的统计范围

建筑产品实物工程量统计，必须先规定各种实物工程量指标的范围。这个非常重要，否则无法得出准确的数字。由于分部分项工程的种类繁多，一般只要求统计主要实物工程量。国家规定了分部分项工程的主要实物工程量的目录，其计算范围见表 6-1。

表 6-1　　　　　　　　　　　　主要实物工程量计算范围表

编号	分部分项工程名称	计算范围	计算时应注意的问题
1	土方工程（m³）	包括竖向布置、矿山剥离和工程本身的平土、挖土、填上的土方工程数量，也包括水下土方工程，不包括土方运输量	利用挖土进行回填，或为填土而进行的挖土，不需要夯实的可计算两次。土方工程量一般按预算规定范围内测量的实方计算，不能按松土后虚方或土方机械的单位生产能力乘次数计算
2	石方工程（m³）：指施工过程中或工程土石方开挖数量	包括场地平整、基础和沟槽开挖、隧道、水利、矿山建设中井筒、巷道及露天剥离等石方工程	计算时注意：不包括混凝土骨料或砌石用的石料开采和石方出渣运输工程量
3	打桩工程（根/m³）（根/t）	包括钢筋混凝土预制桩、现浇桩、木桩、钢管桩、钢板桩和砂桩等	
4	砌筑工程（m³）	包括砌砖、砌石、砌硅酸盐大块、砌耐火砖、砌各种轻质砌块等工程	计算时注意：砌砖工程包括青砖、红砖、空心砖、灰砖的全部砌筑工程，不包括耐火砖的砌筑和各种贴面工程
5	混凝土工程（m³）	是指使用到工程上构成了工程实体的全部混凝土工程，包括工厂和现场预制、现场浇灌的钢筋混凝土及无筋、毛石、矿渣、轻质等混凝土	计算时注意：不包括工厂和附属企业制作的水泥管、石棉水泥管、电杆和水泥瓦等制品；由协作单位进行吊装的混凝土预制构件，应当由原施工单位计算混凝土工程实物量，而协作单位只统计构件吊装数量
6	金属结构工程（t）	包括工厂、附属企业和现场制作并已安装到工程上的钢柱、钢梁、钢屋架、钢檩条等金属结构和各种金属支架工程	
7	抹灰工程（m²）	包括建筑物平顶、地坪、楼地面、踏步和内外墙面（包括水磨石、水刷石和拉毛）的抹灰工程	计算时要注意：混凝土地坪和楼地面只需抹平，不需要进行抹灰的，不包括在抹灰工程内，而计算在混凝土工程量内。抹灰工程要完成打底、抹面等全部工序，才能计算工程量
8	装饰工程（m²）	指外墙面、门厅柱、台阶、花台、喷水池等的水磨石、水刷石、缸砖、瓷砖、马赛克、花岗岩、大理石和铝合金板等各种贴面；室内墙面、地面的水磨石、缸砖、瓷砖、马赛克、大理石等装饰贴面，以及钙塑板、石膏板、铝合金板（条）天棚等装饰工程	要注意应全部完成工序才能计算工程量

续表

编号	分部分项工程名称	计算范围	计算时应注意的问题
9	油漆工程（m²）	指用原漆、清漆以及其他涂料，刷于或喷涂于木材面、金属面和砖墙抹灰面的油漆工程，不论涂刷几遍，均按实际面积计算	不包括保护金属面的刷油、刷红丹漆等
10	地面工程（m²）	指建筑物内混凝土地面、灰浆地面、水磨石地面、绘图地面等的铺设工程	不包括道路瓷砖、缸砖、马赛克、大理石等装饰贴面，做完全部工序才能计算工程量
11	屋面工程（m²）	指各种瓦屋面、铁皮屋面、混凝土及砖拱屋面、卷材屋面、石棉瓦屋面等	完成全部工序后，按展开面积计算工程量
12	道路工程（km/m²）	只属于市政工程、厂区、生活福利区等范围内铺筑路面的道路工程，包括人行便道、车行道、广场、停车场等各种路面结构的道路工程	完成设计规定的路面以后，才能计算工程量
13	工业管道敷设工程（km）	包括各种金属和非金属工业管道	按延长米计算
14	室内外采暖工程（m/台）	包括室内外暖气管道、暖气片、保温油漆、采暖用锅炉、水泵及附件	"m"指暖气管道的延长米，"台"指取暖用锅炉、水泵等设备台数
15	通风工程（m²/台）	包括通风管道、通风机、加热器、除尘器（包括电动机）等	"m²"指各种直风管和异型管的展开面积。"台"指通风机、加热器、除尘器、空气冷却器的台数
16	电缆敷设工程（km）	包括高低压动力电缆、照明电缆、控制电缆和通讯电缆的敷设	不包括一般的橡皮电缆的敷设
17	动力配线工程（km/台）	包括室内动力及其工艺设备的配线	"km"指线路实际长度，"台"指开关柜的台数
18	机械设备安装工程（t/台）	指各种生产、非生产用的主体设备及附属设备和起重运输设备的安装工程	独立单台设备，安装完一台才能计算工程量；大型联动设备可按工序分段计算安装重量
19	非标准设备制作（台）	指没有定型的非标准生产设备的加工制作，如各种罐、槽等	现场制作必须完成下料、坡口、铆焊和施压全部工序，才能计算工作量
20	非生产用管道工程（km）	指非生产性工程上下水道、煤气、热力管道等	按单管延长米计算长度
21	铁路铺轨（km）	包括重轨和其他轻轨的永久性铁路工程	
22	公路工程（m²/km）	指各种路面结构的公路工程	按公路路面面积和长度分别计算

续表

编号	分部分项工程名称	计算范围	计算时应注意的问题
23	矿山掘进（m/m²）	按竖井、斜井、平巷、天溜井、硐室分别统计	硐室仅算体积不算长度。填报的掘进实物量必须符合规定的断面、坡度、方向的要求，进尺根据实测取得，体积按进尺计算。不能按设计掘进断面一次完成的井巷和硐室（如只完成小断面规格），不得计算长度，但可以根据施工技术规范规定的掘进断面或硐室实际掘进的部位计算体积
24	露天剥离量（m³）		剥离量必须按实方计算，不得以装车数换算
25	发电机安装（kW）	指安装完的发电机的容量	
26	发电锅炉安装（t/h）	是指安装完的发电锅炉的蒸发量	不包括用于取暖等其他用途的锅炉
27	送（输）电线路（km）	是指已架设完毕的 110kV 及 110kV 以上的送（输）电线路长度	
28	变电容量（kVA）	指已施工完毕用于 110kV 及 110kV 以上的变电设备容量	
29	石油钻井进尺（m）	是指从转盘方补心表面开始计算的钻井进尺，如，有多井底定向井和侧钻井，则从测出位置算起	
30	工业窑（炉）砌筑工程（m³）	包括平炉、高炉、热处理加热炉、煤气发生炉、焦炉、退火炉、隧道窑、回转窑、玻璃窑等，砌普通黏土砖、耐火砖、现浇耐热混凝土和砌块、轻质保温砖等	

二、单位工程的形象进度统计

（一）单位工程形象进度统计的意义

由于建筑工程施工周期长，如果在计划执行过程中，只抓竣工指标的考核和统计，不可能及时反映建筑企业在各个施工阶段总的进度情况。分部分项工程实物量指标，虽然可以具体地表明各种实物工程的进度，但是还不能比较概括地表明一个工程的总进度。为了及时掌握施工进程，用以指导生产和检查计划完成情况，有必要建立工程形象进度统计。

工程形象进度是建筑产品实物量指标的一种特殊表现形式，它用文字结合实物量或百分比，简明扼要地反映施工的主要工程部位和进度情况。例如，某住宅工程报告期末主体砌筑已完成 6 层，该工程的形象进度可统计为"6 层平口"，这就形象地反映了该项工程的施工进度。建筑企业一般都要对各单位工程规定出各时期应达到形象部位的计划，切实保证各项工程能够按照合同要求及时竣工，尽快地发挥投资效果。

（二）单位工程的形象进度指标的表示方法

工程形象进度，一般是按单位工程分部分项工程的部位表示的。如土建工程可分为基础工程、结构工程、屋面工程、装饰工程等；还可以细分为各种工种工程，如结构工程中的砌筑工程等。

各种房屋和构筑物单位工程的形象进度要根据它们的各自特点来表示。

（1）民用房屋建筑形象部位一般可分为基础、结构（多层房屋以层数表示）、屋面装饰、收尾、竣工等；

（2）工业房屋建筑工程形象进度一般可分为基础、结构（复杂的结构可分为柱、吊车梁、屋架、屋面板、砖墙等或按跨线说明）、屋面、收尾、竣工、交工；

（3）工业机电设备安装工程形象进度一般可分为设备清洗、吊装就位、安装、试车调整、交工投产等；

（4）管道、铁路、公路、隧道、井巷和输电线路等工程，一般可用其主要部位或实际完成的实物工程量来表示。

【例 6 - 1】　某建设单位的相邻两项单位工程，甲工程 6 层，3252m²；乙工程 6 层，3498m²。3 月份甲工程完成基础和 2 层结构，乙工程完成 6 层装修，请编制该工程的形象进度统计表。

解　该工程的形象进度统计表见表 6 - 2。

表 6 - 2　　　　　　　　　　　建筑工程的形象进度统计表

单位工程名称	层数	面积（m²）	本月计划达到部位	月末实际完成部位	完成程度
甲工程	6	3252	基础完，2 层结构完	基础完，2 层结构完	按计划完成
乙工程	6	3498	6 层抹灰完，安木门窗完	6 层抹灰完，安木门窗完	按计划完成

（三）单位工程的形象进度计划完成情况的检查

建筑企业在编制计划时，对其单项工程规定了在一定时期内应达到的工程形象部位，这样就为按工程形象进度检查计划的执行情况提供了必要的依据。

为了按工程进度检查执行情况，在检查时要观察：

（1）按计划形象进度全部完成或基本完成的有多少项；

（2）与计划相比只完成一部分的有多少项；

（3）计划期内未施工的有多少项；

（4）报告期计划外施工的有多少项。

以上前三项之和应等于报告期计划施工的单位工程个数。

为了综合说明计划完成情况，还应计算工程形象进度完成率指标，其公式为

$$\text{工程形象进度完成率} = \frac{\text{按计划形象进度全部完成或基本完成的单位工程个数}}{\text{计划施工的单位工程个数}} \times 100\% \qquad (6-1)$$

【例 6 - 2】　某建筑企业报告期计划施工单位 15 个，报告期实际按计划形象进度全部完成的单位工程为 12 个，试统计其工程形象进度完成率。

解　工程形象进度完成率 $= \frac{12}{15} \times 100\% = 80\%$

工程形象进度一般是按单位工程中分部分项的部位表示的，如，土建工程可分为基础工程、结构工程、屋面工程、装饰工程等。

各种房屋和构筑物单位工程的形象进度要根据它们的各自特点来表示：

（1）民用房屋建筑形象部位一般可分为：基础、结构（多层房屋以层数表示）、屋面、装饰（分内沿、外沿）、收尾、竣工等。

（2）工业厂房形象部位一般可分为基础、结构（复杂的结构可分为柱、吊车梁、屋架、屋面板、砖墙等或按跨线说明）、屋面、收尾、竣工、交工等。

三、单位工程个数统计

单位工程是指具有独立设计资料并可以独立组织施工的工程，它是单项工程的组成部分，通常是按照不同性质的工程内容能否独立施工的要求来划分的，一个单项工程可以划分为若干个单位工程。

单位工程个数统计分为以下几种：

（1）在施工程个数。是报告期在施工的全部单位工程，包括本期新开工的单位工程；上期施工跨入本期继续施工的工程；上期停建、本期复工的单位工程。

（2）新开工单位工程个数。指报告期内新开工的单位工程个数，不包括上期施工跨入本期继续施工的工程，也不包括上期停（缓）建本期复工的单位工程。

（3）竣工单位工程个数。指报告期内按设计所规定的工程内容及施工合同所承包的工程内容全部完成，达到使用条件，经有关部门验收鉴定合格的全部单位工程。为综合反映单位工程的生产完成情况，可使用竣工率指标，其计算公式为

$$竣工率 = \frac{报告竣工的单位工程个数}{报告期在施工的单位工程个数} \times 100\% \qquad (6-2)$$

【例 6-3】 某建筑企业报告期在施工的单位工程为 18 个，报告期达到竣工条件并取得有关政府部门验收鉴定合格的单位工程为 17 个，试求报告期的竣工率。

解 竣工率 $= \dfrac{17}{18} \times 100\% = 94.4\%$

四、建筑面积统计

房屋建筑面积是指房屋全部平面面积的总和。房屋建筑面积，是从房屋的外墙线算起，包括可使用的有效面积和墙柱等结构占用面积。有效面积是指可供使用的平面面积，结构面积是指房屋本身的各种结构物所占的平面面积。单层建筑物不论其高度如何均按一层计算建筑面积，多层建筑物的建筑面积按各层建筑面积的总和计算。

建筑面积的统计应按建设部颁发的《全国统一建筑工程预算工程量计算规则土建工程》（GJDGZ—101—1995）进行计算，其规定如下。

1. 计算建筑面积的范围

计算工业与民用建筑面积，其总的规则应该本着凡在结构上、使用上形成具有一定使用功能的空间的建筑物和构筑物，并能单独计算出其水平面积及其相应消耗的人工、材料和机械用量的可计算建筑面积。反之不应计算建筑面积。

（1）单层建筑物不论其高度如何，均按一层计算建筑面积。其建筑面积按建筑物外墙勒脚以上结构的外围水平面积计算。具体作了三项规定：

1）建筑物的勒脚及装饰部分不计算建筑面积。

2）单层建筑物内设有部分楼层者，是指厂房、剧场、礼堂等建筑物内的部分楼层。首层建筑面积已包括在单层建筑物内，首层不再计算建筑面积。二层及二层以上应计算建筑面积。

3）高低联跨的单层建筑物，需分别计算面积时，应以结构外边线为界分别计算。

（2）多层建筑物建筑面积，按各层建筑面积之和计算，其首层建筑面积按外墙勒脚以上

结构的外围水平面积计算，二层及二层以上按外墙结构的外围水平面积计算。

（3）同一建筑物如结构、层数不同时，应分别计算建筑面积。

（4）地下室、半地下室、地下车间、仓库、商店、车站、地下指挥部等及相应的出入口建筑面积，按其上口外墙（不包括采光井、防潮层及其保护墙）外围水平面积计算。

（5）建于坡地的建筑物利用吊脚空间设置架空层和深基础地下架空层设计加以利用时，其层高超过 2.2m，按围护结构外围水平面积计算建筑面积。

（6）穿过建筑物的通道，建筑物内的门厅、大厅，不论其高度如何均按一层建筑面积计算。门厅、大厅内设有回廊时，按其自然层的水平投影面积计算建筑面积。

（7）室内楼梯间、电梯井、提物井、垃圾道、管道井等均按建筑物的自然层计算建筑面积。

（8）书库、立体仓库设有结构层的，按结构层计算建筑面积；没有结构层的，按承重书架层或货架层计算建筑面积。

（9）有围护结构的舞台灯光控制室，按其围护结构外围水平面积乘以层数计算建筑面积。

（10）建筑物内设备管道层、储藏室其层高超过 2.2m 时，应计算建筑面积。

（11）有柱的雨篷、车棚、货棚、站台等，按柱外围水平面积计算建筑面积；独立柱的雨篷、单排柱的车棚、货棚、站台等，按其顶盖水平投影面积的一半计算建筑面积。

（12）屋面上部有围护结构的楼梯间、水箱间、电梯机房等，按围护结构外围水平面积计算建筑面积。

（13）建筑物外有围护结构的门斗、眺望间、观望电梯间、阳台、橱窗、挑廊、走廊等，按其围护结构外围水平面积计算建筑面积。

（14）建筑物外有柱和顶盖走廊、檐廊，按柱外围水平面积计算建筑面积；有盖无柱的走廊、檐廊挑出墙外宽度在 1.5m 以上时，按其顶盖投影面积一半计算建筑面积。无围护结构的凹阳台、挑阳台，按其水平面积一半计算建筑面积。建筑物间有顶盖的架空走廊，按其顶盖水平投影面积计算建筑面积。

（15）室外楼梯，按自然层投影面积之和计算建筑面积。

（16）建筑物内变形缝、沉降缝等，凡缝宽在 300mm 以内者，均依其缝宽按自然层计算建筑面积，并入建筑物建筑面积之内计算。

2. 不计算建筑面积的范围

（1）突出外墙的构件、配件、附墙柱、垛、勒脚、台阶、悬挑雨篷、墙面抹灰、镶贴块材、装饰面等。

（2）用于检修、消防等室外爬梯。

（3）层高 2.2m 以内设备管道层、储藏室、设计不利用的深基础架空层及吊脚架空层。

（4）建筑物内操作平台、上料平台、安装箱或罐体平台；没有围护结构的屋顶水箱、花架、凉棚等。

（5）独立烟囱、烟道、地沟、油（水）罐、气柜、水塔、储油（水）池、储仓、栈桥、地下人防通道等构筑物。

（6）单层建筑物内分隔单层房间，舞台及后台悬挂的幕布、布景天桥、挑台。

（7）建筑物内宽度大于 300mm 的变形缝、沉降缝。

3. 房屋建筑面积的统计分类

房屋建筑面积可按结构分类和按用途分类。

(1) 按结构分类。主要是按房屋主要承重结构(如梁、柱、墙及各种构架)所用的主要建筑材料进行划分。一般可分为以下几类:

1) 混合结构。承重的主要结构是采用钢筋混凝土和砖木建造的,如一栋房屋的梁是钢筋混凝土的,并以砖墙为承重墙,或者梁是木材制造、柱是钢筋混凝土建造的。

2) 钢筋混凝土结构。承重的主要结构是采用钢筋混凝土建造的。

3) 钢、钢筋混凝土结构。承重主要结构是用钢、钢筋混凝土建造的,如一栋房屋的一部分梁柱采用钢制构架,一部分梁柱采用钢筋混凝土的架构建造。

4) 钢结构。承重的主要结构是用钢材建造的,包括悬索结构。

5) 砖木结构。承重的主要结构是用砖、木材建造的,如一栋房屋是木屋架,砖墙、木柱建造的。

6) 其他结构。凡不属于上述结构的房屋都归此类,如竹结构、砖拱结构、窑洞等。

随着新的施工技术和新型建筑材料的不断出现,新结构建筑也不断增加,如装配式大板结构、整体预应力板柱结构、升板结构等。

房屋建筑面积按结构分类计算,可以观察各种结构的房屋面积比重,进行前、后期对比,反映建筑技术的发展变化,用以分析材料、造价、工期等指标,衡量建筑设计和施工组织的经济性和合理性等。

(2) 房屋建筑面积按用途分类。是按设计所规定的用途进行划分,一般可分以下种类:

1) 厂房。是指直接用于生产或为生产配套的各种房屋,包括主要车间、辅助用房、附属设施用房。

2) 住宅。是指各部门的职工家属宿舍和集体宿舍(眷宿、单宿)等供居住用房屋。

3) 仓库。指工业、交通运输业、商业、供销、外贸、物资及其他企事业单位建造的成品库、半成品库、原材料库、货物仓库、物资储备库、冷藏库、粮油库。

4) 商业营业用房。是指商业、粮食、供销、饮食业等部门对外营业的商店、大型超市、书店、饭店及多功能商业大厦。

5) 服务业用房。是指浴室、理发、照相、旅馆、各类公寓、日用品修理等为人民生活服务的用房。

6) 办公用房。是指企业、事业、机关、团体、学校、医院等单位的办公用房,也包括各种类型的写字楼。

7) 教育用房。指各类学校(包括党校、技校、干校、工读学校、幼儿园等)的教室、图书馆、试验室、体育馆、展览馆等有关教育用房,不包括学校的教职工宿舍、学生宿舍、食堂、浴室等非教育用房。

8) 文化体育用房。指俱乐部、影剧院、文化馆、体育馆、展览馆、宗教寺院等各种文化娱乐设施用房。

9) 医疗用房。是指各类医疗机构(包括防疫站、防治所、门诊部、保健站、卫生所、化验室、药房、病案室、太平间等房屋,不包括医护人员的宿舍、食堂及独立的办公用房。

10) 科学实验研究用房。指独立的科学实验研究机构或企业、事业单位进行科学实验研究工作所用的房屋(包括天文台的科研用房)。

11）其他。指不属上述各项用途的房屋，如各有关部门的业务用房、人防用地下室、托儿所、职工食堂、学生食堂、厕所等。其他房屋中的业务用房是指铁路、公路、水运、航空、邮政、电信、金融等部门的营业用房，如火车站、汽车站、候机室、邮电局、电报大楼、气象、地震测绘、计量、电子计算等综合技术服务部门的业务用房，以及牧业中的各种养殖场、种子化验楼、畜牧楼和外贸部门的商品检验等房屋。

多种用途的房屋，应按设计规定的用途分别计算建筑面积。如城市居民楼，楼上是住宅，楼下是商店、粮店等，应分别列入住宅和商业营业用房。如果面积不易分开，可全部计入主要用途中，如一个车间带有生活间和办公室，则都可计入厂房面积。

房屋按用途分类，一方面可以反映房屋建筑对社会物质文化需要的满足程度，并为有计划地发展房屋建设提供依据，还可以从中观察施工技术水平。

4. 房屋建筑面积的主要指标

房屋建筑一般要经历一个较长的施工过程，在一定时期内，可能有的工程刚开工，有的正在施工，也有的已经竣工。因此就需要反映某时期施工活动的规模、速度及取得的成果，建立一套房屋建筑面积指标。

（1）房屋施工面积。是指报告期内施工的全部房屋建筑面积，包括：本期新开工的面积，上期跨入本期继续施工面积，上期停缓建本期复工的施工面积，本期竣工面积，以及本期施工后又停缓建的面积。

施工面积反映企业报告期房屋建筑总的施工规模，用来说明、反映、研究施工任务与施工力量、建筑材料的平衡关系。

施工面积是以房屋单位工程对象进行计算的，即一栋房屋已进行施工即以整栋房屋的建筑面积计算施工面积。多层的不论哪一层施工，都以整幢楼的面积计算施工面积。

（2）房屋新开工面积。是指在报告期内新开工的各个房屋单位工程的建筑面积之和。它不包括在上期开工跨入报告期继续施工的房屋建筑面积和上期停缓建而在本期复工的建筑面积。

新开工面积反映报告期内投入施工的房屋建筑规模，新开工面积应保持合理比例。新开工面积过大、过小都会给施工企业生产带来不均衡，降低效益。所以要真实掌握新开工面积的情况。这对于研究建设规模、合理组织施工和提高建设效果都有重要意义。

（3）房屋竣工面积。是指在报告期内房屋建筑按照设计规定要求已全部完工，达到了使用条件，并经检查验收鉴定合格的房屋建筑面积。

计算房屋竣工面积，必须严格执行房屋竣工验收标准。对民用建筑来讲，一般应按设计要求在土建工程和房屋本身附属的水、电、卫、气、暖等工程已经完成，通风、电梯等设备已经安装完毕，做到水通灯亮，经验收鉴定合格，并正式交付给使用单位后，才能计算竣工面积。对于工业及科研等生产用房，一般应按设计要求在土建工程（包括水、暖、电工、通风）及属于房屋组成部分的生活间、操作间、烟囱等土建工程已经完成，只差安装工艺设备管理工程，也可以计算竣工面积。

房屋竣工后即可交付建设单位使用。竣工面积数量的多少和进度的快慢，可以反映建筑企业在一定时期内为国民经济提供可使用的房屋建筑的规模和速度。因此竣工面积指标是反映建筑企业工作成果的重要指标，又是检查企业竣工面积计划完成情况的依据。

（4）开工面积、施工面积和竣工面积之间存在着下列关系：

1)
$$\begin{array}{c}\text{本期施} \\ \text{工面积}\end{array} = \begin{array}{c}\text{本期新开} \\ \text{工面积}\end{array} + \begin{array}{c}\text{上期开工跨入} \\ \text{本期继续施工面积}\end{array} + \begin{array}{c}\text{上期停建而跨入} \\ \text{本期继续施工面积}\end{array} \qquad (6-3)$$

2)
$$\begin{array}{c}\text{期末施} \\ \text{工面积}\end{array} = \begin{array}{c}\text{本期施} \\ \text{工面积}\end{array} - \begin{array}{c}\text{本期竣} \\ \text{工面积}\end{array} - \begin{array}{c}\text{本期停} \\ \text{建面积}\end{array} \qquad (6-4)$$

3)
$$\begin{array}{c}\text{自年初累计} \\ \text{施工面积}\end{array} = \begin{array}{c}\text{年初施} \\ \text{工面积}\end{array} + \begin{array}{c}\text{自年初起到报告} \\ \text{期末新开工面积}\end{array} + \begin{array}{c}\text{自年初至报告} \\ \text{期末复工面积}\end{array} \qquad (6-5)$$

4)
$$\begin{array}{c}\text{房屋建筑} \\ \text{面积竣工率}\end{array} = \frac{\text{报告期房屋竣工面积(个数)}}{\text{报告期房屋施工面积(个数)}} \times 100\% \qquad (6-6)$$

【例 6-4】 某建筑企业 1996 年跨入 1997 年继续施工面积为 693 043m²/71 栋，1996 年因故停建、而跨入 1997 年继续施工面积为 83 469m²/3 栋，1997 年新开工面积为 234 786m²/12 栋，1997 年竣工面积为 407 693m²/31 栋，1997 年因故停建 2347m²/1 栋。要求计算：1997 年施工面积；1997 年年末施工面积；1997 年累计施工面积；房屋建筑面积竣工率。

解　1997 年施工面积＝234 786m²＋693 043m²＋83 469m²

$$=1\,011\,298m^2$$

1997 年末施工面积＝1 011 298m²－407 693m²－2347m²

$$=601\,258m^2$$

1997 年累计施工面积＝693 043m²＋83 469m²＋234 786m²

$$=1\,011\,298m^2$$

竣工率＝$\dfrac{407\,693}{10\,111\,298} \times 100\% = 40.3\%$

【例 6-5】 假设某建筑公司有下列资料，见表 6-3。

表 6-3　　　　　　　　　　　**某建筑公司施工资料表**

单位工程名称	建筑面积	开、竣工日期	
		开工日期	竣工日期
A	36 000	1997 年 10 月 3 日	—
B	30 000	1998 年 5 月 1 日	1999 年 9 月 28 日
C	24 000	1998 年 11 月 8 日	—
D	12 000	1999 年 2 月 10 日	1999 年 10 月 1 日
E	10 000	1999 年 5 月 15 日	1999 年 11 月 5 日
F	8000	1999 年 7 月 1 日	1999 年 12 月 10 日

根据表 6-3 资料，计算该年度房屋施工面积、新开工面积、竣工面积及房屋建筑面积竣工率。

解　1999 年度房屋施工面积＝36 000＋30 000＋24 000＋12 000＋1000＋8000

$$=120\,000m^2$$

1999 年度新开工面积＝12 000＋10 000＋8000＝30 000m²

1999 年度竣工面积＝30 000＋12 000＋10 000＋8000＝60 000m²

1999 年度房屋建筑面积竣工率＝$\dfrac{60\,000}{120\,000} \times 100\% = 50\%$

五、市政工程主要生产活动统计指标

（一）污水及下水道

1. 污水总量

污水总量是指生活污水、工业废水管道和雨污水合流制管道排出的雨污水量。不包括分流制管道排出的雨水量。根据每条管道排出口的实际观测的日平均流量，污水处理厂的处理量及抽升泵站的抽升量计算。未经管道排出的污水量，如居民户的渗水井或直接列入明沟及大土坑的污水，一律不算。

2. 污水处理厂

污水处理厂是指运用机械处理、生物处理和化学处理等方法对污水进行净化的城市（县镇）范围内的市政部门管理的生产单位（不包括大土坑渗水井）。为排除污水而设立的抽水站及中途抽升站不算城市污水处理厂。

3. 污水处理能力

污水处理能力是指污水处理厂每昼夜处理污水量的设计能力，如无设计能力时，可根据上级主管部门批准的实际查定能力计算。

（1）生化处理。是指通过生物滤池、曝气池以及利用药物加速污水有机物的氧化分解而改变污水的有害成分的处理方法。

（2）机械处理。是指经过格栅、沉淀等工艺过程除去污水中的泥砂及比较粗大的物质，但不改变其有害成分的处理方法。

4. 全年污水处理率

全年污水处理率是指污水处理厂本年内实际处理的全部污水量占全年污水总量的百分比。

$$污水处理率 = \frac{全年处理污水量}{全年污水总量} \times 100\% \qquad (6-7)$$

5. 下水道

凡是起汇集排除户院、街道、工厂、学校下水作用，埋在地下各种结构的管道，包括干管、支管以及通往处理厂的管道，无论修建在任何地方，只要是为了两个或两个以上单位服务的公用排水管，都应作为城市（县镇）下水道统计。专用管道不统计在城市下水道内。下水道可按其排水性质分为污水管、雨水管、合流管三种。

6. 下水道长度

下水道长度是指城市（县镇）范围内所有排水总管、干管、支管及暗渠、检查井、连接井进出水口等长度之和。不包括雨水口至下水道间的连接管、进户管及排水的明沟。计算时应按单管计算，即在同一条街道上如有两条或两条以上并排的下水道，应按每条下水道的长度计算。

7. 下水道完好率

$$下水道完好率 = \frac{一、二级下水道长度}{全部下水道长度} \times 100\% \qquad (6-8)$$

一、二级下水道的划分，可根据技术部门规定的标准而定。

（二）道路、桥梁、防洪

1. 城市道路

城市道路是指市区范围（包括郊区）及县镇内修筑的交通线路。包括全市性干道、高速

道路、工业区道路和住宅道路，但不包括土路和胡同。

城市道路和胡同的区别如下：

（1）凡铺装路面宽度在 3.5m 以上者作为城市道路，宽度不足 3.5m，但建筑红线宽度在 9m 以上者，或能通行机动车辆并与主、次干道连通者，亦作为城市道路。但不能通行机动车辆的窄小胡同，不论是新铺装路面或过去已列入城市道路的铺装路面，一律不能作为城市道路统计。

（2）县镇道路是指各单位和公路部门在县镇范围内修筑和管理的交通线路，包括干道、高速道路（包括穿越县镇的公路）、工业区道路和住宅区道路。但不包括土路和胡同。

城市道路和公路的区别，根据城市道路和公路管理部门的管辖分工划分。在一个城市中，城市道路和公路数量不得重复或遗漏。

2. 实有道路长度

实有道路长度是指除土路外，路面经过铺装的道路，应按道路中心线长度计算。道路面积的计算只包括铺装路面的面积和平面的面积，不包括街心花坛、侧石、人行道和路肩的面积。按路面分为：

（1）高级路。水泥混凝土路、沥青混凝土路、沥青碎砾石路；石板路、水泥大方砖路。

（2）次高级路。碎石路沥青表面处理、砾石路沥青表面处理、灰土基础沥青混凝土路。

（3）快慢车分行路。是指一条路，中间是快车线，两侧是慢车线的道路，即三块板路。其长度按快车线计算一次。两侧慢车线只计算面积，不计算长度。面积数量按路面种类分别统计，不包括街心花坛、侧面、人行道和路肩的面积。

在同一条道路上，凡中间为高级路面，两旁为次高级或低级路面，在计算长度时，应以中间道路为准计算为高级道路，其面积应分别计算为高级路和次高级路或低级道路。

如在年内由普通道路改为高级道路，则按高级道路统计，同时扣除低级道路数字。

3. 道路网密度（km/km²）

道路网密度是指每平方公里面积上平均的道路长度。

$$道路网密度 = \frac{城市部门管理道路(km) + 社会单位管理道路(km)}{市区面积(km^2)} \qquad (6-9)$$

4. 道路完好率

道路完好率是指完好道路数与全部道路数的比例。

$$道路完好率 = \frac{一、二级道路长度}{全部道路长度} \times 100\% \qquad (6-10)$$

5. 实有步道长度

实有步道长度是指在城市道路的两侧，为了便利行人，使用各种材料修建的步道。其长度按占有道路的长度计算，其面积按两侧面积相加计算。

6. 桥梁

桥梁是指城市（县镇）范围内。修建在河道上桥梁和道路与道路立交、道路跨越铁路的立交桥，只统计永久性、半永久性的桥，不包括临时桥、铁路桥、涵洞。

（1）永久性桥。桥梁在设计时，其目的在于长时间使用（50 年以上）。在使用期间经过正常的使用及养护。其所采取的材料能保持规定的强度，都属于永久性桥，如石桥、混凝土桥、钢筋混凝土桥和钢桥等。

（2）半永久性桥。桥梁上部构造为临时性的，墩台为永久性的，以及经过防腐的木桥，都属于半永久性桥。

（3）临时性桥。桥梁在设计时，其目的为短期使用（平均4～5年）或在永久性桥未修成以前用来维持交通的桥梁，都属于临时性桥梁。如未经过防腐的木桥、浮桥等。

7. 防洪堤

防洪堤是指为了防止山洪泛滥，保护城市安全，沿江河两岸建设的水工如石堤、石坝和混凝土防水墙等，或经过人工疏浚的自然沟道。

8. 防洪沟

防洪沟是指为了防止山洪浸入城市，用人工开挖的渠道，或经过人工疏浚的自然河道。

9. 防洪泵站

（三）自来水及供水管道

1. 自来水厂

自来水厂是指城市建设部门管理的，具有一定生产设备，能完成自来水整个生产过程，且水质符合一般工业用水和生活用水要求，并可作为公司（厂）内部一级核算的生产单位。不包括厂、矿企业的自备水厂。

按其取水方式不同，可分为地面水水厂和地下水水厂两种。

按其生产的水质不同，又可分为浑水厂、净水厂和既生产浑水又生产净水的混合水厂三种。

按其生产规模不同，还可分为大型水厂、中型水厂和小型水厂三种。即现有综合生产能力在10万t/d以上的（不包括10万t/d）大型水厂；3～10万t/d的为中型水厂；不足3万t/d的为小型水厂。

2. 综合生产能力（万t/d）

综合生产能力是指自来水厂取水、净化、送水、出厂输水干管等环节的综合生产能力。一般按设计能力计算，如实际生产能力大于或小于设计能力时，应按实际测定的生产能力计算。

3. 自来水管道长度

自来水管道长度是指从送水泵至用户水表之间所有管道的长度，不包括水源地至水厂的管道、水源井之间的井群联络管、水厂内部的管道、进度管、庭院管。在计算时，应按单管计算。即：如在同一条街道上埋设2条或2条以上管道时，应按每条管道的长度计算。管道长度应按不同口径管道分别统计。

（四）城市管道

1. 煤气管道

煤气管道是指输送和分配燃气的管道。包括低压、中压、次高压、高压等级别的煤气和天然气管道。

管道长度（km）：是指压缩机、鼓风机、煤气罐的出口到用户立管之间的全部管道长度。不包括煤气厂厂内的管道和用户立管。但在同一条街道不管铺设几条管线均按每条管道的长度来计算。

2. 热力和蒸汽供热管道

热力和蒸汽供热管道是指热力公司、热电厂和集中采暖的集中锅炉房向城市输送蒸汽、热水管道。

热力及蒸汽管道长度：是指由热电厂和热力公司管理与集中供热热源到用户之间全部供汽、供热水的管道长度。不包括热电厂和其他供热热源内部的管道和用户立管的长度。在同一方向设有 2 条或 2 条以上管道，应按每条管道的长度来计算。

3. 电信管道

为通信电缆铺设的单孔或多孔混凝土管块、塑料管及光纤管道等。

电信管道长度（孔/m），电信管道长度不分管道孔数多少，一律按设计桩号以完成量的延长米计算。

4. 顶管管道

顶管管道指采用暗挖施工方式穿越铁路、道路、河流或建筑物等多种障碍物的管道。

（五）维修养护

1. 全年实际支出的维修养护费用

它是指本年内对市政工程设施进行维修养护工作所支出的全部费用。

2. 大中修工程

大中修工程是指市政工程设施遭受自然损坏后，在不改变原有设施的结构和技术等级的情况下，列入本年度大中修计划项目，并经上级主管部门批准，进行全部或部分改善、翻修，以恢复或延长其使用价值。

道路、下水道、桥梁、防洪堤只统计大中修工程量。

（1）道路大中修。是指对道路的路面进行表面处理，全面或部分改善、翻修路基路面。

（2）下水道大中修。是指更换各种口径的管道和暗渠。

（3）桥梁大中修。是指更换桥面板和全部栏杆或桥架油漆。

（4）防洪堤大中修。是指防洪堤的加固、加高堤坝的工程。

3. 小修维护工程

小修维护工程是指对市政设施经常进行维修养护、小修小补，以保证市政设施能够达到正常作用。统计小修维护工程量，只作为维修养护部门内部使用。

4. 养护费

$$平均每平方米道路养护费 = \frac{全年道路养护费支出（元）}{年末实有养护的道路面积（m^2）} \quad (6-11)$$

$$平均每千米下水道养护费 = \frac{全年下水道养护费用（元）}{年末实有养护的下水道长度（km）} \quad (6-12)$$

$$平均每座桥梁养护费 = \frac{全年桥梁养护费用（元）}{年末实有养护桥梁数（座）} \quad (6-13)$$

5. 全年完成工作量

全年完成工作量是指城市市政企事业单位（包括附属企业）全年完成的工作量。包括新建、维修及承包工程的全部工作量。

第三节 建筑产品价值量统计

建筑产品实物量指标，是建筑企业产品产量统计的基本指标。但是，它在应用上有一定的局限性，由于各种建筑产品的使用价值是不同的，因而不能综合说明建筑企业的产品总量，也不能与财务成本直接联系起来。因此，还必须设置建筑产品的价值量指标。

建筑产品的价值量指标，是指用货币表现的一定时期内建筑企业工作的总成果。建筑产品的价值量指标包括建筑业总产值、建筑业增加值及竣工产值等指标。

一、建筑业总产值统计

建筑业总产值是以货币表现的建筑安装企业和单位建筑生产活动成果的总量指标。它是反映建筑业生产规模、发展速度、经营成果的重要标志，也是用以计算建筑业经济效益、劳动生产率和建筑业在国民经济中所占比重的重要依据。

（一）建筑业总产值的计算口径和统计内容

建筑业总产值的计算口径曾发生过多次变动，但目前建筑业总产值的计算口径已与自行完成施工产值的口径完全一致，即建筑业总产值等于自行完成施工产值。

建筑业总产值包括四部分内容，即：建筑工程产值、设备安装工程产值、房屋构筑物修理产值和非标准设备制造产值。

1. 建筑工程产值

建筑工程产值是指列入建筑工程预算内的各种工程价值，它包括：

（1）各种房屋价值，如厂房、仓库、住宅、商店、学校等，按照当前预算制度规定，列入房屋工程预算内的暖气、卫生、通风照明、煤气等设备价值及装饰工程，以及列入预算内的各种管道、电力、电机、电缆等敷设工程的价值。

（2）设备的基础、支柱、烟囱、水塔等建筑工程，各种窑炉的砌筑工程及金属结构工程的价值。

（3）为施工而进行的建筑场地的布置、原有建筑物拆除及平整场地、施工用临时水、电、汽、道路等的价值。

（4）矿井的开凿、露天矿的剥离、天然气钻井工程和铁路、公路、桥梁等工程的价值。

（5）水利工程，如水库、堤坝，以及河道整治等工程的价值。

（6）防空、地下特殊建筑工程的价值。

2. 设备安装工程产值

设备安装工程价值包括：

（1）生产、动力、起重、传动、实验等各种设备的装配和安装与设备相连的工作台、梯子、栏杆等设备安装工程价值。

（2）为测定安装工程质量对单个设备、系统设备进行单机试运和系统联动无负荷试运转工作的价值。

在设备安装产值中，不得包括被安装的设备本身的价值。

3. 房屋、构筑物修理产值

这是指房屋和构筑物的修理所完成的价值，但不包括被修理房屋、构筑物本身价值和生产设备的修理价值。

4. 非标准设备制造产值

这是指加工制造没有定型的、非标准生产设备的加工费和原材料价值（如化工厂、炼油厂用的各种罐、槽，矿井生产系统使用的各种漏斗、三角槽、阀门等），以及附属加工厂为本企业承建工程制作的非标准设备的价值。

在计算建筑业总产值时,首先要按上述各项分别计算,然后加以汇总,其总和即为报告期建筑业总产值。其计算公式为

建筑业总产值 = 建筑工程产值 + 设备安装工程产值 + 房屋、构筑物修理产值

　　　　　　　 + 非标准设备制造产值　　　　　　　　　　　　　　　　(6-14)

（二）建筑业总产值的具体计算方法

建筑业总产值的计算方法,一般按"单价法"计算,也就是按照一个时期实际完成的实物工程量乘以预算单价,再加上一定比例的费用计算。建筑业总产值的计算范围,如前所述,包括四个方面的内容。由于每部分内容的工程性质不同,生产过程各异,因而在生产指标的计算方法上,也各具不同的特点。现分别说明如下。

1. 建筑工程产值的计算

建筑工程产值,是指建筑工人在一定时期内从事房屋和各种构筑物等的生产活动所创造的各种建筑产品的价值总量。它是根据已完成的实物工程量乘以预算单价之和,再乘以一定的间接费率来确定的。国家统计局规定的计算公式为

报告期建筑工程产值 = ∑（实际完成的工程量 × 预算单价）

　　　　　　　　　　　 ×（1 + 间接费率）×（1 + 计划利润率）×（1 + 税率）　（6-15）

从上述建筑工程产值的基本计算公式可以看出,建筑工程产值的价值构成,与其工程预算相适应,包括工程直接费、间接费、计划利润和税金四个基本部分。预算单价是指编制施工图预算时所采用的单价,它包括直接用于工程的人工费、材料费和机械费等直接费;间接费率、计划利润率、税率均按国家规定并结合各地情况确定。

需要说明,国家统计局规定的建筑工程产值计算公式,是一个基本计算方法。但是,实际情况比较复杂,在采用上述基本公式时,还必须结合各地的实际情况,按各省（自治区、直辖市）的建筑安装工程费用定额执行。也就是说,建筑工程产值中各种费用的计算,应与地区建筑工程预算所使用的方法相一致。

【例6-6】 假设某工程处2月份办公楼工程所完成的分项工程项目、完成量、预算单价见表6-4。

表6-4　　　　　　　　　　　　　　　**2月份完成工程量和工程直接费**

序号	定额编号	分项工程名称	单位	数量	单价（元）	总价（元）
…			…			
25	108	M5 砂浆砖基础	10m³	5.8	475.55	2758.19
26	116	M5 水泥砂浆 1 砖内墙	10m³	11.86	499.34	5922.17
27	128	M5 水泥砂浆 $1\frac{1}{2}$ 砖外墙	10m³	13.8	523.05	7218.09
…			…			
45	258	C15 混凝土带形基础	10m³	2.5	684.89	1712.22
46	300	C20 钢筋混凝土柱	10m³	2.35	2709.49	6367.30
47	318	C20 钢筋混凝土异形梁	10m³	2.12	2757.54	5845.98
…			…			
		合　　计	—	—	—	586 725.68

　　根据上表资料，按照某一级施工企业现行取费内容和取费标准，参照建筑工程产值计算的基本公式，计算该企业该月完成的建筑工程产值。

　　解　计算结果见表6-5。

表6-5　　　　　　　　　　　**某企业2月份完成建筑工程产值计算表**

项 目 内 容	计 算 式	金额（元）
（一）直接工程费	(1)＋(2)＋(3)	666 637.72
（1）直接费		586 725.68
（2）其他直接费	(1)×6.92%	40 601.42
（3）现场经费	(1)×6.7%	39 310.62
（二）间接费	（一）×5.2%	34 665.16
（三）劳动保险费	（一）×4.5%	29 998.70
（四）计划利润	[（一）＋（二）＋（三）]×7%	51 191.11
（五）其他费用		
（六）上级管理费	[（一）＋（二）＋（三）＋（四）＋（五）]×0.26%	2034.48
（七）税金	[（一）＋（二）＋（三）＋（四）＋（五）＋（六）]×3.41%	26 752.38
（八）建筑工程产值	[（一）＋（二）＋（三）＋（四）＋（五）＋（六）＋（七）]	811 279.55

　　表6-5计算中，仅列举了基本的费用项目，由于各省、市、自治区的取费内容、计费基础及相应的费率不完全一致，在具体计算时应按当地规定办理。

　　计算结果表明，2月份该工程处办公楼工程完成建筑工程产值811 279.55元。

　　2. 设备安装工程产值的计算

　　设备安装工程产值，是指设备安装工人在一定时期内，从事设备安装活动而创造的产品价值总量。

　　设备安装产值的计算方法，原则上与建筑工程产值的计算方法是一致的。但是，由于设备安装工程本身的特点，所以在具体计算方法上，也不尽相同。设备安装工程一般来说，有以下两个特点。

　　第一，设备规格种类繁多，施工方法复杂以及在施工过程中工料费与设备价值间的比率变动很大。这样，一方面很难制定统一而又具体的计算方法；另一方面，由于安装对象不同，间接费的计取基数也不一样，一般不是以直接费计取，而应以工人基本工资为计算基础。

　　第二，在施工过程中，很难以物理单位计量（如 t、m³、m² 等）来衡量安装工程的完成数量，因而在计算产值时，往往不根据安装设备本身的实物量来进行。

　　根据上述特点，设备安装产值的计算，要分别采用下列的计算方法。

　　（1）单价法。

　　按单价法计算设备安装工程产值，国家统计局规定的计算公式为

$$\begin{array}{l}报告期设备\\安装工程产值\end{array}=\Sigma\left(\begin{array}{l}安装预\\算价格\end{array}\times\begin{array}{l}实际完成\\的实物量\end{array}+\begin{array}{l}已完工程的\\基本工资\end{array}\times\begin{array}{l}间接\\费率\end{array}\right)$$
$$\times(1＋计划利润率)\times(1＋税率) \qquad (6-16)$$

　　单价法适用于单体机械设备（如机床、水泵、通风机、小型纺织机械等）安装的产值

计算。

这里仍需说明，国家统计局规定的设备安装工程产值的计算公式，也是一个基本的计算方法。采用单价法计算设备安装产值时，也要结合各地的实际情况，按各省（市、自治区）的建筑工程费用定额执行。例如，某省的安装工程费用（包工包料）计算内容与方法见表6-6。

表6-6   **某省安装费用计算内容与方法**

序号	项 目	计 算 式
（一）	直接工程费	(1)＋(2)＋(3)
(1)	直接费	Σ(已完工程量×预算单价)
A	其中：人工费	—
(2)	其他直接费	预算包干费和冬、雨季施工增加费等
(3)	现场经费	A×38％
（二）	间接费	A×31％
（三）	劳动保险费	A×16％
（四）	计划利润	A×44％
（五）	其他费用	远地施工增加费
（六）	上级管理费、工程造价管理费、劳动定额测定费	[（一）＋（二）＋（三）＋（四）＋（五）]×0.26％
（七）	税金	[（一）＋（二）＋（三）十（四）＋（五）＋（六）]×3.41％
（八）	单位工程费用	（一）＋（二）＋（三）＋（四）＋（五）＋（六）＋（七）

例如，某设备安装企业报告期末完成某工厂的机床安装任务见表6-7。

表6-7   **某工厂机床安装任务**

设备名称	计量单位	完成数量	预算单价（元）	
			安装单价	其中：人工费
车床	台	26	250	80
铣床	台	12	320	110
钻床	台	4	150	60

另外，按施工合同规定应取其他直接费为1500元和其他费用4000元，那么，该单位工程的设备安装工程产值计算见表6-8。

表6-8   **设备安装工程产值计算表**

序号	费用项目	计 算 举 例	
		计算式	金额（元）
（一）	直接工程费	(1)＋(2)＋(3)	13 823.2
(1)	直接费	—	10 940
A	其中：人工费	—	3640
(2)	其他直接费	—	1500
(3)	现场经费	A×38％	1383.2
（二）	间接费	A×31％	1128.4
（三）	劳动保险费	A×16％	582.4
（四）	计划利润	A×44％	1601.6

续表

序号	费用项目	计 算 举 例	
		计算式	金额（元）
（五）	其他费用	—	4000
（六）	上级管理费	（一）至（五）之和×0.26%	54.95
（七）	税金	（一）至（六）之和×3.41%	722.60
（八）	设备安装产值	（一）至（七）之和	21 913.15

（2）工序比重法。

在安装过程中，因受安装方法或安装条件的限制，各工序之间有较长时间。为了及时反应安装工程进度和解决建筑企业的资金周转，可按工序分段计算其设备安装产值。这种方法，称为比重法。即根据各工序安装费占全部安装费的比重，与安装的实际进度来计算设备安装工程产值。

【例6-7】 某安装工程处安装车床50台、铣床20台、钻床20台，采用流水作业安装法。因此，要按工序分段计算实际完成的产值。其报告期完成度和比重见表6-9、表6-10。计算报告期设备安装工程产值。

表6-9 报 告 期 完 成 程 度

设备名称	单位	安装数量	完成情况说明
车床	台	50	完成清洗安装、调整两道工序
铣床	台	20	完成清洗安装工序
钻床	台	20	完成清洗安装、调整和试运全部工序

表6-10 安装工序计算分段比重

设备名称	单位	安装预算单位（元）		按工序分段比重（%）		
		合计	其中：人工费	清洗安装	调整	试运转
车床	台	253	72	60	30	10
铣床	台	212	74	60	30	10
钻床	台	137	36	60	30	10

解 为了计算简便起见，假设综合费率（包括施工管理费、其他间接费率、利润率、税率）为人工费的354%，则据其完成程度计算的设备安装工程产值如下：

报告期设备安装工程产值为

$$[50×253×(60\%+30\%)+20×212×60\%+20×137×100\%]$$
$$+[50×72×(60\%+30\%)+20×74×60\%+20×36×100\%]×354\%$$
$$=[11\ 385+2544+2740]+[3240+888+720]×354\%$$
$$=16\ 669+4848×354\%$$
$$=16\ 669+17\ 161.92$$
$$=33\ 830.92\ 元$$

计算结果表明，该安装工程处根据完成的进度计算的产值为33 830.92元。

（3）工日进度法。

在实践中，有的机械设备，由于安装期长，确定工序比重又有困难，在这种情况下，可采用工日进度法。

工日进度法，是根据已完成的定额用工与每工日设备安装工程产值来确定已完工程产值。计算公式为

$$设备安装工程产值 = 完成的定额工日数 \times 每工日设备安装工程产值$$

设备安装工程产值的计算分为三个步骤。

第一步，根据设备安装预算价值与定额工日数来确定每工日设备安装产值。用公式表示为

$$每工日设备安装产值 = \frac{设备安装预算价值}{定额工日数} \qquad (6-17)$$

假设某安装公司安装蒸汽量 4t 的 K 型锅炉，其安装预算价值为 4500 元，定额用工为 425 工日。

即
$$每工产值 = \frac{4500}{425} = 10.59 \ 元/工日$$

第二步，根据施工进度，计算已完成的定额工日数。其公式为

$$完成的定额工日数 = \sum(已完的实物工程量 \times 相应的工日定额)$$

上例中，安装 4t 的 K 型锅炉已完工程量和定额用工的情况，见表 6-11。

表 6-11　　　　　　　　　　　　　**K 型锅炉已完工程量和定额用工**

分部工程名称	单位	已完工程量	单位工程量定额用工（工日）		完成定额用工（工日）		
			水暖工	起重工	水暖工	起重工	合计
甲	乙	(1)	(2)	(3)	(4)=(1)×(2)	(5)=(1)×(3)	(6)=(4)+(5)
钢　架	t	1.95	9.19	8.06	17.92	15.72	33.64
汽包联箱	t	6.00	3.25	3.89	19.5	23.34	42.84
水冷壁	t	4.00	29.04	2.09	116.16	8.36	124.52
本体管道	t	0.73	36.89	—	26.93—	—	26.93
吹灰器	t	0.32	11.75	—	3.76	—	3.76
平台扶梯	t	0.97	15.92	—	15.44	—	15.44
合　计	—	—	—	—	199.71	47.42	247.13

以上资料算出完成的定额工日数为：247.13。

第三步，根据完成的定额工日数和每工日设备安装产值，计算设备安装工程产值。

$$设备安装工程产值 = 完成的定额工日数 \times 每工日设备安装工程产值$$
$$= 247.13 \times 10.59$$
$$= 2617.11 \ 元$$

不同于单价法和工序比重法，采用工日进度法计算的产值具有下列优点：

(1) 能正确反映安装进度；

(2) 能把计算设备安装工程产值的工作，与劳动定额考核有机地结合起来，有利于加强基层管理。同时，还能为分析安装进度提供资料；

(3) 在健全原始记录的基础上，计算产值的工作简便易行，能保证资料的及时性与正

确性。

3. 房屋、构筑物大修理产值的计算

房屋、构筑物大修理是恢复和维护被修理对象使用价值的生产性作业。因此，房屋、构筑物大修理产值是指建筑工人对原有建筑物进行修缮所创造的价值总量，其价值不包括被修理对象本身的价值。

房屋、构筑物大修理产值的具体计算方法，与建筑安装产值的计算方法相同，就是将实际完成的修理工程量乘以相应的预算单价，再按一定的取费率计算费用总和。

房屋、构筑物大修理工程，由于内容复杂，如没有统一规定的预算单价，可采用各地规定的修理单价进行计算。

4. 现场非标准设备制造产值的计算

现场非标准设备制造产值，应按实际完成程度计算。制造周期长的，可按工序（如可分下料、组装、试压等工序）比重法或工日进度法计算，其产值应包括所耗用的材料、工资、机械使用费及一定数额的管理费、利润和税金。而在附属辅助生产单位制造的非标准设备，则应使用到本企业承建的工程上，即已构成工程实体之后，才能计算其产值。

（三）计算建筑业总产值应注意的几个问题

（1）"未完施工"不应计入建筑业总产值。

"未完施工"是指已经投入人力、材料等，但还没有完成预算定额规定的全部工序，不具备办理中间结算的分部分项工程的价值。由于"未完施工"同样耗用了人力、材料，为了准确反映工程进度，正确核算工程成本，还应另外计算"未完施工"价值。

（2）总分包施工产值的计算。

建筑安装工程施工，由于专业化协作的发展，一个工程往往需要有两个或两个以上的企业共同承担施工任务。一般是由现场土建施工的建筑企业作为主体施工企业，称为总包单位；而承担部分工程施工任务的企业，作为分包单位。为了观察分包任务的完成情况，也需要设置有关指标进行统计。

"实际完成施工产值"统称总包产值，它包括本企业自行完成和外包单位完成的施工产值。

"自行完成施工产值"是指建筑企业利用自己施工力量完成的产值。

"外包单位完成产值"是指企业总包后，再把某些工程任务（如土石方、打桩、构件吊装、管道安装、室内外装饰等）分包给其他单位施工的产值。

$$实际完成施工产值 = 自行完成施工产值 + 分包单位完成施工产值$$

（3）在施工现场制作的预制构件和金属结构件制作完成后，即可计算构件制作部分的价值；待吊装到建筑物上，构成了工程实体，再计算安装费用。有外单位和内部核算单位购入的预制构件和金属结构件，必须吊装完毕，构成了工程实体，才能计算构件本身价值和安装费用。

（4）使用国外进口材料，结构件完成的建筑安装工程，为了统一取费标准和统计数字的可比性，一般应套用国内相同材料的预算价格和费用来计算施工产值。

（5）凡属于生产、动力、起重、运输设备、非工业的医疗、科研、实验设备、专业性生产单位的设备（如冷藏库中的冷冻设备、电讯部门的通讯设备、供电单位的变电设备和专门用于生产科研的定型设备等），既用于生产，同时也用于生活的设备（如锅炉、冷冻设备、变压设备等），以及正式批准的设计预算中作为生产设备的设备安装工程，只计算安装费，不计算设备本身的价值。

随设备同时供应的管材、配件、零件，凡属于原材料性质，需经安装工人在现场下料、煨弯、配置、组装、焊接检验的，除计算安装费外，还要计算这部分材料、配件、零件本身的价值。

（6）凡属于建筑物有机组成部分的暖卫设备（包括锅炉及水处理）、各种管道、阀门、水泵、照明和电气设备（包括变压器、开关柜、配电箱等）、煤气设备、冷气设备、通风设备，以及在建筑内安装的电动开窗机、电梯、吊车梁上轨道及电动葫芦轨道等，除计算安装费外，还要计算设备的本身价值。

（7）凡属于建筑单位供应的成套仪表盘、柜、屏等设备，以及随主机设备配套的仪器、仪表；凡由外单位加工的非标准设备，未完成全部制作工序，而分片装运至安装现场后，仍需施工单位进行坡口校正、修理、组装、焊接、校验等工序的；为控制温度、压力、流量等所安装的管和线路，以及随自控管、线路系统同时组合安装的一些仪器、仪表、配件、元件等，凡属于上述三种情况的设备（仪器、仪表）本身价值，一般应计入施工产值。

（8）凡因施工原因造成的返工，其返工价值不应计算在实际完成产值内；由于建设单位或设计上的原因（如变更设计、图纸错误）造成的返工，其返工价值应计算在建筑安装产值内。

（9）建筑安装单位采用合理化建议，改变了施工方法，在保证工程质量的前提下，经征得使用单位同意，减少了实物工程量并节约了投资，可按原预算计算产值。

二、建筑业增加值统计

（一）建筑业增加值的概念和作用

增加值是指一个单位在一定时期内的总产出减去中间投入后的余额，反映该单位在一定时期内生产的最终产品与提供的劳务（服务）价值的总和。近年来，我国在改革开放的方针指导下，为与世界接轨，在统计核算中从西方统计中引进了这一指标。

建筑业增加值是建筑企业在报告期内以货币表现的建筑业生产经营活动的最终成果。

建筑业增加值的作用主要表现在：

第一，建筑业增加值能较正确地反映建筑业的生产成果。这是由于该指标的数值中，只反映建筑业在一定时期内新创造的价值和固定资产折旧，所有其他部门为建筑企业生产提供的产品和劳务价值均不包括在内，没有转移价值的影响，因而可以如实反映建筑业生产活动的成果、企业的经济效益和对国民经济的贡献。

第二，建筑业增加值为计算国民生产总值提供资料。国民生产总值是一个国家在核算期内的国内生产总值与来自国外的劳动者报酬净额和来自国外的财政收入净额之和；而国内生产总值是一个国家在核算期内所有常住单位生产的最终产品与提供劳务的价值总和。建筑业是重要的物质生产部门，其增加值必然是构成国内生产总值和国民生产总值的重要组成部分。

（二）建筑业增加值的计算方法

建筑业增加值有两种计算方法。一是生产法，即建筑业总产值减去建筑业中间消耗后的余额；二是分配法，即从收入的角度出发，根据生产要素在生产过程中应得到的收入份额计算，具体构成项目有固定资产折旧、劳动者报酬、生产税净额和营业盈余，现分述如下。

1. 生产法

生产法是指从生产增加值的角度出发，从建筑业总产出中减去实际消耗的中间产品支出，即外购物资产品和劳务费用，求得增加值。

其计算公式为

$$建筑业增加值 ＝ 建筑业总产出 － 建筑业中间投入 \tag{6-18}$$

建筑业总产出，是指建筑企业在一定时期内建筑业生产活动的总成果，其价值量等于建筑业总产值。

建筑业中间投入，是指建筑企业在建筑施工活动中消耗的外购物质产品和对外支付的服务费用。外购物质产品主要指外购材料、结构件、机械配件、燃料（扣除烧油特别税）和动力的消耗价值；对外支付的服务费用包括支付给物质生产部门（工业、农业、商业、运输邮电业）的服务费用和支付给非物质生产部门（如保险、金融、文化教育、科学研究、医疗卫生、行政管理等）的服务费用，如运输费、邮电费、修理费、仓储费、利息支出、保险费、职工教育费等。

建筑业中间投入的资料来源主要依据会计核算资料，可根据会计账户资料归纳计算。

2. 分配法

分配法是从增加值的初次分配的角度出发，把构成增加值的各个要素直接相加，再加上固定资产折旧，求得建筑业增加值。其计算公式为

$$建筑业增加值 ＝ 固定资产折旧 ＋ 劳动者报酬 ＋ 生产税净额 ＋ 营业盈余 \tag{6-19}$$

式（6-19）中：

（1）固定资产折旧，是指按规定比率提取的基本折旧，本项可从"财务状况变动表"中"固定资产折旧"项"金额"栏取得。

（2）劳动者报酬，有三种基本形式。

一是货币工资及收入，包括企业支付给劳动者的工资、奖金、各种津贴和补贴；二是实物工资，包括由企业以免费或低于成本价提供给劳动者的各种物资产品和服务；三是由企业为劳动者个人支付的社会保险金。本项目可根据会计资料分析归纳取得，其中

1）工资，从"应付工资"账户中与"工程施工"、"机械作业"、"辅助生产"、"采购保险费"和"管理费用"账户有关的贷方发生额归纳取得；

2）福利费，从"应付工资"，账户中与"工程施工"、"机械作业"、"辅助生产"、"采购保险费"和"管理费用"科目有关的提取额归纳取得；

3）保险费，从"管理费用"账户中的劳动保险费、待业保险费等项目归纳取得。

（3）生产税净额，是指企业向政府缴纳的生产税与政府向企业支付的生产补贴相抵后的差额。由于目前建筑施工企业没有生产补贴，因此，建筑业增加值中的生产税净额就等于生产税。

建筑企业的生产税主要包括营业税、增值税、城市维护建设税、房产税、车船使用税、印花税、土地使用税、特别消费税等及缴纳的各种规费，如教育费附加、排污费等。本项目可从"损益表"中的"工程结算税金及附加"项和"管理费用"账户中的房产税、车船使用税、土地使用税、印花税以及"应交税金"账户中的特别消费税、固定资产投资方向调节税的本期应交数计算取得。

（4）营业盈余，是指建筑业总产值扣除中间投入、固定资产折旧、劳动者报酬、生产税净额后的剩余部分。本项目可根据会计资料中的利润和有关项目调整计算取得。

三、建筑企业总产值统计

（一）建筑企业总产值的概念

建筑企业总产值，是以货币表现的建筑安装企业全部生产和经营活动总成果总量指标。它可以结合建筑业总产值指标，综合反映企业的全部经营活动的规模和水平。

我国建筑安装企业多年来贯彻执行"一业为主，多种经营"的方针。不断扩大企业的经营活动范围，也就是除了进行建筑安装施工活动以外，还进行工业生产活动、商业活动、服务业活动、交通运输业活动、甚至农业生产活动。而建筑业总产值指标只统计与建筑施工有关的经济活动的产值和劳务价值，除此以外均不包括在内。这样统计的结果，虽可以全面反映建筑业生产情况，但不能反映一个企业全部经营活动的总貌。为此，有必要设置"建筑企业总产值"指标，更全面地综合反映建筑企业生产经营的总规模和总水平。

（二）建筑企业总产值的计算

建筑企业总产值是按照产品法计算的总产值，也就是建筑企业全部经营活动的最终成果的货币表现。建筑企业总产值是企业内部各种经营活动的产值之和。其计算公式为

$$建筑企业总产值 = 建筑施工产值 + 建筑制品产值 + 工业生产产值$$
$$+ 交通运输产值 + 商品运输产值 + 勘察设计产值$$
$$+ 其他产值（收入） \tag{6-20}$$

式中　　施工产值——建筑企业自行完成的按工程进度计算的建筑安装生产总值；

　　建筑制品产值——指建筑企业附属的内部核算的直接为建筑安装施工服务的金属构件、混凝土构件，木构件生产单位提供的建筑制品产值。包括木门窗、钢门窗、金属结构、混凝土结构、加气混凝土、商品混凝土等建筑制品和半成品价值；

　　工业生产产值——是指建筑企业附属的原材料、建筑机具及工业性作业的生产单位所完成的工业生产价值和修理价值；

　　交通运输产值——是指建筑企业附属的内部核算的运输单位、机械管理单位所完成运输收入和机械租赁价值；

　　商品价值——是指建筑企业附属内部核算的商业单位所完成的商品销售收入，减去商品进价的差额；

　　勘察设计产值——是指建筑企业附属的内部核算单位完成的工程地质勘察、技术设计文件及技术劳务的总收入；

　　其他产值（收入）——除以上几种之外的建筑企业附属单位完成的产值或收入，如农业、饮食业、服务业等。

由于建筑企业总产值是按照产品法计算的，因此，企业内不允许重复计算。

四、建筑业净产值统计

建筑业净产值是指建筑安装企业或单位在生产经营活动中新创造的价值，是国民收入的组成部分；它和总产值的区别主要是不包括建筑安装生产活动的转移价值。

建筑业总产值中扣除物质消耗以后的价值，即为建筑业净产值。

计算建筑业净产值的主要作用。一是用以分析在再生产过程中物质消耗和新创造价值

的比重及其变化的情况，分析净产值在国家、企业和职工间的分配构成变化情况；二是用以比较确切地反映建筑安装企业或单位的贡献大小，劳动生产率高低，以及经济效益的好坏；三是结合总产值进一步分析建筑安装活动的规模、水平、发展速度和内部比例关系。

1. 建筑业净产值的统计范围

建筑业净产值的统计范围原则上应和总产值统计范围一致。具体包括：

施工净产值、附属构件厂生产的净产值、附属生产机构（企业内部核算单位）生产的净产值。

2. 建筑业净产值统计方法

（1）生产法。即从总产值中直接减去建筑活动中的物质消耗价值。计算公式为

$$建筑业净产值 = 建筑业总产值 - 物质消耗价值 \qquad (6-21)$$

物质消耗价值包括：外购材料、外购燃料、外购动力、折旧费、其他支出中的物质消耗，产品销售费用中的物质消耗，订货中的来料价值。按照此种方法计算出来的净产值，数字比较精确，但因计算时一般应具有会计部门编制的"生产费用表"，而目前建筑安装企业大多未编制此表，故难度较大。

（2）分配法。即从国民收入的初次分配角度出发，将构成净产值的各要素直接相加求得。公式为

$$建筑业净产值 = 利润 + 税金 + 工资 + 职工福利基金 + 利息 + 其他 \qquad (6-22)$$

1）利润。指应得利润，是工程利润、产品及作业销售利润、材料及其他销售利润的总和。工程利润是指已完工程预算成本减去已完工程实际成本后的降低额再加上计划利润（没有预算成本的单位按实现利润统计）。

产品、作业、材料及其他销售利润是指附属生产产品、作业、材料及其他销售收入减去销售税金和销售成本后的利润。

2）税金。指全民、集体所有制建筑安装企业向国家缴纳的各种税金，包括所得税、产品、材料、作业销售税、营业税、城市维护建设税和教育费附加。

3）工资。可从财务决算报表或劳动工资统计报表内的应发职工工资总额中，扣除由职工福利基金和其他专用基金开支的医务室、浴室、理发室、幼儿园、俱乐部的工作人员工资，扣除营业外开支的六个月以上病假人员、出国援外人员、长期学习人员和企业办学学校的教职员工工资，扣除用工会会费开支的工作人员工资，扣除企业基金和利润留成开支的各种奖金，以及其他应扣除的工资。

4）职工福利基金。是以职工工资总额为基数按国家规定比例提取的职工福利基金。

5）利息。是指利息支出和利息收入相抵后的支出净额。

6）其他。是除上述各项以外的属于国民收入初次分配性质的支出。主要包括：

① 支付给非物质生产部门的费用，如上级管理费、外单位管理费、职工教育经费、养路费、差旅交通费、财产保险费、业务招待费、会议费、广告及租赁费、定额管理费、城市清洁卫生及绿化费。

② 支付给个人的费用包括探亲路费、出差误餐补助、保健津贴、房租及交通补贴、劳保基金、工地津贴。

③ 支付给本企业的费用，主要有：工会经费、活动经费、文体宣传费等。

五、各价值量指标之间的关系

设 C_1 为折旧额，C_2 为原材料价值，V 为劳动报酬，M 为剩余劳动所创造的价值，则

$$总产值 = C_1 + C_2 + V + M \tag{6-23}$$

$$增加值 = C_1 + V + M \tag{6-24}$$

$$净产值 = V + M \tag{6-25}$$

$$总产出 = 总产值 \tag{6-26}$$

$$增加值 = 总产出 - C_2 \tag{6-27}$$

六、竣工工程产值统计

(一) 竣工工程产值的概念

竣工工程产值，简称竣工产值，它是指以货币形式表现的建筑业生产所形成的成品价值。它反映建筑业成果，是考核建筑业施工速度和经济效益的依据。

(二) 竣工工程产值统计范围

建筑企业一定时期竣工工程产值，是指报告期内竣工单位工程从开工到竣工的全部自行完成的施工产值。也就是说，如果一个单位工程跨两个以上年度施工，其竣工价值应当包括以前年度的价值。即对于上期跨入本期竣工的工程，其竣工产值应包括上期完成的价值。有的工程量大、施工周期长的房屋和构筑物，如大型厂房、高级宾馆、各种管道、公路和铁路等，能分跨、分层、分段施工，并按合同规定分开交付使用的，可分别计算其竣工产值。对于从外单位移交给本单位继续施工的工程，本单位计算该项工程的竣工产值时，也应包括由外单位过去完成的部分。

房屋的竣工产值，是指竣工房屋建筑工程的全部价值。因此，除土建工程价值外，还应包括作为房屋组成部分的室内水、暖、电、卫、通风等设备的价值及其安装费用。但不包括土地购置、迁移补偿、厂房内的工艺设备、工艺管线以及室外水、电、暖、管线工程，办公及生活用家具等。

(三) 竣工工程产值计算

要保证正确计算竣工工程产值指标，必须掌握以下三点。

1. 竣工工程产值的计算价格

统计竣工工程产值，采用预算价格。预算价格是统计计算竣工工程产值的基础。

在实际工作中，有时会出现由于预算编制的不够准确，或施工中出现新的变化等原因，致使工程预算价值与实际发生偏差。在这种情况下，工程发生的量差，通过竣工结算，重新调整预算。经建设单位签认后，视同修改预算价格，统计上也应按修改后的价格计算。

2. 竣工工程产值的计算条件

根据竣工工程的概念，计算竣工工程产值，必须同时具备以下两个条件：

(1) 按照工程承包合同所规定的工程内容已经全部完工。在一般情况下，建筑企业通常承包整个单位工程。因此，只有整个单位工程全部完成时，才具备计算条件。在特殊情况下，有的专业性承包企业按照合同规定，仅承包单位工程中某一部分内容，如电梯工程等，只要按照合同规定内容全部完成，也就具备了计算条件。由专业性承包企业计入竣工工程产值。因此，竣工工程产值是指建筑企业在报告期内全部竣工的单位工程自行完成的价值。全部竣工不仅是个数量概念，而且是个质量概念。即除要求完成一定数量的工程内容外，还要求所做工程必须符合质量要求。

（2）按照国家规定，工程完成后，一般应由建筑企业的基层单位根据施工验收规范逐项进行预验收，并积极整理各项交工验收资料，报送企业有关部门审查后，会同建设单位及有关单位进行正式验收。经评定合格，签具竣工验收证书。验收是一个法定手续。通过验收才能最后判定工程是否真正具备了竣工工程产值的条件。

3. 竣工工程产值包括的内容（与竣工工程产值统计范围相同）

（四）竣工产值指标

竣工产值指标，是用货币表现的建筑安装生产的最终成果，是反映企业生产完成情况的经济指标，其作用是：

（1）在建筑企业管理中，设置竣工产值计划指标，统计实际完成的竣工工程产值，可以反映和检查竣工产值计划完成情况，促进企业抓紧工程收尾，缩短施工战线，讲究经济效益。

（2）设置竣工工程产值可以用来计算竣工率指标，其计算公式为

$$竣工率(\%) = \frac{报告期竣工工程产值}{报告期施工工程的全部价值} \times 100\% \tag{6-28}$$

（3）竣工工程产值还是计算按不同结构、不同用途的房屋建筑平均单方造价，及有关消耗指标的基础。

【例 6-8】 请对［例 6-1］所述的工程进行价值量统计。

为了进行价值量统计，首先必须对该两项工程本月完成的分项工程价格进行统计，然后加以汇总。而要进行分项工程价格统计，必须借助预（概）算文件。

例如，甲工程的基础，某地区概算直接费为 236 449 元（见表 6-12），其分项工程统计报表见表 6-13，合价亦为 236 449 元。

表 6-12　　　　　　　　　　　　　工程概算书（直接费部分）

定额号	工程项目	单位	数量	单价	合价	其中			
						人工单价	人工合价	单方工日	工日合计
1-1	平整场地	m²	496.36	1.68	834	1.68	834	0.080	39.7
1-25	其他结构带形基础挖土方	m³	375.35	71.36	26 785	51.17	19 207	2.540	953.4
1-71	混凝土其他结构带形基础	m³	52.20	213.08	11 123	32.72	1708	1.560	81.4
1-105	其他结构混凝土带形基础	m³	86.72	396.28	34 365	31.56	2737	1.510	130.9
2-01	其他结构砖带形基础	m³	129.24	307.79	39 779	41.27	5334	1.930	249.4
2-67	现浇普通混凝土内墙	m³	670.81	114.89	77 069	8.03	5387	0.380	254.9
3-29	现浇混凝土构造柱	m³	108.45	35.02	3798	5.86	636	0.290	31.5
1-146	室内靠墙管沟	m	166.20	144.79	24 064	33.06	5495	1.580	262.6
1-179*2Y	管沟高度每增加 200mm	m	174.15	28.38	4942	13.36	2327	0.640	111.5
1-166	室内不靠墙管沟	m	32.35	311.95	10 092	77.16	2496	3.680	119.0
1-179*5Y	管沟高度每增加 200mm	m	14.56	70.95	1033	33.40	486	1.600	23.30
1-183	室内管沟混凝土垫层增加费	m	197.46	12.99	2565	-1.69	-334	-0.090	-17.8
小计					236 449		46 313		2239.8

表 6-13   分部分项工程统计月报

顺序号	工程项目	单位	单价	本期完成量	合价（元）	备 注
1	场地平整	m²	1.68	496.36	834	
2	基础挖土方	m³	71.36	375.35	26 785	
3	带形基础 C10	m³	213.08	52.20	11 123	
4	带形基础 C20	m³	296.28	86.72	34 365	
5	砖带形基础	m³	307.79	129.24	39 799	
6	现浇混凝土内墙	m²	114.89	670.81	77 069	
7	现浇混凝土构造柱	m³	5.02	108.45	3798	
8	室内靠墙管沟	m	144.79	166.20	24 064	
9	管沟内高度每增加 200mm	m	28.38	174.15	4942	
10	室内不靠墙管沟	m	311.95	32.35	10 092	
11	管沟内高度每增加 200mm	m	70.95	14.56	1033	
12	室内混凝土垫层增加	m	12.99	197.46	2565	
	小　计				236 449	

然而，价值量统计应是工程造价，所以，在统计了直接费之后，还应按概（预）算规定，增加其他各项费用，其计算工程见表 6-14。因此，3 月份的总产值统计中，甲工程基础的总产值应为 342 381 元。

表 6-14   总 产 值 计 算 表

序号	取费项目	取费费率	算　式	合价（元）
(1)	直接费			236 449
(2)	市场差价	3.8553%	(1)×3.8553%	9115
(3)	人工费调整	3.8306%	(1)×3.8306%	9057
(4)	小　计		(1)+(2)+(3)	254 621
(5)	临时设施费	2.06%	(4)×2.06%	5245
(6)	现场经费	2.91%	(4)×2.91%	7409
(7)	小　计		(4)+(5)+(6)	267 275
(8)	企业经营费	13.28%	(7)×13.28%	35 494
(9)	利润	7%	(7)×3%	18 709
(10)	税金	4.09%	(7)×4.09%	10 931
(11)	工程造价		(7)+(8)+(9)+(10)	332 409
(12)	劳保	1.0%	(11)×1.0%	3324
(13)	建材发展基金	2.0%	(11)×2.0%	6648
(14)	合　计		(11)+(12)+(13)	342 381

按照［例 6-1］所述的工程形象进度，该工程 3 月份完成甲工程的基础 342 381 元，两层结构 596 795 元，水配合 23 359 元，电配合 21 432 元，乙工程抹灰及门窗安装 143 513 元。该公司的施工产值月报见表 6-15。

表 6 - 15 施工产值综合月报表

编制单位：某建筑公司

工程名称	完成项目	本月计划（元）	本月完成（元）	完成程度（%）
甲工程	基　　础	342 381	342 381	100
	一、二层结构	596 795	596 795	100
	水配合	23 359	23 359	100
	电配合	21 432	21 432	100
	小　　计	983 967	983 967	100
乙工程	六层抹灰，安木门窗	143 513	143 513	100
	小　　计	143 513	143 513	100
本月合计		1 127 480	1 127 480	100

第四节　建筑企业原始记录、统计台账和内部报表

建筑企业原始记录，是建筑企业科学管理的重要手段，也是统计、会计核算和业务技术核算的基础。统计台账既是原始记录通过整理，过渡到统计报表的一种重要的形式，又是企业系统积累统计资料的账册。而企业内部报表则是统计报表的资料来源。可见，建立和健全原始记录，利用统计台账和企业内部报表，对反映建筑企业生产经营活动情况，准确填报国家统计报表，完成各项统计任务等都具有重要意义。

一、建筑企业原始记录

原始记录是建筑企业取得基本统计资料的基础，是企业进行核算的依据。因此，建立和健全原始记录是加强企业管理，搞好统计工作的重要基础工作之一。

（一）原始记录的概念

原始记录是按照建筑企业核算和管理的要求，通过一定的表格形式，对企业生产经营活动情况所作的最初直接记载，如各种表、卡、册、单等。它是反映基层单位生产经营活动的第一手资料，是对基层单位实际情况最直接的调查。原始记录又可以叫做原始凭证，从按一定的表格形式和要求第一次登记生产经营活动的事实来看，称为原始记录。如果从登记的内容可作为财务核算的依据来看，又可叫做原始凭证，这是会计工作上的习惯叫法。但会计上的"记账凭证"则不属于原始记录（或原始凭证）的范围。

直接登记生产、经营活动事实的各种表、票、单、卡、册，统称为"原始记录表"。国家原始记录内容归纳汇总起来的表册，例如汇总表、计算表、台账、企业内部报表等，都不属于原始记录的范围。

（二）原始记录的特点

1. 广泛性

原始记录记载着企业生产经营活动的各方面的情况，涉及范围广泛。既有生产活动情况；也有业务工作情况；既有人员的工作情况，也有物、料的变动情况；既有管理问题，也有技术问题。

2. 具体性

原始记录是企业生产经营活动的直接记录。所以，它要对生产经营活动中的每一具体事

项，如实地、准确地记载。

3. 经常性

生产经营活动是经常不断地进行的。这就要求原始记录对企业发生的生产经营活动进行及时的、经常性的记载。

4. 群众性

由于原始记录涉及范围广泛，因而它不能只靠少数人搞，必须由参加各项工作的人员一起动手，分别记录。特别要发挥直接参与生产经营活动的工人班组中的班组长、考勤员和核算员的作用。

（三）原始记录的作用

原始记录是企业管理的基础，基于这一点，它具有以下四个方面的作用。

（1）原始记录是企业统计的基础。原始记录是企业取得统计资料的基本来源。正确的统计数字，来源于准确的原始记录。所以，原始记录是企业统计工作的基础。

（2）原始记录是企业会计核算和业务技术核算的基础。原始记录是各种经济核算共同的资料来源。不论是统计核算、会计核算，还是业务技术核算，都必须以原始记录作为核算的依据。因此，原始记录准确与否，也直接影响到会计核算和业务技术核算的质量。

（3）原始记录是企业实行科学管理的基础。企业实行科学管理，就要通过各种制度与计划工作，将企业各项活动、各个环节科学地组织起来，有秩序地进行生产，全面完成计划生产任务。为此，企业就必须在日常工作中及时地掌握情况，检查、制订和调整各项定额、计划，指挥生产，解决问题。所有这些，都离不开准确、灵敏的信息，而信息来源于原始记录。特别是企业内部生产经营活动的信息，更是如此。所以必须有一整套适应企业管理需要的、健全的原始记录，全面系统地反映企业各方面的情况。做到数字准确、情况明了，为企业实现科学管理奠定基础。

（4）原始记录是企业实行经济责任制的重要工具。企业要实行经济责任制，必须将责、权、利有机结合起来。责、权、利的履行、贯彻、实施情况，必须以原始记录为依据。因此，原始记录是企业实行经济责任制的重要工具。

（四）原始记录的种类

原始记录内容十分广泛。在建筑企业内部哪些生产经营活动应该加以记录，要根据需要和可能来确定。一般来讲，有以下几种。

1. 从记录的内容分

（1）反映产品生产方面的原始记录。主要是反映产品的产量、进度、质量等方面的记录。如开工报告、竣工报告、停工报告、隐蔽工程纪录、质量检验记录、质量事故记录、施工日志等。

（2）反映生产条件方面的原始记录。主要是反映生产三要素，即劳动力、劳动资料、劳动对象方面的记录。它包括：

1）劳动力和劳动时间方面的原始记录，如职工调入、调出记录，工人考勤记录，病假单，停工记录，加班加点记录等；

2）固定资产方面的记录，如机械设备调拨单、验收单、机械设备运转记录、检修记录、机械设备报废申请单、设备事故报告等；

3）原材料收、支、存方面的记录，如材料入库单、领料单、退料单、材料库存记录卡等。

（3）反映企业经营管理方面的原始记录。它包括反映产品销售方面的记录，如产品出库单；反映财务方面的记录，如借款单、差旅费报销单、缴款收据等。

2. 从记录的形式分

（1）综合性原始记录。综合性原始记录，是在一张记录表格上，记录生产活动几个方面的情况。通常反映建筑企业施工过程的原始记录，采用综合性原始记录的形式。根据建筑企业生产活动的特点，一般采用以下两种基本形式。

1）以生产设备为记录对象的生产记录（表 6-16）。这种原始记录用以反映单台设备或多台设备在工作班内完成的产品数量、质量、设备的开动和运转情况、检修记录等。

表 6-16　　　　　　　　　机械运转及停工记录

月 / 日	班次	工程项目及工作内容	实际运转				停工台时			值班司机	施工员
			台时	运距	次数	公里数	小修	待工	天气影响		
	白										
	夜										
	白										
	夜										
...											

2）以产品为记录对象的生产记录（表 6-17）。这种原始记录，记载一个分部工程（或分项工程）在全部生产过程，或某一生产过程（如某道工序）中的生产情况，包括施工日期、班组名称、完成工作内容、实物工程量，耗用工时，以及工资结算等（表 6-17、表 6-18）。

表 6-17　　　　　　　　　施 工 任 务 书

单位工程名称＿＿＿＿＿＿＿

＿＿＿＿队　工种＿＿＿＿班长＿＿＿＿签发日期　年　月　日　编号

施工期限	计划	实际
开工	月　日	月　日
竣工	月　日	月　日

定额编号	工作项目内容	计量单位	计划工程数量	劳动定额				实际完成						备注
				时间定额	应乘系数	每工产量	单价（元）	工程数量	定额工日	实际耗用工日	达到定额（%）	计件工资	超额工资	

签　发			验　收						
工长	接收人	质量评定	（签章）	验收人	（签章）	定额员	（签章）	队长意见	（签章）

表 6-18　　　　　　　　　　　　用　工　记　录　　　　　　　　　　　（背面）

合　　计										

（2）单一性的专用原始记录。单一性的专用原始记录，是一张记录表格上，只登记某一方面的资料，如职工考勤记录、停工单、领料单、职工伤亡事故报告等。

（五）设置原始记录的基本问题

1. 确定原始记录的记录对象问题

记录对象是指需要登记其情况和问题的某种具体事物。设置原始记录的目的，在于系统地搜集与反映企业生产、技术、经营管理过程的原始资料。因而记录的对象主要有：生产者个人或集体、某一单台设备、机组、生产的某项产品以及某一事项（如技术革新、工程质量事故、工伤事故等）。

设置一种原始记录，首先要根据设置该种记录的需要确定记录的对象，记录对象是记录项目的承担者，在记录表格上所要登记的项目，都是记录对象的标志。如果记录对象不明确，就区分不出所登记事物的范围，从而导致记录项目混乱不清，达不到设置这种原始记录的目的。

如前所述，产品生产记录的记录对象，可以是生产者、生产设备或生产的产品。所以，确定生产记录的记录对象还要根据产品生产的特点来确定。在建筑企业，一般以某一项产品（如分部分项工程）为对象设置生产记录。在其附属生产单位中，一般又以设备（如车床、带锯、汽车等）为对象设置生产记录。根据实际需要和可能，也可结合运用，从不同角度取得所需要的原始资料。例如，施工任务书，既以产品（分部分项工程）为记录对象，同时又有个人或集体的生产记录（分部分项用工记录）。

2. 确定原始记录的表格和项目问题

原始记录表按照填列的单位多少，可以分为单一表和一览表两种。单一表是在一张表上只填写一个单位的情况，一览表是在一张表上填写若干相同单位的情况。例如，职工考勤记录，有的企业采用考勤卡片，每张卡片只记录一个人的出勤情况，这种卡片就是单一表。有的企业采用考勤簿，在一张表上依次排列一个单位（一个班组或一个科室）若干人的出勤情况，这种考勤簿就是一览表。

每种原始记录应设置哪些项目，主要取决于记录的用途，用途不同所要登记的项目也不同，项目的繁简，一方面要满足企业管理和各种核算的需要，另一方面要防止备而不用、求多求全，把记录项目搞得过细的做法。

3. 确定原始记录的份数问题

企业的原始记录有一式填写一份与一式填写多份的两种方式。一式一份适用在填写后只供一个部门汇总与使用。有时一式一份供几个部门使用时，就要依次传递使用。例如职工考勤记录，一般只填写一式一份，月末劳动部门据以核算劳动时间利用情况资料，然后财务部门据以计算职工的计时工资。它的优点是不需要复写；缺点是不能同时送达各需要单位，而且如果不慎丢失也不便查对。

采用一式多份的原始记录，可以同时送给各使用部门，各部门可以根据各自的需要同时进行登记汇总；一份丢失，还可以有查考的依据。例如，材料调拨单可以一式五份，除留存根一份外，可以同时送给发料部门、收料部门、财务部门和随货同行。

4. 确定记录人员问题

原始记录由谁填写，根据不同情况，有下列三种。

(1) 岗位记录制。由直接生产者或专业人员记录。例如关于生产活动，由生产工人自己记录。产品检验结果由质量检查员记录，领料单由领料人填写等。这是根据谁在什么岗位上，管什么业务，谁就做什么记录。

(2) 兼职记录制。由班长或从工人中选定人员兼做原始记录工作，例如班组和出勤情况，就是由班组内的兼职考勤员记录的。

(3) 专职记录员制。施工队有的设专职记录员，记录各班组的原始记录。

5. 确定填报方式问题

原始记录表按照填报的方式分，有单据式、日报式和台账式三种。

(1) 单据式是随着某项生产经营活动的发生而填制的记录表，可以随时送交统计人员登账，以便汇总整理。例如材料入库单、限额领料单等。

(2) 日报式是按日填写的原始记录表，例如，职工将当日出勤情况记录完毕，于下班时或次日上班时送交统计人员登账，进行汇总整理。

(3) 台账式是工作者把每日的生产经营活动记录在一本账上，到旬末或月末再送交统计人员进行汇总整理。例如工人生产记录、设备开动记录等。

究竟采用何种方式合适，要根据记录事项的性质和对统计资料汇总的要求来确定。

二、统计台账

统计台账是根据统计整理和分析的要求而设置的一种工具。例如，企业或单位为了检查施工进度和编制产品产量报表，设置主要经济指标完成台账等。

(一) 统计台账的概念和特点

1. 统计台账的概念

统计台账是指整理和积累统计资料的账册。它是根据统计报表以及统计核算的需要，用一定表格形式，将分散的原始记录资料，按照时间顺序进行登记、整理的一种表册。例如建筑企业中的施工任务完成情况台账、工程量台账等。

2. 统计台账的特点

统计台账与原始记录不同，有其自身的特点。

(1) 统计台账的资料，是从原始记录或经过加工整理以后的资料中获取的。原始记录是对基层单位生产经营活动的最初记载。而统计台账是以原始记录为依据，直接登记、汇总原始记录上的资料，或经过加工整理后的资料。其资料来源，有的来自原始记录，有的来自各种有关的计算表、统计报表、汇总表等。

(2) 统计台账是按照时间先后顺序，对统计资料循序地进行登记。原始记录是将企业的各种生产经营活动，随着现象的发生经常地进行记载。由于统计台账必须按照规定的时间及时地进行登记和核算，所以统计台账的登记具有时间性的特点。

（3）统计台账是企业统计人员专门设置的一种积累资料的工具。原始记录要依靠群众，大家动手做好记录工作。而统计台账则是统计人员根据统计整理和分析的需要自行设置，便于核算、汇总和积累资料的一种工具。

（二）统计台账的作用

统计台账种类很多，应用面也很广，而各种台账的用途也有所不同。概括起来，统计台账的作用有以下几个方面。

（1）统计台账可以系统地整理资料，及时进行汇总，为编制统计报表提供依据。统计台账按时间顺序进行系统的登记，它把统计整理工作分散在平时来做，做到日清月结，按时汇总、计算，保证准确、及时地编制各种统计报表。

（2）统计台账可以反映生产进度，研究企业发展趋势，为编制和检查计划提供依据。

统计台账把各项指标进行序时登记，可据以监督检查计划的执行过程和结果，并从动态分析中研究新情况和新问题及其发展变化的原因；它是企业编制各项计划、实现计划管理不可缺少的工具。

（3）统计台账可以反映人力、物力的现状及其增减变动情况，为研究各种平衡比例关系提供依据。按照收入与支出、增加与减少、资源与分配的平衡关系设置产品、人员、设备及各项物资台账，反映一定时期内各项经济活动的变化过程和结果，可以进行各项综合平衡分析，研究各种比例关系的变化。

（4）统计台账可以反映各项经济技术指标的完成情况，为总结工作、开展评比竞赛提供依据。为了检查经济技术指标的完成情况，设置主要经济技术指标完成情况台账，把各项指标联系起来，并与计划水平、前期水平、历史最好水平、国内同行业先进水平进行比较分析，从有关指标的联系中发现问题，提供深入分析的线索，以适应总结工作、开展评比竞赛的需要。

（5）统计台账可以系统地积累资料，为制定长远规划，研究发展规律提供依据。通过台账对统计资料加以分类、综合、归纳，按日、按月、按季、按年进行登记，使资料积累做到"每日资料条理化，月度统计资料系统化，年度统计资料档案化"，以适应企业发展的需要。

总之，统计台账对于企业的统计工作、计划工作和各项管理工作都具有重要作用。通过台账进行系统地登记，按期加以汇总，便能及时取得有关企业生产经营活动情况的综合性资料。这样，不但能够满足编制各种统计报表的需要，而且也便于企业各级领导及时掌握资料，了解情况，指导工作，加强企业的计划管理。同时，应将有关资料向广大职工定期公布，使广大职工心中有数，便于他们参与管理。

（三）统计台账的种类和设置

1. 按照企业管理的不同需要分类

统计台账按照企业管理的不同需要，可以划分为施工队台账、工程处台账和公司台账三种。

（1）施工队台账。

施工队是建筑企业实行内部工、料核算的基层生产单位，是企业所需的各种基本统计资料的主要提供者。施工队设置台账的目的，除了满足本身管理上的需要，还要向工程处提供各种统计资料。施工队台账，可以系统地反映生产活动情况资料。如建筑产品产量和质量、工时利用、材料消耗、机械设备使用以及各项技术经济指标完成情况等。

施工队台账是进行施工核算的重要依据，也是向公司报送统计资料的来源和依据。因此，施工队的台账，一方面需要面向工人班组，按每个工人班组设置台账，逐日（旬、月）登记工人班组的生产活动情况，又要根据建筑企业生产的特点，按产品对象（单位工程）设置台账，登记生产过程中有关活动资料，如工程完成情况台账；另一方面，台账内容的设置要满足报送企业内部统计报表的需要。

表 6-19　　　　　　　　　　　　　生 产 工 人 用 工 台 账

单位：

	班组名称					
在册人数	工人					
	其中:					
	学徒					
	平均人数					
出勤工日数		合计				
	生产用工	小 计				
	非生产用工	小 计				
		出 差				
		学 习				
		开 会				
		文体活动				
	停工工日	小 计				
		气候影响				
		停水停电				
		待 料				
		任务不足				

续表

	班组名称							
缺勤工日	小　计							
	病　假							
	事　假							
	探亲假							
	工伤假							
	产　假							
	旷　工							
实际公休工日数								
实际作业工日数								
其中：公休日加班								
制度工日数								
日历工日数								
出勤率（%）								
制度工日利用率（%）								

表 6 - 20　　　　　　　**工程任务完成情况统计台账**

200　　年度

建设单位

工程名称

建筑面积

序号	分部（项）工程名称	预算工程量		预算价值		指标	自开工至上年底止完成	实际完成数						自开工至本年底止完成
		单位	数量	单价	合价			月		月		月		
								本期	累计	本期	累计	本期	累计	
						工程量								
						金额								
						工程量								
						金额								
						工程量								
						金额								

　　（2）工程处台账。工程处设置台账的目的，一方面要满足工程处本身汇总统计资料的需要，向公司报送企业内部报表，另一方面还要适应工程处管理的需要，向工程处领导提供资料。

　　工程处是企业内部独立核算的生产单位，它的台账内容比较广泛，包括生产进度、产品产量、产值、施工工期、产品质量、劳动时间利用情况、单位工程用工、原材料消耗情况、设备利用情况、劳动定额的执行情况以及有关技术经济指标的情况等表。

工程处台账要面向施工队，要能够反映工程处所属各施工队的生产活动情况。为了掌握各施工队的资料，需要设置按施工队分列的台账（表6-21）和按建设项目分列的台账（表6-22）。

表6-21 按工程处分列的建筑施工任务完成情况台账

	建设项目（个）		单位工程（个）		施工面积（m²）		竣工面积（m²）			施工产值（万元）			单位工程（个）		施工面积（m²）	
	施工	竣工	施工	竣工	合计	其中：新开工	计划	实际	完成计划（%）	计划	实际	完成计划（%）	施工	竣工	合计	其中：新开工
一月																
二月																
三月																
第一季度																
四月																
...																
全年																

表6-22 按建设项目分列工程量、产值台账

（单位：万元） 200 年 月

序次	建设项目名称	工程性质	开竣工日期		自开工至上年底止累计完成	本年实际完成												
			开工	竣工		一月	二月	三月	四月	五月	六月	七月	八月	九月	十月	十一月	十二月	全年

（3）公司台账。指公司各职能科室为进行业务管理的需要而设立的台账。企业一级的台账，实行谁管什么业务，谁负责整理和积累什么资料。企业各职能科室应根据工程处上报的有关内部报表设置相应的台账。有一种内部报表，原则上就要设置一种台账。例如，生产计划部门设置产品产量、产值等台账；材料部门设置原材料收、支、存等台账；劳动工资部门设置职工人数变动、劳动时间利用、劳动生产率、劳动定额执行情况、工资总额组成情况等台账；机械动力部门设置机械设备实有数量及其变动台账，机械完好、利用情况台账，机械修理台账等。除了上述专业部门设置的专业台账外，企业的综合统计部门为了自身的工作需要，也要建立相应的定期资料台账和历史资料台账。由此可见，企业一级的台账，是进行业务核算和统计核算的重要依据，也是统制统计报表的基础。在内容上，要比工程处所设置的台账更为广泛。

2. 按照统计台账的内容不同分类

按照统计台账的内容不同，可以分为综合性台账和专用台账。

（1）综合性台账。

综合性台账是将各项有关指标按照时间顺序综合登记在一个表册上。这种台账可以从各项指标的发展变化及其联系中综合分析，发现问题，采取措施，总结经验，探索规律，更好地为企业服务。例如主要经济技术指标完成情况台账，这种台账可以按施工队、工程处或公司来设置，可以列出房屋竣工面积、建筑安装产值、工程质量、安全生产、全员劳动生产率、工程成本实际降低率、利润额、流动资金全季平均占用额和占用率等指标，反映企业或单位逐月、逐季各方面的成绩和问题。

（2）专用台账。

专用台账是把某一项指标按照时间顺序系统地登记在一个表册上。如产品生产进度台账、原材料消耗台账、劳动时间使用台账、设备利用台账，都属于专用台账。

专用台账是进行专题分析的依据，是观察某项指标完成进度的依据。这种台账便于企业经营活动的某个方面进行具体分析，研究其发展变化的过程和原因，它也是汇总某项重要统计数字资料的依据。以劳动时间使用台账为例，其格式见表6-23。

表6-23　　　　　　　　　　　生产工人劳动时间利用情况台账

	日历工日	制度公休工日	制度工日	停工工日				缺勤工日				非生产性工日		实际作业工日		勤率（%）	工日利用率（%）	备注
				合计	原材料缺乏	动力不足	…	合计	病假	事假	…	合计	其中：文体活动	合计	其中：公休日加班			
一月																		
二月																		
三月																		
第一季度																		
…																		
全年																		

3. 按积累资料性质的不同分类

按积累资料性质的不同，统计台账可以分为定期统计资料台账和历史资料台账。

（1）定期统计资料台账。

这种台账是系统地整理和积累定期统计资料的一种基本形式。主要在于反映企业生产经营活动的基本情况。它的特点是按日、按旬、按月、按季或按年随时登记，及时汇总。为检查企业生产计划执行情况，做好各项管理工作和编制各种统计报表，提供综合性统计资料。

（2）历史资料台账。

这种台账是自企业或单位建立以来有关生产经营活动的详细记载。它包括一系列反映企业概况、生产规模、水平、速度和比例关系的指标和分组；也包括企业发展中的重大变化。如企业所有制的改变，企业的合并与分立，企业的生产方向，生产结构和组织机构的变化等。见表6-24。

表6-24 建筑企业历史资料台账

建设项目（个）			房屋建筑面积（m²）			产值（万元）		工程质量（m²/个）			劳动生产率（元/人）		成本降低率（%）	利润（万元）		流动资金占用额：万元	流动资金占用率（%）
施工	其中：新开工	竣工	施工面积		竣工面积	总产值	建安产值	评定总数	其中：优良	优良率（%）	按总产值计算	按建安产值计算		计划	实际		
			合计	其中：新开工													

企业历史性资料台账，是个年生产经营活动情况的总结。它的主要资料来源于统计年报。要在一次性集中整理的基础上，使资料积累经常化。

三、企业内部统计报表

企业内部报表，是根据原始记录或统计台账的资料汇总、编制的，施工队向工程处、工程处向公司有关职能部门报送统计资料，各职能部门之间相互提供统计资料，以及向企业各级领导提供统计资料，都是通过内部报表的方式进行的。

（一）企业内部报表的作用

（1）企业内部报表是掌握情况、指挥生产的依据。企业的领导，要了解情况，组织指挥生产，就必须及时、准确地掌握产品产量、质量、生产进度、材料消耗、劳动生产率、成本利润等情况。这就要依靠企业内部报表提供各种统计数据，为企业组织生产、加强管理提供依据。

（2）企业内部报表为编制对外统计报表提供依据。各个企业都应该按照国家统一规定的表格形式、内容、程序按期上报统计报表，而编辑统计报表的资料大多数来自企业内部报表。从这个意义上说，企业内部报表是对外报表的基础。

（3）企业内部报表，为企业内部各职能部门进行业务核算和会计核算提供依据。各业务部门和财务部门进行业务核算和会计核算，需要利用企业内部报表的资料。如劳动工资部门计算劳动生产率，需要依据企业内部报表提供的产量资料；财务部门计算成本、利润时，同样需要企业内部报表所提供的有关产量、工资、材料、奖金等方面的资料。

（二）企业内部报表的种类

企业内部报表的种类很多，它反映的内容包括企业生产经营活动的各个方面。例如各种产品的产量、进度、质量，劳动时间利用情况，机械完好、利用情况，原材料收、支、存情况，以及成本、资金、利润等其他经济技术指标。

企业内部报表，按报送时间的长短，也可分为日报、旬报、月报等。对于主要的产品产量，要实行日（旬）报制（表6-25），以便及时掌握生产进度。而对于只需要观察一定时期内某些指标的执行结果，而并不需要经常掌握其情况的，如劳动时间利用情况，劳动定额执行情况，机械完好、利用情况，材料收、支、存情况，以及各项技术经济指标等，一般均采用月报形式（表6-26）。

表6-25　　　　　　　　　　建筑安装施工任务完成情况旬报

报送单位：　　　　　　　　　　　　　　　200　年　月

序号	建设项目单位工程名称	工程性质	工程结构	开竣工日期		房屋建筑面积（m²）				建筑施工产值（万元）		自开工至本旬止形象进度完成情况
				开工	竣工	施工		竣工		本月本旬止累计完成	本旬完成	
						小计	其中：新开工	本月本旬止累计	本旬			

表6-26　　　　　　　　　　劳动定额执行情况月报

报送单位：　　　　　　　　　　　　　　　200　年　月

	定额工日数	实际工日数	定额完成程度（%）	按定额完成程度划分				
				100%以下	100%~110%	110%~120%	120%~130%	130%以上
甲	1	2	3=1/2	4	5	6	7	8
合计								
瓦工								
木工								
抹灰工								
钢筋工								
混凝土工								
…								
…								

（三）内部报表的编制问题

编制企业内部报表，必须按照报表制度的规定，做到准确、及时、全面，以便各级领导及时掌握情况。为了做到这一点，必须做好以下几项工作。

1. 做好编表前的准备工作

为了准确及时地编好报表，在上报报表之前，应提前做好准备工作。例如，统计月报应上报全月各种产品的产量、产值，在实行日报的单位中，应于月底前几日，先将本月一日起已有的资料汇总起来，到月底加上最后几日资料，即可迅速地汇总出全月的数字。否则一切工作都等最后一天来做，则需要时间与人力较多，很可能会影响上报时间。

2. 做好资料的审查工作

在编制报表过程中和编成报表之后，应对报表资料进行严密的审查。审查的目的是使报表中的资料能够达到全面和准确的要求，消灭差错于报出之前。审查工作主要从以下三个方面着手。

（1）从统计制度方面进行审查。审查各种报表中各项指标是否齐全，各指标所包括的范围、名称、计算方法、排列次序、计量单位等是否合乎统计报表制度的规定。这关系到上级机关对报表资料的汇总工作和前后期资料的对比问题，因此，必须严格执行报表制度的统一规定。

（2）从逻辑方面进行审查。在熟悉生产业务的基础上，审查各项指标的数字是否合乎本单位生产发展规律；与上期资料对比，与去年同期资料对比，观察有无突出的变化；与有相互联系的指标对比，观察有无矛盾的现象；本期初与上期末的数字是否相同等。如发现问题，要迅速查明原因，找出准确的数字来加以改正。

（3）从技术方面进行审查。检查报表资料的过录、计算、汇总、抄写等方面有无差错。各数字加总是否等于合计数，数字书写方法是否清晰和合乎要求。

3. 编写文字说明

上报内部报表应同时附有简要的文字说明，其内容一般有：

（1）有关报告期企业生产经营活动的主要活动情况及报表数字所不能反映的主要问题；

（2）报告期生产及业务管理上存在的特殊问题；

（3）统计计算上有必要说明的问题等。

在上报年度（或季度）报表的同时，有条件的，还应提出统计综合分析报告，但提出的时间可略迟于报表的上报时间。

4. 报请领导审核

统计报表编制完成后，要经本部门、本单位领导审查签章才能上报。部门和单位领导人应认真审查报表中所反映的情况是否属实，要防止只签章不审查的倾向。

报表上报后如发现错误，应用书面或电话向收表机关进行订正，并说明订正的原因，以维护统计报表的严肃性。

四、原始记录、统计台账，企业内部报表的关系

原始记录、统计台账以及企业内部报表之间存在着密切的关系。原始记录是统计台账和企业内部报表的基础。统计台账是介于原始记录和企业内部报表之间的账册，起着承前启后的作用。它将原始记录对个别事实的记录加以整理、归纳，按时间顺序登记在账册上，使统计资料系统化，条理化，为内部报表提供依据。企业内部报表是根据统计台账和其他有关资料编制的。企业内部报表资料带有综合性的特征。它是企业进行核算和内部管理的工具，同时又是编制对外报表的重要资料来源。可见，原始记录、统计台账、企业内部报表三个环节都很重要，三者互相制约、互相依赖，哪一个环节做得不好，都会影响统计资料的准确性和及时性。

本 章 小 结

建筑产品产量指标是建筑企业统计的最重要的基本指标。

建筑企业是建筑业生产的基层单位，也是建筑业统计的统计单位。对建筑产品进行统计，必须从企业角度来确定建筑产品的概念、特点及其分类，并在此基础上核算产品、产量、产值、质量等一系列统计指标。

建筑产品是建筑企业进行建筑安装活动所取得的预期有效成果。

建筑产品按其表现形态分为实物产品和生产性作业。按其完工程度分，又可分为竣工工程、已完施工和未完施工。

建筑产品产量可以用实物形式和价值形式表示，相应地形成了建筑产品的实物量指标和价值量指标。

建筑产品的实物量，是以物理或自然计量单位表示的建筑企业在一定时间内完成的各种工程的数量。首先，建筑企业的最终产品是竣工的房屋和构筑物，即竣工工程 一般是指建设项目、单项工程、单位工程的竣工。其次，房屋建筑是建筑产品的主要组成部分，通过房屋建筑面积统计，可以观察建筑工程实物进度，研究施工规模，比例以及考核企业生产成果。第三，由于建筑产品的施工周期长，竣工工程不能及时、全面反映在一定时期的生产总量，因此，还需要对在建工程已完施工实物量进行统计。由此可见，建筑产品的实物量统计内容应当包括建设项目统计、房屋建筑面积统计以及在建工程的已完施工的实物工程量等统计指标的基本概念及计算方法。与此同时，还要掌握施工工期、工程形象等施工进度方面的统计指标的内容及其计算方法。

建筑产品的价值是以货币表示的价值量。建筑产品的价值量指标的主要内容包括：建筑业总产值、建筑安装施工产值、竣工工程产值、净产值以及建筑安装工程价格指数的基本概念和其计算方法，以及各个指标之间的相互关系。

原始记录是建筑企业取得基本统计资料的基础，是企业进行核算的依据。因此，建立和健全原始记录是加强企业管理，搞好统计工作的重要基础工作之一。

原始记录是按照建筑企业核算和管理的要求，通过一定的表格形式，对企业生产经营活动情况所作的最初直接记载，如各种表、卡、册、单等。它是反映基层单位生产经营活动的第一手资料，是对基层单位实际情况最直接的调查。

原始记录的特点：①广泛性；②具体性；③经常性；④群众性。

原始记录的作用：

（1）原始记录是企业统计的基础；

（2）原始记录是企业会计核算和业务技术核算的基础；

（3）原始记录是企业实行科学管理的基础；

（4）原始记录是企业实行经济责任制的重要工具。

统计台账是根据统计整理和分析的要求而设置的一种工具。例如，企业或单位为了检查施工进度和编制产品产量报表，设置主要经济指标完成台账等。

统计台账是指整理和积累统计资料的账册。它是根据统计报表以及统计核算的需要，用一定表格形式，将分散的原始记录资料，按照时间顺序进行登记、整理的一种表册。例如建筑企业中的施工任务完成情况台账、工程量台账等。

企业内部报表，是根据原始记录或统计台账的资料汇总、编制的，施工队向工程处、工程处向公司有关职能部门报送统计资料，各职能部门之间相互提供统计资料，以及向企业各级领导提供统计资料，都是通过内部报表的方式进行的。

练　习　题

一、简答题

1. 什么是建筑产品？建筑产品有哪些特点？

2. 建筑产品是如何分类的？

3. 单位工程的形象进度如何表示？房屋建筑面积如何统计？

4. 什么是建筑业总产值？它的统计范围包括哪些方面？

5. 建筑业总产值包括哪几部分内容？建筑业总产值如何计算？

6. 什么是竣工工程产值？它的计算作用有哪些？

7. 什么是建筑企业总产值？建筑企业总产值如何计算？

8. 试述建筑产品质量评定的依据是什么？建筑产品质量等级分为几种？等级标准如何确定？

9. 建筑产品质量统计指标有哪些？

10. 什么是原始记录？它有哪些特点和作用？

11. 什么是统计台账？它有哪些特点？

12. 统计台账有哪些种类？统计台账如何设置？

13. 什么是企业内部报表？企业内部报表有哪些？

14. 原始记录、统计台账和企业内部报表之间存在什么关系？

二、应用题

1. 某地区 1997～2000 年施工的大中型建设项目统计资料见表 6 - 27。

表 6 - 27　　　　　某地区 1997～2000 年施工的大中型建设项目统计资料表

	上年度跨入项目（个数）	停建复工项目（个数）	新开工项目（个数）	在本年施工建设项目中	
				已停建的项目（个数）	已竣工投产的项目（个数）
1997 年	80	4	20	6	36
1998 年	60	0	30	0	34
1999 年	40	0	28	10	36
2000 年	46	0	6	6	30

根据表 6 - 27 资料，试计算：

（1）各年施工建设项目个数和 4 年内累计施工建设项目个数；

（2）施工建设项目的动态指标（以 1997 年为基期）；

（3）各年建设项目竣工率和 4 年内累计建设项目竣工率。

2. 某工程处有下列资料，见表 6 - 28。

表 6-28 某工程处资料表

	上期跨入本期的施工面积（m²）	本期新开工面积（m²）	本期竣工的面积（m²）	本期施工的面积（m²）
1月	5850	750	2450	
2月		2280	2800	
3月		2425	3940	

(1) 请将表 6-28 内空白格数字计算填入；

(2) 一季度开工面积；

(3) 一季度竣工面积；

(4) 一季度累计施工面积；

(5) 计算一月、二月、三月及全季的竣工率。

3. 某施工单位有下列资料：

(1) 1998 年跨入 1999 年的施工项目有金工车间建筑面积 2800m² 已于 5 月份竣工；铸造车间 2600m² 计划 12 月份竣工，实际比计划提前一个月竣工；

(2) 1# 单身宿舍 1500m²，计划 1999 年 2 月开工，12 月份竣工，实际到年底主体结构尚未完成，列入跨年度计划，实际拖到次年 5 月竣工；

(3) 1999 年 5 月开工的三层楼的单身宿舍，每层建筑面积 800m² 已按计划在 2000 年 4 月竣工；

(4) 综合辅助车间 2500m² 已按计划于 1999 年 11 月开工，计划 2000 年 11 月份竣工，实际至年末内部装修，水、电未完；

(5) 2000 年 3 月开工建造的食堂 450m² 按计划要求于 8 月份竣工；

(6) 2# 家属宿舍 3200m² 计划 1990 年 2 月开工，计划 2000 年 11 月竣工，实际于 12 月份竣工；

(7) 1999 年 5 月份，托儿所 500m² 正式开工，比计划规定（计划 11 月份竣工）晚 1 个半月竣工。

试计算 1999 年、2000 年的竣工计划完成情况以及竣工率。

4. 某施工队有以下资料，见表 6-29。

表 6-29 某施工队资料表

工程名称	建筑面积（m²）	开、竣工日期		
		实际开工日期	计划竣工日期	实际竣工日期
金工车间	7200	1999 年 5 月 2 日	2000 年 2 月 5 日	2000 年 4 月 1 日
铸工车间	4000	2000 年 3 月 4 日	2000 年 11 月 1 日	2000 年 12 月 5 日
办公楼	15 000	2000 年 10 月 2 日	2000 年 11 月 2 日	—
食堂	2500	2000 年 3 月 1 日	2000 年 11 月 1 日	2000 年 11 月 15 日
家属宿舍	4800	2000 年 4 月 2 日	2000 年 12 月 8 日	2000 年 12 月 20 日
油库	500	2000 年 7 月 12 日	2000 年 11 月 8 日	—

根据表 6-29 资料计算：1990 年度的施工面积，计划竣工面积，实际竣工面积，房屋

建筑竣工率，竣工计划完成程度（%）以及每千平方米竣工面积的施工工期。

5. 某施工单位报告月完成某宿舍楼的资料见表 6-30。

表 6-30　　　　　　　　　**某施工单位报告月完成某宿舍楼的资料表**

分项工程名称	单位	完成数量	预算价值（元）	分项工程名称	单位	完成数量	预算价值（元）
平整场地	m²	1130	0.16	M5 水泥砂浆砖基础	m³	190	49.3
挖基槽	m³	480	1.8	防水砂浆防潮层	m²	120	2.09
C10 混凝土	m³	190	68.9	基槽回填土	m³	180	0.87

试按照当地的取费标准，计算其施工产值。

6. 某施工企业 2000 年实现利润 20 万元，上缴税金 22 万元，支付工资 85 万元，职工福利基金 9.35 万元，利息支出 7 万元，其他属于国民收入初次分配性质的支出为 12 万元。试计算该企业 2000 年的建筑业净产值。

7. 已知某工程处所属三个施工队的施工产值资料见表 6-31。

表 6-31　　　　　　　　　**某工程处所属三个施工队的施工产值资料表**

	本　月				上月实际完成	本月与上月比较
	计　划		实际完成	完成计划（%）		
	产值	比重（%）				
甲	1	2	3	4	5	6
一队	200			110	180	
二队		30	360	120	250	
三队	500				400	
合计		100				

试计算所缺数字，填入表 6-31 空白处。

8. 根据某工地资料：

（1）建设厂房用钢筋混凝土柱子 5 个，在预制厂报废 1 个，损失 1500 元；

（2）购置水泵一台，开箱验收时，发现配套的 7kW 电机损坏，发生修理费 200 元；

（3）厂房工程施工过程中，因质量事故进行返工，损失材料费 23 800 元，人工费 4800 元；综合费率为材料、人工费的 30%，在拆下材料中可重新利用的为 2800 元；

（4）一季度该工地完成施工产值 188 万元。

试计算该工地一季度的返工损失金额和返工损失率。

9. 某建筑企业 2000 年末统计资料见表 6-32。

表 6-32　　　　　　　　　**某建筑企业 2000 年末统计资料表**

单位工程	建筑面积（m²）	开、竣工日期		质量评定等级
		开工日期	竣工日期	
A	25 000	1997.12.1	—	—
B	20 000	1993.5.1	1999.12.31	优秀
C	18 000	1998.10.1	—	—

续表

单位工程	建筑面积（m²）	开、竣工日期		质量评定等级
		开工日期	竣工日期	
D	15 000	1998.10.1	1999.10.31	良好
E	24 000	1999.3.1	—	—
F	8000	1999.4.1	1999.10.1	良好
G	12 000	1999.5.1	1999.12.31	及格

根据表 6 – 32 的资料，计算该建筑企业 1999 年度的下列指标：

(1) 单位工程施工个数；

(2) 本年新开工单位工程个数；

(3) 单位工程竣工个数；

(4) 优良工程个数；

(5) 房屋建筑竣工面积；

(6) 本年新开工面积；

(7) 房屋建筑竣工面积；

(8) 优良工程建筑面积；

(9) 竣工单位工程平均日历工期。

10. 已知某单位建筑工程已完工，该工程按预算定额规定完成直接费 286 万元，按施工合同规定应取其他直接费 25 万元和其他费用 10 万元，按当地建筑工程费用定额规定计算建筑工程产值。

11. 已知某单位设备安装工程已完工，该工程按预算定额规定完成直接费 40 万元，其中人工费 12 万元，按施工合同规定应取其他直接费用和其他费用各 1 万元，按当地设备安装工程费用定额计算安装工程产值。

第七章　建筑企业劳动工资统计

生产活动是人们的基本的实践活动。人们要生存，就需要消费物质资料，就必须从事物质资料的生产。而进行任何物质生产都必须具备三个要素，即劳动力、劳动资料和劳动对象。其中劳动力是具有决定性作用的因素，因为生产过程都是劳动者运用劳动资料作用于劳动对象的劳动过程。

建筑产品是建筑业劳动者进行生产活动所创造的物质成果。建筑企业劳动力的保证情况及其利用程度以及劳动生产率水平都将对建筑产品的产量和工程成本的高低产生直接影响，因此，在任何时候，合理安排和充分利用劳动力，千方百计地挖掘劳动潜力，努力提高劳动生产率，以较少的劳动消耗去获取较大的经济效益，都是社会主义企业管理最重要的任务。

建筑企业劳动工资统计的基本任务就在于研究建筑业范围内劳动资源的构成、分配、使用及其再生产过程中的主要方面。其具体内容是：正确核算劳动力数量及其构成；检查劳动计划的执行情况；反映与分析劳动时间的利用情况；计算劳动生产率水平并分析研究其变动的因素；研究分析工资和劳保福利以及安全生产等方面的情况。

第一节　建筑企业从业人员统计

建筑企业要从事施工生产活动，必须要有一定的劳动力作保证。充分、合理地组织建筑企业劳动力是提高劳动生产率、降低工程成本的重要途径，准确统计从业人数及构成，是检查企业劳动力配备是否合理的依据。

一、建筑企业从业人员的统计范围

建筑业企业从业人员，是指在建筑业企业中工作，并取得劳动报酬的全部人员。包括职工和其他人员两部分。建筑业企业从业人员指标反映了企业实际参加生产或工作的全部劳动情况。

（一）建筑业企业职工

1. 建筑业企业职工的概念

建筑业企业职工是指在国有经济、城镇集体经济、联营经济、股份制经济、外资和港澳台投资经济、其他经济类型的建筑企业及其附属机构工作，并由其支付工资的各类人员。

职工是从业人员指标中的一项，是从业人员的主要组成部分，判断一个从业人员是否为建筑企业职工，主要有两个标志。

（1）在建筑企业及所属机构工作；

（2）由本企业支付工资，且工资应为生活费的主要来源。如此说来，企业中的绝大部分劳动力都应统计为职工，但有两部分人需要扣除：首先是离退休再就业人员不能统计为职工，因为尽管有少数离退休被企业返聘人员从企业取得的收入也相当高，但从总体上讲，这部分从业人员生活费主要来源是离退休金。其次，在建筑企业工作的港澳台人员和外籍人员也不能计入，这主要是与境内从业人员加以区别。

下列人员不能列入职工统计范围：

（1）实行个人承包经营不再由原建筑企业支付工资的人员。

（2）从单位领取原材料，在自己家中进行生产的家庭工。

（3）发包给其他单位半成品加工、装配、包装等工作所使用的人员；发包给其他单位的拆洗缝补、房屋修缮、装卸、搬运、短途运输等工作所使用的人员；承包本单位工程或运输业务，其劳动力不由本单位直接组织安排的农村搬运工人、建筑队等人员等。

（4）根据国务院国发〔1981〕181号文件规定，经省、自治区、直辖市批准从农村就近招用，参加铁路、公路、输油输气管线、水利等大型土石方工程工作，工作结束后立即辞退，不得调往新施工地区的瓦工；但其他以"民工"名义，从农村招收的参加一般建筑的人员，应列入"职工"中统计。

（5）参加建筑企业生产劳动的军工和勤工俭学的在校学生，以及大中专、技工学校的实习生。

（6）经单位批准停薪留职、保留企业职工身份的人员。如自费上大学、出国探亲及离开企业自谋出路等人员。

2. 职工人数统计的原则

（1）各单位的职工人数要本着"不重不漏"的前提进行统计，一般采取以下办法：

1）坚持"谁发工资谁统计"。即不论是编制内还是编制外的人员，不论是计划内还是计划外的人员，不论是出勤人员还是未出勤人员，不论是正式人员还是试用人员，不论是在本单位工作还是临时借调到外单位工作的人员，只要是由本单位支付工资，就应该统计为该单位的职工。

2）谁发基本工资谁统计。在经济搞活的情况下，有的人同时在两个或者两个以上的单位工作并领取工资，但一般情况下，只能在一个单位领取基本工资，则该人员由发放基本工资的单位统计。

3）职工档案所在单位统计。如果按上述办法仍不能解决某职工由哪个单位统计时，可先确定该职工的档案在哪个单位，则该职工的档案所在单位应优先统计。

（2）对于新招收的人员，从其报到参加工作之日起，不论是否发放了当月的工资，即应统计为本单位职工。对于自然减员、参军（包括参军后原单位仍发给部分生活费或者补贴的人员）、不带工资上学的人员，从离开之日起不再统计为本单位的职工。对于调往其他单位的人员，调离单位从停发工资之月起不统计为职工，调入单位从发放工资之月起统计为本单位职工。

（二）其他从业人员

其他从业人员，指劳动统计制度规定不作职工统计，但实际参加各单位生产或工作并取得劳动报酬的人员。包括：

（1）聘用和留用的离退休人员；

（2）外方人员和港澳台方人员；

（3）领取补贴的人员，即指由街道、里弄临时安排到单位劳动锻炼的待业青年和犯了错误开除公职留用察看的人员。但不包括在单位工作并领取劳动报酬的在校学生、兼职人员和从事第二职业的人员。

二、建筑业企业职工的分类

在劳动统计中，不仅要准确计算建筑业企业职工总数，还要按一定的标志进行分组统计，用于分析研究各组成部分的构成及变化。

1. 按用工期限分类

（1）长期职工。长期职工指用工期限在1年以上（含1年）的职工。包括原固定职工、合同制职工、长期临时工以及国有企业使用的城镇集体所有制单位的人员和其他使用期限在1年以上的原计划外用工。

（2）临时职工。临时职工是指用工期限不超过1年的职工。包括各企业根据国家有关规定招用的签订1年以内的劳动合同或者使用期不超过1年的临时性、季节性用工。

2. 按劳动岗位分类

（1）工人。工人指从事建筑安装、附属辅助生产、多种经营和运输工作的工人，其中：

1）建筑安装工人，指在施工现场从事建筑安装工作和直接服务于施工过程的工人，包括参加现场建筑安装施工的工人，如瓦工、抹灰工等；在施工现场生产预制构件的工人；利用自有机械或者配合租赁机械进行施工的工人；施工现场从事土石方、半成品、原材料运输的工人；从事施工前的障碍物拆除和清理或竣工后收尾工作的工人；从事大型和小型临时设施施工的工人；从事防雨、防寒、防湿、现场道路整修、工具修理、先进机具试制及新技术试验的工人；工地仓库工人；现场非标准设备制作工人；以及调动在途的建筑安装工人。

2）附属辅助生产工人，指一个大型施工现场、一个地区为建筑施工活动而设置的混凝土搅拌厂（站）、预制构件厂、大型砌块厂、木材加工厂、金属结构厂、机械修理和制造厂等单位的生产工人。

3）从事多种经营与运输工作工人，指专门从事建筑材料生产，或者利用边角余料从事小五金、小商品等生产的多种经营生产工人，以及从事现场以外运输和装卸工作的运输工人。

（2）学徒。指在熟练工人指导下，在生产劳动中学习生产技术、享受学徒工待遇的人员。

（3）工程技术人员。指担负工程技术工作和工程技术管理工作，并且有工程技术工作能力的人员，包括：取得工程技术职务资格，已被聘用或者任命工程技术职务，并担任工程技术工作的人员；无工程技术职务，但取得工程技术职务资格或者从大学、中专理工科毕业，并担任工程技术工作的人员；未取得工程技术职务资格或者无学历，但实际担任工程技术工作的人员；已取得工程技术职务资格或者大学、中专理工科系毕业，在企业中担任工程技术管理工作的人员。包括：总工程师、车间主任，以及在计划、生产、生产设备、检查、安全技术、设计、工艺、劳动定额、工具设备、动力、基建、环境保护等科室从事工程技术管理工作的人员。

工程技术人员中，不包括已取得工程技术职务资格或者大学、中专理工科系毕业，但未担任任何工程技术工作和工程技术管理工作的人员。

（4）管理人员。指企业的厂长、经理以及在各职能机构、各级建筑施工组织（或附属辅助生产单位）中从事行政、生产、经济管理和政治工作的人员。包括长期（连续六个月以上）脱离生产岗位、从事管理工作的工人在内。

（5）服务人员。指服务于职工或者间接服务于生产的人员。包括：食堂工作人员、哺乳室、托儿所、幼儿园工作人员；文化教育（如职工文化技术教育站、图书馆、俱乐部），工作人员；卫生保健（如医务室、保健室）工作人员；保安警卫和消防人员；住宅管理和维修人员；勤杂人员（与生产有关的勤杂工应算工人，不算服务人员），以及其他生活福利工作人员和社会性服务机构人员。

社会性服务机构人员：指某些与本企业生产无直接关系，但由企业举办的社会性服务机构的工作人员。如企业办的大中专院校、技工学校、中小学校；医院、商店、邮局等的工作人员。

（6）其他人员。指由本企业支付工资，但所从事的工作与本企业生产基本无关的人员。包括：农副业生产人员；出国援外和出国劳务人员；长期（连续六个月以上，下同）学习人员；长期病伤产假人员；长期派驻外单位工程人员；退养人员和厂内待业人员等。

3. 按职工与施工生产活动的关系分类

按职工与企业施工生产活动的关系，可分为直接生产人员与非直接生产人员两类。

（1）直接生产人员，是指直接从事建筑安装施工生产活动的人员；包括工人、学徒、直接从事生产活动的管理人员和直接从事生产活动的工程技术人员（如企业的科研、设计人员等）。

（2）非直接生产人员，是指非直接参加建筑安装施工生产活动而为其服务的人员。包括管理人员、工程技术管理人员、服务人员和其他人员。脱离生产岗位从事非生产活动连续满6个月以上的工人和学徒，也应列入非直接生产人员。

一个建筑安装企业，既要有从事建筑施工和直接服务于建筑施工的职工，也要有从事管理、服务等非生产人员。他们在建筑企业中分别起着不同的作用。尽量减少不必要的非生产人员，充实生产第一线，是企业节约使用劳动力，增加生产的一项重要措施。但是，随着建筑施工的机械化、工业化程度的不断提高，广泛采用和开发施工新技术、新工艺，提高企业现代科学管理的水平，适当地增加非生产人员在企业全部职工人数中所占的比例也是必要的。因此，为了加强管理，促进生产，在企业中要使直接生产人员与非直接生产人员之间保持一个适当的比例，需要统计企业人员配备是否合理。计算非生产人员比例指标，其计算公式为

$$非直接生产人员比例(100\%) = \frac{非直接生产人数}{全部职工人数} \times 100\% \qquad (7-1)$$

4. 职工按是否在岗分类

（1）在岗职工。指报告期，（时点）在单位工作并领取工资的职工。

（2）不在岗职工。指报告期（时点）不在单位工作，但仍与单位保留劳动关系并由单位统计的职工。它包括下岗职工和内部退养职工。下岗职工是指实行劳动合同制以前参加工作的国有企业的正式职工（不含从农村招收的临时合同工），以及实行劳动合同制以后参加工作且合同期未满的合同制职工中，因企业的生产和经营状况等原因，已经离开工作岗位，并已不在本企业从事其他工作，但尚未与企业解除劳动关系、没有在社会上找到其他工作的人员。内部退养职工是指距法定退休年龄5年以内并已经离开原工作岗位的企业富余人员，经职工本人自愿申请，企业领导批准，办理内退手续的人员。职工在内退期间由企业发给生活费，缴纳各种社会保险费用，待达到法定退休年龄时，按照规定办理退休手续。需要注意的是，内部退养职工仍作为职工进行统计，待正式办理退休手续后，再作减员处理。

5. 按工作性质分类

（1）生产人员。包括工人、学徒、直接从事生产活动的管理人员以及直接从事生产活动的工程技术人员。

（2）非生产人员。包括管理人员、工程技术人员、服务人员和其他人员。

6. 按其他标志分类

（1）按性别分组，对企业按照生产和工作需要合理安排劳动力有着重要的作用；

（2）按年龄分组，对企业实现劳动力资源平衡，合理调配，培养和使用职工以及劳动力的更新有积极意义；

（3）按工作年限分组，有助于研究职工从事工作的专业化程度，保障职工队伍的稳定性；

（4）按文化程度分组，有助于研究职工所受教育的程度，落实提拔、调配和培养职工的计划；

（5）按技术等级分组，可以反映职工的技术熟练程度及其构成变化情况；

（6）按工种分组，可以反映企业的生产能力和劳动力分布的均衡程度。

在填报职工按岗位分组时要注意以下两点：

第一，对职工按劳动岗位分组，是按报告期（时点）职工实际所在的劳动岗位情况进行填报的，与职工的身份、学历等基本无关。如某职工是理工大学毕业，但现在是工人岗位，则不应统计为工程技术人员而应统计为工人。但有的职工可能只有初中文化程度，但现在从事工程技术管理工作，则不应统计为工人而应统计为工程技术人员。

第二，有的职工可能在两种及两种以上岗位工作，则按下面三个办法确定他（她）应被统计在哪一类岗位上。首先看哪一个岗位是主岗，哪一个是副岗。如果副经理兼总工程师，则应统计为管理人员，而不应统计为工程技术人员；其次按劳动时间较多的岗位统计；再次按工资类型统计，在按劳动时间仍不易区分时，则看其是什么类型的工资。

如某科长又是工程师，则看其是科长的工资还是工程师的工资。

三、建筑业企业从业人员统计指标

现行统计制度规定的从业人员统计指标有两种。一种是期末人数，一种是平均人数。

（一）期末人数

从业人数按其性质来讲属于时点现象，因此，统计上需要经常反映某一个时点上的人数，因为人数在一定时期会经常变动，必须在一定时点上才能确定。为了避免重复和遗漏，我国统计制度规定，统一计算期末人数。

国家统计局规定的指标是"从业人员年末人数"。同时还要分别统计"职工年末人数"和"其他从业人员年末人数"。在"职工年末人数"中，还要分别统计女性年末人数、合同制职工年末人数、使用的农村劳动力年末人数、长期职工年末人数、临时职工年末人数以及按岗位分类的各类人员的年末人数。

报告期的期末人数说明企业本期人数变动的结果，反映下期可供使用的劳动力数量。计算期末人数的目的在于研究一定时点上各类人员的拥有数量、增减变化、分布情况和比例关系，是编制和检查从业人数计划、研究劳动力配备等情况和计算一定时点人均指标的依据。

但是，时点人数不能反映整个报告期内所拥有的劳动力数量。因此还需要计算平均人数，来说明报告期内实有人数。

（二）平均人数

平均人数是指报告期内平均每天拥有的从业人数。常用的平均人数指标有月平均人数、季平均人数和年平均人数。

国家统计局规定的指标是"从业人员年平均人数"。同时还要分别统计职工年平均人数和其他从业人员年平均人数。在职工年平均人数中要单独反映长期职工年平均人数和临时职工年平均人数。

（1）月平均人数，即按报告月平均每天拥有的人数。其计算公式为

$$月平均人数 = \frac{报告月内每天实有人数之和}{报告月日历天数} \tag{7-2}$$

对于人数变动很小的企业，其月平均人数可采用如下公式计算

$$月平均人数 = \frac{月初人数 + 月末人数}{2} \tag{7-3}$$

当企业人数的变动均匀时，用这种方法计算的月平均人数是符合实际的，否则它只能在某种程度上接近于实际拥有的平均人数。

在计算月平均人数时要注意：

1）公休日和节假日的人数应按前一天的人数计算；

2）每日人数按在册人数计算，不能按出勤人数或者实际作业人数计算；

3）对新建立不满全月的企业，公式中分子为建立后各天实有人数之和，分母仍按该月日历天数计算，而不能用该企业建立的天数。

【例 7-1】 新成立的某建筑企业，从 9 月 11 日开工，每日实有人数为 600 人，计算该建筑企业 9 月份的月平均人数。

解　月平均人数 $= \dfrac{600 \times 20}{30} = 400$（人）

（2）季平均人数，即报告季内平均每天拥有的人数。计算公式为

$$季平均人数 = \frac{报告季内各月平均人数之和}{3} \tag{7-4}$$

（3）年平均人数，即报告年内平均每天拥有的人数。计算公式为

$$年平均人数 = \frac{报告年内各月平均人数之和}{12} \tag{7-5}$$

或

$$年平均人数 = \frac{年内各季平均人数之和}{4} \tag{7-6}$$

【例 7-2】 某工程处 9 月份每日实有人数资料见表 7-1。

表 7-1　　　　　　　　　　某工程处 9 月份每日实有人数资料表

日期	天数 （天）	每日实有人数 （人）	人数合计 （人）
1 日～5 日	5	1000	5000
6 日～15 日	10	1050	10 500
16 日～20 日	5	1080	5400
21 日～25 日	5	1100	5500
26 日～30 日	5	1050	5250
合计	30	—	31 650

$$月平均人数 = \frac{31\ 650}{30} = 1055（人）$$

在人数变动很小或资料不全的情况下，季平均人数也可运用序时平均数的原理计算。

【例7-3】 某工程处二季度人数资料见表7-2。

表7-2　　　　　　　　　　　**某工程处二季度人数资料表**　　　　　　　　（人）

3月31日	4月30日	5月31日	6月30日
1100	1200	1240	1220

$$季平均人数 = \frac{\frac{a_1}{2} + a_2 + a_3 + \cdots + a_{n-1} + \frac{a_n}{2}}{n-1}$$

$$= \frac{\frac{1100}{2} + 1200 + 1240 + \frac{1220}{2}}{4-1} = \frac{3600}{3} = 1200（人）$$

计算平均人数时，必须注意以下问题：

1）节假日和公休日的人数，按前一天的人数计算。

2）不论企业在报告期内开工天数多少，一律用日历天数作分母计算。这是因为平均人数是反映整个报告期内平均每天劳动力的拥有量。如果采用开工日数作分母，计算结果不是反映报告期的平均人数，而是仅反映开工期间的平均人数，这就不符合报告期平均人数指标的要求，而且在具体计算上造成企业间劳动力数量上的重复计算。

【例7-4】 某建筑公司第一工程处从4月1日开工，至15日每日实有人数1000人，从16日开始，公司从该处调出500人成立第四工程处。

$$第一工程处月平均人数 = \frac{1000 \times 15 + (1000 - 500) \times 15}{30} = 750 人$$

$$第四工程处月平均人数 = \frac{500 \times 15}{30} = 250 人$$

两个工程处的月平均人数为1000人。

如果按第四工程处新成立后的开工日数计算，则：

$$第一工程处月平均人数 = \frac{1000 \times 15 + 500 \times 15}{30} = 750 人$$

$$第四工程处月平均人数 = \frac{500 \times 15}{15} = 500 人$$

两个工程处合计的月平均人数为1250人。显然，比这两个工程处的实有平均人数夸大了250人。因而，计算报告期的平均人数，不能用开工日数作分母计算。

应该说明，季（年）内新成立的开工不满全季（年）的建筑企业，在按上式计算季（年）平均人数时，仍应用3（或者12）去除季（年）内各月平均人数之和。

平均人数指标可用来分析企业在一个时期内平均拥有人数的情况，也可用此数据来计算企业劳动时间利用情况和人均指标，如劳动生产率、平均工资等。

四、从业人数的变动统计

企业在生产经营过程中，从业人数总是处于变动之中，从企业来看，一方面由于发展生产的需要，不断地增加人员；另一方面，由于工作调动、参军、退休等原因而减少人员。为了反映从业人数变动的规模和程度，就需要对从业人数的增减变动进行统计。

从业人数的增减变动，是通过编制从业人数增减变动平衡表来反映的。见表 7 - 3。

表 7 - 3　　　　　　　　　　从业人数增加来源和减少去向平衡表

	人数		人数
一、期初从业人数	800	三、本期减少的从业人员	40
二、本期增加从业人数	207	1. 离休、退休、退职人员	25
1. 从农村招收的人员	120	2. 开除、除名、辞退人员	2
2. 从城镇招收的人员	60	3. 调出人员	8
3. 录用的复员转业军人	2	4. 其他	5
4. 录用的大中专、技工学校毕业生	10	四、期末从业人数	967
5. 停薪留职复职人员	4		
6. 调入人员	8		
7. 其他	3		

建筑企业将报告期内增加的人数按来源分组，就可具体了解各种来源增加的人数；将报告期内减少的人数按去向分组，也可以具体表明各种去向的人数所占的比重，借以了解人员减少的主要原因和对劳动政策的执行情况。

企业从业人数的增减变动存在下列平衡关系：

$$期初人数 + 本期增加人数 = 本期减少人数 + 期末人数 \qquad (7 - 7)$$

从业人数增减的绝对指标，能够反映企业人数增减变化的过程及其原因，但不能反映人数增减变动程度，所以，需要计算从业人数增减程度指标。其计算公式为

$$从业人数增(+)减(-)变动程度(\%) = \frac{期末人数 - 期初人数}{期初人数} \times 100\% \qquad (7 - 8)$$

根据表 7 - 3 计算：

$$从业人数增减程度 = \frac{967 - 800}{800} \times 100\% = 20.88\%$$

五、国有企业下岗待工人员统计

由于建筑企业产业结构与组织结构的调整，一些职工下岗待工。调查、统计这些下岗待工人员变动、构成及转岗培训情况，对于解决企业内隐形"失业"问题，促进社会劳动力市场发展及国家制定相应劳动政策和社会安定，有着重要的意义。

企业下岗待工人员统计主要是国有建筑企业的固定职工和合同制职工。企业下岗待工人数统计包括四方面。

1. 下岗待工人数及增减变动情况

下岗人数的计算公式为

$$企业本期下岗人数 = 上期结转下岗人数 + 本期增加下岗人数$$
$$- 本期减少下岗人数 \qquad (7 - 9)$$

2. 下岗人员的构成情况

下岗人员的构成情况内容为：

（1）人员分类，按下岗人员原工作岗位分类统计，包括管理人员、工程技术人员、服务人员和其他人员。

（2）年龄结构，可以根据管理需要分成几个年龄组进行统计。如划分为 36 岁以下、

36～40 岁、41～45 岁、46 岁以上几个年龄组。

（3）文化结构，按初中及以下、高中及中专、大专以上统计。

（4）技术结构，按专业技术人员、高级工、中级工、初级工、其他等统计。

3. 下岗人员收入情况

由于每个单位对下岗人员的待遇有所不同，因此为了对各单位下岗人员生活状况了解，还要对各企业下岗人员的月收入，家庭人均收入等进行统计，这对了解企业劳动政策执行情况及国家政策的制定、社会的稳定有着很重要的意义。

4. 下岗人员的安排途径及转岗培训情况统计

目前，安排企业下岗人员途径主要有：

（1）企业内部安置，如发展多种经营，发展第三产业，拓宽生产领域，组织转岗培训等。

（2）社会安置，如在地区和行业范围内开展余缺调剂，劳务输出安置等。

（3）政策性安置，让接近退休年龄的职工离岗休养、女工延休产假，允许自谋生路等。

在企业下岗待工人员统计中，特别要注意对女职工的单独统计。由于企业下岗停工人员变动不是十分频繁，一般都采取季报和年报的办法。

六、建筑企业职工教育统计

职工教育，指对已经参加社会劳动的劳动者的再教育，即对职工进行提高科学文化水平、岗位培训的教育。它是发展社会生产力，提高职工素质的重要途径之一。

（一）职工教育分类

职工教育按学习程度分为：职工大学、职工中专、技工学校等。

职工教育基本是业余性质，但也有不同程度的集中突击培训。按培训内容分为：上岗培训（如农民合同工的上岗培训班）、项目经理培训、工人技术等级培训（如企业举行的高级工培训班、中级工培训班等）。

（二）职工教育统计指标

指职工教育统计的总量指标。它主要反映职工教育的规模和水平，如学校个数、招收新生数、参加职工教育人数、班级数、教师人数等。

（三）职工教育统计的分析指标

1. 入学率

入学率指在一定时期内参加学习人数占全部职工人数的比重，它说明职工教育的普及程度。计算公式为

$$入学率 = \frac{招生期入学人数}{招生期全部职工人数} \times 100\% \qquad (7-10)$$

2. 毕（结）业率

毕（结）业率指某时期的毕（结）业人数占原有学习人数的比重。它是反映职工教育成果的一项重要指标。计算公式为

$$毕（结）业率 = \frac{毕（结）业人数}{同界入学人数} \times 100\% \qquad (7-11)$$

3. 全员培训率

全员培训率指对在职全体职工的培训，取得证明的职工人数占全部职工人数的比重，它

说明职工轮训的程度。计算公式为

$$全员培训率 = \frac{已参加过培训学习的人数}{全部职工人数} \times 100\% \qquad (7-12)$$

4. 办学面

办学面指从办学单位角度反映开办职工教育普及程度的指标。计算公式为

$$办学面 = \frac{已办学的企业、事业单位数}{应办学的企业、事业单位数} \times 100\% \qquad (7-13)$$

(四)职工培训社会效益指标

1. 职工平均受教育年限

它是反映职工平均受教育年限的指标。职工通过培训，其文化程度一般都有所提高。通过培训前后职工平均文化程度的对比，可以反映职工培训带来的社会效益。计算公式为

$$职工平均受教育年限 = \frac{\sum(文化程度 \times 人数)}{全部职工人数} \times 100\% \qquad (7-14)$$

文化程度即受教育年限，小学为 6 年，初中为 9 年，高中为 12 年，大学为 16 年。为了准确起见，可以每人按实际接受教育的年限计算。

2. 徒工出师定级率

它是反映对徒工培训效益的重要指标。计算公式为

$$徒工出师定级率 = \frac{已出师定级的徒工人数}{应出师定级的徒工人数} \times 100\% \qquad (7-15)$$

3. 工人平均技术等级

工人参加培训之后，其技术操作水平和理论知识都会有所提高。通过培训前后工人平均技术等级的对比，可以反映工人经过培训带来的社会效益。计算公式为

$$工人平均技术等级 = \frac{\sum(技术等级 \times 工人数)}{全部工人数} \qquad (7-16)$$

七、劳动合同统计

劳动合同是建筑企业用人单位根据国务院（1986）77 号文件和国务院第 99 号文件的规定与企业职工按照平等互利、协商一致的原则共同签订的。内容包括合同期限、生产任务、生产条件、劳动报酬、劳动保险和福利、劳动纪律以及违反合同规定双方所承担的责任等。劳动合同统计主要是对签订劳动合同的人数、签订的比率、合同种类以及劳动关系的统计。

1. 签订劳动合同人数

签订劳动合同人员指已与企业签订劳动合同的全部人员。其统计范围包括农民工、城镇职工、长期工与临时工等。

2. 劳动合同签约率

它是指已签订劳动合同职工占企业全部职工总数比率，反映了企业劳动合同执行面。计算公式为

$$劳动合同签约率 = \frac{已签合同的人数}{企业全部职工人数} \times 100\% \qquad (7-17)$$

3. 劳动合同种类统计

（1）劳动合同按期限长短分为短期合同、中期合同、长期合同。

短期合同指合同期在一年（含一年）以内的劳动合同；中期合同指合同期超过一年，不

超过五年（含五年）的劳动合同；长期合同指合同期在五年以上的劳动合同。

（2）劳动合同按合同期固定性分为有固定期限劳动合同和无固定期限劳动合同。

有固定期限劳动合同指职工与企业有终止日期的合同，如一年合同、五年合同、十年合同等。

无固定期限劳动合同指按劳动法第二十条规定"劳动者在同一用人单位连续工作满十年以上，当事人双方同意续延劳动合同的，如果劳动者提出订立无固定期限的劳动合同，应当订立无固定期限的劳动合同"。无固定期限合同指职工签订没有终止日期的合同。

（3）按合同期限性质又可分为以完工一项工作为期限的劳动合同和工作年限合同。

以完工一项工作为期限的合同指，签订合同期限是以劳动者按企业要求完成某一项生产任务所需时间来确定合同中止时间。当该项任务完成，则劳动合同到期，劳动关系解除。

工作年限合同，指企业与职工按工作年限签订的合同。

（4）各类合同在劳动合同总数中所占的比重。

为加强对各类劳动合同的管理、分析，还应计算各类劳动合同占劳动合同总数的比重。其计算公式为

$$某种合同占总合同比重 = \frac{某种合同总数}{\sum 各种合同数} \times 100\% \tag{7-18}$$

4. 劳动关系统计

劳动关系统计指对用人单位与劳动者在劳动关系方面发生的劳动争议进行的统计。进行劳动关系统计对全面了解劳动法执行情况、劳动争议处理情况、劳动合同中产生问题及制订相关劳动政策有着重要意义。

八、外包工人数统计

由于建筑业是劳动密集型的行业，在生产高峰期，需要大量的人工。因此，我国建筑企业中，尤其是大中城市的建筑企业中大量使用外包工人，这些外包工人大多数是来自农村的劳动力。外包工人不属于建筑企业的从业人员，按有关规定在从业人员统计中不包括外包工人。因此，为全面反映建筑企业用工情况及加强对外包工人的管理，企业应对本单位使用的外包工进行统计。

1. 外包工人人数统计

（1）外包工人期末人数，指建筑企业外包工人在报告期末实有人数。包括在各级建设管理部门和劳动部门办理用工手续和尚未办理用工手续的人数。

（2）外包工人平均人数。由于外包工人流动性非常大，经常在短期间变动频繁，因此平均人数指标非常重要。计算外包工人平均人数公式同计算职工平均人数一致。

2. 外包工人素质

这包括外包工人的平均年龄、技术等级、来自地区、工种、文化程度等。由于外包工人流动性大，给该项统计带来一些困难，但是掌握外包工人的基本情况对加强外包工人管理、教育是十分必要的。

3. 外包工人工资总额

这是指建筑企业实际支付给外包工人的工资。包括预支的生活费和外包工人实际领到的工资数，但不包括付给包工队的管理费用。目前一些包工队中存在克扣外包工人工资的现象，这是严重违反劳动法的。因此应加强对外包工人实发工资的管理，进行外包工人工资统

计是加强对外包工人管理的重要环节。外包工人工资统计包括工资总额统计与平均工资统计。平均工资计算公式同职工平均工资计算公式一致。

为了加强对外包工人管理，许多建筑企业专门建立了外包工人统计台账、内部报表等，对外包工管理起了重要作用。

第二节　劳动时间利用情况统计

在劳动力人数一定的条件下，充分合理地利用劳动时间，对提高劳动生产效率，降低工程成本具有重要意义。因此，劳动统计不仅要反映从业人数、职工的人数及其构成和变动，而且还要研究劳动时间的利用情况。

劳动时间利用情况统计的任务，在于反映劳动时间利用情况，查明劳动时间没有利用的原因，为挖掘劳动潜力、加强劳动管理提供资料。

生产工人在施工生产过程中起着主要的、直接的作用。着重研究生产工人劳动时间的利用情况，有更为重要的意义。

一、工人劳动时间的概念、构成及其核算方法

在劳动统计中，劳动时间通常是以"工日"和"工时"作为计量单位。1个工人作业1天（8小时）的时间算作1个工日，作业1个小时算作1个工时。

为了研究劳动时间的利用情况，还要明确劳动时间的概念、构成及其核算方法。

1. 日历工日数

日历工日数，是指报告期内每天（包括节假日）实有工人人数之和。它是建筑企业在报告期内拥有的劳动时间总数。在实际工作中，报告期的日历天数，也常用其平均人数乘日历天数计算。

2. 公休工日数、实际公休工日数和公休日加班工日数

公休工日数也称制度公休工日数，是指国家或者建筑企业规定的节假日等公休日中每天实有工人人数之和，在制度公休日中每天实际休息的工人人数之和，为实际公休工日数。在制度公休日中，如果工人未休息而加班，凡一个工人加班满一个轮班的，计算为一个"公休日加班工日"（加班不满一个轮班，按加点计算）。公休日加班工日数是实际作业工日的一个组成部分。

报告期内公休日数，也可用报告期平均工人数乘制度公休日数计算。公休日加班工日数，可根据加班记录汇总得到。用制度公休工日数减公休日加班工日数，就得到实际公休工日数。

3. 制度工作工日数（简称制度工日数）

制度工作工日数是指报告期内国家（或者建筑企业）规定的制度工作日中每天实有工人人数之和。制度工日数是制度规定应当利用的最大劳动时间总数。因此，把它作为考核分析劳动时间利用的基础。

报告期制度工日数，可用报告期平均工人数乘以制度工作天数计算，也可按下列公式计算：

$$制度工日数＝日历工日数－制度公休工日数 \qquad (7-19)$$

或　制度工日数＝日历工日数－实际公休工日数－公休日加班工日数

4. 出勤工日数和全日缺勤工日数

出勤就是到班，工人到班后不论是否工作或者工作时间长短，都算出勤。出勤工日数是报告期制度工作日中每天出勤工人人数之和。它是建筑企业在报告期内实际可能利用的劳动时间总数。它等于制度工日数减全日缺勤工日数。

缺勤，是指按制度规定工人应当到班参加生产，但由于建筑企业单位工人本身的原因（如病假、产假、事假、探亲假、工伤假、旷工等）未能到班，缺勤满一个轮班的称为全日缺勤。全日缺勤工日数是报告期内每天全日缺勤工人人数之和。

出勤工日数和全日缺勤工日数，均可根据考勤记录逐步汇总得到。两者之和应等于报告期制度工日数。因此，出勤工日数等于制度工作工日数减全日缺勤工日数。

5. 全日停工工日数

全日停工工日数是指在制度规定的工作日内出勤后，由于原材料缺乏、电力不足、等待图纸、设计变更、气候影响等原因未能工作的工日数之和。工人停工后被调做其他非生产性工作，仍应作停工工日计算。但是，由于事先预知的原因（如计划停电），建筑企业将工作日与公休日调换使用，工人在工作日休息不算停工，以后在公休日工作也不算加班。

全日停工工日数可根据工人考勤记录逐级汇总得到。

6. 全日非生产工日数（也称公假工日数）

全日非生产工日数是指工人虽已出勤，但由于执行国家义务或者从事其他非生产活动，如参加选举、防汛、抗旱、开会、听报告、参观、学习等，而未参加本单位生产的工日数之和。非生产工日数是出勤工日，但不作为实际作业工日，也不作为全日停工工日。

7. 制度内实际工作工日数

制度内实际工作工日数，是指在制度规定工人应参加生产的时间内，工人实际工作的工日数。其计算公式为

制度内实际工作工日数＝日历工日数－制度公休工日数－全日缺勤工日数

$$－全日停工工日数－全日非生产工日数＝出勤工日数$$

$$－全日停工工日数－全日非生产工日数 \qquad (7-20)$$

8. 实际工作工日数

实际工作工日数，是指报告期内每天实际参加生产的工人人数之和，而不管工人在各天中工作时间的长短。它包括制度内实际作业工日数和公休日加班工日数。用公式表示如下

$$实际作业工日＝公休日加班工日数＋制度内实际工作工日数 \qquad (7-21)$$

9. 实际工作工时数

实际工作工时数，指工人在报告期内以工时为单位计算的净劳动时间。它能比较精确地反映生产工人实际用于生产上的劳动时间总量。

非全日缺勤、非全日停工、非全日非生产的时间，就是以工时为单位计算的未被利用的劳动时间。其计算公式如下

$$实际工作工时数＝实际工作工日数×劳动日标准长度－非全日缺勤工时数$$

$$－非全日停工工时数－非全日非生产工时数＋加点工时数$$

$$(7-22)$$

为了便于了解各种劳动时间的联系，可绘制以下劳动时间构成图（图 7-1）。

日历工日 24 000					
公休工日 6400		制度工作工日 17 600			
实际公休 6100	公休日加班工日 300	出勤工日 17 000			全日缺勤工日 600
	公休日加班工日 300	制度内实际工作工日 15 400		全日停工工日 750	全日非生产工日 850
	实际工作工日 15 700				
加点工时 1600	公休日加班工时 2400	制度内实际工作工时 121 050	非全日停工工时 600	非全日非生产工时 550	非全日缺勤工时 1000
实际工作工时 125 050					

图 7-1　某企业 6 月份劳动时间构成图

【例 7-5】　某建筑企业 2000 年 6 月份生产工人平均人数为 800 人，该月有 8 个公休日，根据 6 月份考勤记录汇总的有关资料如下：

公休日加班 300 工日，加点 1600 工时；

全日缺勤 600 工日，非全日缺勤 1000 工时；

全日停工 750 工日，非全日停工 600 工时；

全日非生产 850 工日，非全日非生产 550 工时。

试据此绘制该企业 6 月份劳动时间构成图。

解　根据上述资料计算工人劳动时间构成指标如下：

$$日历工日数 = 日历日数 \times 平均生产工人数 = 30 \times 800 = 24\,000（工日）$$
$$制度公休工日数 = 公休日数 \times 平均生产工人数 = 8 \times 800 = 6400（工日）$$
$$制度工作工日数 = 制度工作日数 \times 平均生产工人数 = 22 \times 800 = 176\,000（工日）$$
$$出勤工日数 = 制度工作工日数 - 全日缺勤工日数 = 17\,600 - 600 = 17\,000（工日）$$
$$制度内实际工作工日数 = 出勤工日数 - 全日停工工日数 - 全日非生产工日数$$
$$= 17\,000 - 750 - 850 = 15\,400（工日）$$
$$实际工作工日数 = 制度内实际工作工日数 + 公休日加班工日数$$
$$= 15\,400 + 300 = 15\,700（工日）$$
$$实际工作工时数 = 实际工作工日数 \times 劳动日标准长度 + 加点工时数$$
$$- 非全日缺勤工时数 - 非全日停工工时数$$
$$- 非全日非生产工时数$$
$$= 15\,700 \times 8 + 1600 - 600 - 550 - 1000 = 125\,050（工时）$$

二、工人劳动时间利用情况指标

反映劳动时间的利用程度，主要有以下几个指标。

1. 出勤率

出勤率指工人实际出勤到岗的时间占制度工作时间的比例，是研究工作时间利用的一项基本指标。其计算公式为

$$出勤率 = \frac{出勤工日（工时）数}{制度工日（工时）数} \times 100\%$$

$$按工日计算的出勤率 = \frac{17\,000}{17\,600} \times 100\% = 96.59\%$$

$$按工时计算的出勤率 = \frac{17\,000 \times 8 - 1000}{17\,600 \times 8} \times 100\%$$

$$= \frac{135\,000}{140\,800} \times 100\% = 95.88\%$$

通过计算出勤率指标，可以摸清其变动规律，为编制生产计划和充分使用劳动时间提供依据。

要提高劳动时间的利用程度，首先要提高出勤率。出勤率愈高，可能被利用的劳动时间将愈多。因此，要提高出勤率，应分析各种缺勤原因，努力减少全日缺勤和非全日缺勤现象。

缺勤率是缺勤时间占制度时间的比例，它反映制度时间内应利用而未被利用的时间比重，其计算方法是用1减出勤率求得。

2. 出勤时间利用率

反映制度内实际工作工日（工时）数与出勤工日（工时）数的比率。其计算公式为

$$出勤时间利用率 = \frac{制度内实际工作工日（工时）数}{出勤工日（工时）数} \times 100\%$$

$$出勤工日利用率 = \frac{15\,400}{17\,000} \times 100\% = 90.59\%$$

$$出勤工时利用率 = \frac{121\,050}{17\,000 \times 8 - 1000} \times 100\% = 89.67\%$$

出勤时间利用率，说明工人出勤时间被利用的程度，它受停工时间和非生产时间的影响。要提高出勤时间利用率，就要尽可能减少停工和非生产时间。

3. 制度工作时间利用率

它是制度内实际工作的工日（工时）数与制度工作工日（工时）数之间的比率。其计算公式为

$$制度工作时间利用率 = \frac{制度内实际工作的工日（工时）数}{制度工作工日（工时）数} \times 100\%$$

$$制度工日利用率 = \frac{15\,400}{17\,600} \times 100\% = 87.5$$

$$制度工时利用率 = \frac{121\,050}{17\,600 \times 8} \times 100\% = 85.97\%$$

制度工作时间利用率，反映制度工作时间实际利用的程度，它受停工时间、非生产时间和缺勤时间多少的影响。要提高制度时间利用程度，必须进一步查找原因，尽可能减少停工时间、非生产时间和缺勤时间。

4. 加班加点比重

企业为了完成生产任务，有时会要求工人加班加点工作。加班加点过多，会影响工人身体健康，容易造成事故，影响施工质量，为了分析加班加点原因并加以控制，需要计算加班加点比重。其计算公式为

$$加班加点比重 = \frac{加班加点工日（工时）数}{制度工日（工时）数} \times 100\%$$

$$加班比重 = \frac{300}{17\ 600} \times 100\% = 1.7\%$$

$$加班加点比重 = \frac{300 \times 8 + 1600}{17\ 600 \times 8} \times 100\% = 2.84\%$$

5. 平均作业天数

它反映在报告期内平均每个工人实际工作了多少天。其计算公式为

$$报告期平均作业天数 = \frac{实际工作工日数}{平均工数}$$

$$= \frac{15\ 700}{800} = 19.63\ 天／人$$

表明该建筑企业 6 月份平均每一工人工作 19.63 天。如果扣除加班的因素，则

$$制度内平均作业天数 = \frac{制度内实际作业工日数}{平均工人数}$$

$$= \frac{15\ 400}{800} = 19.25\ 天／人$$

三、劳动时间平衡表的编制与运用

为了全面反映建筑企业生产工人的全部劳动资源的利用情况，分析未被利用的原因，以便改善劳动管理，充分利用劳动资源，可以在劳动时间核算的基础上编制劳动时间平衡表。

劳动时间平衡表由劳动资源与劳动消耗两个部分组成。左边部分是劳动资源，它是以制度工日或工时总数为基础，作为最大可能工作时间。右边是劳动消耗，除列出制度内实际工作日或工时外，还要对未使用的时间加以分类，并按其发生的具体原因逐项列出。为了便于分析，还可计算出每个项目在制度工作工日或工时中的比重。

编制劳动时间平衡表时对加班加点时间可以作为补充资料列在平衡表之外。因为这部分时间是超出制度劳动时间总数范围的时间，如列在表内就会使劳动资源与劳动消耗无法平衡。

【例 7 - 6】 现根据上例资料，编制该企业 2000 年 6 月份劳动时间平衡表（表 7 - 4）如下。

此外，加班工日为 300 工日。

根据表内资料可作如下分析：

1. 分析劳动时间未被充分利用的原因

分析劳动时间未被利用的原因，可从各种未利用时间占制度工作时间的比重入手。一般地说，比重较大者即为主要原因。该企业未利用时间中全日缺勤占 3.41%，其中病假占 1.99%；全日非生产占 4.83%；全日停工占 4.26%，其中原料不足占 2.77%。

进行这种分析时，要特别注意对停工时间的分析。因为停工时间是企业可以利用而未利用的劳动时间，是损失了的劳动时间。上例资料表明该企业 6 月份停工 750 工日，所占制度工日比重较大。

表 7 - 4 建筑企业生产工人劳动时间平衡表

劳动资源		劳动消耗		
项　　目	数量	项　　目	数量	比重（%）
1. 日历工日	24 000	1. 制度内实际工作工日	15 400	87.5
减：制度公休工日	6400	2. 全日缺勤工日	600	3.41
		其中：（1）产假	60	0.34
		（2）病假	350	1.99
		（3）事假	120	0.68
		（4）工伤假	30	0.17
		（5）矿工	40	0.27
		3. 全日非生产工日	850	4.83
		4. 全日停工工日	750	4.26
		其中：（1）原料不足	400	2.27
		（2）动力不足	80	0.45
		（3）设备事故	180	1.02
		（4）设计变更	90	0.51
2. 制度工日	17 600	合　　计	17 600	100.00

2. 分析劳动时间未被利用而造成的损失

对未被利用的时间，可以计算以下两个指标，用以说明劳动时间未被利用的严重程度，从而引起企业领导和职工的注意。

$$由于工日未被利用而损失的劳动力 = \frac{报告期未被利用的工日数}{报告期每个工人制度工作天数} = \frac{2200}{22}$$

$$= 100 人 \quad （相当于 100 人全月没有工作）$$

设平均每工日产值为 80 元，则可以计算

$$由于时间未能充分利用而造成的减产额 = 平均每工日产值 \times 未能利用工日数$$

$$= 80 \times 2200 = 176\ 000 元$$

3. 分析加班（加点）情况

在建筑企业中，有时一方面存在着制度时间未被充分利用，另一方面又存在着加班加点的现象。因此必须注意对加班加点的分析，一般是计算加班（加点）比重指标，以反映加班（加点）的情况。

4. 分析劳动时间未被利用的潜力

为了反映劳动时间未被利用的潜力，可将表内资料与本企业历史较好水平的资料以及与同类型企业劳动时间平衡表资料进行对比，从而发现本企业的薄弱环节，查明原因，提出措施，以便进一步提高劳动时间的利用程度。

【例 7 - 7】 根据资料，编制某企业 1999 年 11 月份劳动时间平衡表。劳动时间平衡表可按工日或工时为单位编制。如表 7 - 5 所示。

表 7 - 5 劳 动 时 间 平 衡 表

劳动时间资源		劳动时间消耗		
项目	数量	项目	数量	占制度工作时间的比重（%）
1. 日历工日数	30 000	1. 制度实际工作工日数	19 500	75.0
2. 制度公休工日数	4000	2. 缺勤工日数	2500	9.62
		（1）病假	980	3.77

劳动时间资源		劳动时间消耗		
项目	数量	项目	数量	占制度工作时间的比重（%）
		（2）事假	680	2.62
		（3）产假	150	0.58
		（4）工伤假	70	0.27
		（5）探亲假	500	1.92
		（6）旷工	120	0.46
		3. 非生产工日数	500	1.92
		4. 停工工日数	3500	13.46
		（1）原材料缺乏	1600	6.15
		（2）动力不足	450	1.73
		（3）待任务	380	1.46
		（4）待设计图纸	740	2.85
		（5）气候影响	330	1.27
制度工日数（1）—（2）	26 000	合　计	26 000	100.0

此外，加班工日为 580 工日。

通过表 7-5 劳动时间平衡表的资料，可以计算分析作出具体的说明：

（1）该处劳动时间利用得不充分，制度内实际工作的时间仅为制度工日数的 75%；有 25% 的时间未被利用。

（2）分析劳动时间未能充分利用的原因，可以计算各种未使用的工日数占制度工日数的比例。从表 7-5 可以看出停工工日占制度工日的 13.46%，其中原材料供应不足占 6.15%，这就要求企业找出原因，采取措施，改进管理。

（3）计算劳动时间未能充分利用而造成的损失。

对未被利用的工日，可以计算以下两个指标，用来说明其损失量，以引起重视。

$$劳动力损失 = \frac{未被利用的工日数}{每个工人制度工作天数}$$

$$= \frac{2500 + 500 + 3500}{26}$$

$$= 250 \text{人}$$

即相当于有 250 人全月未工作

$$影响产值的损失 = 未被利用的工日 \times 平均每工日产值$$

$$= 6500 \text{工日} \times 30 \text{元} = 195\ 000 \text{元}$$

第三节 劳动生产率统计

劳动生产率是表明劳动者在一定时间内生产社会产品的能力，是以产品产量与其相应的劳动消耗量的比值来表示的。建筑业劳动生产率是以从业人员在单位时间内所创造的价值量或者实物量来表示的。

不断提高建筑业劳动生产率水平，对于降低工程成本，提高经济效益具有重大意义。因此建筑业劳动生产率统计的主要任务是要反映一定时期的劳动生产率水平，检查劳动生产率计划和劳动定额的执行情况，分析劳动生产率的变动及其原因，总结经验并研究进一步提高劳动生产率的途径。

一、劳动生产率的表示方法

（1）用单位时间所生产的产品数量表示，即

$$劳动生产率 = \frac{产品产量}{劳动时间}$$

或
$$q = \frac{Q}{T} \tag{7-23}$$

式中　q——劳动生产率正指标；

　　　Q——建筑产品数量；

　　　T——劳动消耗量。

采用这种方法时，所计算的指标数值愈大，劳动生产率愈高，两者成正比。因此一般称之为劳动生产率的正指标。由于这种方法可以直接反映劳动生产率水平，所以在各级计划和统计工作中被广泛采用。

（2）用生产单位产品所耗用的劳动时间表示，即

$$劳动生产率 = \frac{劳动时间}{产品数量}$$

或
$$t = \frac{T}{Q} \tag{7-24}$$

式中　t——劳动生产率逆指标。

采用这种方法时，所计算的指标数值愈小，劳动生产率水平愈高，两者成反比。因此相应地称为劳动生产率的逆指标。这种方法主要是在制订劳动定额和检查劳动定额执行情况时采用。

以上两种劳动生产率的表示方法，只是表现形式不同，并无本质上的差异。因为增加单位时间内的产量与减少单位产量的劳动消耗，从经济上看，效果是相同的，从数学关系上看，两者互为倒数。即

$$\frac{产品产量}{劳动时间} = \frac{1}{\dfrac{劳动时间}{产品产量}} \tag{7-25}$$

二、建筑业企业劳动生产率及其计算

计算建筑业劳动生产率的产品产量指标，一般采用实物量（实物工程量、竣工面积）以及价值量（总产量、增加值）指标。劳动消耗量指标一般有建筑企业的全部从业人员（或职工）人数、建筑业企业全部从业人员（或职工）中扣除其他人员人数、建筑安装工人人数。时间口径有月、季、年、工日、工时等。

（一）以实物量计算的劳动生产率

1. 按房屋建筑竣工面积计算的劳动生产率

它是按建筑企业全部从业人员（或建筑安装工人）及其全年竣工面积所计算的劳动生产率，其计算公式为

$$年人均房屋建筑竣工面积 = \frac{年内完成的房屋竣工面积之和}{平均人数} \tag{7-26}$$

其中分母是指建筑业企业报告期实有的，与建筑施工活动有关的人员的平均人数。

由于房屋建筑的施工工期长，如果计算所用的时间太短，竣工面积往往不能代表该时期所完成的工程量，所以该指标的时期长短一般以年计。

　　该指标可以明确具体地反映劳动生产率的高低，并可对年内竣工的所有房屋进行综合计算，而不论这些房屋的用途或者结构是否相同，因此，它可在一定程度上综合地反映建筑企业的劳动生产率水平。

　　但是建筑企业除承担房屋建筑任务外，往往还承担非房屋建筑的生产任务，而非房屋建筑则不用面积表示。因此"年人均房屋竣工面积"也不能全面反映施工企业的劳动生产率水平；而且完成的非房屋建筑愈多，它所反映的劳动生产率愈低。其次"竣工面积"只是施工企业全年施工的房屋建筑面积的一部分。当施工面积已定时，竣工率愈低，其竣工面积将愈少，但施工企业的劳动生产率不一定因之而愈低。而另一方面，年内竣工的房屋，又可能并非全是本年的"产品"。因此，即使仅就房屋建筑而言，该指标也不能确切反映该施工单位的劳动生产率水平。

　　【例 7-8】 某建筑企业 2000 年全部职工平均人数为 1200 人，其中从事社会性服务机构的年平均人数为 120 人，其他人员年平均有 6 人，全年完成房屋竣工面积为 47 256m²，计算该企业年人均房屋竣工面积。

　　解　年人均房屋竣工面积 $= \dfrac{47\ 256}{1200 - 120 - 6} = 44\text{m}^2/\text{人}$

　　2. 按工种工程计算的实物劳动生产率

　　这是从事某些主要工种工程的建筑安装工人，按其完成的实物工程量所计算的劳动生产率。他们所耗用的劳动时间，可以用实际工作工日数表示，也可以用平均人数表示。其计算公式为

$$\text{工人工种劳动生产率} = \frac{\text{报告期实际完成的某种工程量}}{\text{完成该工种工程量的实际工作工日（工时）数}} \qquad (7-27)$$

　　或

$$\text{工人工种劳动生产率} = \frac{\text{报告期实际完成的某种工程量}}{\text{完成该工种工程量的平均工人数}} \qquad (7-28)$$

　　（二）以价值量计算的劳动生产率

　　1. 建筑业企业全员劳动生产率

　　它是按建筑企业全部从业人员（或职工）计算的劳动生产率。其计算公式为

$$\text{建筑业全员劳动生产率} = \frac{\text{报告期建筑业总产值}}{\text{报告期全部从业人员（或职工）平均人数}} \qquad (7-29)$$

　　2. 建筑安装工人劳动生产率

　　它是按建筑业总产值计算的建筑安装工人劳动生产率指标。其计算公式为

$$\text{建筑安装工人劳动生产率} = \frac{\text{报告期建筑业总产值}}{\text{报告期建筑安装平均人数}} \qquad (7-30)$$

　　其中分母的建筑安装人员平均人数包括学徒在内。

　　在计算建筑业劳动生产率时，应注意下列问题：

　　(1) 在计算劳动生产率时，必须遵循可比性原则，即使用的产品数量和劳动时间在时间上、空间范围上也必须一致。

　　(2) 计算建筑业各项劳动生产率时，分母为建筑企业实有的、与建筑施工生产活动有关人员的平均人数。非本企业人员，如外单位借入人员、农工、个体劳动者等均应包括在内。但不包括企业内部从事社会性服务的人员，如企业办的学校、医院、商店、邮局等的工作人

员；也不包括由企业支付工资，但从事的工作与本企业生产基本无关的工作人员，如出国援外人员和出国劳动人员、长期学习人员（连续 6 个月以上）、长期病假人员、派驻外单位工作人员。

计算建筑业劳动生产率的平均人数是以人员在哪里工作就在哪里统计为原则，不是以"谁发工资，谁统计"为原则。

（3）本企业借调到外单位的人员，在计算劳动生产率时，借入单位应统计借入人数，借出单位则扣除借出人数。

（4）计算劳动生产率时，不能按体力强弱、技术熟练程度或者工效高低来折算实有人数。例如学徒工，不得因其效率低而采用二折一或者三折一的折算方法，有一个人就应统计为一个人；也不能将工作时间超过八小时的按超过时间折算增加人数的方法来折算实有人数。

【例 7 - 9】　某建筑企业 2001 年完成建筑业总产值 6000 万元，全年企业从业人员平均人数 850 人，其中社会性服务机构的人员全年平均为 40 人；出国援外和出国学习人员平均人数是 10 人；从外单位借入技术工人 20 人参加生产劳动；本企业从事建筑安装人员的平均人数为 640 人，计算相应劳动生产率。

解　建筑业全员劳动生产率 $= \dfrac{6000}{850 + 20 - 40 - 10} = 7.32$ 万元/人

建筑安装工人劳动生产率 $= \dfrac{6000}{640 + 20} = 9.09$ 万元/人

计算劳动生产率所用的人数应注意以下几个问题：

（1）应正确使用产品生产量和劳动消耗量资料，两者口径必须一致，也就是工人在哪里干活，产值和人数就统计在哪里。

（2）本企业借给外单位的人员，或向外单位借入的人员，不论工资由谁支付，在计算劳动生产率时，借入单位应统计借入人数，借出单位则应扣除借出人数。

（3）参加本企业生产活动的非本企业人员，如军工、民工等，不论是否由本企业支付其劳动报酬，其劳动成果和人数均应计入本企业；如将一部分分项工程分包给农村建筑队或其他非填报单位施工，其施工产值已计入本企业的，在计算劳动生产率时，也应包括这部分人数。

（4）在统计人数时，不能按体力强弱、技术熟练程度或工效高低来折算实有人数。不得将效率低的学徒工，采用二折一或三折一的方法折算人数或将超过 8 小时工作时间的工人，进行折算增加人数。

（三）按工人不同劳动时间单位计算的劳动生产率

劳动生产率说明一定人员在一定时期内生产能力的水平。因此，劳动生产率指标包含着时间的概念。计算劳动生产率的时间单位有时、日、月、季、年，可以根据研究目的的不同，选用不同的时间单位，计算出不同时间单位的劳动生产率。

（1）时劳动生产率。即每一工人纯劳动时间内的生产效率，其计算公式为

$$时劳动生产率 = \frac{产品数量}{实际作业工时} \qquad (7 - 31)$$

它不受停工和缺勤的影响，这种劳动生产率的高低，直接取决于工人的劳动态度、技术熟练程度和施工过程的机械化水平等因素。

（2）日劳动生产率。反映劳动者在每个工日内的生产能力，其计算公式为

$$日劳动生产率 = \frac{产品数量}{实际作业工日} = \frac{产品数量}{实际作业工时} \times \frac{实际作业工时}{实际作业工日}$$

$$= 时劳动生产率 \times 平均工作日长度 \tag{7-32}$$

式（7-32）表明：日劳动生产率不仅受时劳动生产率的影响，而且还受到非全日的缺勤、停工和非生产时间的影响，即受平均工作日长度的影响。

（3）月（季，年）劳动生产率。月劳动生产率反映每个人每月的生产效能。它除了受日劳动生产率大小的影响外，还受到月内全日缺勤、全日停工和全日非生产工日的影响。至于季、年劳动生产率是在月劳动生产率基础上扩大了报告期，从而增加了产品产量，没有补充任何新因素。月（季、年）劳动生产率是考核企业的基本指标。其计算公式为

$$月（季、年）劳动生产率 = \frac{产品数量}{月（季、年）平均人数} = \frac{产品数量}{实际作业工日} \times \frac{实际作业工日}{月（季、年）平均人数}$$

$$= 日劳动生产率 \times 月（季、年）平均工作日数 = 时劳动生产率$$

$$\times 平均工作日长度 \times 月（季、年）平均工作日数 \tag{7-33}$$

【例 7-10】 某施工队，某月完成砌墙任务 3120m³，平均瓦工人数 100 人，实际作业工日数为 2600 工日，实际作业工时数为 16 900 工时，根据上述资料计算：

$$时劳动生产率 = \frac{3120}{16\ 900} = 0.1846 m³/时$$

$$日劳动生产率 = \frac{3120}{2600} = 1.2 m³/工日$$

$$实际平均工作日长度 = \frac{16\ 900}{2600} = 6.5 小时$$

$$日劳动生产率 = 时劳动生产率 \times 平均工作日长度$$

$$= 0.1846 \times 6.5 = 1.2 m³/工日$$

$$月劳动生产率 = \frac{3120}{100} = 31.2 m³/人$$

$$实际工作月长度 = \frac{2600}{100} = 26 天$$

$$月劳动生产率 = 时劳动生产率 \times 实际平均工作日长度 \times 实际平均工作月长度$$

$$= 0.1846 \times 6.5 \times 26$$

$$= 31.2 m³/人$$

【例 7-11】 某抹灰队 2000 年 6 月份完成普通抹灰 12 000m²，抹灰的平均工人数为 40 人，实际作业工日数为 1050 工日，实际作业工时数为 7350 工时，计算相应劳动生产率。

解　$$时劳动生产率 = \frac{12\ 000}{7350} = 1.6327 m²/工时$$

$$日劳动生产率 = \frac{12\ 000}{1050} = 11.43 m²/工日$$

$$实际平均工作日长度 = \frac{实际工作工时数}{实际工作工日数} = \frac{7350}{1050} = 7 小时$$

$$日劳动生产率 = 时劳动生产率 \times 实际平均工作日长度$$

$$= 1.6327 \times 7 = 11.43 m²/工日$$

$$月劳动生产率 = \frac{12\,000}{40} = 300\text{m}^2/人$$

$$实际工作月长度 = \frac{实际工作工日数}{平均工人数} = \frac{1050}{40} = 26.25 \text{ 天}$$

$$月劳动生产率 = 时劳动生产率 \times 实际平均工作日长度 \times 月实际工作日数$$
$$= 1.6327 \times 7 \times 26.25 = 300\text{m}^2/人$$

三、劳动生产率动态统计

（一）劳动生产率动态统计的一般方法

劳动生产率统计，不仅要从静态上测定各个时期实际已达到的水平，还要研究其增长变动的过程及其幅度，并分析影响因素及影响程序。为了表明劳动生产率的变动情况，需要对劳动生产率不同时期的水平进行对比。劳动生产率指数可以根据正指标或逆指标计算。

1. 劳动生产率正指标指数

$$
\begin{aligned}
劳动生产率正指标指数 &= \frac{报告期劳动生产率}{基期劳动生产率} \\
&= \frac{报告期产量}{报告期劳动消耗量} \div \frac{基期产量}{基期劳动消耗量} \\
&= \frac{Q_1}{T_1} \div \frac{Q_0}{T_0} = \frac{q_1}{q_0}
\end{aligned}
\tag{7-34}
$$

式中　Q_1——报告期产量；

　　　T_1——报告期劳动消耗量；

　　　T_0——基期劳动消耗量；

　　　Q_0——基期产量；

　　　q_1——报告期劳动生产率正指标，

　　　q_0——基期劳动生产率正指标。

2. 劳动生产率逆指标指数

$$
\begin{aligned}
劳动生产率逆指标指数 &= \frac{基期劳动生产率}{报告期劳动生产率} \\
&= \frac{基期劳动消耗量}{基期产量} \div \frac{报告期消耗量}{报告期产量} \\
&= \frac{T_0}{Q_0} \div \frac{T_1}{Q_1} = \frac{t_0}{t_1}
\end{aligned}
\tag{7-35}
$$

式中　t_0——基期劳动生产率逆指标；

　　　t_1——报告期劳动生产率逆指标。

在统计分析中，通常采用正指标计算劳动生产率指数。作为计算劳动生产率指数的基期，根据研究目的的不同，可以选择不同的时期。例如，为了说明建筑企业在 2001～2005 年的"十五"计划期间劳动生产率增长速度，可以用 2001 年为基数，观察各年劳动生产率的变化情况。

（二）劳动生产率指数的三种形式

劳动生产率是一个平均数指标，它把总体所包含的各个单位的劳动生产率水平的具体差异抽象掉了，反映着劳动生产率总平均水平的变动。为了揭示总体劳动生产率变动和总体中各单位或各组劳动生产率变动的关系，还需分别计算劳动生产率可变构成指数、劳动生产率固定构成指数和劳动生产率结构影响指数。

【例 7-12】 设某建筑公司下属两个项目经理部的基期和报告期的有关资料见表 7-6，根据资料编制该建筑公司的劳动生产率指数。

表 7-6　　　　　　　　　　　　　　**劳动生产率指数表**

项　目	基期			报告期			劳动生产率指数
	施工产值	平均人数	劳动生产率	施工产值	平均人数	劳动生产率	
单位	万元	人	万元/人	万元	人	万元/人	
	Q_0	T_0	$q_0=\dfrac{Q_0}{T_0}$	Q_1	T_1	$\bar{q}_1=\dfrac{Q_1}{T_1}$	
公司合计	5600	1400	4	7780	2000	3.89	97.25
第一项目经理部	800	400	2	2500	1000	2.5	125
第二项目经理部	4800	1000	4.8	5280	1000	5.28	110

$$劳动生产率可变构成指数=\frac{\bar{q}_1}{q_0}=\frac{\sum Q_1}{\sum T_1}\div\frac{\sum Q_0}{\sum T_0}=\frac{7780}{2000}\div\frac{5600}{1400}=97.25\%$$

$$\bar{q}_1-\bar{q}_0=3.89-4=-0.11\ \text{万元}$$

式中　$\bar{q}_1$、$\bar{q}_0$——分别表示报告期、基期各组劳动生产率平均水平；

　　　T_1、T_0——分别表示报告期、基期平均人数。

从计算结果看，尽管劳动生产率报告期比基期第一项目经理部增加 0.5 万元，第二项目经理部增加 0.48 万元，但全公司劳动生产率却下降了 0.11 万元。主要是人员结构发生了变化，生产率较低的第一项目经理部人员增加，从而影响了公司整体劳动率水平。

$$劳动生产率固定构成指数=\frac{\bar{q}_1}{q_n}=\frac{\sum q_1T_1}{\sum T_1}\div\frac{\sum q_0T_1}{\sum T_1}=\sum q_1\frac{T_1}{\sum T_1}\div\sum q_0\frac{T_1}{\sum T_1}$$

$$=\frac{\dfrac{1000}{2000}\times 2.5+\dfrac{1000}{2000}\times 5.28}{\dfrac{1000}{2000}\times 2+\dfrac{1000}{2000}\times 4.8}=\frac{3.89}{3.40}=114.41\%$$

$$\bar{q}_1-\bar{q}_n=3.89-3.4=0.49\ （万元）$$

式中　$\bar{q}_n$——各组职工人数占总比重不变时基期的劳动生产率平均水平。

计算结果表明在不考虑职工人数结构变动情况下，由于各项目经理部劳动生产率水平提高，使公司整体劳动生产率提高 14.4%，平均每个工人报告期产量增加 0.49 万元。

$$劳动生产率结构影响指数=\frac{\bar{q}_n}{\bar{q}_0}=\sum q_0\frac{T_1}{\sum T_1}\div\sum q_0\frac{T_0}{\sum T_0}$$

$$=\frac{2\times\dfrac{1000}{2000}+4.8\times\dfrac{1000}{2000}}{2\times\dfrac{400}{1400}+4.8\times\dfrac{1000}{1400}}=\frac{3.4}{4}=85\%$$

$$\bar{q}_n-\bar{q}_0=3.4-4=-0.6\ （万元）$$

计算结果表明，在不考虑各单位劳动生产率变动情况下，由于各项目经理部人数比重变动，使劳动生产率下降 15%，人均施工产量下降 0.6 万元。

劳动生产率可变构成指数，固定构成指数和结构影响指数之间具有内在联系，并形成一个指数体系。

从相对数看：

可变构成指数＝固定构成指数×结构影响指数

$$q_1 \div q_0 = (q_1 \div q_n) \times (q_n \div q_0)$$
$$97.75\% = 114.41\% \times 85\%$$

从绝对数看：

$$\bar{q}_1 \div \bar{q}_0 = (\bar{q}_1 \div \bar{q}_n) + (\bar{q}_n \div \bar{q}_0)$$
$$-0.11 = 0.49 - 0.6$$

全公司劳动生产率变动对产量变动影响为：

$$(\bar{q}_1 - \bar{q}_n) \times \sum T_1 = -0.11 \times 2000 = -220 \text{（万元）}$$

其中，由于各项目经理部劳动生产率变动对产量变动影响为：

$$(\bar{q}_1 - \bar{q}_0) \times \sum T_1 = -0.6 \times 2000 = -1200 \text{（万元）}$$

即　　　　　　　　　　-220 万元 $= 980$ 万元 $- 1200$ 万元

（三）劳动生产率变动的影响

劳动生产率变动对产量和劳动消耗量（平均人数）变动影响的分析产量、平均人数、劳动生产率之间存在如下关系：

产量＝平均人数×劳动生产率

因此，提高劳动生产率，一是在一定数量劳动力的条件下增加产量；二是在产量一定情况下节约劳动力。

【例 7-13】　某建筑公司资料见表 7-7。

表 7-7　　　　　　　　　　　某建筑公司资料表

指　　标	2005 年	2006 年	指　　数
施工产值（万元）	2000	2520	126％
全部职工平均人数（人）	500	600	120％
劳动生产率（元/人）	40 000	42 000	105％

从表 7-7 看出，施工产值 2006 年比 2005 年增长 520 万元（2520－2000）。这是由于职工人数增加和劳动生产率提高两个因素共同作用的结果。

在分析职工人数增加对施工产值增长的影响时，要把劳动生产率作为质量指标固定在基期，即（600－500）×4＝400（万元），说明由于报告期人数比基数增加了 100 人，所以多完成产量 400 万元，在分析劳动生产率提高对总产值影响时，要把人数作为数量指标固定在报告期，即（4.2－4）×600＝120（万元）。说明，由于劳动生产率报告期比基期提高 2000 元/人，所以多完成产量 120 万元。

以上是说明提高劳动生产率对增加产量作用的分析方法。下面说明提高劳动生产率对节约劳动力的分析方法。

$$劳动消耗量 = \frac{产量}{劳动生产率} \qquad\qquad (7-36)$$

【例 7-14】　仍以上题为例：施工产值 1996 年增长 26％，若劳动生产率不变，需增加 $500 \times 26\% = 130$（人），而实际劳动力仅增加 $600 - 500 = 100$（人），这是提高劳动生产率的结果。由于劳动生产率提高,节约劳动力 130－100＝30(人)。

四、劳动定额统计

劳动定额是反映建筑产品生产中活劳动消耗数量的标准;它是指在正常的施工(生产)技术组织条件下,为完成一定量的合格产品或完成一定量的工作所预先规定的必要劳动消耗量的标准。这个标准是国家和企业对工人在单位时间内的劳动数量、质量的综合要求。

在建筑企业中,劳动定额是组织生产、编制施工计划、签发施工任务书、考核工效、评定奖励、计算超额工资和进行经济核算等方面的重要依据,它是劳动生产率计划在工人群众中的具体化。先进而又切合实际的劳动定额,始终是动员群众为提高劳动生产率的一个具体的奋斗目标。因此,劳动定额完成情况统计,是劳动生产率统计的一个组成部分。

(一)劳动定额的表现形式

劳动定额和劳动生产率一样,也有两种表现形式。一种是用单位时间内应当生产的产品产量表示,通常称为产量定额;另一种是用生产单位产品产量应当消耗的劳动时间表示,通常称为时间定额,也称之为工日定额。

1. 产品工时消耗统计(时间定额)

它是指工人完成单位产品实际消耗的工作时间。由于工人技术水平、劳动态度不同,单位产量所消耗的工时不同,因此,正确地进行产品工时消耗统计,可以考查劳动定额完成情况,衡量劳动定额水平,研究工时消耗多或少的原因,为提高工人劳动效率,修改劳动定额提供依据。其计算公式为

$$单位产品工时消耗 = \frac{实际总工作工时}{完成产品的数量} \qquad (7-37)$$

2. 单位工时产量统计(产量定额)

它是指工人在单位工时内平均完成的工作量。该项指标与单位产品工时消耗分别从工时消耗和产量完成情况说明工人的劳动效率,是劳动定额完成情况的重要指标。其计算公式为

$$单位工时产量 = \frac{完成产品数量}{实际总工作工时} \qquad (7-38)$$

建筑业中从事机械施工的企业其工时消耗一般按台班计算。一台设备(配备一个或若干工人)工作八小时为一台班。上述公式在建筑机械施工中可改为

$$单位产量台班消耗 = \frac{实际总台班数}{完成产品的数量} \qquad (7-39)$$

$$单位台班产量 = \frac{完成产品的数量}{实际总台班数} \qquad (7-40)$$

【例 7－15】 某机械企业用 W160 大型挖土机进行地基开槽工程。二台挖土机(每台配备 2 名工人)工作 5 天,每天两班,所挖土质为一般三类土,负责装车,共挖土 15 千 m³。

$$该设备挖 1m³ 土方所耗台班 = \frac{5 \times 2 \times 2}{15} = 1.33 台班/千 m³$$

$$该设备每一台班产量 = \frac{15}{5 \times 2 \times 2} = 0.75 千 m³/台班$$

(二)建筑业劳动定额的特点

1. 劳动定额的划分比《建筑安装工程预算定额》更细

为了正确核算劳动力需要量和考核各工种工人的劳动效率,建筑业的劳动定额不是按

《建筑安装工程预算定额》所列的分部分项工程来规定，而是按其施工过程来规定。

2. 劳动定额多是对工人班组制订

由于建筑安装工程中各施工过程所需要的劳动量较大，需要若干人分工协作，通常是由一定数量的工人组成班组去共同施工，因而其中每个工人所完成的产量就难以单独计算。所以劳动定额通常不是对单个工人制订，而是对工人班组制订。

（三）定额完成程度统计

在定额管理工作中，通过定额完成程度统计，能了解劳动定额执行情况，找出完成劳动定额好坏的原因。通过定额完成程度的统计，可以了解工种之间定额水平是否平衡，反映定额执行中存在的各种问题，为加强定额管理和改进劳动定额提供依据。定额完成统计主要包括以下方面。

1. 按时间定额统计

一个工人或一组工人在单位时间内定额完成程度，其计算公式为

$$时间定额完成程度 = \frac{定额工时（工日、台班）}{实作工时（工日、台班）} \times 100\% \qquad (7-41)$$

【例 7-16】　将上例代入式（7-41），假如按现行的全国建筑安装工程统一劳动定额，该设备在以上条件下施工，台班消耗定额为 1.57 台班/km³，那么

$$该设备时间定额完成情况 = \frac{1.57}{1.33} \times 100\% = 118\%$$

说明该设备或该设备工人小组超额完成劳动定额 18%，生产效率较高。若生产多种产品时，定额完成程度的计算公式为

$$工时定额完成程度 = \frac{\sum 每种产品的时间定额 \times 完成产品数量}{实际工时（工日、台班）} \times 100\% \qquad (7-42)$$

2. 按产量定额统计

一个工人或一组工人在单位时间内产量定额完成程度，其计算公式为

$$产量定额完成程度 = \frac{\sum 实际完成产量}{定额产量} \times 100\% \qquad (7-43)$$

【例 7-17】　将上例代入式（7-43）。假设该设备产量定额为 635m³/台班。

$$该设备产量定额完成情况 = \frac{750}{635} \times 100\% = 118\%$$

与按时间定额计算的结果一样，说明企业超额完成土方工程量。由于挖土机工作效率提高则应考虑与之配合工种及土方运输车辆配备的增加或工作效率的提高。

在仅执行计件工资的情况下，劳动定额执行面也就是计件面。

（四）劳动定额执行情况的检查

为考核各工人班组完成劳动定额的情况，评定其劳动生产率的高低，需要计算劳动定额完成程度和节约（超支）工日数的指标。

1. 一种施工过程劳动定额执行情况的检查

一种施工过程劳动定额的完成情况，可以按产量定额考核，也可以按时间定额考核。

$$\begin{aligned} 产量定额完成程度 &= \frac{实际完成产量}{定额完成产量} \times 100\% \\ &= \frac{实际完成产量}{每工日产量定额 \times 实际工日数} \times 100\% \qquad (7-44) \end{aligned}$$

$$多完成（＋）或不足（－）的产量＝实际完成产量－定额完成产量 \quad （7－45）$$

或
$$时间定额完成程度＝\frac{定额工日数}{实作工日数}×100\%$$

$$＝\frac{工日定额×实际完成产量}{实作工日数}×100\% \quad （7－46）$$

$$节约（＋）或超支（－）工日数＝定额工日数－实作工日数 \quad （7－47）$$

【例 7－18】 某瓦工组报告期完成砌内墙 400m³，假设定额规定每 m³ 需用 1.45 工日，每工日砌墙 0.6896m³，而实作工日为 520 工日。计算产量定额完成程度与时间定额完成程度。

$$产量定额完成程度＝\frac{400}{0.6896×520}×100\%＝\frac{400}{358.59}×100\%＝111.5\%$$

$$多完成的产量＝400－358.59＝41.41m³$$

$$时间定额完成程度＝\frac{1.45×400}{520}×100\%$$

$$＝\frac{580}{520}×100\%＝111.5\%$$

$$节约工日数＝580－520＝60 工日$$

两种方法计算结果相同。

2. 多种施工过程劳动定额完成情况的检查

当工人班组进行多种施工过程时，由于每一施工过程的生产定额不同，其产量不能直接相加。所以只能按时间定额去综合考核其定额完成情况。

$$生产定额完成程度＝\frac{定额工日数}{实作工日数}×100\%$$

$$＝\frac{\sum 各施工过程完成工程量×工日定额}{实作工日数}×100\% \quad （7－48）$$

$$节约（＋）或超支（－）工日数＝定额工日数－实作工日数 \quad （7－49）$$

【例 7－19】 某瓦工组在报告期内完成的工程量及所用时间资料见表 7－8，计算其劳动定额完成程度。

表 7－8 某瓦工组在报告期内完成的工程量及所用时间

分项工程名称	实际完成工程量（m³）	实际作业工日数（工日）	工日定额（工日）	额定工日数（工日）	定额完成程度（％）
甲	(1)	(2)	(3)	(4)=(1)×(3)	(5)=(4)÷(2)
砖基础	120	140	1.323	158.76	113.4
1砖及1砖以上内墙	70	105	1.566	109.62	104.4
1砖及1砖以上外墙	90	145	1.637	147.33	101.6
零星砌体	30	70	2.435	73.05	104.4
合　计	—	460	—	488.76	106.3

解 劳动定额完成程度＝$\frac{488.76}{460}×100\%＝106.3\%$

节约工日数＝488.76－460＝28.76 工日

通过以上计算表明，该瓦工组平均超额 6.3%，节约 28.26 个工日，完成了定额。

（五）劳动定额执行面

这是指执行劳动定额的工时数与全部实际工日（其中包括经批准的公休、节日的全日加班工日，延长工时则不能折算为工日）之比。劳动定额是贯彻按劳分配原则，量化考核，提高劳动效率的有力工具。因此，企业应积极贯彻执行劳动定额，扩大劳动定额执行面。其计算公式为

$$劳动定额执行面 = \frac{报告期执行定额的工日数}{报告期全部实际工作工日数} \times 100\% \qquad (7-50)$$

第四节　从业人员劳动报酬和职工工资外收入统计

现行制度下的工资，是劳动者劳动报酬的基本形式。它是根据劳动者提供的劳动数量和质量来确定的。工资在不同社会制度下有着本质的区别。在资本主义制度下，生产资料为资本家所占有，劳动力成为商品，工资是劳动力价值和价格的转化形式，它体现着资本家与工人之间的雇佣与被雇佣，剥削与被剥削的关系。在社会主义制度下，实现了生产资料公有制，劳动力不再是商品，工资也不再是劳动力的价格，而是国家根据按劳分配的原则，对职工进行个人消费品分配的一种形式。正确贯彻按劳分配原则，使劳动者从物质利益上关心自己的劳动成果，就能够极大地调动劳动者的积极性，促进社会生产力的不断发展。

职工除了以工资形式取得劳动报酬外，还享受各种劳保福利待遇，如公费医疗、集体福利等。这一部分虽然不属于按劳分配的性质，但形成了职工的实际收入，对职工的生活有着重要影响，随着生产的发展和国家经济力量的增强，职工享受的劳保福利待遇也会不断增加。

工资和劳保福利费用的多少，反映了国家利益、集体利益与个人利益；目前利益与长远利益；积累与消费之间的关系。因此，工资问题是社会分配制度的重大问题。同时，建筑企业职工的工资也是计算和分析企业成本的一个重要因素。

工资和劳保福利费用统计包括：工资总额及其构成；平均工资及其变动统计；百元产值工资含量包干指标统计以及劳保福利费用统计等。

一、从业人员劳动报酬及其构成统计

（一）从业人员劳动报酬的概念

从业人员劳动报酬是指各建筑企业在一定时期内直接支付给本企业全部从业人员的劳动报酬总额，包括职工工资总额和本企业其他从业人员劳动报酬两部分。

（二）职工工资总额及构成统计

1. 职工工资总额

这是指企业在一定时期内直接支付给本企业职工的劳动报酬总额，包括计时工资、计件工资、奖金、津贴和补贴、加班加点工资和其他工资。职工工资总额是计算国内生产总值的基础性指标，也是研究分配政策、居民个人收入、居民购买力的主要依据。

2. 职工工资总额计算的原则

（1）职工工资总额的计算原则应以直接支付给职工的全部劳动报酬为依据。企业支付给职工的劳动报酬以及其他根据有关规定支付的工资，不论是计入成本的还是不计入成本的，

不论是以货币形式支付的还是以实物形式支付的，均应列入工资总额的计算范围。

（2）企业在统计月、季、年的工资总额时，均应按实发数计算，但对逢节日提前预发的工资，仍统计在应发月的工资总额。因补发调整工资影响当月工资总额变动较大时，应在统计表中加注说明，对跨年度发放的奖金和工资都应统计在实发的年度内。

3. 职工工资总额不包括的项目

（1）根据国务院发布的有关规定颁发的创造发明奖、国家星火奖、自然科学奖、科学技术进步奖和支付的合理化建议和技术改进奖以及支付给运动员在重大体育比赛中的重奖；

（2）有关劳动保险和职工福利费用方面的费用，具体有职工死亡丧葬费及抚恤费、医疗卫生费或者公费医疗费用、职工生活困难补助费、集体福利事业补贴、工会文教费、集体福利费、探亲路费等；

（3）有关离休、退休、退职人员待遇的各项支出；

（4）支付给聘用或者留用的离休、退休人员的各项补贴；

（5）劳动保护各种支出，具体有工作服、手套等劳保用品、解毒剂、清凉饮料，以及对接触有毒物质、矽尘作业、放射线作业和潜水、沉箱作业、高温作业五类工种所享受的由劳动保护费开支的保健食品待遇；

（6）稿费、讲课费及其他专门工作报酬；

（7）出差伙食补助费、误餐补贴、调动工作的旅费和安家费；

（8）对自带工具、牲畜来企业工作的职工所支付的工具、牲畜等补偿费用；

（9）实行租赁经营单位的承租人的风险性补偿收入；

（10）对购买本企业股票和债券的职工所支付的股息（包括股金分红）和红利；

（11）劳动合同制职工解除劳动合同时由企业支付的医疗补助费、生活补助费等；

（12）因录用临时工而在工资以外向提供劳动力单位支付的手续费或者管理费；

（13）支付给家庭工人的加工费和按加工订货办法支付给承包单位的发包费用；

（14）支付给参加企业劳动在校学生的补助；

（15）计划生育独生子女补贴；

（16）不在岗职工的部分生活费，即由中央财政支付的下岗职工生活保障费用和当地劳动和社会保障部门返还的失业保险金。

4. 职工工资总额构成

（1）计时工资，指按计时工资标准和工作时间支付给个人的劳动报酬。包括：

1）对已做工作按计时工资标准支付的工资；

2）新参加工作职工的见习工资（学徒的生活费）；

3）根据国家法律、法规和政策规定，因病、工伤、产假、计划生育假、婚丧假、事假、探亲假、定期休假、停工学习、执行国家或者社会义务等原因按计时工资标准或者计时工资标准的一定比例支付的工资；

4）实行岗位技能工资制的单位，支付给职工的技能工资和岗位（职务）工资；

5）合同制职工按规定缴纳的不超过本人标准工资30%的退休养老基金、职工受处分期间的工资、浮动升级的工资等；

6）根据国务院关于机关工作人员和事业单位工作人员工资制度改革方案的规定，列入机关工资改革范围的单位，其计时工资包括机关工作人员的职务工资、级别工资、基础工资，工人的岗位工资、技术等级（职务）工资。

列入事业工资改革范围的单位，其计时工资包括各类专业技术人员和管理人员的专业技术职务工资、艺术专业职务工资、体育基础津贴、等级工资，职员职务工资、技术等级工资、等级工资，工人的技术等级（职务）工资、等级工资；

中小学教师、护士在新的专业技术职务工资标准的基础上提高10％的部分也列入"计时工资"项内。

（2）计件工资，指对已做的工作按计件单价支付的劳动报酬。包括：

1）实行超额累进计件、直接无限计件、限额计件、超定额计件等工资制，按劳动部门或者主管部门批准的定额和计件单价支付给个人的工资；

2）按工作任务包干方法支付给个人的工资；

3）按营业额提成或者利润提成办法支付给个人的工资。

计件工资可划分为计件标准工资和计件超额工资两部分。

计件标准工资是指实行计件工资的单位，按照批准的计件单价和规定的劳动定额或者工作量支付给工人的劳动报酬。即在一定时期内职工完成的定额乘以单价后的工资。在一般情况下（即工作物等级与标准工资等级相同时），计件标准工资与标准工资相等。当工作物等级高于标准工资等级时，计件标准工资则高于标准工资。

计件超额工资是计件工资的一部分，指计件工人超额完成定额任务后所得的工资。即计件工人实得的全部计件工资减去应得的计件标准工资后的数额。某些企业的工人由于从事生产的工作物等级高于本人工资等级，因而其计件标准高于本人标准工资，其计件超额工资也应是全部工资减去应得的计件标准工资后的数额。

（3）奖金，指支付给职工的超额劳动报酬和增收节支的劳动报酬。包括：

1）生产奖。包括超产奖、质量奖、安全（无事故）奖、考核各项经济指标的综合奖、提前竣工奖、外轮速遣奖、年终奖（劳动分红）等；

2）节约奖。包括各种动力、燃料、原材料等节约奖；

3）劳动竞赛奖。包括发给劳动模范、先进个人的各种奖金和实物奖励；

4）机关事业单位各类人员的年终一次性奖金、机关工人奖金、体育运动员的平时训练奖；

5）其他奖金。包括从兼课酬金和业余医疗卫生服务收入提成中支付的奖金、运输系统中堵漏保收奖、学校教师的教学工作量超额酬金，从各项收入中以提成的名义发给职工的奖金，运动员、教练员的年度训练奖、教练员的输送成绩奖，从各项收入中以提成的名义发给职工的奖金等。

（4）津贴和补贴，是指为了补偿职工特殊或者额外的劳动消耗和因其他特殊原因支付给职工的津贴，以及为了保证职工工资水平不受物价影响支付给职工的物价补贴。

1）津贴。

第一，补偿职工特殊或者额外劳动消耗的津贴及岗位津贴；

第二，保健性津贴，包括卫生防疫和医疗卫生津贴、科技保健津贴以及其他特殊保健津贴等；

第三，技术性津贴，包括特级教师补贴、科研课题津贴、研究生导师津贴、工人技师津贴、中药老药工津贴、特殊教育补贴、高级知识分子特殊津贴（政府特殊津贴）等；

第四，工龄津贴，包括工龄工资、教龄津贴和护士工龄津贴及运行岗位工龄津贴等；

第五，地区津贴，包括艰苦边远地区津贴、地区附加津贴和边远地区知识分子津贴；

第六，其他津贴，包括直接支付给个人的伙食津贴、合同制工人的工资性补贴、上下班交通补贴、洗理卫生费、书报费、工种粮补贴。

2）补贴。

为了保证职工工资水平不受物价上涨或者变动影响而支付的各种补贴，如副食品价格补贴（含肉类等价格补贴）、粮油、蔬菜等价格补贴、煤价补贴、房贴、水电补贴、房改补贴、特区津贴以及提高煤炭价格后部分地区实行的民用燃料和照明价格补贴等。

对于1993年机关、事业单位工资套改后，原按国家和地方规定发放的物价、福利性补贴及自行建立的津贴，扣除已纳入工资的64元以外的部分也应计入"津贴和补贴"项目。

当前，有两项补贴在统计中尤其应注意以下两点。

第一，住房补贴。目前全国发放形式大体有四种，统计方法也有区别：给一大笔钱让职工一次性买商品房，这部分钱不应统计在工资中；提高房租同时增加住房补贴，这部分补贴无论何种标准，均应统计在工资中；个人在工资中扣缴住房公积金，单位代交同数量的公积金存入个人账户，个人扣缴的部分仍应统计在工资中，单位代交的部分不应统计在工资中；还保持低房租低补贴，这部分补贴也应统计在工资中。

第二，伙食补贴。目前全国发放形式多种多样，表现为：增加伙食补贴，跟着工资发放，应统计在工资中；不给伙食补贴，但免费（或象征性收一元钱）供应一顿午餐，应折算成货币统计在工资中；增加伙食补贴，但不通过正常财务渠道与工资一起发放，应通过整顿财务纪律使其统计到工资中。

（5）加班加点工资，指对法定节假日和公休日工作的职工，以及在正常工作日以外延长工作时间的职工按规定支付的加班工资和加点工资。

（6）其他工资，指其他根据国家规定支付的工资。如附加工资、保留工资以及调整工资补发的上年度工资等。需注意的是，工资总额应包括单位为职工建立的养老保险基金、住房和医疗基金等个人账户中从个人工资中扣减的部分。

5. 职工工资外收入

这是指职工在工资总额以外从本单位内以及单位外得到的各种现金和实物。包括：

（1）保险福利费用，即企业在工资总额以外实际支付给本单位全部职工个人的劳动保险和福利费用。包括丧葬抚恤救济金、生活困难补助、各种非工资性补贴（如托儿补助费、计划生育补助、冬季取暖补贴、防暑降温费等）以及实行公费医疗制度的单位直接支付给职工个人的医药费等。

（2）劳动保护费用，指职工从企业得到的由劳动保护费开支的保健食品待遇、解毒剂、清凉饮料及夏季冷饮费等。

（3）按规定未列入工资总额的各种劳动报酬，包括创造发明奖、国家星火奖、自然科学奖、科学技术进步奖、合理化建议奖和技术改进奖、运动员在重大体育比赛中的重奖、稿费、翻译费、讲课费、课题费、第二职业收入、兼职收入，以及各单位利用业余时间组织职工进行生产、咨询服务、科研、设计和其他活动，从得到的收入中支付给职工的现金和实物，单位之间业务往来收取的回扣、好处费、手续费收入中给职工个人的提成等。

（4）实物折款，指职工个人从单位内外得到的，按规定未列入工资总额和保险福利费用的各种实物折款。折价方法按当时的市场零售价折算。

（5）财产性收入，指职工从银行或者企业获得的存款利息、债券利息、股息和股金分红等。

（6）转移性收入，指职工从职工以外其他阶层人员中得到的赠与收入、亲友搭伙费、遗产收入以及从各种以意外事故中得到的补偿和由于各种灾害从非赢利机构得到的捐赠收入等。

（7）其他收入，指在上述各项以外职工得到的其他现金收入，包括实行租赁经营单位承租人的风险性补偿收入、职工的误餐补贴、出国置装费以及职工从出差补助和调动工作的旅费和安家费中净结余的现金等。

（三）其他从业人员劳动报酬

指企业在一定时期内直接支付给本单位其他从业人员的全部劳动报酬。包括支付给聘用离退休人员、外方人员、港澳台人员和领取补贴人员等的劳动报酬总额。

二、职工收入指标统计

（一）职工平均工资

职工平均工资指建筑企业的职工在一定时期内平均每人所得到的货币工资总额。它表明一定时期职工工资收入的高低程度，是反映职工工资水平的主要指标。其计算公式为

$$职工平均工资 = \frac{报告期实际支付的职工工资总额}{报告期职工平均人数} \qquad (7-51)$$

平均工资可按全部职工计算，也可按各类人员分别计算。但无论就哪种范围计算，都必须遵守工资总额与平均人数计算口径一致的原则。分子是某一时期资料，分母也必须是同一时期的资料。因此，分母只能用平均人数，而不能用期末人数。同时，时期也必须一致。否则，就不能正确地反映平均工资水平。

根据统计研究任务的不同，平均工资一般分为时、日、月、季、年的平均工资，但通常是计算月平均工资，也可以计算季或年平均工资。

（二）职工平均实际工资

职工平均实际工资指扣除物价变动因素后的职工平均工资，其计算公式为

$$职工平均实际工资 = \frac{报告期职工平均工资}{报告期职工消费价格指数} \qquad (7-52)$$

式（7-55）中职工消费价格指数是反映城市居民家庭用于各类生活消费和服务项目价格水平相对变动趋势及程度的经济指数。

（三）职工平均工资指数

它是指报告期平均工资与基期平均工资的比率，反映不同时期职工货币工资水平变动的情况。其计算公式为

$$职工平均工资指数 = \frac{报告期职工平均工资}{基期职工平均工资} \times 100\% \qquad (7-53)$$

（四）职工平均实际工资指数

它是反映职工实际工资的变动方向和变动程度的指数，表明职工实际工资水平提高或者降低的程度。其计算公式为

$$职工平均实际工资指数 = \frac{报告期职工平均工资指数}{报告期居民消费价格指数} \times 100\% \qquad (7-54)$$

【例 7-20】 某建筑企业有关统计资料见表 7-9，计算 2000 年职工平均实际工资指数。

表 7-9   某企业有关统计资料

	1999 年	2000 年
全部职工工资总额（元）	11 628 000	13 860 000
全部职工平均人数（人）	1020	1050
本市居民消费价格指数（%）（同期价格上年为 100）	98.6	99.4

解 根据上列资料计算：

（1）1999 年职工平均工资为 11 628 000÷1020＝11 400 元

2000 年职工平均工资为 13 860 000÷1050＝13 200 元

（2）2000 年职工平均实际工资为 13 200÷99.4%＝13 279.28 元

（3）根据上述口径计算 2000 年职工平均工资指数（以 1999 年为基年）。

2000 年职工平均工资指数为 13 200÷11 400＝115.79%

（4）按上述计算口径计算 2000 年职工平均实际工资指数（以 1999 年为基年）。

$$2000 \text{ 年职工平均实际工资指数} = \frac{115.79\%}{99.4\%} \times 100\% = 116.49\%$$

或为

$$\frac{13\ 279.68}{11\ 400} \times 100\% = 116.49\%$$

（五）职工工资外收入比重统计

它是反映职工工资外收入与总收入对比关系的指标。其计算公式为

$$职工工资外收入比重 = \frac{职工工资外收入额}{职工工资总额 + 工资外收入额} \times 100\% \qquad (7-55)$$

（六）其他指标统计

（1）下岗职工生活费。下岗职工生活费指用人单位支付给下岗职工的生活补贴费用。根据国家对下岗职工的有关政策，下岗职工生活费应包括中央财政拨付的下岗职工生活保障费、当地劳动和社会保障部门返还的失业保险金和企业自筹的费用等。

（2）内部退养职工生活费。内部退养职工生活费指接近正常退休年龄，但因各种原因退出工作岗位并办理了内退手续的职工，在正式办理退休手续前，按月从单位领取的生活费。

第五节 保险福利费用统计

一、职工保险福利费用统计

职工保险福利费用是指企业在工资以外支付给职工个人以及用于集体的社会保险和福利费用的总称。

（一）职工社会保险费用总额指标统计

职工社会保险费用总额指标，是指企业实际为职工缴纳的各种社会保险费用，包括企业上缴给社会保险机构的费用和在此费用之外为职工支付的补充保险或者储蓄性保险。具体包括职工养老保险、医疗保险、失业保险、工伤保险以及计划生育保险等费用。

（二）职工福利费用总额指标

职工福利费用总额指标，指企业在工资以外实际支付给职工个人以及用于集体的福利费

用的总称。主要包括企业支付给职工的冬季取暖费（也包括实际支付给享受集体供暖的职工个人部分）、医疗卫生费、计划生育补贴、生活困难补助、文体宣传费、集体福利设施和集体福利事业补贴费以及丧葬抚恤救济费、防暑降温费、支付职工探亲路费等。该指标资料来源于两方面，一是企业净利润分配中公益金里用于集体福利设施的费用；二是职工福利费（不包括上缴给社会保险机构的医疗保险费用）。

二、离退休、退职人员及其保险福利费用统计

（一）期末离休人员人数

期末离休人员人数是指在 1949 年 9 月 30 日以前参加革命工作，符合 1982 年国务院发布的"关于老干部离职退养的几项规定"的离休条件的人员，包括本期和本期以前离职退养的干部人数；不包括建国前参加革命工作，退休前在工人岗位上工作的退休工人和已经死亡的人数。

（二）期末退休人员人数

期末退休人员人数指职工因养老或者因工致残、因病致残完全丧失劳动能力，退出原工作岗位，按国家规定的退休条件报告期末办理了退休手续的人员人数；不包括退休后改办手续转为干部的人数和已经死亡的人数。

（三）期末退职人员人数

期末退职人员人数指不具备退休条件的职工，经医院证明（或经劳动鉴定委员会确认）完全丧失劳动能力退离工作岗位，符合国家规定的退职条件报告期末已办理了退职手续的人员人数；不包括已死亡的人数。

（四）离退休、退职人员平均人数指标

这是指报告期每天平均拥有的离退休、退职人员的人数，反映了报告期离退休、退职人员人数的一般规模和总水平。其计算方法同职工平均人数。

（五）离休、退休、退职人员保险福利费用总额指标

这是指社会保险机构或者企业实际支付给离休、退休、退职人员的保险福利费用的总称。包括退职生活费、医疗卫生费、交通费补贴、丧葬抚恤救济费、冬季取暖补贴、离退休人员的易地安家费、生活困难补助费、护理费、书报费、洗理费、少数民族补贴以及由老干部活动经费开支的旅游费用等。

本　章　小　结

本章阐述了建筑企业劳动力的数量、构成及其变动统计，工人劳动时间利用统计，建筑企业劳动生产率指标及其相互关系，劳动定额完成情况检查，工资总额及构成统计，平均工资统计以及职工劳保福利费统计等内容。

建筑企业职工是指在建筑企业及其附属机构中工作，并由其支付工资的全部人员。包括固定职工、合同制职工、临时职工和计划外用工。

为了研究全部职工的构成情况，需要掌握职工的各种分类。

建筑企业职工人数统计需要计算期末人数和平均人数两种指标。这两种指标通常是按月、季、年计算的。要掌握它们的计算方法及应注意的问题。

职工人数变动，可以根据职工人数增减变化的平衡关系，来计算职工人数变动程度指标

加以说明。

工人劳动时间是衡量劳动量的尺度。通常采用工日或工时表示。工日是指 1 个工人 1 天（一个轮班）的劳动时间；工时是 1 个工人 1 个小时的劳动时间，建筑企业一般以工日为单位计算。

劳动时间统计指标有：日历工日、公休工日、制度工日、出勤工日、缺勤工日、非生产工日、停工工日、实际工作工日。它们之间的关系可以用示意图表示。

劳动时间利用指标，主要有出勤率、制度工日利用率、出勤工日利用率等。它们之间存在着一定的联系。

编制劳动时间平衡表，在于反映劳动时间的构成比例，分析被利用的原因。

建筑企业劳动生产率，是建筑产品产量与相应的劳动时间消耗量之比值。它是反映生产效率提高和劳动力节约情况的一项重要指标。

劳动生产率的两种表示方法：以单位劳动时间生产的产品数量表示，或以单位产品消耗的劳动时间表示。

按不同产量计算的劳动生产率有实物指标和价值指标。实物指标是按各主要工种工人计算的实物劳动生产率和按房屋建筑竣工面积计算的全员劳动生产率，即人均竣工面积。价值指标有按建筑业总产值（或施工产值）计算的全员劳动生产率，和按净产值计算的全员劳动生产率。

按不同人员范围计算的劳动生产率主要有建安工人劳动生产率和全员劳动生产率。全员劳动生产率的高低，既取决于建筑安装工人劳动生产率水平，又取决于建筑安装工人在全部职工中所占的比例大小。

按不同时间单位计算的劳动生产率，主要有时劳动生产率、日劳动生产率和月（季、年）劳动生产率。这三种劳动生产率指标之间有一定的联系。

劳动定额是把劳动生产率计划落实到班组和工人个人的一项具体措施。

检查劳动定额完成情况，可以按产量定额检查，也可以按工日定额来检查。

社会主义社会的工资是根据"各尽所能，按劳分配"的原则。把个人消费品分配给职工的一种形式。工资总额是在一定时期内实际支付给全部职工的劳动报酬总额。计算工资首先要掌握总额的构成内容。

平均工资表示一定时期内平均每一职工的工资额。

建筑企业职工除工资外，还享受劳保福利待遇。劳保福利费用总额，是指工资以外实际支付给职工个人和用于集体的劳动保险和福利费用。

练 习 题

一、填空题

1. 建筑业企业从业人员是指在＿＿＿＿＿＿中工作，并取得＿＿＿＿＿＿的全部人员。包括＿＿＿＿＿＿和＿＿＿＿＿＿两部分。

2. ＿＿＿＿＿＿是从业人员的主要组成部分。

3. 职工人数要本着"不重不漏"的前提进行统计，一般采取以下办法：
＿＿＿＿＿＿、＿＿＿＿＿＿、＿＿＿＿＿＿。

4. 对于新招收的人员，从其_____之日起，不论是否发放了当月的工资，即应统计为本单位职工。

5. 建筑企业职工按用工期限可分为_____和_____。

6. 建筑企业职工按是否在岗可分为_____和_____。

7. 在劳动统计中，劳动时间通常是以_____和_____作为计量单位。

8. 日历工日数是指报告期内_____之和，它是建筑企业在报告期内拥有_____总数。

9. 报告期平均作业天数等于_____除以_____。

10. 建筑业劳动生产率是以从业人员在单位时间内所创造的_____或者_____来表示的。

11. 计算建筑业劳动生产率采用的产品产量指标，一般采用_____以及_____，劳动消耗量指标一般有_____、_____、_____等。

12. 劳动定额一般有两种形式：一种是_____；另一种是_____。

13. 职工工资总额的构成为_____、_____、_____、_____、加班加点工资和其他工资。

14. 职工保险福利费用是指企业在工资以外支付给_____以及用于的社会保险和福利费用的总称。

15. 建筑劳动统计的基本程序是_____、_____和_____。

二、单项选择题

1. 建筑企业职工按劳动岗位可分为（　　）。

　　A. 长期职工、临时职工

　　B. 工人、学徒、工程技术人员、管理人员、服务人员、其他人员

　　C. 在岗职工、不在岗职工

　　D. 生产人员、非生产人员

2. 某施工企业在 2000 年 4 月 1 日成立后，各月的人数均为 1000 人，则年平均人数为（　　）。

　　A. 1000 人　　　　　B. 750 人　　　　　C. 500 人　　　　　D. 无法确定

3. 制度工日数是（　　）。

　　A. 企业在报告期内拥有劳动时间总数

　　B. 是制度规定应当利用的最大劳动时间

　　C. 是一个工人工作一天的时间

　　D. 制度内实际工作的工日数

4. 出勤率是（　　）。

　　A. 出勤工日数与日历工日数之比

　　B. 缺勤率的倒数

　　C. 出勤工日数与制度工日数之比

　　D. 是研究工作时间实际利用程度的一项指标

5. 制度内实际工作工日数与制度工日数之比是（　　）。

　　A. 工日出勤率　　　　　　　　　　　　B. 制度工日利用率

C. 平均作业天数　　　　　　　　　　D. 制度工时利用率

6. 报告期内产品产量除以劳动消耗量是（　　　）。

　　A. 劳动生产率的正指标　　　　　　B. 劳动生产率的逆指标

　　C. 总量指标　　　　　　　　　　　D. 相对指标

7. 下列各项不属于职工工资总额的是（　　　）。

　　A. 奖金　　　　　　B. 津贴　　　　　　C. 福利费　　　　　　D. 加班加点工资

8. 职工工资总额计算的原则是（　　　）。

　　A. 必须是计入成本的劳动报酬

　　B. 必须是以货币形式支付的劳动报酬

　　C. 均应以实发数为计算原则，但逢年过节提前预发的工资应该统计在应发月

　　D. 跨年度发放的奖金应统计在应发年度内

9. 开列不属于津贴的有（　　　）。

　　A. 岗位津贴　　　　B. 保健性津贴　　　C. 住房补贴　　　　D. 年功性津贴

10. 职工平均工资属于（　　　）。

　　A. 平均指标　　　　B. 总量指标　　　　C. 相对指标　　　　D. 均不是

三、简答题

1. 什么是建筑企业从业人员？包括哪几部分？

2. 判断一个从业人员是否为企业职工的标准是什么？

3. 职工人数统计的原则是什么？

4. 职工按工作岗位分为几类？

5. 其他从业人员包括哪些？

6. 劳动生产率有几种表示方法？

7. 如何对劳动定额执行情况进行检查？

8. 职工工资总额由哪几部分构成？

四、应用题

1. 某建筑企业 2000 年末从业人员人数如下：

（1）生产工人 620 人。

其中：长期脱离生产岗位从事管理工作 2 人；

　　　　长期从事工程技术管理工作人员 4 人；

　　　　长期病假人员 1 人。

（2）学徒工 40 人。

其中：长期脱产学习人员 3 人。

（3）在技术性较强的各职能机构工作的工程技术人员 36 人。

（4）正、副经理 5 人。

其中：有技术职称管理生产技术工作的人员 2 人。

（5）在各职能机构、各级施工组织中从事行政、生产、经济管理和政治工作的人员 52 人。

（6）食堂工作人员 20 人。

（7）图书馆工作人员 4 人。

（8）医务室工作人员 13 人。

（9）保卫、消防人员 6 人。

（10）聘用的离退休人员 6 人。

（11）外方人员 4 人。

根据上述资料进行分组整理并填入下表内。

表 7-10 　　　　　　　　　　**某建筑企业 2000 年末从业人员统计表**

分组\人数	职工						其他从业人员	从业人员
	工人	学徒	工程技术人员	管理人员	服务人员	其他人员		
人数（人）								

2. 某建筑企业 2002 年 4 月份生产工人平均人数为 600 人，该月有公休假日 8 个，根据该月考勤记录汇总的有关资料如下：

公休日加班 500 工日，加点 800 工时；

全日缺勤 380 工日，非全日缺勤 880 工时；

其中：全日缺勤工日中因产假 80 工日；病假 180 工日；事假 120 工日；

全日停工 650 工日，非全日停工 200 工时；

其中：全日停工因原料不足 420 工日；动力不足 80 工日；设备故障 60 工日；设计变更 50 工日；气候原因 40 工日；

全日非生产 320 工日，非全日生产 500 工时。

试根据上述资料计算：

（1）各劳动时间构成指标；

（2）工日出勤率、工时出勤率；

（3）出勤工日利用率、出勤工时利用率；

（4）制度工日利用率、制度工时利用率；

（5）加班比重；

（6）该月平均作业天数；

（7）按工日编制劳动时间平衡表，并分析劳动时间利用情况。

3. 某瓦工队 20 个人 5 天共完成砌筑工程 120m³，计算劳动生产率的正指标、逆指标。

4. 某施工企业 2001 年各月末人数资料见表 7-11。

表 7-11 　　　　　　　　　　**某施工企业 2001 年各月末人数资料**

	1 月末	2 月末	3 月末	4 月末	5 月末	6 月末	7 月末	8 月末	9 月末	10 月末	11 月末	12 月末
职工人数	800	810	812	806	810	813	813	810	840	860	880	900
其中：社会性服务机构	60	60	62	65	70	68	64	64	66	70	76	78
其他人员	2	2	4	4	4	4	6	6	6	6	6	6

2000 年底有职工人数 790 人，其中，社会性服务机构有 50 人；其他人员有 2 人。

假设该企业全年完成房屋竣工面积 35 000m²，试计算年人均房屋竣工面积。

5. 某建筑企业瓦工组 2000 年 10 月完成砌筑工程 504m³，平均工人数是 30 人，实际作业 720 个工日，其中非全日缺勤 45 工时，非全日停工 68 工时，非全日非生产 20 工时，加点 1240 工时。

　　试计算：（1）该瓦工组工人的时劳动生产率、日劳动生产率和月劳动生产率；

　　　　　　（2）实际工作月长度、实际平均工作日长度。

6. 某建筑公司 1998 年完成施工产值 4000 万元，全年从业人员平均人数为 560 人，其中该企业办小学有教工人员 24 人；医院有医务人员 35 人；长期出国人员 5 人；从事建筑安装的工人有 496 人。

　　试计算该年企业全员劳动生产率和建筑安装工人劳动生产率。

7. 某抹灰队 20 人 10 天完成的抹灰工程量、实际用工数及其工日定额见表 7-12。

表 7-12　　　　　某抹灰队完成的工程量、实际用工数及其工日定额表

分项工程名称	实际完成工程量（m²）	工日定额（工日/m²）	实际用工数（工日）
墙面普通抹灰	1200	0.10	100
墙面中级抹灰	440	0.15	60
墙面高级抹灰	280	0.16	40
合计	—	—	200

试计算定额完成程度以及节约的工日数。

8. 对下列原始记录进行表格设计：

（1）职工卡片；

（2）职工考勤表；

（3）职工工资表；

（4）职工加班加点通知单。

第八章　建筑企业机械设备统计

建筑产品的生产过程，也是机械设备发挥作用的过程，没有或降低机械设备的使用，生产效率会大大降低，所以，随着建筑市场竞争的加剧，采用机械化施工，不仅可以节省人力、提高生产效率，而且对降低成本、缩短工期、提高经济效益、提高竞争能力也具有重要意义。

机械设备统计的主要任务，就是正确、及时地反映机械设备的数量、能力、状态、利用等方面的情况，为改善企业设备管理、提供准确的报表提供依据。

第一节　建筑机械设备统计的范围与分类

一、建筑机械设备统计的范围

建筑机械设备统计的范围是建筑业企业在册的全部自有机械设备，即企业作为固定资产已验收入账的全部机械设备。设备统计的各项指标均按设备的所有权范围进行统计。凡属本企业所有，不论是自用、出租和借给外单位的，也不论是在用、在修、在途或在库，包括封存、不配套以及待报废的设备都应进行统计。但从外单位借入或租入的设备，因资产非本单位所有，不予统计。

建筑机械设备统计的范围包括分布在企业内的施工机械、运输机械和加工与维修设备。建筑业企业只要属于上述范围的设备都应进行管理统计。建筑业行业主管部门目前主要考核二十种主要机械设备，具体名称见表8-1。

表8-1　　　　　　　　　　　　主要机械设备目录

	机械名称	计量单位	能力
1	单斗挖掘机	台	m^3
	其中：$1m^3$ 以上	台	m^3
2	推土机	台	kW
	其中：74kW 及以上	台	kW
3	铲运机（成套）	台	m^3
	其中：自行式铲运机	台	m^3
4	履带式起重机	台	t
	其中：15t 及以上	台	t
5	轮胎式起重机	台	t
	其中：16t 及以上	台	t
6	汽车式起重机	台	t
	其中：40t 及以上	台	t
7	塔式起重机	台	t

	机械名称	计量单位	能力
	其中：80t/m 及以上	台	t
8	载重汽车	辆	t
	其中：8t 及以上	辆	t
9	自卸汽车	辆	t
	其中：8t 及以上	辆	t
10	拖车车组（20t 及以上）	辆	t
	其中：60t 及以上	辆	t
11	装载机	台	t/m³
	其中：挖掘式装载机	台	t/m³
12	混凝土搅拌机	台	m³
13	专用车辆		
	其中：散装水泥车	台	t
	混凝土拌运车	台	t
	混凝土泵车	台	m³
14	空压机（6m³ 以上）	台	m³
15	打桩机		
	其中：柴油打桩机	台	t
	振动打桩机	台	t
16	压路机	台	t
17	卷扬机	台	t
	其中：5t 以上	台	t
18	机动翻斗车	台	t
19	锻压设备	台	t
20	金属切削机床	台	t

二、建筑机械设备的分类

建筑机械设备种类繁多，分布甚广，用途各异，为了计算和研究建筑企业机械设备的数量和能力以及它们的构成情况，以满足计划管理的需要，必须对机械设备按一定的标志进行分类。常用的分类有以下几种。

1. 按机械设备的用途分类

（1）土石方机械，如挖掘机、铲运机、推土机、压路机等；

（2）起重机械，如履带式起重机、轮胎式起重机、汽车式起重机、塔式起重机、卷扬机等；

（3）运输机械，如载重汽车、自卸汽车、拖车车组、机动翻斗车、散装水泥车等；

（4）混凝土钢筋机械，如混凝土搅拌机、混凝土输送泵、混凝土搅拌车等；

（5）其他机械，如打桩机、各种专业工程机械、金属加工及维修机械等。

建筑机械设备按用途分类，目的在于加强设备管理，计算其数量和能力，分析研究各类机械设备在数量上、能力上能否满足施工要求和配套平衡，以便及时发现矛盾，采取必要措施，以保证施工任务的完成。

2. 按机械设备技术状况分类

（1）完好机械设备。指报告期末技术完好的在用、在途、在库、封存、出租及外借的机械设备，包括使用中停工维修（一天以内）的机械设备。封存机械设备是指超过 6 个月不用于生产施工，经上级主管机关批准封存的机械设备。

完好的机械设备，一般需具备下面三个条件。

1）设备性能好，设备运转无超温、超压、异响、失灵等现象，能按设计能力正常工作；

2）设备运转正常，零部件齐全，磨损腐蚀不超过技术规定标准，主要的计量仪表和供水、供电、润滑系统正常；

3）燃料、油料等消耗正常，基本没有漏油、漏气、漏水、漏电等现象。

（2）在修机械设备。指报告期末正在修理的机械设备。

（3）待修机械设备。指报告期末等待修理的机械设备。

（4）不配套机械设备。指因机械设备本身不配套（如缺乏动力或其他部分）而不能投入使用的机械设备。

（5）待报废的机械设备。指因机械设备损坏严重，达到报废条件，经技术鉴定准备报废的机械设备。

这种分类的目的在于反映和分析期末各类机械设备的技术完好状况，为有计划地挖掘机械设备潜力、促进建筑业生产发展提供依据。

3. 按机械设备的分布状况分类

（1）施工机械设备：是指在施工现场直接用于工程施工的各种机械设备，如各种起重机、挖掘机、推土机等；

（2）附属辅助生产机械设备：是指附属辅助生产单位使用的各种机械，如金属加工的各种机械设备；

（3）运输机械设备：是指运输机构用于场外运输的各种机械设备，如各种载重汽车、平板拖车等（不包括现场施工和附属生产用的运输机械设备）；

（4）其他机械设备：是指上述三种机械设备以外的各种机械设备。

以上的分类标志是按机械的分布，而不论机械的用途如何，如混凝土搅拌机在施工现场使用就列入施工机械设备，在附属辅助生产单位使用就列入附属辅助生产机械设备。

4. 按机械设备在施工生产服役的年限分类

一般可将机械设备按购进后开始启用的日期分为 5 年以下；5～10 年；11～15 年；16～20 年；21～25 年，25 年以上几个组，计算它们的台数及价值，用以分析企业现有机械设备新旧程度及构成，从而为企业制定机械装备规划提供依据。

第二节　建筑机械设备的数量、能力和装备程度统计

一、建筑机械设备的数量统计

建筑机械设备的数量是机械设备统计的基本指标。它是计算和分析施工单位机械设备能力、装备程度及完好、利用程度的依据。

统计机械设备数量的目的，在于掌握建筑企业的机械设备实有情况，作为编制计划、安排施工任务、配备劳动力以及设置修理点、配备保修设备等的主要依据。

反映建筑企业机械设备数量的主要统计指标有：

（1）机械设备的实有台数：它是一个时点指标，反映报告期末（即最后一天）的机械设备台数。它包括在用、在修、在途、在库、出租以及待报废的全部机械设备，但不包括借入和租入的机械。该指标可以就全部机械设备统计，也可以分类统计各类机械台数。

（2）机械设备的平均台数：它是一个时期平均指标，反映报告期内每天平均拥有的机械台数。在实际生产活动中，建筑企业在一定时期内所拥有的机械设备会因各种原因而经常有所增减变动。因此只计算一个时点上的机械台数，不能完全反映建筑企业在一定期内实际拥有的机械设备情况，所以需要计算机械平均台数，为分析研究机械设备的利用情况提供依据。其计算公式为

$$月度机械平均台数 = \frac{月初实有台数 + 月末实有台数}{2} \qquad (8-1)$$

实际工作中，如机械数量增减变化不大，可简化计算方法，计算公式为

$$报告期机械平均台数 = \frac{报告期内每日拥有机械台数之和}{报告期日历天数} \qquad (8-2)$$

【例 8-1】 某建筑企业 4 月 1 日有 10 台卷扬机，4 月 11 日增加 5 台，4 月 26 日调走 8 台。

则月末实有台数 = 10 + 5 - 8 = 7 台。

$$4 月份平均台数 = \frac{10 \times 10 + 15 \times 15 + 7 \times 5}{30} = 12 台$$

二、建筑机械设备能力统计

正确地计算机械设备的数量，虽然能够反映建筑企业在一定时期或时点上拥有机械设备的规模，但它不能确切地说明该建筑企业机械设备能力的大小。因为在施工生产中所装备的同类机械设备有大、中、小之分，如同是一台单斗挖掘机，有的铲斗容量是 $1m^3$，有的是 $0.5m^3$，有的是 $0.25m^3$，这说明有时数量相同，但其能力的差距很大。因此，在正确计算机械设备数量的基础上，必须同时计算机械设备能力，分析研究能力的利用情况。

机械设备能力是指各种机械设备能够承担实物工程量的能力。机械设备能力的计算，一般是根据机械的工作部分的容量、承载能力、单位时间的生产效率或动力部分的功率计算。如挖掘机、混凝土搅拌机等按工作部分的容量计算能力；起重机、载重汽车等按工作部分的起重量计算能力；推土机、电焊机等按动力部分的功率计算能力；空气压缩机是按单位时间生产量计算能力。机械设备能力是以设计能力为准，如由于革新、改造而超过了原设计能力，或由于机械陈旧需降低能力使用，则应根据主管机关批准的查定能力计算，而不应按机械在使用过程中实际发挥的生产能力计算。

在计算机械设备能力时，不仅要计算单台机械设备的能力，还要计算同类机械设备的总能力和平均能力。

1. 机械设备总能力

它是指报告期末最后一天同一种类机械设备的设计能力（或查定能力）之总和。它是反映建筑企业各类机械承担生产任务的总能力。计算公式为

某类机械总能力 = ∑（某种机械设备台数 × 该种机械设备单台设计能力）

【例8-2】 某建筑企业2000年末实有单斗挖掘机18台，其中斗容量1m³的8台，0.5m³的6台，0.25m³的4台。则

$$2000年末挖掘机总能力 = 1×8＋0.5×6＋0.25×4 = 12m³$$

【例8-3】 某建筑企业1996年有下列起重机械资料，见表8-2。

表8-2　　　　　　　　　　某建筑企业1996年起重机械资料表

机械设备名称	数量（台）	单台能力（t）	总能力（t）	机械设备名称	数量（台）	单台能力（t）	总能力（t）
履带式起重机	2	15	30	其中：50t	1	50	50
塔式起重机	8	—	74	20t	2	20	40
其中：10t	5	10	50	10t	3	10	30
8t	3	8	24	8t	2	8	16
汽车式起重机	9	—	136	合计	19	—	240

从表中我们可以看出该企业19台起重机械的总能力为240t。机械设备实有总能力指标是反映建筑企业在一定时点上（通常指期末），所拥有的各类机械能力水平，它是编制施工计划和研究机械设备利用情况的基础资料。

2. 机械设备平均能力

建筑企业在一定时期内所拥有的机械设备会因种种原因而经常有所增减变动。因此，只计算一个时点上机械设备的能力，是不能完全反映建筑企业在报告期内实际拥有的机械设备情况，而且还需要计算平均能力，为分析研究机械设备的情况提供依据。

机械的平均能力，是指建筑业在报告期内平均每天所拥有同种或同类机械设备实有能力之和，除以本期日历日数求得。其计算公式为

$$机械设备平均能力 = \frac{报告期每天拥有的机械设备实有能力之和}{报告期日历天数} \tag{8-3}$$

以上公式一般用于计算月度某种或某类机械设备的平均能力。为了减少计算量，季平均能力也可按本季3个月的平均能力相加被3除求得。年平均能力也可按4个季度的平均能力数之和被4除求得，或按12个月的平均能力数之和被12除求得，其计算公式为

$$季平均能力 = \frac{报告季度内3个月的平均能力之和}{3} \tag{8-4}$$

$$年平均能力 = \frac{报告年度内4个季度的平均能力之和}{4} \tag{8-5}$$

或

$$= \frac{报告年度内12个月的平均能力之和}{12} \tag{8-6}$$

【例8-4】 某施工队1月1日拥有卷扬机5台（每台能力2t），10月5日购入3台，（每台能力5t）12月20日调出一台（能力2t）。求该单位10月、11月、12月、四季度及全年卷扬机的平均能力。

$$10月平均能力 = \frac{2×5×4＋(2×5＋5×3)×27}{31}$$

$$= \frac{40＋675}{31} = \frac{715}{31} = 23.06t$$

上例中可以看出10月期初的总能力为10t，期末的总能力为25t，在本月中1日至4日共4天，每日能力10t，总能力为40t，5日至31日共27天，每日实有能力为25t，27天的

总能力为 675t，两个时间段的总能力被 10 月份日历日数 31 去除后得 23.06t，即为 10 月份卷扬机的平均能力。

$$11 月平均能力为 = \frac{2 \times 5 + 5 \times 3}{30} = 25t$$

$$12 月平均能力 = \frac{(2 \times 5 + 5 \times 3) \times 19 + (2 \times 4 + 5 \times 4) \times 12}{31}$$

$$= \frac{(10 + 15) \times 19 + (8 + 15) \times 12}{31} = \frac{475 + 276}{31}$$

$$= \frac{751}{31} = 24.23t$$

$$四季度平均能力 = \frac{23.06 + 25 + 34.23}{3} = \frac{72.29}{3} = 24.10t$$

$$全年平均能力 = \frac{10 + 10 + 10 + 24.10}{4} = 13.53t$$

【例 8 - 5】 某建筑企业 4 月 1 日有混凝土搅拌机 10 台，其中 0.4m³ 的有 8 台，1m³ 的有 2 台，4 月 11 日增加 5 台，其中 0.4m³ 的有 3 台，1m³ 的有 2 台，4 月 26 日调走 0.4m³ 的 8 台。则 4 月份混凝土搅拌机的平均能力 = [(0.4×8+1×2)×10+(0.4×11+1×4)×15+(0.4×3+1×4)×5]/30 = 6.8m³

3. 机械设备年生产能力

它是指各类机械设备在一个年度内减去必要的保养、修理时间和不可避免的中间停歇时间后，在最大限度充分利用的情况下，一年内可能完成实物工程量的能力。通常是以机械设备的年产量表示。规定各类机械设备全年应该完成的生产量称为机械年产量定额（或定额年产量），此外还有实际年产量。两者之差为应挖掘的潜力。

（1）某类机械实际年生产能力。

其计算公式为

$$某类机械实际年生产能力 = \sum（某种机械台数 \times 该种机械设计能力）$$
$$\times 单位设备能力年平均完成工程量$$
$$= 某类机械设备总能力$$
$$\times 单位设备能力年平均完成工程量 \qquad (8-7)$$

其中：单位设备能力年平均完成工程量，是指单位设备能力在一定条件下实际达到的生产水平，通常称为实际单产，它一般是根据实际资料来确定。

通过该指标的计算为编制下年度施工计划提供依据。

根据前例某建筑企业挖掘机数量和能力资料，假设每立方米能力年平均实际完成工程量是 90 000m³，则

$$挖掘机年实际生产能力 = 12 \times 90\ 000 = 1\ 080\ 000（m^3）$$

（2）核定机械设备年产量定额。

核定机械设备年产量定额主要是根据机械年工作台班和平均台班产量水平来确定的。

机械年工作台班，是指各类机械设备在一年内应该完成的作业台班数。年工作台班的确定，一般是根据年度日历日数，减去法定的节假日数与必要的保养、修理以及不可避免转移停歇天数，再考虑机械的作业班次，在各种因素综合分析的基础上，来确定机械年工作台班

定额。

机械平均台班产量，是指机械在平均每个台班时间的生产量。一般是根据机械的设计能力，减去班内机械保养和不可避免的临时性间歇时间，在充分发挥效能的基础上，来确定平均台班产量水平。在方法上一般采用技术测定与对前期统计资料分析相结合，以及群众的先进操作方法等，综合研究后确定的平均先进台班产量定额。

【例 8 - 6】 仍以〔例 8 - 2〕中某建筑企业 2000 年年末实有挖掘机的数量和能力资料为例。在一班制作业的条件下，2000 年每台机械年工作 200 个台班，平均台班产量为：$1m^3$ 铲斗容量为 $600m^3$，$0.5m^3$ 铲斗容量为 $400m^3$，$0.25m^3$ 铲斗容量为 $240m^3$，挖掘机年产量定额见表 8 - 3。

表 8 - 3　　　　　　　　　　　挖掘机年产量定额表　　　　　　　　　能力单位：m^3

机械规格（单台能力）	台数	总能力	核定每台机械年平均工作台班	核定平均台班产量	年生产量定额
1	8	8	200	600	960 000
0.5	6	3	200	400	480 000
0.25	4	1	200	240	192 000
合　计	18	12	—	—	1 632 000

从表 8 - 3 可以看出，核定挖掘机年产量定额为 1 632 000m^3，是全年可以承担的施工任务，它是编制下年度生产计划的主要依据之一。

年产量定额－生产能力＝1 632 000－1 080 000＝552 000（m^3），这是该挖掘机的潜力。

三、建筑机械设备装备程度统计

建筑机械设备是建筑企业进行生产活动的主要劳动资料，用先进技术把劳动者武装起来，不断提高其机械装备水平，这对于减轻工人的劳动强度，节约劳动消耗和提高劳动生产率，都具有重要的意义。

反映建筑业企业机械装备规模、程度和效果的主要指标有以下几种。

1. 机械设备总功率

机械设备总功率是指列入建筑企业固定资产的机械设备的总动力数。以"kW"表示。

建筑机械设备要在施工生产中发挥作用，需要有一定的动力来带动它运转。因此，通过计算建筑企业所使用的机械设备总功率，可以间接反映建筑企业拥有机械设备的规模。根据现行制度还应计算施工机械设备的总功率。为下期制定施工计划和计算动力装备率提供依据。

机械设备总功率也是按设计能力或查定能力计算的。它是动力装备率的重要基础资料，当计算某类或全部机械设备总功率时，不仅要包括机械设备本身所使用的动力，还应该将虽不属机械的组成部分，但是为这些机械设备服务的单独动力设备（如电焊机）也包括在内。电焊机、变压器、锅炉则不计算动力。

机械设备总功率也是反映机械设备的实物量指标。它可以计算期末机械设备的总功率，也可以计算报告期内机械设备的平均总功率。

2. 年末自有机械设备价值

它是综合反映建筑企业全部机械设备的价值指标。也是企业在一定时点（一般采用报告期末）或一定时期（报告期平均值）列入固定资产的各种机械设备价值的总和。注意不应包括非生产用的机械设备。为了计算方便，一般采用报告期末机械设备的总价值。

机械设备价值可按需要分别计算原值和净值。机械设备原值是指本单位在获得全新机械设备时所实际支付的全部价值；机械设备净值是指机械设备经过使用、磨损后实际存有的价值，即原值减去折旧后的净值。

原值以货币表现机械设备总量，而净值反映了机械设备的实际价值量，即尚未转移到产品上去的价值。机械设备的净值与原值对比可以反映企业拥有机械设备的新旧程度。

3. 技术装备率

又称技术装备系数或技术装备程度，它是建筑企业在报告期末自有机械设备的净值与年末全部职工人数（或全部工人人数）的比值。计算公式为

$$技术装备率（元／人）＝ \frac{年末自有机械设备净值}{年末全部职工工人数（或全部工人人数）} \qquad (8-8)$$

计算技术装备率，其分子应该为全年平均净值，但由于资料来源及计算较困难，目前采用年末机械设备净值来计算。

按设备净值计算的技术装备率可以反映每一职工或工人平均拥有的生产设备的现有价值。按设备净值计算的机械设备总额，是反映建筑企业全部机械设备尚未转移到工程中去的价值量，实际上是反映了建筑企业机械设备的周转情况。以净值为基数计算的技术装备率是研究机械设备周转速度和规划机械设备更新的主要依据。

4. 动力装备率

又称动力装备系数或动力装备程度，它是建筑企业自有机械动力数与全部职工人数（或全部工人人数）的比值。其计算公式为

$$动力装备率（kW／人）＝ \frac{年末自有机械总动力数}{年末全部职工人数（或全部工人人数）} \qquad (8-9)$$

根据观察的目的不同，可以分别按全部职工、全部工人或建筑安装工人来计算动力装备率。

计算动力装备率指标，可以反映出建筑企业平均每个职工或工人所分摊的机械设备的动力数。其数值越高，说明职工或工人被动力所装备的程度越高；反之则越低。从侧面也可以反映出，动力装备率的不断提高对于减轻工人的劳动强度、节约劳动消耗和提高劳动生产率具有重要的意义。

应该说明，技术装备率和动力装备率，其本身并不说明机械装备程度的高低。而只有与本企业历史同类指标或本行业中其他企业同期指标相比才能反映装备水平的提高。

5. 装备生产率

它是指建筑企业报告期自行完成总产值与报告期末自有机械设备净值的比值。它是衡量企业装备效果的重要指标。其计算公式为

$$装备生产率（元／元）＝ \frac{全年自行完成产值}{年末全部机械设备净值} \qquad (8-10)$$

建筑安装施工活动是建筑企业的主要生产活动，为了综合反映建筑施工活动的装备水平，还可以根据报告期完成的施工产值和报告期末施工机械计算装备施工生产率。其计算公式为

$$装备施工生产率(元/元) = \frac{全年自行完成施工产值}{年末机械施工净值} \tag{8-11}$$

【例 8-7】　某建筑企业 2000 年完成施工产值 5250 万元，年末职工总人数 4000 人，其中工人人数 3200 人，年末施工机械设备净值 800 万元，总功率 4992kW。试计算该企业的技术装备率、动力装备率和装备生产率。

解

$$技术装备率(全员) = \frac{8\,000\,000}{4000} = 2000\ 元/人$$

$$技术装备率(工人) = \frac{8\,000\,000}{3200} = 2500\ 元/人$$

$$动力装备率(全员) = \frac{4992}{4000} = 1.248kW/人$$

$$动力装备率(工人) = \frac{4992}{3200} = 1.56kW/人$$

$$装备生产率 = \frac{52\,500\,000}{8\,000\,000} = 6.56\ 元/人$$

第三节　建筑机械设备完好情况统计

建筑机械设备经常保持完好的技术状况，是顺利完成施工生产计划的保证，所以在机械设备管理过程中，应搞好机械设备完好情况的统计，以便尽可能提高机械设备的完好率，其方法是缩短修理、保养及设备的报废更新时间和提高维修质量。

一、建筑企业施工机械设备完好情况统计的意义

它是为了发展施工机械化程度，合理使用和爱护机械设备，使其经常保持完好的技术状况。也是保证安全生产，挖掘现有机械设备潜力，为最大限度地利用现有机械设备提供了保证，经常地对机械设备完好情况进行统计和分析研究，是建筑机械设备统计的重要任务。

考核机械设备完好状况的统计指标是机械设备完好率，它是反映机械设备管理和技术管理以及机械维修保养工作水平的主要指标。

二、建筑企业施工机械设备利用情况统计的意义

建筑机械设备是施工企业完成施工任务的重要物质条件，充分利用现有机械设备，最大限度地发挥每台机械设备的作用，对于加速施工进度，提高劳动生产率，降低工程成本，全面提高企业经济效益具有重要的意义。因此必须经常考察、研究机械设备的利用情况，加强机械设备管理，合理调配机械设备，达到不断挖掘设备潜力，提高机械设备利用程度的目的。

考核机械设备利用情况的统计指标是机械设备利用率，它是用来反映企业对机械设备的实际利用情况，也是企业主要技术经济指标之一。

三、建筑企业施工机械设备利用情况的统计范围

由于建筑企业机械种类繁多，在统计时，不可能也不必要一一加以反映。根据建设部规定只对 20 种主要机械设备的完好、利用情况进行统计，同时包含对台数、能力的统计。国家规定的 20 种主要设备目录见表 8-4。

表 8-4 主要计算设备目录

序号	机械设备名称	数量单位	能力单位	序号	机械设备名称	数量单位	能力单位
1	单斗挖掘机	台	m³		其中：混凝土搅拌站	台	m³/h
	其中：1m³ 及以上的	台	m³		混凝土搅拌机	台	m³
2	推土机	台	kW		混凝土泵	台	m³/h
	其中：74kW 及以上的	台	kW	13	专用车辆	台	—
3	铲运机	台	m³		其中：散装水泥车	台	m³
	其中：自行式铲运机	台	m³		混凝土拌运输车	台	m³
4	履带式起重机	台	t		混凝土泵车	台	m³/h
	其中：40t 及以上的	台	t	14	空气压缩机（6m³ 及以上）	台	m³
5	轮胎式起重机	台	t	15	基础施工机械	台	t
	其中：16t 及以上的	台	t		其中：打桩机械	台	t
6	汽车式起重机	台	t		灌注桩机械	台	t
	其中：40t 及以上的	台	t		其他机械	台	t
7	塔式起重机	台	t	16	筑路机械	台	—
	其中：100t 及以上的	台	t		其中：路面摊铺机	台	kW
8	载重汽车	台	t		压路机	台	t
	其中：8t 及以上的	台	t		平地机	台	kW
9	自卸汽车	台	t	17	施工升降机械	台	t
	其中：8t 及以上的		t		其中：外用施工电梯	台	t
10	拖车车组（20t 及以上的）	台	t		卷扬机	台	t
	其中：60t 及以上的	台	t	18	机动翻斗车	台	t
11	装载机	台	m³	19	锻压设备	台	t
12	混凝土机械	台	—	20	金属切削机床	台	台

四、机械设备数量完好率

机械设备数量完好率，通常用报告期末完好机械设备台数与实有机械设备台数的比率来表示。其计算公式为

$$机械设备量完好率（\%）= \frac{期末完好机械台数}{期末实有机械台数} \times 100\% \qquad (8-12)$$

式中按台数计算的机械完好率，可以反映建筑企业在期末机械设备的完好状况，它可以作为安排下期机械设备使用和维修保养工作的重要依据。但它不能反映整个报告期机械设备的完好程度，也不能用来分析本期机械设备使用对施工生产活动的保证作用。为了研究机械完好状况与施工生产活动的关系，还需要按台日数来计算机械完好率。

五、机械台日完好率

通常用报告期制度内完好台日数与制度内台日数的比率来表示。如遇有法定节假日加班时，在计算机械台日完好率时，分子、分母均应加上法定节假日实际加班的台日数，这样可以更好地反映机械的完好状况。其计算公式为

$$机械台日完好率(\%) = \frac{报告期制度内台日完好数(+加班台日数)}{报告期制度台日数(+加班台日数)} \times 100\% \qquad (8-13)$$

式中　机械台日完好数——在一定时期内机械本身配套、技术状况完好、随时可以投入施工生产的台日数；完好台日数包括修理不满一天的机械。

【例8-8】　某施工队4月份有挖掘机10台，公休假日8天，制度内完好台日数为205台日，公休假日加班16台日，其制度台日数为（10×30-10×8）＝220台日，则

$$挖掘机台日完好率 = \frac{205+16}{220+16} \times 100\% = 93.64\%$$

六、机械台时完好率

通常用报告期制度内完好台时数与制度台时数的比率来表示的。如遇法定节假日加班、加点时，则分子、分母同时加上实际加班、加点台时数。其计算公式为

$$机械台时完好率(\%) = \frac{报告期制度内完好台时数(+加班、加点台时数)}{报告期制度台时数(+加班、加点台时数)} \times 100\%$$

$$(8-14)$$

制度台时数是指在报告期内机械的制度台日数与规定每天的工作小时数的乘积。目前我国实行8小时工作制，若双班作业制，可再乘以2。

制度内完好台时数是指在制度台时数内机械处于完好状态下的台时数之和。其计算方法是从制度台时数中减去修理、保养（包括大、中、小修和各级保养）、待修以及在送修过程中所占的台时数。

【例8-9】　某建筑企业4月份有挖掘机10台，公休假日8天，每天一班制，在厂修理40台时，保养150台时，待修50台时。则

$$机械设备台时完好率 = \frac{10 \times 22 \times 8 - (40+150+50)}{10 \times 22 \times 8} = \frac{1520}{1760} = 86.36\%$$

第四节　建筑机械设备利用情况统计

建筑机械设备是建筑企业进行建筑生产活动的重要条件，充分地、合理地利用企业现有的机械设备，最大限度地发挥每台设备的作用，对于加速施工进度，提高劳动生产率，降低生产成本，提高企业经济效益具有重要意义。因此，经常了解和分析机械设备的利用情况，是加强企业管理的重要课题。

机械设备利用的直接效果是实物工程量的增加，实物工程量的增加受机械设备利用的数量、时间、能力三方面的影响。因此，机械设备利用情况统计的主要任务，是从数量、时间、能力等方面来反映各种机械设备的利用情况，发现问题，总结经验，为有计划地安排生产提供依据。

一、机械设备的数量利用统计

要了解机械设备的利用情况，首先应掌握建筑企业所拥有的全部机械设备是否已充分使用。同样数量的机械设备，在各企业所起的作用不一定相同。因此，为了挖掘机械设备的潜力，在统计上需要将建筑企业在一定时期实际使用的机械设备台数跟实有机械台数及完好机械台数进行对比，以反映企业机械利用情况。

1. 实有机械数量利用率

它是指报告期实际使用的机械台数与实有机械台数之比。它表明实有机械的利用程度。其计算公式为

$$实有机械数量利用率(\%) = \frac{报告期实际使用的机械台数}{报告期实有机械台数} \times 100\% \qquad (8-15)$$

实际使用的机械台数，是指报告期参加过施工生产活动的机械台数，而不管它在报告期参加生产活动的时间长短。

实有机械数量利用率的高低，除了因机械管理与施工组织不善而使机械未被完全利用外，还要受到在修、待修以及待报废机械数量多少的影响。由于机械的定期保养与修理对延长机械的寿命十分必要，机械设备的报废也是不可避免的，因此对由于修理保养和报废而影响机械数量的利用程度不能一律认为是未被利用的潜力，而应当进行具体分析。

这一指标只能粗略地说明机械设备利用的好坏情况，为了进一步说明设备数量的利用情况，还要计算完好机械数量利用率。

2. 完好机械数量利用率

它是指报告期实际使用的机械台数与完好机械台数之比。它表明完好机械的利用程度。其计算公式为

$$完好机械数量利用率 = (\%) = \frac{报告期实际使用的机械台数}{报告期完好机械台数} \times 100\% \qquad (8-16)$$

这一指标的分子分母之差，说明完好机械中未参加施工生产活动的机械台数。这是机械设备的潜力，应结合生产情况予以应用，防止闲置。

例如，某建筑企业在 2000 年 4 月有各种机械设备 76 台，其中在修 5 台，待修 2 台，待报废 1 台，不配套 1 台，在本月参加作业的 54 台。

$$实有机械数量利用率 = \frac{54}{76} \times 100\% = 71.05\%$$

$$完好机械数量利用率 = \frac{54}{76-5-2-1-1} \times 100\% = \frac{54}{67} \times 100\% = 80.6\%$$

完好机械设备应在施工生产中充分发挥作用，而上例完好设备中有 19.4% 即 13 台没投入使用，这是机械的潜力。

二、机械设备的时间利用统计

通过上述对机械设备数量利用程度的计算，只能粗略地说明机械设备在数量上的利用情况，但它不能说明每台机械设备在一定时期内参加施工生产活动时间的长短。因此还需要将机械设备的数量与实际使用的时间联系起来，研究机械设备的时间利用情况，也就是研究机械设备的台日或台时的利用情况。

反映机械设备时间利用情况的主要指标是机械设备的台日利用率和台时利用率。它们的计量单位是台日（或台班）、台时。现行制度规定一般按台日作为计量单位，但配有专门司机的机械设备应按台时考核其利用程度。

1. 机械设备台日利用率

为了正确研究机械设备时间利用情况，需要搞清楚以下几个基本概念。

（1）日历台日数，是指报告期内每天实有机械台数（不论其技术状况与工作状况如何）的总和，即报告期内机械设备平均台数与日历日数相乘之积。

（2）节假日台日数，指报告期内国家规定的节假日中每天实有机械台数的总和，即报告期内机械设备平均台数乘节假日数。全年内节假日天数一般按 114 天计算。

（3）制度台日数，指报告期内按规定应参加生产活动的台日数，即日历台日数减节假日台日数。

（4）停工台日数，指报告期内因检修、拆迁安装、转移、气候影响、缺乏燃料等，整天未参加施工生产活动的台日数。

（5）加班台日数，指报告期内节假日数中加班作业的台日数。

（6）实作台日数，指报告期内机械设备实际出勤进行施工生产活动的台日数，而不论该机械设备在一日内参加施工生产时间长短，都算做一个实作台日。它包括节假日加班台日数，即

$$实作台日数＝日历台日数－节假日台日数－停工台日数＋加班台日数$$

（7）实作台时数，指报告期内机械设备实际作业的台时数。不包括试车运转或一般调动运转时间，但包括生产进行中必要的空转时间与加班加点台时数。

【例 8-10】　某吊装施工队 5 月份有起重机 48 台，节假日 9 天，实际停工 250 台日，节假日加班 40 台日；非全日停工台时数 1500 台时，加点 35 台时，实行一班制。试分析该机械设备的时间利用情况。

解　日历台日数 ＝ 48×31 ＝ 1488 台日

节假日台日数 ＝ 48×9 ＝ 432 台日

制度台日数 ＝ 1488－432 ＝ 1056 台日　　或

　　　　　＝ 48×(31－9) ＝ 1056 台日

停工台日数 ＝ 250 台日

加班台日数 ＝ 40 台日

制度内实作台日数 ＝ 制度台日数－停工台日数 ＝ 1056－250 ＝ 806 台日

实作台日数 ＝ 806＋40 ＝ 846 台日

非全日停工台时数 ＝ 1500 台时

加点台时数 ＝ 35 台时

实作台时数 ＝ 846×8＋35－1500 ＝ 5303 台时

上述各指标间相互关系，如图 8-1 所示。

日历台日数 1488			
节假日台日数 432	制度台日数 1056		
	加班台日数 40	制度内实作台日数 806	停工台日数 250
	实作台日数 846		
加点台时数 35	加班台时数 320	制度内实作台时数 4948(806×8—1500)	非全日停工台时数 1500
实作台时数 5303			

图 8-1　某施工队机械设备利用示意图

通过对上述几个有关时间概念的了解，可以在此基础上计算机械设备台日利用率。其计

算公式为

$$机械设备台日利用率(\%) = \frac{报告期制度内实作台日数(+节假日加班台日数)}{报告期制度台日数(+节假日加班台日数)} \times 100\%$$

$$(8-17)$$

机械台日利用率数值越大，则说明机械设备的利用程度就越高；反之，则越低。由此可见，机械台日利用率指标的高低对施工生产影响很大。当进行统计分析时，如发现台日利用率低，应深入现场调查机械停工的原因，以便抓住薄弱环节，提出改进措施，以保证施工生产的顺利进行。分子、分母之差表明机械未充分利用而损失的台日数。如果再乘以每个台日的产量，则可说明如果机械设备得到充分利用可以增产的潜力。

按〔例 8-10〕计算：

$$起重机台日利用率 = \frac{806+40}{1056+40} = \frac{846}{1096} \times 100\% = 77.12\%$$

该吊装队所拥有 48 台起重机的台日数中，只利用了 77.26%，还有 22.74% 的台日数未被利用，共损失台日数为 1096-846=250 台日。假如该单位实行一班制，起重机平均每个台班产量为 80t，则由于台日利用不充分，而损失的产量为 250 台班×80t/台班 = 20 000t。

2. 机械设备台时利用率

机械设备的实作台数是根据机械实际出勤情况来计算的，但是只要机械设备实际出勤参加了施工生产活动，不论其一天内参加生产时间长短，都算作一个实作台日，因此台日利用率并不能完全反映机械设备在台日内的时间利用情况。对于配有固定专业司机的大、中型机械设备，需要进一步计算机械台时利用率。其计算公式为

$$机械设备台时利用率(\%) = \frac{报告期制度内实作台时数(+加班加点台时数)}{报告期制度台时数(+加班加点台时数)} \times 100\%$$

$$(8-18)$$

其中，制度台时数=制度台日数×制度规定每天工作小时数

仍根据〔例 8-10〕资料计算：

$$起重机台时利用率 = \frac{5303}{1056 \times 8 + 40 \times 8 + 35} \times 100\% = \frac{5303}{8803} \times 100\% = 60.24\%$$

从上式可以看出，该吊装队机械设备台时利用很不充分，只利用了 60.24%，还有 39.76% 的台时未被利用，共损失了 8803-5303=3500 台时。台时利用率为什么低于台日利用率呢？这说明机械设备虽然出勤了，但实际工作时间很不充分，平均每天工作时间只有 6.27 台时（5303/846），比制度规定的时间少 1.73 天。因此，在实际中应结合具体情况，调查台时利用不充分的原因，以便有针对性地采取措施。

三、机械设备能力利用统计

建筑机械设备，是指在单位时间内完成实物工程量的能力。设备能力的大小是以单位时间内能完成实物工程量的多少来表示的，一台机械设备在单位时间内能完成的工程量多，其能力就大，反之就小。反映机械设备能力利用情况的统计指标是机械设备台班（台时）能力利用率。

机械设备台班（台时）能力利用率是按单位时间内的机械实际产量与定额产量对比求出

的，它可以综合反映建筑企业的机械管理水平。机械设备投入施工生产，能按定额的规定完成或超额完成生产任务，是施工单位管好用好机械的最终目的。因此，机械台班（台时）能力利用率指标是反映机械使用效果的重要指标。其计算公式为

$$机械台班（台时）利用率（\%）= \frac{报告期某种机械平均每台班（台时）实际产量}{报告期该种机械台班（台时）定额产量} \times 100\%$$

$$(8-19)$$

其中，台班（台时）定额产量反映了机械的理论能力，也称理论单产，它是机械设备在各种因素都充分利用的情况下，单位时间内能完成的最大工程量。可以根据设备的生产率（查阅机械技术性能）来确定。其计算公式为

$$报告期该种机械台班定额产量＝机械设计能力×生产效率$$

机械平均台班（台时）实际产量反映了机械的实际能力，也称实际单产，它是机械设备在一定条件下，在单位时间内实际完成的工程量。其计算公式为

$$报告期机械平均每台班（台时）实际产量 = \frac{报告期内某种机械实际完成的工程量}{报告期内某种机械实作台班（台时）数}$$

$$(8-20)$$

【例 8-11】 某建筑企业 2000 年 3 月有一台 WY-160 国产单斗挖掘机，其斗容量为 1.6m³，生产效率为 280m³/h，实作台班 23 个，实作台时 161 台时，全月完成的土方工程量为 32 000m³，假设实行一班制，计算其机械台班能力利用率。

解 WY-160 挖掘机台时定额产量＝280m³/台时

$$台班定额产量 = 台时定额产量×8 = 280×8 = 2240（m³/台班）$$

$$台时能力利用率（\%）= \frac{32\,000÷161}{280} \times 100\% = 70.98\%$$

$$台班能力利用率（\%）= \frac{32\,000÷23}{2240} \times 100\% = 62.11\%$$

通过以上计算说明该挖掘机台时能力利用率不高，还有 29.02% 的能力未被充分利用，这是该挖掘机的潜力。用分子减分母为 (32 000/161)－280＝－81.24（m³）。如果实际单产达到定额产量的水平，挖掘机在 3 月份可多完成的土方工程量为

$$81.24 × 161 = 13\,079.64（m³）$$

台班能力利用率更低，其原因是平均每个台班作业时间只有 7 小时（161/23），还有 37.89% 的台班能力未被充分利用。用分子减分母为 (32 000/23)－2240＝－848.7（m³）。如果实际单产达到定额产量，挖掘机在 3 月份可多完成土方工程量为

$$848.7 × 23 = 19\,520.1（m³）$$

第五节　建筑机械设备统计的基本程序

建筑企业机械设备统计工作的质量，不仅直接涉及机械设备的管理问题，同时也直接关系到施工计划的执行，以及行业指标的汇总整理，因此搞好各种、各类机械设备的基层统计，对及时、准确地搜集资料、整理资料、分析资料、编制统计报表具有重要意义。

机械设备统计的基本程序是：原始记录、统计台账、统计报表。

一、机械设备的原始记录

机械设备的原始记录是通过一定的表格形式，对建筑企业有关机械设备活动情况所做的最初文字和数字记录。原始记录的内容所涉及的范围是十分广泛的，主要包括以下几个方面。

1. 属于资产管理的原始记录

（1）机电设备、固定资产验收单。它是建筑业企业验收新增机械设备的记录（见表8-5）。

（2）固定资产调拨转账通知单。它是机械设备变更使用单位的记录（见表8-6）。

（3）机械设备报废申请单。它是鉴定和审批报废机械设备的技术记录（见表8-7）。

2. 属于机械设备使用的原始记录

（1）机械设备运转原始记录。它是机械设备在施工生产过程中运转的台时、产量及发生故障等情况的记录（见表8-8）。

（2）机械例保卡。它是机械设备使用过程中各主要零部件损坏情况的技术记录（见表8-9）。

3. 属于机械设备维修的原始记录

（1）机械设备大、中修理技术性能鉴定单。它是机械设备在大、中修前进行技术鉴定的记录。

（2）机械设备保养、修理任务单。它是机械设备在保养、修理中耗用的工时和材料、零配件的记录（见表8-10）。

二、机械设备的统计台账

大量分散的原始记录，必须加以整理汇总，才能成为统计分析、统计报表的资料和内容，因此统计台账就是系统积累数据而设置的登记账册，主要有以下几种：

（1）主要机械分类账（见表8-11）、机械设备明细账（见表8-12）、主要机械设备实有数增减表（见表8-13）。

它们是根据机械设备验收、调拨、报废等原始记录汇总而生成的台账和台表。

（2）机械设备使用情况汇总表。它是根据机械设备使用原始记录汇总而成（见表8-14）。

三、机械设备的统计报表

机械设备统计报表分为月报和年报两类。

（1）属于月报，也可汇总季报半年报和年报。主要报表有：

1）机械设备月度发生额对照表。

它根据机械设备分类账而设置，所不同的是增设了折旧。用来反映报告期内机械设备的净值情况（见表8-15）。

2）主要机械设备实有、完好、利用情况表。

它是根据机械设备使用情况汇总表汇总而成。能计算各类主要机械的完好率、利用率和有效利用率。称为"三率"表。

（2）属于年报，但也可按季报、半年报填报的报表主要有：

建筑业企业技术装备情况表，能综合反映建筑业企业的机械设备原净值、总功率、技术装备率、动力装备率和装备生产率等。

　　由此看来，原始记录、统计台账、统计指标计算及报表、统计分析之间存在着密切关系，机械设备统计中所收集的基本数字资料，归根到底都来自原始记录，台账是积累统计资料的手段，报表是反映统计资料的方式，统计分析利用统计资料指导设备管理。几个环节中只要有一个环节做得不好，都会影响整个统计工作的质量。

表 8-5　　　　　　　　　　机电设备、固定资产验收单

发票	字第　　号
供应单位	

供货单位：　　　　　　　　填报日期：　　　　　　　验收单　　　　　字　　号

名称	规格	单位	数量	总价	制造厂名	单位统一编号

公司（盖章） 资产负责人 经办人	公司、部（盖章） 资产负责人 经办人	备注

表 8-6　　　　　　　　　　固定资产调拨转账通知单

　　　　　　　　　　　　　　　　　　　　　　　填表日期：

调入单位		联系人		电话		地址	
调出单位							

设备编号	设备名称	规格	单位	数量	原值	已提折旧	净值	备注

调拨依据		双方转账日期　　年　　月　　日

调出 单位	企业负责人 资产负责人	财务负责人 经办人	公章：	调入 单位	企业负责人 资产负责人	财务负责人 经办人	公章：

表 8-7　　　　　　　　　　机械设备报废申请表

　　　　　　　　　　　　　　　　　　　　　　　编号：
　　　　　　　　　　　　　　　　　　　　　　　填报日期：

统一编号	名称	规格	单位	数量	耐用年限	已用年限	价值（元）			
							原值	已提折旧	净值	估计残值

主要附属设备 技术状况		存放地点

填报 单位 意见	报废原因及三结合初步意见：		主管 企业 审查 意见	技术鉴定：	
	单位公章：	主管		单位公章：	主管部门
		初签			动力部门
		填报			财务部门

主管局审查意见：	建设厅审批意见：

表 8 - 8　　　　　　　　　　　　机械设备运转原始记录

填报单位：　　　　　　　　　　　　年　　月

日期	单位工程	工作内容	运转台时		产量	发生故障		机抄工签章	使用单位签章
			班内	班外		内容	时间		

说明：●法定节假日　　　　　　　　　汇总：…………实作台时…………

　　　○ 停电　　　　　　　　　　　完好台班…………故障……次……时

　　　N 运输　　　　　　　　　　　实作台班………产量…………

　　　▲ 其他　　　　　　　　　　　加班台班……………………

　　　X 机械损坏

表 8 - 9　　　　　　　　　　　　　公 司 机 械 例 保 卡

| 设备名称 | | | 规格型号 | | | 编号 | | |

日期	限位	保险	联轴器	减速器	制动器	绳筒	轨道	钢丝绳	润滑	清保	电器	损坏情况简要记录	值勤签证

表 8 - 10　　　　　　　　　　机械设备保养、修理任务单

送修单位：　　　　生产班组：

送修日期：　　　　任务编号：

机械名称		厂型		统一编号	
项目和要求					

日程	工作内容	定额工时	实际工时	执行人
部系总成				

表 8 - 11　　　　　　　　　　　　**固定资产机械设备分类账**

日期	凭证	摘要	增加数			减少数			结存数		
			台数	总能力	金额	台数	总能力	金额	台数	总能力	金额

表 8 - 12　　　　　　　　　　　　**固定资产机械设备明细台账**

单位：　　　　　类别：　　　　统一编号：　　　　　　　　　机械名称：

　　　　　　　　　　　　　　　　　　　　　　　　　　　　　规　　格：

日期	机械序号	注销日期	摘要	启用日期	制造厂名	型号	能力（功率）	原值	累计数			机械分布状况		
									台数	总能力	金额			

表 8 - 13　　　　　　　　　　　　**主要机械设备实有数增减表**

+/-	设备编号	机械名称	制造企业	原值（元）	功率（kW）	增减原因

注　每台一行，增加数以"＋"表示；减少以"－"表示。

单位负责人：　　　　　　填表人：　　　　　　填表日期：

表 8 - 14　　　　　　　　　　　　**××月份机械设备使用情况汇总表**

填报单位名称：

序号	机械设备名称	机械规格	机械编号	使用情况					机械维修台日	备注
				实作台日数	实作台时数	实际完成产量				
						单位	数量			

统计负责人：　　　　　　　　　　　　　　制表：

表 8 - 15   机械设备月度发生额对照

年   月

账面发生额 / 项目	上月结转数				本月增加数			本月减少数			本月提存折旧(元)	本月减少折旧(元)	本月结余数			
	台数(台)	总功率(kW)	原值(元)	已提折旧(元)	台数(台)	总功率(kW)	原值(元)	台数(台)	总功率(kW)	原值(元)			台数(台)	总功率(kW)	原值(元)	累计已提折旧(元)
总计																
其中:																
施工机械																
运输设备																
生产设备																

本 章 小 结

建筑安装生产活动中最重要的劳动资料——机械设备的统计研究。它可以反映机械设备的统计范围及其分类，机械设备的数量、能力及其技术装备情况，还可以研究机械设备的完好、利用情况以及施工机械化水平。

建筑机械设备是指劳动资料中直接作用于劳动对象，使之成为建筑产品的固定资产。建筑机械设备的数量是按机械所有权的范围进行统计的。

为了掌握建筑机械的配置，使生产平衡并有利于管理，必须对现有机械设备进行分类。根据研究的目的不同，建筑机械可以按用途、技术状况和分布情况进行分类。

建筑机械设备数量指标通常有两种。

（1）时点指标：实有台数；

（2）时期指标：平均台数。

建筑机械能力是指各种机械能够承担工程量的能力，一般以设计能力或查定能力为准，反映机械能力的指标有：

（1）实有能力；

（2）平均能力；

（3）年生产能力。

为了实现建筑工业化，必须以先进的机械来装备建筑业。反映建筑企业机械装备的规模，程度的主要指标有机械设备总功率、年末自有机械设备价值，以及技术装备率和动力装备率。为了考核建筑业装备的效果，需要计算装备生产率指标。

为了使建筑企业拥有的机械设备能在施工生产活动中发挥作用，就应该使机械设备处于完好状态，反映机械完好程度的指标是机械完好率。由于采用不同的时间单位，一般有台日完好率和台时完好率。

机械设备利用情况统计，主要从机械设备的数量、时间和能力等三个方面来反映。因此，机械利用率指标有机械数量利用率、机械时间利用率、机械能力利用率。

机械时间利用率主要有台日利用率和台时利用率。它是实作台日（台时）数和制度台日（台时）数之比值，如有例假节日加班，分子分母均要加例假节日加班的台日（台时）。

机械能力利用率是单位时间的机械实际产量和定额产量的比值，以反映机械能力利用程度。

为了精确地反映机械设备的效率，需要计算机械的单位能力产量。

按产量表示的综合能力利用率反映了机械的时间利用情况与能力利用情况对机械综合利用的影响，三者之间存在以下关系。

综合能力利用率(%) ＝ 时间（台班）利用率(%) × 能力（台班产量）利用率(%)

施工机械化程度的高低可以各种不同的工种工程进行观察，也可以按建筑施工的整体进行观察。前者是工种工程机械化水平，后者是综合机械化水平。

练　习　题

一、填空题

1. 建筑机械设备是指企业＿＿＿＿＿＿＿的全部机械设备；机械设备的数量是按＿＿＿＿＿＿＿的范围进行统计的。

2. 法定节假日的机械台数按＿＿＿＿＿＿＿＿＿＿的台数计算。

3. 机械设备通常是以＿＿＿＿＿＿＿＿为准。

4. 建筑机械设备能力统计的主要指标有：＿＿＿＿＿＿、＿＿＿＿＿＿、＿＿＿＿＿＿＿。

5. 机械设备作业时间的计量单位是：＿＿＿＿＿＿＿、＿＿＿＿＿＿＿。

二、多项选择题

1. 机械设备数量和能力统计指标（　　　）。
   A. 是机械设备统计的基本指标　　　　B. 是计算其他派生指标的前提
   C. 都是时期指标　　　　　　　　　　D. 都是实物指标

2. 机械能力（　　）。
   A. 通常是以设计能力为准
   B. 通常以机械使用过程中实际发挥的能力为准
   C. 也可按主管部门批准的查定能力计算
   D. 是指机械在单位时间完成工程量的能力

3. 完好机械具备的条件是（　　　）。
   A. 设备性能良好　　　　　　　　　　B. 设备运转正常
   C. 原料、燃料、油料等消耗正常　　　D. 正在生产过程中使用的设备

4. 反映机械设备潜力的指标有（　　　）。
   A. 实有机械数量利用率　　　　　　　B. 完好机械数量利用率
   C. 机械台日利用率　　　　　　　　　D. 机械设备台时利用率

三、简答题

1. 机械设备按技术状况分为几类？有何意义？

2. 机械设备按用途分为几类？有何意义？

3. 机械设备数量、能力及装备程度指标有哪些？

4. 机械设备完好率指标有几个？如何计算？

5. 机械设备利用率指标有哪些？如何计算？

6. 企业统计工作基本程序是怎样的？

四、应用题

1. 某建筑企业 1999 年年初有强制式混凝土搅拌机资料如下。

2 月 1 日购入 0.15m³ 的 2 台；8 月 1 日报废 0.25m³ 的 1 台，出售 0.35m³ 的 3 台；10 月 1 日又购入 0.25m³ 的 2 台。试计算：

（1）年末混凝土搅拌机实有台数；

表 8 - 16　　　　　　　　　　混凝土搅拌机实有台数表

型号	出料容量（m³）	台数（台）	型号	出料容量（m³）	台数（台）
JQ150	0.15	4	JQ350	0.35	6
JQ50	0.25	8			

（2）年末混凝土搅拌机总能力；

（3）年内平均台数；

（4）年内平均能力。

2. 某建筑企业 2000 年 4 月有各种卷扬机 14 台，公休假日 8 天，制度内完好台日数为 275 台日，公休日加班 20 台日，试计算该月卷扬机的台日完好率。

3. 某建筑企业 2001 年平均拥有 0.6m³ 的单斗挖掘机 8 台，全年实作台班 1800 台班，实作台时 12 600 台时，实际完成土方工程量 1 386 000m³；该挖掘机生产效率为 130m³/h，该单位实行一班制。试计算：

（1）挖掘机台班能力利用率；

（2）挖掘机台时能力利用率。

4. 某建筑企业 2001 年末有机械设备资料见表 8 - 17。

表 8 - 17　　　　　　　某建筑企业 2001 年末有机械设备资料表

机械设备名称	单台功率（kW）	年末台数（台）	总净值（万元）	本年实作台日数（台日）	
				制度内	加班
单斗挖掘机	110	4	25	750	150
推土机	100.6	2	12	350	70
轮胎式起重机	68	3	16	500	55
卷扬机	100	6	3	1200	200
混凝土搅拌机	5.5	8	6	1400	150
合　计	—			4200	625

年末全部职工人数为 400 人，其中全部工人人数为 330 人；全年完成建筑业总产值 3000 万元；全年日历天数为 365 天，法定节假日数为 111 天。假定全年机械设备未增减变动。试计算：

（1）年末自有机械设备总台数；

（2）年末自有机械设备总功率；

（3）年末自有机械设备净值；

（4）技术装备率；

（5）动力装备率；

（6）生产装备率；

（7）机械台日利用率。

5. 结合当地情况，调查一个建筑企业技术装备情况，机械实有、完好、利用情况，按要求编制年度报表。

第九章　建筑企业原材料、能源统计

建筑企业的物质生产活动，是多种原材料、能源物质形态的转化过程。伴随着建筑产品的形成，原材料、能源也不断发生消耗。由于材料费在建筑产品造价中占有很大的比重（20％左右），因此，对原材料、能源消费情况的统计分析，成为建筑施工企业保证工程成本达到合理水平的一个重要手段。

同时，受到建筑产品生产连续性及材料供应间断性的影响，在施工生产活动中建立必要的库存与储备是保证施工生产顺利进行的重要条件之一。因此，本章主要是从原材料及能源的收入量、消费量、消耗量、消耗定额的执行情况及原材料、能源储备定额的制定等几个方面反映其消费与库存的情况。

第一节　原材料、能源统计范围及分类

一、原材料、能源统计的概念

原材料，能源统计是指建筑业企业在施工生产过程中对原材料、能源的采购、保管、储备、消耗等各种情况所作的数量方面的综合计算、分析等工作的总称。

二、原材料、能源的统计范围

原材料、能源的统计工作主要应体现在原材料、能源在收入、储备和消耗三个方面的数量表现。将实际与计划进行比较，分析各方面对施工生产的保证程度及材料使用的合理程度。

三、原材料、能源的分类

建筑业企业的原材料、能源是建筑生产活动的劳动对象，也是进行施工生产活动的物质基础。在日常的施工生产活动中对原材料、能源进行统计，可以帮助我们了解其各方面的情况，可以为材料管理人员加强核算，降低成本，提高原材料、能源的管理水平提供直接的依据。

由于建筑施工生产活动中用到的原材料、能源种类繁多，且在核算中的重要程度也有所不同。因此，应当作出适当的分类，把握原材料、能源的特征及管理的重点。

1. 按在施工中的作用分类

（1）主要材料。主要材料是指直接用于工程（产品）上，构成工程（产品）实体的各种原材料、能源，这种材料通常一次性消耗且价值相对较大，如水泥、木材、钢材等主要材料。

（2）结构件。结构件是指经过安装后能构成工程实体的各种加工件，它由建筑材料加工而成，如钢构件、木构件等。

（3）机械配件。机械配件是指维修机械设备所需的各种零件和配件，如活塞、轴承等。

（4）周转材料。周转材料是指在工程中多次使用且不构成工程实体的工具性材料，如钢模板、脚手架等。

（5）低值易耗品。低值易耗品通常指单位价值在规定限额以下，或使用期在一年以内的劳动资料，如工具、管理用具、玻璃器皿，以及在生产经营过程中内部周转使用的包装容器等。

（6）其他材料。其他材料是指不构成工程（产品）实体，但有助于工程（产品）形成，或便于施工生产进行的各种材料，如燃料、油料等。

2. 按原材料、能源自然属性分类

（1）非金属材料，如砂、石、水泥、木材沥青等；

（2）金属材料，如钢材、铜、铝等。

3. 按建筑材料的经济价值分类

这是运用 ABC 分析法对建筑材料进行管理所用的分类方法。即将建筑材料分为 A 类材料，B 类材料和 C 类材料三大类。

A 类材料一般是指品种少（占总品种的 5%～20%），但价值高（占总价值的 70%～90%）的材料，是重点管理的对象。如钢材、木材、水泥等。

B 类材料是指材料的品种和价值均处于中等水平的材料，该类材料品种一般占材料总品种的 25%～40%，价值占材料总价值的 10%～25%，是一般管理的对象。

C 类材料是指品种繁多，但价值量却较少的材料。该类材料品种一般占总品种的 50%～70%，但价值只占总价值的 5%～15%，对这种材料只作非重点管理即可。如一些零星材料、易损件等。

4. 按建筑材料的管理权限分类

国家对全部物资实行三级管理体制，即分为统配物资、部管物资和地方管理物资三大类。现阶段，随着市场经济的建立，材料价格的逐步放开，绝大部分建筑材料已进入市场交易。

5. 按建筑材料在建筑物中所起作用分类

可将建筑材料分为两大类。一类是承重结构用材料，如砖、石、混凝土等；另一类是特殊用途材料，如耐火砖、防锈漆、吸音板等。

第二节　原材料、能源收入量统计

一、原材料、能源收入量

（一）原材料、能源收入量的概念

原材料、能源收入量也称进货量，是反映建筑企业在一定时期内购入原材料、能源的总数量。

在原材料、能源采购过程中，不论采用哪种渠道，都应保证建筑安装工程生产的需要。

（二）原材料、能源收入量统计原则

应遵循"谁收入、谁统计"的原则，即以实际达到施工现场或仓库经有资质的质量检验部门验收合格，并且经过施工现场的工程监理工程师签证验收并入库的原材料、能源为核算标准。

但应注意不包括以下几种情况：已支付货款的在途物资；原材料、能源已达到施工现场或仓库，但尚未办理验收入库手续的，不能计入收入量；虽经验收但发现物资亏损或不符合质量要求的，不能计入收入量，应由负责物资采购的一方负责，重新采购并验收合格入库后再作为收入量统计；外单位寄存、委托保管的原材料、能源不能计入收入量。

二、原材料、能源的来源渠道

在原材料、能源收入量的统计中，除了正确地计算各种材料、能源的收入总量外，还应当按材料的不同供应渠道进行分组，研究不同来源材料的数量和比例。现阶段大致存在以下几种主要方式。

（1）国家合同直达到货，是指根据国家物资分配计划和省、直辖市、自治区分配计划签订合同，从产品生产厂、国家物资局储运公司、产品管理处等直达到货的物资和从外贸部门直接调入的国外进口物资。

（2）项目业主自行采购供料。在市场经济条件下，随着建筑材料价格的放开，供货信息渠道的充足和完善，也为了更好地保证材料的质量，从而保证工程的质量。现阶段，这种形式的材料供应方式在材料采购当中的比重逐步增大。

（3）上级机关调入，指从上级主管部门供应机构、地方物资部门供应的物资，不论是否按计划指标进行调拨，均应计入。

（4）委托承建商组织采购，是指承建商在业主委托的条件下，自行采购的原材料、能源。

（5）其他方式，是指从上述来源以外的其他单位调剂、调换物资的收入。

需要注意的是，上述几种原材料、能源的来源渠道，随着建筑市场的发展和完善，业主自行采购或委托承建商采购将会成为主要的方式。但不论从哪种方式获得的原材料、能源，一方面在采购过程中应尽量降低采购成本，另外必须保证质量，这样才能更好地保证工程的质量，这是最重要的。

三、原材料、能源收入计划执行情况的检查

建筑业企业原材料、能源收入计划，是组织材料物资供应的依据。因此，在施工生产进行过程中，材料的供应应该做到保质、按量、及时。而这些情况可以用原材料、能源收入计划的执行情况来反映。

原材料、能源收入计划执行情况的检查，就是将报告期实际收入量与计划收入量进行对比，反映原材料、能源的供应对施工生产的保证程度。由于原材料、能源的种类繁多，所以一般只对主要材料分析其收入计划的执行情况。通常从以下三个方面进行分析和研究。

1. 检查收入量是否充足

检查收入量是否充足，需要根据材料需用量计划检查同种原材料、能源的实际总收入量是否按计划规定完成。

原材料、能源的需用量计划，是根据施工进度计划和材料消耗定额编制的，可以用公式表示为

$$材料物资需用量 = 材料消耗定额 \times 计划完成工程量 \qquad (9-1)$$

【例 9-1】 某工区某月计划砌 $1\frac{1}{2}$ 砖外墙 $2000m^3$，根据定额规定，每 $10m^3$ 砖砌体用砖量为 5.335 千块，水泥 $518.7kg$，中砂 $2.87m^3$，生石灰 $158.08kg$。计算其材料需用量。

解 $2000m^3$ 的 $1\frac{1}{2}$ 砖外墙各种材料需用量为

红砖需用量：$5.335 \times \dfrac{2000}{10} = 1067$ 块

水泥需用量：$518.7 \times \dfrac{2000}{10} = 103.74$ t

砂子需用量：$2.87 \times \dfrac{2000}{10} = 574$ m³

生石灰需用量：$158.08 \times \dfrac{2000}{10} = 31.62$ t

上述例子所计算的需用量是保证施工生产顺利进行的各种材料的最低用量，是必须完成的。不然的话，原材料、能源的供应量不能保证，就会造成工程施工的中断，影响进度，增加成本。因此，供应量的充足是保证施工继续进行的基本条件。

2. 检查材料物资收入的品种是否齐备

建筑产品是由各种建筑材料按一定的生产工艺组合而成的。因此，在材料、物资供应过程中，除了要保证材料供应总量达到要求以外，还应保证品种规格的齐备性，否则，虽然供应总量充足，但品种短缺，仍然会造成停工待料，妨碍施工生产的正常进行。而且，在核算过程中，要更好地把握主要材料的品种齐备性，兼顾其他材料。

【例 9-2】　某施工单位某季度"三材"供应情况见表 9-1。

表 9-1　　　　　　　　　　　某施工单位某季度"三材"供应情况

材料名称	材料规格	单位	计划供应	实际供应	计划完成（%）
甲	乙	丙	①	②	③＝②÷①
钢材	φ6	t	30	36	120.0
钢材	φ8	t	20	22	110.0
钢材	φ12	t	8	4	50.0
木材	红松	m³	80	65	81.3
水泥	32.5 级	t	120	80	66.67
水泥	42.5 级	t	100	120	120.0

根据表 9-1 的资料对该施工单位季度"三材"收入量情况作分析。

解　（1）钢材收入总量已按计划完成，即

$$计划完成相对数 = \frac{36 + 22 + 4}{30 + 20 + 8} = \frac{62}{58} = 106.9\%$$

其中，φ6、φ8 两种型号的钢材超额完成计划，分别超计划完成 20%、11%，但 φ12 钢材的供应量明显不足，只完成计划的 50%，应该根据实际情况分析其中原因，保证供应。

（2）木材的供应没有按计划完成，只完成计划的 81.3%，还有 18.7% 尚未完成，应该引起注意，以保证供应。

（3）水泥的供应从总量上看没完成计划，$\dfrac{120 + 80}{100 + 120} = 90.91\%$，主要是由于 32.5 级水泥供应不足造成的（只完成计划的 67%），应该引起重视，采取相应措施，以保证供应。

3. 检查原材料、能源收入是否及时

这是监理工程师和施工单位在材料供应中同样应重视的一个问题。

　　材料收入的齐备性保证了报告期内施工企业对不同材料数量、品种、规格的需要，但如果材料进货不及时，即使材料品种和收入都完成了，也会造成停工待料而影响工程的进行。因此，需对材料收入的及时性进行分析。

　　为了表明材料进货的及时状况，通常需要按每批材料的进货周期及其对生产的实际保证天数进行分析。

　　【例 9-3】 某建筑公司第二季度几项材料供应计划完成情况见表 9-2。

表 9-2　　　　　　　　　　　　　**材料供应计划完成情况表**

材料名称与规格	计量单位	单价（元）	计划供应		实际收入		计划完成程度（%）	备注
			数量	价值（元）	数量	价值（元）		
合计	—	—	—	1 558 382	—	1 583 918	101.6%	
水泥	t	447.21	860	384 600.6	1020	456 154.2	118.6	
红砖	千块	230.90	2400	554 160	2100	484 890	87.5	
石灰	t	190.36	450	85 662	400	76 144	88.9	
中砂	m³	28.37	3000	85 110	4100	116 317	136.7	
碎石	m³	69.20	4500	311 400	5900	408 280	131.1	
瓦片	千块	219.52	114	25 025.28	115	25 244.8	100.9	
瓦筒	千块	99.67	60	5980.2	58	5780.86	96.7	
玻璃锦砖	m²	23.14	4600	106 444	4800	11 107.2	104.3	

　　从表 9-2 中可以看出，该企业第二季度的材料供应计划从价值看是完成了计划，但其中有的材料并未完成计划，如红砖、石灰、瓦筒等。其中红砖、石灰的数量相差还较大，需进一步分析。

　　从表 9-2 中所列的材料品种看，虽然价值上完成了计划，但其材料收入品种的计划完成率只有 62.5%（5/8），而非 101.6% 或者 108.1%〔（118%＋87.5%＋88.9%＋136.7%＋131.1%＋100.9%＋96.7%＋104.3%）/8〕所以该企业第二季度的材料收入品种的计划完成率并不高，可能不会满足施工生产对材料品种数量的要求。

　　【例 9-4】〔例 9-3〕中 5 月份水泥进货计划执行情况见表 9-3。

表 9-3　　　　　　　　　　　　　**5 月份水泥进货计划执行情况**

材料名称	计量单位	计划需要量		月初库存	收入日期		收入数量		完成月收入计划（%）	对本月需要保证程度		本月停工待料日期
		全月	平均每日		计划	实际	计划	实际		按日数计算	按数量计算	
42.5 MPa 普通水泥	t	279	9	36	—	—	—	—	—	4	36	5~8
					3	8	90	90		10	90	
					12	20	90	90		10	90	19~20
					21	29	80	100		1	9	
合计	t	279		36			260	280	107.7	25	225	6

　　按表 9-3 中的资料，从总收入量看，实际收入量为计划收入量的 107.7%（280/260×100%），应该能保证本月施工的需要，但从进货的时间看，并非如此。月初库存水泥 36t，只能满足 36/9＝4d 的需要，而第一批进货的时间是本月 8 日，比计划进货日期拖延了 5d，致使停工待料 4d。8 日收到第一批水泥 90t，从 9 日起可以满足 90/9＝10d 的需要，但第二批进货是在 20 日，致使 19 日、20 日又停工待料 2d。从 21 日起可满足 90/9＝10d 的需要。

29 日收到第三批水泥 100t，可保证 11d 的需要，但本月只剩下 1d，实际上只保证了本月 1d 的需要。所以，本月连同月初库存的 36t 在内，对本月施工有效的只有 225t，29 日到货 100t 中的 91t 对本月施工失去了保证意义，只是作为下月的库存。由此可见，本月实际进货 280t，但对保证本月施工需要的数量只有 225t（包括月初库存的 36t），从天数看只有 25d，由于进货不及时而有 6d 停工待料。

这个例子仅说明某一种材料的供应对建筑施工的保证程度，其他材料也可依此方法进行分析，在实际施工中，各种材料的进货时间、数量与计划要求很难做到完全一致，因而会出现由于某一种材料未按计划的时间与数量进货而造成停工。如砌筑墙体，必须同时具备一定数量的砖、砂、水泥和石灰等材料才能顺利进行，缺一不可。因此，还需要综合研究各种材料需要量计划的执行情况，以便了解对建筑施工的保证程度。

以上的例子说明组织好材料进货的及时性是材料管理中很重要的一个环节。

第三节　原材料、能源消费量统计

前面提到，建筑产品是由建筑材料经过加工组合而构成的，所以说建筑产品的形成过程，同时也是材料的消耗过程。由于材料费占工程造价的比重又很大，所以在施工生产中，合理使用材料，努力降低消耗，直接关系到产品成本的降低和经济效益的提高，也意味着可以用同样多的材料完成更多的工程任务。所以，通过材料消耗量的统计，反映其超耗和节约情况，也为管理者有效控制工程投资提供了依据。

一、建筑原材料、能源消费量

1. 建筑原材料、能源消费量的概念

建筑原材料、能源消费量，是指在一定时期内建筑业企业实际消费的全部材料数量。其计算的范围主要包括：

（1）工程直接消费的原材料、能源；

（2）本单位（包括附属辅助生产单位）为工程自行制作的预制品及施工现场的非标准设备消费的原材料、能源；

（3）施工现场临时设施消费的原材料、能源；

（4）施工单位经营维修用料，如施工机械、设备维修、施工单位房屋、仓库维修用料等；

（5）地质勘探所消费的材料以及其他不属于上述各项消费的材料。

消费量按"谁消费、谁统计"的原则以实际消费量来统计计算。

2. 建筑原材料、能源消费量的核算

对于主要材料，要以实计算，严格控制其消费水平，这是控制建筑安装工程成本的关键。

对于非主要材料，如果所需数量较多但材料消费占总消费量的比重又较小的话（如大堆材料），则可以用下列公式进行推算：

本期消费量 ＝ 期初库存量＋本期收入量－本期拨出量－期末库存量

二、原材料、能源消耗量

1. 原材料、能源消耗量的概念

原材料、能源消耗量，是指在一定时期内实际耗用于建筑产品生产过程的全部材料数量，它是材料消费量的主要组成部分。

计算建筑原材料、能源消耗总量必须以产品（即单位工程或建设项目）为对象，其基本范围包括：

（1）建筑工程中直接耗用的材料；

（2）为本企业承包工程加工制作金属结构、预制构件和非标准设备等所耗用的材料；

（3）为现场施工服务的暂设工程和临时设施所耗用的材料；

（4）现场仓库保管、场内运输和操作过程所损耗的材料。

但不包括施工工具、施工机械维修等耗用的材料及施工现场以外储运过程中损耗的材料。

2. 原材料、能源消耗量的计算

凡是进入第一道生产工序，改变了原来的形态或性能，或者已经投入使用，即作为消耗量统计。在实际工作中，一些具体情况规定如下。

（1）已办理领料手续或实际已领出的材料，如果未投入施工生产，而存放在现场或车间，应算作库存量，不能计入消耗量；

（2）在施工中重复使用的材料（如模板），在第一次使用时即计入消耗量，以后回收使用不再重复计算；

（3）用于返工工程的材料，应计入消耗总量；

（4）某些材料已投入使用，但其形态或性能未发生改变，也应作为消耗量统计，如机械设备使用的润滑油；

（5）需要加工改制后使用的材料，如钢材改型、原木加工等，如果是自行加工，之后不再入库的，应计入消耗量；若重新入库再领用的，只能统计为加工拨出量；

（6）受外单位委托、来料加工制作或外销的金属结构、预制构件和非标准设备等耗用的材料，不能计入消耗量。

正确计算材料消耗量，是编制和检查材料消耗计划，核算单位产品材料消耗水平，检查材料消耗定额情况的依据。

材料消耗量的计算，具体有以下几种方法可供参考。

（1）根据领料单确定消耗量。公式为

$$报告期某种材料的消耗总额 = 报告期领料总数 - 报告期退料总数 \qquad (9-2)$$

（2）根据分部、分项工程实际完成工程量和材料配合比推算材料消耗量。公式为

$$分部、分项工程某种材料消耗量 = 分部、分项工程实际完成工程量$$
$$\times 单位工程量某种材料消耗量 \times 某种材料配合比$$
$$(9-3)$$

（3）采用平衡推算法计算材料消耗量，适用于砖、砂、石等大宗材料的消耗量的计算。公式为

$$材料消耗量 = 期初库存量 + 本期收入量 - 期末库存量 - 本期拨出量 \qquad (9-4)$$

三、原材料、能源消耗定额执行情况的检查

材料消耗定额，就是指在合理使用和节约材料的条件下，生产质量合格的单位建筑产品所必须消耗的一定品种、规格的建筑材料、半成品、构件、配件、燃料以及不可避免的损耗量等的数量标准。

在建筑产品形成过程中，由于材料费占到了建筑工程造价 70% 左右的比重，因此，在

建筑产品形成过程中，对于建筑施工企业而言，其项目业主和监理工程师都应对原材料、能源，尤其是工程中用到的主要材料的消耗情况，进行严格的控制，尽可能使其消耗量控制在一个比较合理的水平上。

检查原材料、能源消耗情况，主要是用合格建筑产品原材料、能源的实际消耗量与定额消耗量进行对比，来反映其节约或浪费的程度。用计算公式可以表达为

$$材料消耗定额完成程度（\%）=\frac{合格建筑产品材料实际单耗}{消耗定额}\times100\% \quad (9-5)$$

$$单位产品原材料超耗（+）或节约（-）=合格建筑产品材料实际单耗-消耗定额$$
$$(9-6)$$

$$材料消耗（+）或节约（-）总量=（合格建筑产品材料实际单耗-消耗定额）$$
$$\times报告期合格建筑产品产量 \quad (9-7)$$

由于各种材料使用情况不同，考核材料消耗的方法也不一样。现就几种情况分别说明如下。

1. 检查某项工程某种材料消耗定额执行情况

$$定额指数=\frac{合格单位工程平均实际材料消耗量}{单位工程定额消耗量}\times100\% \quad (9-8)$$

【例9-5】　某住宅砌砖工程，每立方米定额耗砖514块，实际已完成砌砖500m³，用砖250 000块，计算相关定额指数。

解　每m³砌砖实际耗砖量$=\frac{250\ 000}{500}=500$块/m³

则，定额指数$=\frac{500}{514}\times100\%=97.28\%$

证明实际耗砖量比定额节约了2.72%，节约用砖量为500-514=-14块/m³，即每立方米节约用砖14块。

2. 检查多项工程某种材料消耗定额执行情况

这里需要有一个综合的过程，即

$$定额指数=\frac{\sum某项工程某种材料消耗量}{\sum（某项工程该种材料消耗定额\times某项工程实际已完工程量）}\times100\% \quad (9-9)$$

上述定额指数，说明一种材料用于多项工程的材料节约或浪费的程度；同时，也可以从分子与分母的差额中找出节约或浪费的绝对量。

【例9-6】　某工程砌砖基础、砖外墙、暖气沟三个分项工程资料见表9-4。

表9-4　　　　　　　　　　　某工程分项工程资料表

分项工程名称	单 位	完成工程量	定额单耗（块）	实耗量（块）
砖基础	m³	500	514	250 000
外墙	m³	800	523	462 600
暖气沟墙	m³	750	539	390 000

根据上述资料，计算砖基础、外墙、暖气沟三个分项工程红砖定额指数。

解　红砖定额指数 $= \dfrac{250\,000 + 462\,600 + 390\,000}{500 \times 514 + 800 \times 523 + 750 \times 539} \times 100\%$

$= \dfrac{1\,102\,600}{1\,079\,650} \times 100\% = 102.13\%$

根据计算，红砖实耗超出定额 2.13%，超耗 $1\,102\,600 - 1\,079\,650 = 22\,950$（块）

3. 检查一项工程使用多种材料消耗定额的执行情况

由于一项工程当中使用多种建筑材料，其计量单位会出现不一致的现象。因此，不能将其直接汇总，而应将实物量换算成价值量后再进行计算，即

$$定额指数 = \frac{\sum(某种材料预算单价 \times 材料实耗量)}{\sum(某种材料的预算单价 \times 材料应耗量)} \qquad (9-10)$$

【例 9 - 7】　现以表 9 - 5 资料说明其计算方法。

表 9 - 5　　　　　　　　　　　　某工程分项工程资料表

材料名称	计量单位	消耗数量		预算价格（元）
		应耗	实耗	
红　砖	块	520 000	510 000	0.082
水　泥	t	255 500	253 000	0.125
粗　砂	m³	300	280	56.24

解　定额指数 $= \dfrac{510\,000 \times 0.082 + 253\,000 \times 0.125 + 280 \times 56.24}{520\,000 \times 0.082 + 255\,500 \times 0.125 + 300 \times 56.24} \times 100\%$

$= \dfrac{89\,192.2}{91\,449.5} \times 100\% = 97.53\%$

从计算结果来看，该工程三种材料消耗量实际节约了

$$100\% - 97.53\% = 2.47\%$$

节约的绝对量为

$$89\,192.2 - 91\,449.5 = -2257.3 \ 元$$

注意，在计算中，由于有些材料的价格会随时间的变化而变化，形成材料预算价格与实际市场价格的差异（即材差），因此，为了使计算结果更加准确，还应注意材差的调整，使计算的结果更准确。

4. 检查多项工程使用多种材料消耗定额的执行情况

在这种情况下，可以采用下列公式计算定额指数。

$$定额指数 = \frac{\sum PM_1 Q}{\sum PM_2 Q} \qquad (9-11)$$

式中　P——预算单价；

Q——已完工程量；

M_1——实际单耗；

M_2——定额单耗。

【例 9 - 8】　举例见表 9 - 6 中的资料。

表 9 - 6　　　　　　　　　　　　**材 差 调 整 表**

工程名称	工程量		材料		材料单耗		预算单价（元）
	单位	数量	名称	单位	实际	定额	
砖外墙	m³	815	红砖	块	510	533.5	0.109
			水泥	kg	48	51.87	0.23
			生石灰	kg	12	13.34	0.063
砖烟囱	m³	240	红砖	块	600	609	0.109
			水泥	kg	53	54.39	0.23
			生石灰	kg	12	13.99	0.063

解　砖外墙、砖烟囱的材料消耗定额指数

$$= \frac{815 \times (510 \times 0.109 + 48 \times 0.23 + 12 \times 0.063) + 240 \times (600 \times 0.109 + 53 \times 0.23 + 12 \times 0.063)}{815 \times (533.5 \times 0.109 + 51.87 \times 0.23 + 13.34 \times 0.063) + 240 \times (609 \times 0.109 + 54.39 \times 0.23 + 13.99 \times 0.063)}$$

$$= \frac{54\,919.6 + 18\,803.04}{57\,801.4 + 19\,145.3} = \frac{73\,722.64}{76\,946.7} = 0.958 = 95.8\%$$

由计算结果可知，砖外墙与砖烟囱材料消耗量实际比计划节约了 4.2%，节约的材料费为 73 722.64 − 76 946.7 = −3224.06（元）

需要注意的是，这个结果也应进行材差的调整。

第四节　原材料、能源储备量统计

建筑业企业的施工生产活动，是连续不断地进行着的，而原材料、能源却受到多种条件的影响，不可能随时随地地供应，也就是说要有一定的供应间隔期。所以，为了保证施工生产的顺利进行，材料管理部门需要在供应间隔期内建立材料的库存储备量。但是库存储备量的确定又不是随意的，需要根据材料消耗定额和预计完成的工程量来确定。这样，就形成了原材料、能源库存量、储备量的统计工作。

一、原材料、能源库存量统计

1. 原材料、能源库存量统计的概念

所谓库存量统计，是指独立核算的建筑业企业在报告期初（或期末）实际结存的原材料、能源数量方面的计量工作。

这个数量对于同种材料来说可以用实物量或价值量来表示；对于不同种类的材料来讲，更多的是以价值量来体现库存的总水平。

2. 原材料、能源库存量统计的原则

遵循"谁支配，谁统计"的原则。

也就是说，凡是企业拥有支配权的原材料、能源，不论其存放在何处，都要作为本企业库存统计；反之，不属于企业支配的原材料、能源，即使存放在本企业仓库，也不能作为库存统计。

3. 原材料、能源库存量指标的计算

原材料、能源的库存量指标就是期末（或期初）库存量，期末（或期初）库存量指标的取得有两种方法：盘点法和平衡推算法。

平衡推算法是根据材料收入量、库存量和支出量之间的关系进行推算，其推算公式为

$$期末库存量＝期初库存量＋本期收入量－本期支出量(耗用＋调出)　　(9-12)$$

平衡推算法所取得的库存量的正确性受收入和支出量正确性的影响，同时也未考虑储存过程中的损耗。因此，为了避免账面与实际情况不符的情况在一定时点上（如年末、季末、月末）和特殊需要时，还可以通过实地盘点来取得库存量的资料。通过盘点可能会发现账面与实际不符，出现盘盈和盘亏。这时均以实际盘点数为准，并根据盘盈或盘亏来调整推算的数字，其公式为

$$期末库存量＝期初库存量＋本期收入量－本期支出量(消耗＋调出)±盘盈或盘亏数量$$
$$(9-13)$$

二、原材料、能源储备量统计

原材料、能源库存量一般是期末统计的，是一个时点上的数据；而原材料、能源的储备量，则是表明一定时期的库存数量（也就是供应间隔期之间的数量），以保证施工生产对于各种原材料、能源数量的需要。而这一库存数量的确定，一般用原材料、能源的储备定额来确定。

1. 原材料、能源储备定额

原材料、能源的储备定额，就是指为保证施工生产的正常进行，在一定条件下材料储备的数量标准。

建立材料储备定额，就是要找到能保证施工生产正常进行的合理储备量。材料储备过少，自然不能满足施工生产的需要，造成工程中断，工期延长，成本增加；但储备过多，又会造成资金积压，不利周转。因此，一个合理储备量的确定对施工生产的顺利进行及流动资金占用的核算都是十分重要的。

2. 原材料、能源储备定额的分类及计算

原材料、能源的储备定额，一般分为正常储备、季节储备和保险储备三种类型，通常是以每种原材料、能源对施工生产需要的保证天数为标准来确定的。

（1）正常储备（经常储备）。

正常储备是指为保证施工生产的正常需要而必须保持的原材料、能源储备水平。

计算公式为

$$C_j = T_g \cdot H_r \qquad (9-14)$$

式中　C_j——经常储备定额；

T_g——平均供应间隔期；

H_r——平均日耗量。

（2）保险储备。

保险储备是为了预防材料在采购、交货及运输过程当中发生误期或施工生产消耗量突然增大时，不致使生产中断而建立的储备。由于保险储备是为了应付特殊情况而建立的，因此，它与正常储备量不同，在施工生产进行过程中是一个常量，但并不意味这个常量中的材料不被使用，因为材料是有

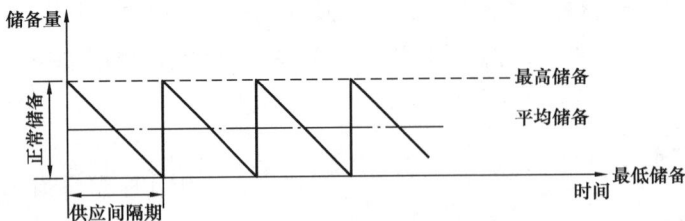

图 9-1　正常储备示意图

有效期的，所以保险储备仅指量的固定而已，也即材料本身是不断周转使用的，然后用新的
材料不断补充，正常情况下是保持在一定数量水平上的。

$$C_b = T_w H_r \qquad (9-15)$$

式中　C_b——保险储备定额；

　　　T_w——平均误期时间；

　　　H_r——平均日耗量。

保险储备定额示意图如图9-2所示。

由图9-2中可以看出，保险储备是在施工生产发生材料供应误期及材料消耗突然增大
等特殊情况下材料储备的最低标准。
保险储备和正常储备之和称为最高
储备。

原材料、能源低于保险储备，是
供应即将中断的信号；而高于最高储
备，则是物资开始积压的信号。因
此，施工现场的材料管理人员，应注
意对这两个指标的控制。

（3）季节储备。

季节储备就是为了防止季节性生
产中断造成待料而建立的储备（如
砂、石、在洪水季节无法生产，不能保证供应，需建立季节储备）。

图9-2　保险储备示意图

季节储备一般是在中断供应之前积累，供应中断前夕达到最高值，供应中断后逐步消耗
直到恢复供应。

季节储备定额的制定用公式表示为

$$C_z = T_z H_r \qquad (9-16)$$

式中　C_z——季节储备定额；

　　　T_z——季节中断间隔期；

　　　H_r——平均日耗量。

季节储备定额示意图如图9-3所示。

三、原材料、能源储备定额执行情况的检查

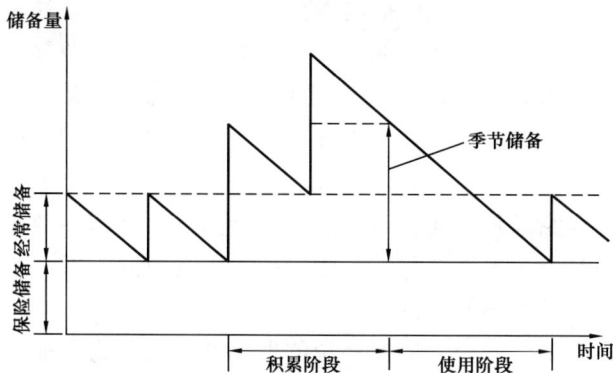

图9-3　季节储备示意图

为了防止材料的积压或不足，保
证生产的需要，加速资金周转，企业
必须经常检查材料储备定额的执行情
况，分析是否有超储或不足的现象。

检查储备定额的方法，通常是计
算实际储备量对生产的保证天数，再
与定额（日数）对比观察其差别程
度；亦可用实际储备量与定额储备量
对比来观察其差别程度。

材料储备对生产的保证程度指

标，一般用保证天数表示。

$$实际储备对生产的保证天数 = \frac{材料储备量}{日平均材料消耗量} \qquad (9-17)$$

日平均材料消耗量是根据工程进度计划来确定的。

$$材料储备定额执行情况 = \frac{实际储备对生产的保证天数}{定额储备天数} \times 100\% \qquad (9-18)$$

或者

$$材料储备定额执行情况 = \frac{实际材料储备量}{定额储备量} \times 100\% \qquad (9-19)$$

在分析是否超储时，以最高储备定额为依据。相反，分析材料不足时，应以最低储备定额为依据。

当某些材料超储或已动用了保险储备时，应结合具体情况，进一步分析超储或低储的原因。

第五节　建筑企业能源统计

一、建筑企业能源统计的意义

能源是发展国民经济的重要物质基础。节约和开发能源在国民经济建设中具有战略意义。在建筑企业施工生产活动中，电力、煤炭、成品油等也是材料，应在"原材料、能源消费与库存统计"栏目中进行统计。但它们不构成建筑产品（工程）实体，为便于研究这种能产生能量的物质消耗情况，我们单独对能源进行统计分析。

1. 能源的概念和分类

能源是指能产生热能、电能、光能和机械能等各种形式能量的自然资源和物质资料。为便于对能源进行统计和进行全面研究，可按不同的标志对其进行分类。

能源按其性质可分为矿物能源和非矿物能源。矿物能源有煤炭、石油、天然气、铀等，这类能源经过燃烧或利用就会失去其原有的实物形态，不能再生，而且污染较大。非矿物能源包括水能、生物能、太阳能、汛能、潮汐能、地热能等，这类能源消费了还可以再生，一般没有污染或污染不大。

能源按其形成过程，可分为一次能源和二次能源。一次能源又称天然能源或初级能源，是在自然界中以天然实物形态存在的，没有经过加工或转换的能源，如原煤、原油、油母页岩、天然气、植物燃料、水能、风能、太阳能、地热能、潮汐能、核能等。二次能源又称人工能源，是由一次能源经过加工转换而得到的能源，如焦炭、煤气、汽油、煤油、柴油、电力、蒸汽等。一次能源又可分为再生能源和非再生能源。其中非再生能源是我国现阶段能源消费的主要对象。

能源按其使用的技术状况，可分为常规能源和新能源。常规能源是指在目前科学技术条件下已广泛使用的能源，如煤炭、石油、电力、天然气等。新能源是指正在研究开发，尚未广泛利用的能源，如太阳能、核能、潮汐能、地热能等。

为了研究的需要，还可以将能源按其他标志分类，如按能源的商品性不同分为商品能源和非商品能源；按能源的可燃性不同分为燃料能源和非燃料能源等。

2. 能源的计量单位

能源的种类很多，各种能源实物量计量单位也不同。能源通常采用符合于各种能源的物理化学性能、外观特征和经济用途的实物单位来计量，如煤炭、原油用吨计量，天然气、煤气按立方米计量，电力按千瓦小时计量等。

由于各种能源的实物单位和单位能源提供的能量不尽相同，为了反映能源总量及其使用价值，满足研究能源问题的需要，对能源还需要采用标准实物量计量。根据各种能源都有一定热值（发热量）的共性，可以把不同种类的能源折算为同一热值的标准能源量。通常有油当量、煤当量、电当量等几种标准能源折算度量单位。我国能源消费以煤为主，确定以每千克热值为 7000 大卡（29 307.6kJ）的煤作为标准煤，各种能源均按此折算。各种能源折成标准煤的折算系数为

$$折标准煤系数 = \frac{某种能源每千克平均低位发热值}{每千克标准煤热值} \qquad (9-20)$$

其中，低位发热值是指燃料经完全燃烧时，其燃烧物中的水蒸气仍以气态存在时的反映热。它不包括燃烧中生成的水蒸气放出的凝结热。因为水蒸气的凝结热难以被利用，所以我国规定燃料的热值统一按低位发热值计算。

能源的折算，原则上按实测的各种能源的实际热值进行计算，但在实际工作中，如果企业实测确有困难，可参照国家制定的《各种能源折算系数》进行折算。

电力折算标准煤，除按上述当量热值折算外，还可以按等价热值折算，即按每生产 1 千瓦小时电需要消耗的标准煤量折算。在实际工作中究竟采用哪种折算方法，要根据说明问题的需要来确定。

3. 建筑能源统计的意义

能源在全世界都是短缺的物质资源。我国能源问题更加突出，已经成为制约国民经济发展的瓶颈。建国几十年来，社会总产品增长 5.5 倍，能源消费量就增长近 10 倍。近年来，我国政府已把解决能源问题作为经济建设的战略重点，除了大力发展能源的开发外，在能源消费上的节约挖潜，降低消耗也是十分重要的一环。

近年来，我国经济建设工作中对能源的重视不够，对能源统计工作就更谈不上了。建筑能源统计亦是如此，这就使得对建筑能源的统计对象不明确，统计范围不全，指标体系没有建立，统计资料残缺不全，使国民经济计划和有关方针、政策不能发挥应有的作用。因此，应加强建筑能源统计，促使每个企业都能充分利用能源，厉行节约，杜绝浪费，努力提高能源消费的经济效益。同时，通过统计分析，充分发挥统计的认识功能和服务功能，实现其统计咨询与统计监督作用，使国家的有关方针、政策发挥其应有的作用。

二、建筑企业能源消耗指标计算

建筑能源消耗指标分两类，一类是能源消耗量指标；另一类是能源消耗水平统计指标。

1. 能源消耗量统计

能源消耗量是指建筑企业在一定时期内实际消耗的各种能源的总量。这一指标从能源实际消费角度出发，是指企业完成一定的施工生产任务所消耗的能源数量。

能源消耗量可由报告期实际消耗的数量汇总而得，或者从企业能源消费平衡表中取得相应资料，按下式计算

能源消耗总量 = 期初库存量 + 本期收入量 - 本期拨出量 + 能源盘盈或盘亏量 - 期末库存量

$$(9-21)$$

2. 企业能源消耗水平统计

各种能源消耗总量指标是反映企业全部活动及施工生产中能源消耗的总规模和总水平，但这些指标不能说明企业能源消耗水平的高低，为了反映企业的能源利用情况，研究能源节约情况，还应计算单位建筑面积（单位产品）能耗和万元产值能耗。

（1）单位建筑面积（单位产品）能耗。单位建筑面积能耗有两个指标，其一是单位建筑面积单项能耗；其二是单位建筑面积综合能耗。

1）单位建筑面积单项能耗。

它是指完成单位建筑面积（通常是 $100m^2$）所耗用的某种能源的数量，其计算公式为

$$每 100m^2 建筑面积某种能源消耗量 = \frac{报告期某种能源实际消耗量}{报告期完成的建筑面积(m^2)} \times 100 \qquad (9-22)$$

2）单位建筑面积综合能耗。

它是反映企业完成单位建筑面积（通常为 $100m^2$）对各种能源消耗的总水平，表明每完成 $100m^2$ 建筑面积平均实际消耗的各种能源数量，其计算公式为

$$每 100m^2 建筑面积综合能力 = \frac{报告期各种能源的总消耗量(折标准煤)}{报告期完成的建筑面积(m^2)} \times 100 \qquad (9-23)$$

（2）万元产值能耗。万元产值能耗与 $100m^2$ 建筑面积能耗相比，综合性较强，所以对此指标只计算万元产值（或净产值）的综合能耗。这个指标是反映企业在一定时期内完成的全部工作量所消耗的各种能源的综合水平。

$$万元产值综合能耗 = \frac{报告期各种能源的总消耗量(折标准煤)}{报告期完成总产值(或净产值)(万元)} \qquad (9-24)$$

这个指标是评价企业能源经济效益好坏的最常用的综合指标。

表 9-7 是"企业能源平衡表"。

表 9-7　　　　　　　企业能源平衡表

能源名称	计量单位	年初库存量	本年购入（调入）量	本年生产量	本年消费量		本年销售（拨出）量	盘盈（＋）或盘亏（一）	年末库存量
					合计	其中			
						用作原材料	用于加工转换其他能源			
甲	乙	1	2	3	4	5	6	7	8	9
原煤 汽油 柴油 电 蒸汽	t t t kW t									
合计	标煤（t）									

三、建筑企业能源消耗的统计分析

进行企业能源消耗统计分析，主要是反映能源供应对企业施工生产的保证完成度，研究能源消耗结构是否合理；分析单位建筑产品能耗变化和节能情况，反映企业能源消耗的经济效益。因此，能源统计分析要从能源的供需、消耗、结构和效益等几个方面进行分析，为企业加强能源管理、降低消耗、提高能源利用程度和提高企业经济效益提供依据。

1. 企业能源供需平衡分析

建筑企业使用的能源种类多种多样，而各种能源的来源和使用情况是错综复杂的。为了保证企业能源的消费，企业必须按质、按量、及时地组织各种能源的供应，同时要清楚地反映企业所使用能源的去向和转换情况，为企业能源管理提供依据。这就需要编制能源平衡表进行统计分析。企业能源平衡表格式见表 9 - 7。

平衡表纵行为建筑企业常用能源名称，横栏按进、消、存关系分为 9 栏，其平衡关系为

$$\frac{年初库}{存量} + \frac{本年购入}{（调入）量} + \frac{本年生}{产量} - \frac{本年消}{耗量} - \frac{本年销售}{（或拨出）量} + \frac{盘盈或}{盘亏量} = \frac{年末库}{存量}$$

$$(9 - 25)$$

2. 能源消耗情况分析

为了加强能源管理，降低工程成本，建设部原建筑管理局于 1984 年 10 月制定了《建筑工程现场施工能源消耗定额》和《建筑工程构配件生产能源消费定额》。建筑能源消耗情况的分析，可对能源消耗定额执行情况进行检查，计算能源消耗定额指数。

（1）首先计算各种能源消耗总量指标。

（2）计算建筑面积能源消耗定额指数。

$$\frac{100m^2 \text{建筑面积}}{\text{某种能源消耗定额指数}} = \frac{100m^2 \text{建筑面积某种能源实耗量}}{\text{该种能源} 100m^2 \text{建筑面积消耗定额}} \times 100\% \quad (9 - 26)$$

其中，$100m^2$ 建筑面积某种能源实耗量的计算见式（9 - 38）。

（3）计算万元产值（或净产值）能源消耗定额指数

$$\text{万元产值能源消耗定额指数} = \frac{\text{报告期万元产值综合能耗}}{\text{万元产值定额综合能耗}} \times 100\% \quad (9 - 27)$$

其中，报告期万元产值综合能耗的计算见式（9 - 40）。

（4）构配件生产能源消耗定额统计分析。

构配件的生产分为施工现场生产与预制构件加工厂生产，其能源消耗定额是不同的。定额又按构配件制作工种不同分为混凝土预制构件制作能源消耗定额、混凝土搅拌能源消耗定额、钢筋制作能源消耗定额和钢构件、钢模板、预埋铁件制作能源消耗定额等。可分别不同情况统计其消耗的能源数量与定额相比较，检查构配件生产能源消耗定额执行情况。在实际计算时，要注意将生产能耗与生活能耗分开，甲方能耗与乙方能耗分开。

（5）车辆单车能耗定额统计分析。

建筑安装施工企业因材料、构件等的运输量大，拥有车辆较多，对汽油、柴油的消耗量也较大。因此，要对运输车辆耗油单独实行考核。考核的方法，一是用百车千米用油指标，即一台满载车平均行驶 100 千米耗油量；二是用百吨千米耗油指标，即一台车平均装 1t 货物行驶 100 千米耗油量。两个指标比较起来，第二个指标容易使汽车司机为了完成耗油定额取得节油奖而不顾车辆设备超载。由于违反车辆装载能力，容易发生交通事故，也会使车辆的维修保养费增加。这是对车辆单车耗油定额执行情况进行检查分析时必须注意的。

3. 能源消耗经济效益与节能分析

经济效益是以投入与产出之比的形式表示的。能源消耗的经济效益是以尽量少的能源投入，产出更多的产品。反映能源经济效益的指标有：单位产品综合能耗、能源利用率、节能率等指标。能源经济效益分析，就是通过计算上述指标，表明企业能耗水平和能源利用情况，分析其上升或降低的原因及对企业经济效益的影响。

（1）单位产品综合能耗。

单位产品综合能耗是反映企业生产的全部产品或某种产品各种能源消耗总水平的指标，它是企业能源消耗分析的核心指标。

1）单位产值综合能耗。单位产值综合能耗通常为万元产值能耗。在计算该指标时，分子的能源消耗量须与分母的总产值口径一致。

2）单位产量综合能耗。单位产量综合能耗，通常是指每 $100m^2$ 建筑面积综合能耗，用以对同类型的建筑进行比较。

（2）节能率分析。

在计算能源消耗水平的基础上，可以进一步计算节能量和节能率指标，表明企业节约能源的效果。

1）节能量。节能量是报告期节能的绝对量指标，反映企业生产同样数量的建筑产品少消耗的能源数量。计算公式为

$$\genfrac{}{}{0pt}{}{报告期}{节能量} = \left(\genfrac{}{}{0pt}{}{报告期单位}{产品能源消耗量} - \genfrac{}{}{0pt}{}{基期单位产品}{能源消耗量}\right) \times 报告期产量 \qquad (9-28)$$

其中，单位产品的能源消耗量，可以用单位产品单项能耗，也可以用单位产品综合能耗。报告期产量可以用实物量表示，也可以用价值量表示，但要与前面的单位产品能源消耗量指标一致。

2）节能率。节能率是反映能源节约的相对指标，公式为

$$报告期节能率 = \frac{报告期节能量}{基期单位能耗 \times 报告期产量} \times 100\% \qquad (9-29)$$

上式也可以用本期单位能耗除以上期单位能耗再减 100%，或用本期能源消耗量除以按上期单耗计算的本期能源消耗量再减 100% 计算。

第六节　原材料、能源统计程序

一、原始记录

1. 原始记录的概念

建筑业企业原材料、能源的原始记录是建筑业企业在原材料、能源采购、运输、保管、使用中的最初记载。它是基层工作人员在材料管理过程中积累的第一手资料，也是建筑业企业从事材料管理的基础。这些原始记录有原材料或能源的供货发票、委托加工发货单、入库凭证、领料单、销售材料发料单等。

2. 原始记录的特点

（1）广泛性。它主要反映了原材料、能源从购入到消耗的全过程，在这一过程中，还应区分不同类别的材料加以反映。

（2）具体性。主要体现在要如实地记载从购入到消耗全过程当中的实际情况。

（3）经常性。这主要是由于原材料、能源采购、消耗活动的经常性所引起的。

（4）群众性。主要是指涉及这一过程的全体人员实际上都要参与原始资料的提供工作，尤其是材料在消耗过程中材料管理人员对材料消耗情况的统计工作。

3. 原始记录的作用

（1）原材料、能源的原始记录是反映原材料、能源从购入到消耗整个过程的基础；

（2）原材料、能源的原始记录是企业原材料、能源会计核算和业务技术核算的基础；

（3）原材料、能源的原始记录是企业对其进行科学管理的基础；

（4）原材料、能源的原始记录是企业推行经济责任制的重要工具。

4. 设置原材料、能源原始记录的原则

（1）必须从企业实际出发，把需要和可能结合起来，根据生产特点、管理水平和材料管理活动的需要，确定原材料、能源原始记录的内容、形式和记录方法，使之有利于加强施工现场的原材料、能源的管理。而且随着企业原材料、能源管理水平的提高，要不断地整理和改进。

（2）必须考虑企业经济核算的统一需要。也就是说在设计原始记录的内容、份数和传递路线时，要满足统计核算、会计核算和业务技术核算的要求，三者要相互配合，口径统一。

（3）必须与企业各项管理制度密切结合，例如关于材料收发、领用的记录，必须纳入材料管理制度。

（4）必须有利于群众参加管理，力求做到原始记录的内容要简明扼要、通俗易懂，方法简便易行。

二、统计台账

1. 统计台账的概念

统计台账是指整理和积累原材料、能源基本情况统计资料的账册。它用一定的表格形式，将分散的、反映原材料、能源基本情况的原始资料，依照时间顺序进行登记，积累资料，并定期进行总结的账册。

2. 统计台账的特点

（1）统计台账的资料，来源于原始记录或经过加工整理以后的资料；

（2）统计台账是按照时间的先后顺序，对统计资料进行循序登记；

（3）统计台账是企业统计人员专门设置的一种积累资料的工具。

3. 统计台账的作用

（1）作为整理原材料、能源基本使用情况资料的重要工具；

（2）成为系统地积累原材料、能源各项资料的重要手段。

三、统计报表

1. 统计报表的概念

统计报表是根据原材料、能源的原始记录和统计台账的资料编制的，按照统一规定的表示方法、内容、日期和程序，向企业领导和上级行政主管部门报告原材料、能源各项情况的制度。

2. 统计报表的作用

（1）统计报表是企业领导掌握原材料、能源使用情况，指挥生产的重要依据；

（2）统计报表是向上级行政主管部门汇报企业原材料、能源使用情况的依据；

（3）统计报表，为企业内部各职能部门进行业务核算和会计核算提供依据。

四、原始记录、统计台账、企业内部统计报表之间的关系

原始记录是统计台账和企业编制统计报表的基础，决定着统计台账和企业内部统计报表的质量。

统计台账将原始记录系统化、条理化，在原始记录和统计报表之间起到承前启后的

作用。

统计报表是根据统计台账和其他有关资料编制的，具有综合性特征。

本　章　小　结

原材料、能源统计是指建筑业企业在施工生产过程当中对原材料、能源的采购、保管、储备、消耗等各种情况所作的数量方面的综合计算、分析等工作的总称。

原材料、能源的统计工作主要应体现在原材料、能源在收入、储备和消耗三个方面的数量表现。将实际与计划进行比较，分析各方面对施工生产的保证程度及材料使用的合理程度。

建筑业企业的原材料、能源是建筑生产活动的劳动对象，也是进行施工生产活动的物质基础。在日常的施工生产活动中对原材料、能源进行统计，可以帮助我们了解其各方面的情况，可以为材料管理人员加强核算，降低成本，提高原材料、能源的管理水平提供直接的依据。

原材料、能源收入量也称进货量，是反映建筑企业在一定时期内购入原材料、能源的总数量。应遵循"谁收入、谁统计"的原则，即以实际达到施工现场或仓库经有资质的质量检验部门验收合格，并且经过施工现场的工程监理工程师签证验收并入库的原材料、能源为核算标准。

在原材料、能源收入量的统计中，除了正确地计算各种材料、能源的收入总量外，还应当按材料的不同供应渠道进行分组，研究不同来源材料的数量和比例。现阶段大致存在以下几种主要方式：

（1）国家合同直达到货；

（2）项目业主自行采购供料；

（3）上级机关调入；

（4）委托承建商组织采购；

（5）其他方式。

建筑业企业原材料、能源收入计划，是组织材料物资供应的依据。因此，在施工生产进行过程中，材料的供应应该做到保质、按量、及时。而这些情况可以用原材料、能源收入计划的执行情况来反映。

建筑原材料、能源消费量，是指在一定时期内建筑业企业实际消费的全部材料数量。原材料、能源消耗量，是指在一定时期内实际耗用于建筑产品生产过程的全部材料数量，它是材料消费量的主要组成部分。

材料消耗定额，就是指在合理使用和节约材料的条件下，生产质量合格的单位建筑产品所必须消耗的一定品种、规格的建筑材料、半成品、构件、配件、燃料以及不可避免的损耗量等的数量标准。

所谓库存量统计，是指独立核算的建筑业企业在报告期初（或期末）实际结存的原材料、能源数量方面的计量工作。

原材料、能源库存量一般是期末统计的，是一个时点上的数据；而原材料、能源的储备量，则是表明一定时期的库存数量（也就是供应间隔期之间的数量），以保证施工生产对于各种原材料、能源数量的需要。而这一库存数量的确定，一般用原材料、能源的储备定额来确定。

建筑材料消耗定额是指在合理和节约的原则下，完成一定数量的建筑产品或工程必需耗用的材料数量。它是合理、节约和高效使用材料、降低材料消耗的基本标准和基本依据，它是企业编制计划的基础。它是确定工程造价的依据，又是企业搞好经济核算的基础，同时，还是企业推行经济责任制，提高生产管理水平的手段。

能源是发展国民经济的重要物质基础。节约和开发能源在国民经济建设中具有战略意义。在建筑企业施工生产活动中，电力、煤炭、成品油等也是材料，应在"原材料、能源消费与库存统计"栏目中进行统计。但它们不构成建筑产品（工程）实体，为便于研究这种能产生能量的物质消耗情况，我们单独对能源进行统计分析。

进行企业能源消耗统计分析，主要是反映能源供应对企业施工生产的保证完成度，研究能源消耗结构是否合理；分析单位建筑产品能耗变化和节能情况，反映企业能源消耗的经济效益。因此，能源统计分析要从能源的供需、消耗、结构和效益等几个方面进行分析，为企业加强能源管理、降低消耗、提高能源利用程度和提高企业经济效益提供依据。

练 习 题

一、填空题

1. 原材料、能源的统计工作主要涉及了原材料、能源_____、_____及_____三个方面的情况。

2. 原材料、能源的收入量必须以实际达到_____或_____并经验收合格入库为标准进行统计。

3. 原材料、能源收入计划执行情况的检查，就是将_____与_____进行对比，反映原材料、能源对施工生产的保证程度。

4. 原材料、能源消耗量，是指在一定时期内实际耗用于建筑产品_____过程的全部材料数量。

5. 原材料、能源的储备定额，一般分为_____、_____和_____三种类型。

二、多项选择题

1. 原材料、能源收入计划执行情况的检查，通常需要考核的几个方面为（ ）。

A. 检查收入量是否充足 　　　B. 检查材料物资收入的品种是否齐备

C. 检查原材料、能源收入是否及时 　　D. 检查原材料、能源收入资金量是否充足

2. 建筑原材料、能源按其在施工中的作用分为（ ）。

A. 主要材料 　　　　　　　　B. 结构件

C. 机械配件 　　　　　　　　D. 周转材料

3. 原材料、能源的原始记录有（ ）。

A. 原材料、能源的供货发票 　　B. 委托加工发货单

C. 入库凭证 　　　　　　　　D. 其他单据

三、简答题

1. 建筑业企业原材料、能源消费与库存统计的意义是什么？

2. 试述建筑业企业原材料、能源收入量、消费量、库存量统计的原则。

3. 试述原材料、能源储备定额的计算方法及其示意图的表示方法。

4. 原始资料、统计台账、企业内部统计报表之间的关系是怎样的？

四、应用题

1. 已知下列资料。

表 9-8　　　　　　　　　　　　　**材料计划、库存、收入表**

材料名称	计量单位	本期计划需要	期初库存	实际收入	
				日期	数量
钢　材	t	9	0.9	3 日、15 日、20 日	3.6；1.5；4.5
木　材	m³	12	1.2	10 日、20 日、29 日	4；6；4
水　泥	t	60	10	6 日、21 日、30 日	30；10；20

注　本月日历天数为 30 天，无休息日。

要求：

（1）计算各种材料收入量计划完成程度指标；

（2）分析材料在收入量方面是否存在问题。

2. 某企业全年需用水泥 1800t，水泥每批供应间隔期为 20 天；根据实际记录，水泥供应一般超过正常期限的时间为 5 天，计算该企业水泥的正常储备量、保险储备量和最高储量。

3. 某施工单位，报告期完成钢筋混凝土平板和钢筋混凝土圈梁两个分部分项工程，完成工程量以及材料消耗资料见表 9-9。

表 9-9　　　　　　　　　**某企业完成工程量以及材料消耗资料表**

分部分项工程名称	完成工程量		主要材料		每 10m³ 消耗		预算单价（元）
	单位	数量	名称	单位	定额	实际	
钢筋混凝土平板	m³	300	钢筋	t	1.036	1.1	1100
			32.5 级水泥	t	3.359	4	140
			卵石	m³	8.729	8.8	46
钢筋混凝土圈梁	m³	400	钢筋	t	1.216	1.3	11 100
			32.5 级水泥	t	3.228	3.2	140
			卵石	m³	9.135	9.1	46

要求：分析该企业混凝土工程的材料消耗定额执行情况。

第十章　建筑企业质量统计

　　建筑业企业的质量不是狭义的工程产品质量，而是广义的质量概念。它包含建筑业企业工作质量和工程质量，它是狭义工程质量的延伸。要保证建筑业企业的产品质量，就必须保证工序质量；要保证工序质量，就必须保证工作质量。只有这样，企业才能立足于建筑市场，企业质量统计的任务也在于此。

　　根据国家推行的 GB/T 19000—ISO 9000 族标准，建筑业企业的质量职责是：

　　（1）根据用户、社会对质量的要求，并不断地改进产品质量；

　　（2）不断改进组织本身的工作质量；提高效率，以不断满足所有用户和其他受益者明确或隐含的需要；

　　（3）开展内部质量保证和质量控制活动，为组织内部管理者和其雇员提供信任，说明质量要求正在得到实现和保证；

　　（4）开展外部质量保证活动，为用户和其他受益者提供信任，说明交付的产品质量要求，现在或将来都会得到满足；

　　（5）组织所建立的质量体系能满足顾客和其他方面的要求，并能提供质量体系要求业已实现的证据以取得信任。

第一节　GB/T 19000—ISO 9000 系列标准

　　ISO 9000 族标准是关于质量管理与质量保证的系列国际标准，GB/T 19000—ISO 9000 系列标准是建筑业企业推行质量管理的质量保证体系。

一、ISO 9000 产生的背景及与我国建筑业企业质量管理的关系

　　1. ISO 9000 产生的背景

　　随着社会的发展，科学技术的进步，全球贸易竞争的加剧，用户对质量提出了越来越严格的要求。企业管理者已清醒地认识到，低廉价格不再是用户购买商品的唯一因素，高质量的产品和服务才是用户购买的真正原因。用户为得到高质量的产品或服务，制造商为了扩大和占领产品市场，以期获得更大利润，纷纷要求企业建立健全质量体系，不断改进产品和服务质量，使用户、企业、社会各方面都得到益处。因此，许多国家为挤进国际市场，都分别制订了各自的质量保证制度，但由于标准各异，很难被国际认可和采用，影响了国际贸易发展。就在此时，为满足国际经济交往中质量保证活动的客观需要，打破国与国的技术壁垒，国际标准化组织：ISO 9000 应运而生。它在总结各国质量保证制度经验的基础上，经过近十年的努力，于 1987 年 3 月，颁布了 ISO 9000《质量管理和质量保证》系列。由于这本标准系列具有科学性、系统性、实践性和指导性，所以它一经问世，就受到许多国家和地区的关注，据 1994 年统计，已有 70 多个国家和地区采用了这一系列标准。

　　2. ISO 9000 与我国建筑业企业质量管理

　　ISO 9000 族标准，虽然在国际上通用，但对我国来说还是很陌生的。自中共中央十四

大提出建立有中国特色的社会主义市场经济后，虽然我国尚未加入世界经贸组织，但在事实上已把我国推向了世界市场，这种外在的压力，迫使我国企业迅速与国际惯例接轨，尽快学习和掌握 ISO 9000 族标准，尽快地开展产品认证和质量体系认证，以尽快地打破国际间的技术壁垒，参与国际社会的经济循环。

据有关资料记载：美国、英国、法国等国已开始限制没有获得 ISO 9000 族标准的企业所生产的产品和服务项目的进口，香港地区于 1993 年 12 月宣布：凡未取得质量体系认证的施工企业均不得在香港投标。可见，国际市场对 ISO 9000 质量体系的认证是何等严肃。

新中国成立以来，我国政府在抓企业管理中十分重视质量管理标准化工作，五十年代就提出"百年大计，质量第一"的方针。改革开放以来，国门打开，为适应国际形势，1988 年即 ISO 9000 发布的第二年，我国标准化工作的主管部门——国家技术监督局发布了等效采用 ISO 9000 系列的国家标准 GB/T 10900《质量管理和质量保证》。1992 年为了与国际惯例接轨，国家技术监督局在不同行业的 116 家企业进行了实施 ISO 9000 的试点。几年的实践，我国在实施 ISO 9000 方面取得了明显进展，试点工作为我国进一步推广 ISO 9000 奠定了基础。

1992 年 10 月 13 日国家技术监督局发布 GB/T 6583—1992《质量管理和质量保证系列标准》自 1993 年 1 月 1 日起施行。该标准等同采用 ISO 9000 广告标准，实现了我国质量管理和质量管理方面与国际惯例接轨。

二、GB/T 19000 代替 GB/T 10900 的主要内容

GB/T 19000—ISO 9000 质量管理和质量保证系列标准由五项标准组成：

GB/T 19000—ISO 9000《质量管理和质量保证——选择和使用指南》；

GB/T 19001—ISO 9001《质量体系——设计/开发、生产、安装和服务的质量保证模式》；

GB/T 19002—ISO 9002《质量体系——生产和安装质量保证模式》；

GB/T 19003—ISO 9003《质量体系——最终检验和试验的质量保证模式》；

GB/T 19004—ISO 9004《质量管理和质量体系要素——指南》。

GB/T 19000 系列标准作为标准的性质是一套推荐性的标准。标准编号中"T"是推荐性标准的代号，也是"推"字汉语拼音的第一个字母。根据《中华人民共和国标准化法》第七条规定："国家标准、行业标准，分为强制性标准和推荐性标准。保障人身健康、财产安全的标准和法律、行政规定强制执行的标准是强制性标准，其他标准是推荐性标准"。所以，GB/T 19000 是我国颁布的推荐性管理标准，但我们在此强调一点，GB/T 19000 系列标准虽然是属于推荐性标准，但并不意味这一标准执行的弹性。这套系列标准是工业发达国家几十年来质量管理工作的经验总结；它为实施质量管理和质量保证提供了规范，是一套出色的指导性文件。因而，它是各企业加强内部质量管理和实施外部质量保证所必需的。此外，我们还应看到本系列标准在一定条件下其性质可产生异化，这就是由推荐性转化为强制性。当该系列标准一旦被有关的法律、法规所采用，被合同所采用，被第三方认证机构采用作为认证的依据，则这套标准在规定的领域内就是强制性的。

作为标准，在内容上可分为两类。一类是技术标准，一类是管理标准。技术标准包括工程质量标准、产品质量标准、工艺标准、基础标准（技术文件等）、其他标准（安全防护标准等）。管理标准是指为保证内部各项工作活动的正常运行，实现本部门的方针目标，对从事生产经营活动的人员规定必须共同遵守的准则。

第二节　全面质量管理基本概念与统计方法

任何事物都是质和量的统一，不存在没有质量的数量，也不存在没有数量的质量。质量反映事物的本质、特性，而数量则是反映事物存在和发展的规模、程度、速度、水平等的标志。没有质量就没有数量、品种、效益，就没有工期、成本、信誉。所以，建筑工程质量是工程施工的核心，是决定建筑企业经营管理工作成败的关键。

目前在我国，工程质量随着建筑业的发展有很大的改善，但与世界发达国家相比，施工企业工程质量管理总体水平低，建设周期长，物资消耗高。近年来建筑施工企业引入了全面质量管理，认真推行全面质量管理的企业，工程质量在稳定中不断提高，取得了良好的经济效益和社会效益。当前，建筑企业正在贯彻 ISO 9000 系列标准；澄清了质量管理的一些基本概念，提出了企业建立质量（保证）体系的基本理论。本节将介绍质量管理概念以及全面质量管理的思想、特点和方法。

一、质量管理

1. 质量的含义

质量是反映产品或服务满足明确或隐含需要的能力的特征的总和。一般意义上，质量是指产品具有的使用价值和特性。比如：建筑工程的质量是从坚固、持久、适用、美观、经济等方面来衡量的，对于质量的含义可从以下几个方面理解：

（1）必须符合有关国内、国际的标准和要求。例如，建筑工程的施工质量就要以《建筑工程施工质量验收统一标准》（GB 50300—2001）为标准，电气安装工程的质量就须以《建筑电气安装工程施工质量验收规范》（GB 50303—2002）来衡量。

（2）符合市场及消费主题的需求。只有满足市场需求和消费主体期望的产品才可能得到价值实现，才谈得上质量。

（3）注重新技术的应用，注重价值工程的运用。

（4）不仅要注重在线质量，还要注重线外质量。

（5）通过质量再造工程寻找质量突破。所谓质量再造工程（QR），是以满足顾客需求为导向，以灵敏、快速和适应市场变化为宗旨，对质量形成过程的管理进行根本性的再思考和关键性的设计，取得质量效益。

2. 建筑工程质量

建筑工程作为一种综合加工的产品，其质量是指建筑工程满足相关标准规定或合同约定的要求，包括其在安全、使用功能及其在耐久性能、环境保护等方面所有明显和隐含能力的特性总和。由于建筑工程本身具有单件、定做的特点，工程的质量除具有一般产品的共性外，还有其特殊性：

（1）物理化学特性，如强度、硬度、冲击韧性、塑性、抗渗性、耐热性、耐磨、耐酸、耐腐蚀性等。

（2）时间特性，主要指其物理寿命、使用寿命及其技术特性。

（3）经济特性，如使用维护费、节能、节材等经济指标。

（4）安全特性，指工程产品在使用过程中的安全性能。

（5）舒适方便特性，指是否满足消费主体的个性化需求，是否在生产或经营中具有简捷高效、实用的特性。

（6）服务特性，指工程产品对消费主体或用户提供的服务方面的指标。

3. 质量管理

质量管理是指为了保证产品或服务的质量，质量管理主体所进行的各种组织管理工作。建筑企业质量管理是建筑企业从开始施工准备到工程竣工验收交付使用过程中，为保证工程质量所进行的各项管理组织工作，是建筑企业管理不可或缺的内容。尤其随着我国加入WTO及与国际质量标准的接轨，建筑企业的质量管理工作已经成为企业管理的重中之重。质量管理可以提高工程的使用价值，降低工程费用，减少流通和返工、维修等费用，提高企业的经济效益，扩大企业的信誉和核心竞争力，对于建筑企业是一项很重要的管理工作。

二、全面质量管理

20世纪50年代末，美国通用电气公司的费根堡姆和质量管理专家朱兰提出了"全面质量管理"（Total Quality Management，TQM）的概念，认为"全面质量管理是为了能够在最经济的水平上，并考虑到充分满足客户要求的条件下进行生产和提供服务，把企业各部门在维持质量和提高质量的活动中构成为一种有效体系"。60年代初，美国一些企业根据行为管理科学的理论，在企业的质量管理中开展了依靠职工"自我控制"的"无缺陷运动"（Zero Defects），日本在工业企业中开展质量管理小组（Q. C. Cycle）活动，使全面质量管理活动迅速发展起来。

全面质量管理，是一个组织以质量为中心，以全员参与为基础，目的在于通过让顾客满意和本组织所有成员及社会受益而达到长期成功的管理途径。具体说全面质量管理就是根据提高产品（工程）质量的要求，充分发动全体职工，综合运用现代科学和管理技术的成果，把积极改善组织管理、研究革新专业技术和应用数理统计等科学方法结合起来，实现对生产（施工）全过程各因素的控制，多快好省地研制和生产（施工）出用户满意的优质产品（工程）的一套科学管理方法。

全面质量管理的基本思想是通过一定的组织措施和科学手段，来保证企业经营管理全过程的工作质量，以工作质量来保证产品（工程）质量，提高企业的经济效益和社会效益。

1. 全面质量管理的基本观点

全面质量管理继承了质量检验和统计质量控制的理论和方法，并在深度和广度方面都将其向前发展一步，归纳起来它具有以下基本观点：

（1）"用户至上"的观点，并将用户的概念扩充到企业内部，即下道工序就是上道工序的用户，不将问题留给用户。现代企业质量管理"用户至上"的观点是广义的，它包含两个含义：一是直接或间接使用建筑工程的单位或个人，二是企业内部，在施工过程中上一道工序应对下一道工序负责，下一道工序则为上一道工序的用户。

（2）"预防为主"的观点，即在设计和加工过程中消除质量隐患。工程质量是设计、制造出来的，而不是检验出来的。检验只能发现工程质量是否符合质量标准，但不能保证工程质量。在工程施工过程中，每个分部分项工程、每道工序的质量，都会随时受到许多因素的影响，只要有一个因素发生变化，质量就会产生波动，不同程度的出现质量问题，全面质量管理强调将事后检验变为工序控制，在施工全过程中将影响质量的因素控制起来，发现质量波动就分析原因、制定对策，防检结合，防患于未然。

（3）"定量分析"的观点，只有定量化才能获得质量控制的最佳效果。定量分析也就是用数据说话，全面质量管理以数理统计方法为基本手段，而数据是应用数理统计方法的基础，依靠实际的数据资料，运用定量分析的方法做出正确的判断，采取有力措施进行质量管理。

（4）"全面管理"的观点，即实行全员、全过程、全企业的管理。全员管理就是施工企业的全体人员，包括各级领导、管理人员、技术人员、施工工人、后勤人员等都要参加到质量管理中来，人人都要学习运用全面质量管理的理论和方法，明确自己在全面质量管理中的责任和义务。全过程管理就是把工程质量管理贯穿于工程的前期策划、设计、施工、使用的全过程。全企业管理就是施工企业各个部门都要参加质量管理，都要履行自己的职能。

2. 全面质量管理的基本方法

全面质量管理的基本方法可以概况为四句话十八个字，即：一个过程、四个阶段、八个步骤、数理统计方法。

一个过程，即企业管理是一个过程。企业在不同时间内，应完成不同的工作任务。企业的每项生产经营活动，都有一个产生、形成、实施和验证的过程。四个阶段，根据管理是一个过程的理论，美国的戴明博士把它运用到质量管理中来，总结出"计划（plan）—实施（do）—检查（check）—处理（action）"四阶段的循环方式，简称 PDCA 循环，又称"戴明循环"。八个步骤，为了解决和改进质量问题，PDCA 循环中的四个阶段还可以具体划分为八个步骤。

（1）计划阶段（plan）：分析现状，找出存在的质量问题；分析产生质量问题的各种原因或影响因素；找出影响质量的主要因素；针对影响质量的主要因素，提出计划，制定措施。

（2）实施阶段（do）：执行计划，落实措施。

（3）检查阶段（check）：检查计划的实施情况。

（4）处理阶段（action）：总结经验，巩固成绩，工作结果标准化；提出尚未解决的问题，转入下一个循环。

在应用 PDCA 四个循环阶段、八个步骤来解决质量问题时，需要收集和整理大量的数据资料，并用科学的方法进行系统的分析。最常用的七种统计方法，他们是排列图、因果图、直方图、分层法、相关图、控制图及统计分析表。这套方法是以数理统计为理论基础，不仅科学可靠，而且比较直观。

三、施工质量保证体系

1. 质量保证体系的概念

质量保证体系是为使人们确信某产品或某项服务能满足给定的质量要求所必须的全部有计划有系统的活动。在工程项目建设中，完善的质量保证体系可以满足用户的质量要求。质量保证体系通过对那些影响设计的或是使用规范性的要素进行连续评价，并对建筑、安装检验等工作进行检查，以取得用户的信任，并提供证据。因此，质量保证体系是企业内部的一种管理手段，在合同环境中，质量保证体系是施工单位取得建设单位信任的手段。

2. 质量保证体系的内容

工程项目的质量保证体系就是以控制和保证施工产品质量为目标，从施工准备、施工生产到竣工投产的全过程，运用系统的概念和方法，在全体人员的参与下，建立一套严密、协调、高效的全方位的管理体系。从而使工程项目质量管理制度化、标准化，其内容主要包括以下方面：

（1）项目质量目标。项目质量保证体系，必须有明确的质量目标，并符合质量总目标的要求。以工程承包合同为基本依据，逐级分解目标以形成在合同环境下的项目质量保证体系的各级质量目标。项目质量目标的分解主要从两个角度展开，即：从时间角度展开，实施全过程的控制；从空间角度展开，实现全方位和全员的质量目标管理。

（2）项目施工质量计划。项目质量保证体系应有可行的质量计划。质量计划应根据企业的质量手册和项目质量目标来编制。工程项目质量计划可以按内容分为质量工作计划和质量成本计划。质量工作计划主要包括：质量目标的具体描述和定量描述整个项目建设质量形成的各工作环节的责任、权限的明确和分配；采用的特定程序、方法和工作指导书；重要工序（工作）的试验、检验、验证和审核大纲；质量计划修订程序；为达到质量目标所采取的其他措施。质量成本计划是规定最佳质量成本水平的费用计划，是开展质量成本管理的基准。质量成本可分为运行质量成本和外部质量保证成本。

（3）思想保证体系。用全面质量管理的思想、观点和方法，使全体人员真正树立起强烈的质量意识。主要通过树立"质量第一"的观点，增强质量意识，树立"一切为用户服务"的观点，以达到提高施工质量的目的。

（4）组织保证体系。工程质量是各项管理的综合反映，也是管理水平的具体体现。必须建立健全各级组织，分工负责，做到以预防为主、预防与检查相结合，形成一个有明确任务、职责、权限、互相协调和互相促进的有机整体。组织保证体系主要通过成立质量管理小组（QC小组）；健全各种规章制度；明确规定各职能部门主管人员和参与施工人员，保证和提高工程质量中所承担的任务、职责和权限；建立质量信息系统等内容构成。

（5）工作保证体系。通过施工准备阶段、施工阶段、竣工阶段的质量控制实现。施工准备是整个工程建设的基础，准备工作的好坏，不仅直接关系到工程建设高速、优质地完成，而且也对工程质量起着一定的预防、预控作用。施工过程是建筑产品形成的过程，为保证工程质量，应加强工序管理，建立质量检查制度，开展群众性的QC活动，建立内控标准，以确保施工阶段的工程质量。竣工验收阶段应做好成品保护，加强工序联系，不断改进措施，建立回访制度等工作。

3．质量保证体系的运行

施工质量保证体系的运行，应以质量计划为主线，以过程管理为重心，按照PDCA循环的原理，即计划、实施、检查和处理的方式展开控制。同时质量保证体系的运行状态和结果的信息应及时反馈，以便进行质量保证体系的能力评价。

（1）计划（Plan）是质量管理的首要环节，通过计划，确定质量管理的方针、目标，以及实现方针、目标的措施和行动计划。"计划"包括质量管理目标的确定和质量保证工作计划，其中质量管理目标的确定，就是根据项目自身存在的质量问题、质量通病以及与先进质量标准对比的差距，或者用户提出的更新、更高的质量要求所确定的项目在计划期应达到的质量标准。质量保证工作计划，就是为实现上述质量管理目标所采用的具体措施的计划。质量保证工作计划应做到材料、技术、组织三落实。

（2）实施（Do）包含两个环节，即计划行动方案的交底和按计划规定的方法及要求展开的施工作业技术活动。首先，要做好计划的交底和落实。落实包括组织落实、技术和物资材料的落实。有关人员还要经过培训、实习并经过考核合格再执行。其次，计划的执行，要依靠质量保证工作体系，也就是要依靠思想工作体系、做好教育工作；依靠组织体系，即完善组织结构、责任制、规章制度等项工作；依靠产品形成过程的质量控制体系，做好质量控制工作，以保证质量计划的执行。

（3）检查（Check）就是对照计划，检查执行的情况和效果，及时发现计划执行过程中的经验和问题。检查一般包括两个方面：一是检查是否严格执行了计划的行动方案，检查实际条件是否发生了变化，查明没按计划执行的原因；二是检查计划执行的结果，即施工质量是否达到标准的要求，并对此进行评价和确认。

（4）处理（Action）在检查的基础上，把成功的经验加以肯定，形成标准，以利于在今后的工作中以此成为处理的依据，巩固成果，克服缺点，吸取教训，避免重复犯错，对于尚未解决的问题，则留到下一次循环再加以解决。

质量管理的全过程是反复按照 PDCA 的循环周而复始地运转，每运转一次，工程质量就提高一步。

四、施工企业质量管理体系

1. 质量管理体系原则

我国执行的 GB/T 19000—2000 质量管理体系标准中质量管理体系原则分为八个方面。

原则一：以顾客为关注焦点。组织（从事一定范围生产经营活动的企业）依存于顾客。因此，组织应当理解顾客当前和未来的需求，满足顾客要求并争取超越顾客期望。

原则二：领导作用。领导者建立组织统一的宗旨及方向，他们应当创造并保持使员工能充分参与实现组织目标的内部环境。

原则三：全员参与原则。各级人员是组织之本，只有他们的充分参与，才能使他们的才干为组织带来收益。

原则四：过程方法。将活动和相关资源作为过程进行管理，可以更高效地得到期望的结果。

原则五：管理的系统方法。将相互关联的过程作为系统加以识别、理解和管理，有助于组织提高实现目标的有效性和效率。

原则六：持续改进。持续改进整体业绩是组织的一个永恒的目标。

原则七：基于事实的决策方法。有效的决策应建立在数据和信息分析的基础上。

原则八：与供方互利的关系。组织与供方建立相互依存的、互利的关系可增强双方创造价值的能力。

2. 施工企业质量管理体系文件的构成

GB/T 19000—2000 质量管理体系明确要求，企业应有完整的和科学的质量体系文件，这是企业开展质量管理和质量保证的基础，也是企业为达到所要求的产品质量，实施质量体系审核、质量体系认证、进行质量改进的重要依据。质量管理体系的文件主要由质量手册、程序文件、质量计划和质量记录等构成。

质量手册是阐明一个企业的质量政策、质量体系和质量实践的文件，是质量文件中重要的文件，是实施和保持质量体系过程中长期遵循的纲领性文件。质量手册的主要内容包括：企业的质量方针、质量目标；组织机构和质量职责；各项质量活动的基本控制程序或体系要素；质量评审、修改和控制管理办法。

程序文件是质量手册的支持性文件，是企业落实质量管理工作而建立的各项管理标准、规章制度，是企业各职能部门为贯彻落实质量手册要求而规定的实施细则。程序文件一般至少应包括文件控制程序、质量记录管理程序、不合格品控制程序、内部审核程序、预防措施控制程序、纠正措施控制程序等。

质量计划是为了确保过程的有效运行和控制，在程序文件的指导下，针对特定的产品、过程、合同或项目，而制定出的专门质量措施和活动顺序的文件。质量计划的内容包括：应达到的质量目标；该项目各阶段的责任和权限；应采用的特定程序、方法、作业指导书；有关阶段的实验、检验和审核大纲；随项目的进展而修改和完善质量计划的方法；为达到质量目标必须采取的其他措施。

质量记录是产品质量水平和质量体系中各项质量活动进行及结果的客观反映，是证明各阶段产品质量达到要求和质量体系运行有效的证据。

3. 施工企业质量管理体系的建立与运行

质量管理体系是建立质量方针和质量目标并实现这些目标的体系。建立完善的质量体系并使之有效地运行，是企业质量管理的核心，也是贯彻质量管理和质量保证标准的关键。质量管理体系的建立和运行一般可分为三个阶段，即质量管理体系的建立、质量管理体系文件的编制和质量管理体系的实施运行。

质量管理体系的建立是企业根据质量管理体系八项原则，在确定市场及顾客需求的前提下，制定的企业质量的质量方针、质量目标、质量手册、程序文件和质量记录等体系文件，并将质量目标落实到相关层次、相关岗位的职能和职责中，形成企业质量管理体系执行系统的一系列工作。

质量体系文件编制是质量管理体系的重要组成部分，也是企业进行质量管理和质量保证的基础。编制质量体系文件是建立和保持体系有效运行的重要基础工作。编制的质量体系文件包括：质量手册、质量计划、质量体系程序、详细作业文件和质量记录。

质量体系的运行是在生产及服务的全过程按质量管理文件体系制定的程序、标准、工作要求及目标分解的岗位职责进行操作运行。

4. 质量管理体系认证与监督

质量管理体系的认证是由具有公正的第三方认证机构，依据质量管理体系的要求标准，审核企业质量管理体系要求的符合性和实施的有效性，进行独立、客观、科学、公正的评价，并得出结论。认证应按申请、审核、审批与注册发证等程序进行。

企业获准认证的有效期为三年。企业获准认证后，应经常性的进行内部审核，保持质量管理体系的有效性，并接受认证机构对企业质量管理体系实施的监督管理。获准认证后监督管理工作的主要内容有企业通报、监督检查、认证注销、认证暂停、认证撤销、复议及重新换证等。

第三节　工程质量事故统计

一、工程质量事故的概念及分类

1. 工程质量事故概念

（1）质量不合格。根据我国 GB/T 19000 质量管理体系标准的规定，凡工程产品没有满足某个规定的要求，就称之为质量不合格；而没有满足某个预期使用要求或合理的期望（包括安全性方面）要求，称为质量缺陷。

（2）质量问题。凡是工程质量不合格，必须进行返修、加固或报废处理，由此造成直接经济损失低于 5000 元的称为质量问题。

（3）质量事故。凡工程质量达不到合格标准的工程，必须进行返修、加固或报废，由此而造成的直接经济损失在 10 万元以上的称为重大质量事故；直接经济损失在 10 万元以下、5000 元（含 5000 元）以上的称为一般工程质量事故。

2. 工程质量事故的分类

由于工程质量事故具有复杂性、严重性、可变性和多发性的特点，所以建设工程质量事故的分类有多种方法，但一般可按以下条件进行分类。

（1）按事故造成损失严重程度划分为：一般质量事故、严重质量事故、重大质量事故、特别重大质量事故。

一般质量事故是指经济损失在 5000 元（含 5000 元）以上，不满 5 万元的；或影响使用功能或工程结构安全，造成永久质量缺陷的。

严重质量事故是指经济损失在 5 万元（含 5 万元）以上，不满 10 万元的；或严重影响使用功能或工程结构安全，存在重大质量隐患的；或事故性质恶劣或造成 2 人以下重伤的。

重大质量事故是指工程倒塌或报废；或由于质量事故，造成人员死亡或重伤 3 人以上；或直接经济损失 10 万元以上。

特别重大事故是指凡具备国务院发布的《特别重大事故调查程序暂行规定》所列发生一次死亡 30 人及其以上，或直接经济损失达 500 万元及其以上，或其他性质特别严重的情况之一均属特别重大事故。

（2）按事故责任划分为：指导责任事故、操作责任事故。

指导责任事故是指由于在工程实施指导或领导失误而造成的质量事故。例如，由于工程负责人片面追求施工进度，放松或不按质量标准进行控制和检验，降低施工质量标准等。

操作责任事故是指在施工过程中，由于实施操作者不按规程和标准实施操作，而造成的质量事故。例如，浇筑混凝土时随意加水；混凝土拌和物产生离析现象仍浇筑入模等。

（3）按质量事故产生的原因划分为：技术原因引发的质量事故、管理原因引发的质量事故、社会、经济原因引发的质量事故。

技术原因引发的质量事故是指在工程项目实施中由于设计、施工在技术上的失误而造成的质量事故。例如，结构设计计算错误；地质情况估计错误；采用了不适宜的施工方法或施工工艺等。

管理原因引发的质量事故是指管理上的不完善或失误引发的质量事故。例如，施工单位或监理单位的质量体系不完善；检验制度不严密；质量控制不严格；质量管理措施落实不力；检测仪器设备管理不善而失准；进料检验不严等原因引起的质量问题。

社会、经济原因引发的质量事故是指由于经济因素及社会上存在的弊端和不正之风引起建设中的错误行为，而导致出现质量事故。例如，某些施工企业盲目追求利润而不顾工程质量，在投标报价中随意压低标价，中标后则依靠违法的手段或修改方案追加工程款，或偷工减料等，这些因素往往会导致出现重大工程质量事故，必须予以重视。

二、质量事故统计方法

质量事故统计范围，只计算在建筑产品生产过程中发生在工程上的质量事故。不包括：

尚未使用到工程上去的；设备开箱验收时发现机械设备本身已损坏的；工程交付使用后发生的事故；由于自然灾害而造成的质量事故；返工损失金额在规定限额以下的事故。

质量事故按发生事故的次数计算。发生质量事故必然造成各方面的经济损失，这种损失综合表现为返工损失金额。其计算公式为

返工损失金额 = 返工损失的材料费、人工费、机械使用费 + 规定的管理费 — 返工工程拆下后可以重复利用的材料价值 　　　　　　　　　（10 - 1）

返工损失率是指返工损失金额和自行完成施工产值的比，它可以综合地说明质量事故的大小和严重程度。

$$返工损失率 = \frac{自年初累计返工损失金额}{自年初累计自行完成施工产值} \times 100\% \qquad (10 - 2)$$

返工损失率一般采用累计数值进行计算，并以千分率计算。

第四节　质量统计分析方法

项目的质量数据反映了项目的质量状况及其变化，是进行项目质量控制的重要依据，通过对质量数据的收集、整理和分析，可以找出项目质量的变化规律，发现存在的质量问题，及时采取预防和纠正措施，从而使项目的质量处于受控状态。

在项目的质量控制中，常用的统计工具有排列图、因果图、分层法、直方图、控制图、相关图和调查表等。其中排列图是根据质量缺陷所出现的频数大小，找出主要质量缺陷的方法；因果图则用于分析质量问题的原因；分层法是将所收集的数据按不同情况和不同条件分组进行分析，找出解决问题的方法；直方图是根据质量数据所绘得直方图从图形与标准相对照来分析生产是否正常，质量是否稳定；控制图是根据质量数据是否超出控制界限和在控制界限范围内的排列情况来分析过程是否正常；相关图是通过分析两个因素直接是否存在相关性的方法，找出质量问题的原因；调查表用于调查资料数据，供进一步分析使用。

统计分析工具的应用通常可以分为三个阶段：

(1) 统计调查及统计整理阶段。在这一阶段内的主要工作是进行数据的收集、整理和归纳，并以某些质量特征数，如平均值 $\bar{x}$、标准差 S 等来表示产品的质量。

(2) 统计分析阶段。这一阶段主要进行数据的统计分析，并找出其内在的规律性，如波动的趋势及影响波动的因素等。

(3) 统计判断阶段。在这一阶段主要是根据统计分析的结论对项目过程质量的现况及发展趋势做出科学的判断。

一、分层法

分层法又称为分类法或分组法，它是将针对某质量问题所收集到的质量特性数据进行分类整理和分析，以便从中找出质量问题的原因，并及时采取措施加以处理。分层的类型很多，常用的分层方法有：

(1) 按操作人员分层。按不同班组、技术级别、工龄、年龄、男女分层。

(2) 按材料分层。按材料的供应单位、规格、品种分层。

(3) 按设备分层。按设备型号、使用时间、功能分层。

(4) 按工艺方法分层。按不同的工艺方案和工艺规格分层。

（5）按工作时间分层。按工作日期、工作时间分层。

（6）按工作环境、技术环境、管理环境、劳动环境分层。

（7）按使用条件分层。

【例 10-1】 某工程建设项目的一批钢筋焊接，采用 A、B 两种焊条和甲、乙、丙三个焊工操作，现检查了 60 个焊接点，其中合格的为 35 个，不合格的为 25 个，不合格率为 41.66%，存在严重的质量问题，现用分层法分析质量问题原因。

本例按操作者和焊条来源（焊条生产厂家）分层进行分析，经分层统计其结果见表 10-1、表 10-2。

由表 10-1 和表 10-2 分层分析可见，操作者乙的质量较好，采取 B 厂的焊条质量较好。现进一步采用综合分层进行分析，见表 10-3。

表 10-1 按 操 作 者 分 层

操作者	合格数（个）	不合格数（个）	不合格率（%）
甲	14	8	36.40
乙	9	5	35.71
丙	12	12	50.00
合计	35	25	

表 10-2 按 焊 条 来 源 分 类

焊条来源	合格数（个）	不合格数（个）	不合格率（%）
A 厂	15	11	42.31
B 厂	20	14	41.18
合计	35	25	

表 10-3 综合分层分析焊接质量

操作者	焊接质量	A 厂（个）	不合格率（%）	B 厂（个）	不合格率（%）	合计（个）	不合格率（%）
甲	合 格	10	16.66	4	40.00	14	36.36
	不合格	2		6		8	
乙	合 格	2	33.33	7	36.36	9	35.78
	不合格	1		4		5	
丙	合 格	3	72.72	9	30.77	12	50.00
	不合格	8		4		12	
合计	合 格	15		20		35	
	不合格	11		14		25	
不合格率（%）		42.31		41.17			

通过表 10-3 的综合分层分析焊接质量可以发现，在使用 A 厂供应的焊条时，三人操作的结果比较，甲的操作效果最好，不合格率最小，为 16.66%；在使用 B 厂供应的焊条时，三人操作的结果比较，丙的操作效果最好，不合格率最小，为 30.77%。

通过上述分析可见，在人员和焊条不变的情况下，为了提高钢筋焊接质量，应采用 A 厂供应的焊条，由工人甲进行操作。

二、因果分析图法

因果分析图又称为树枝图或鱼刺图，它是一种逐步深入分析质量问题的因果关系，寻找质量问题原因，并用图来表示的一种快捷方法。

在项目当中，一个质量问题的产生往往是由多种原因造成的，这些原因有大有小，而且是多层次的。将这些大小不同，层次不同的原因，分别用主干、大枝、中枝、小枝、小分枝等表示出来，就能系统而清晰地表示出产生质量问题的原因，通过分析图中的不同原因，制定相应的对策，从而使质量问题得到解决。

因果分析图的作图方法：

（1）选定质量特性。即选定需要进行分析的质量问题，通常是通过排列图法分析得到的主要质量问题，用表明箭头方向的主干表示。

（2）确定影响质量特性的原因。影响质量问题的原因有大有小，有不同层次，可将其分为几个等级。一级原因是概括性的大原因，用大枝表示；大原因中进一步分析出的中等原因，用大枝下面的中枝表示；中等原因中更细一步分析出来的小原因，用中枝下面的小枝表示；小原因中再进一步分析出来的更具体的原因，用小枝下面的细枝表示。由于影响质量的因素主要是 4M1E❶（人、材料、设备、方法和环境）因素，故大枝一般仅设五根，分别表示人、材料、设备、方法和环境五种因素，这五种因素即为一级原因。

（3）分别对上述五种影响质量的一级原因作出进一步分析，找出中、小原因，并分别标注在中枝和小枝上。

（4）查漏补遗。对上述五个方面分别逐级分析完成后，应进行全面检查，发现有遗漏的地方进行补充和完善。

（5）找出主要原因。分析各原因对质量问题的影响程度，从中选出若干影响较大的关键性主要原因，并在图上作出标记，如图 10-1 中用椭圆形标出。

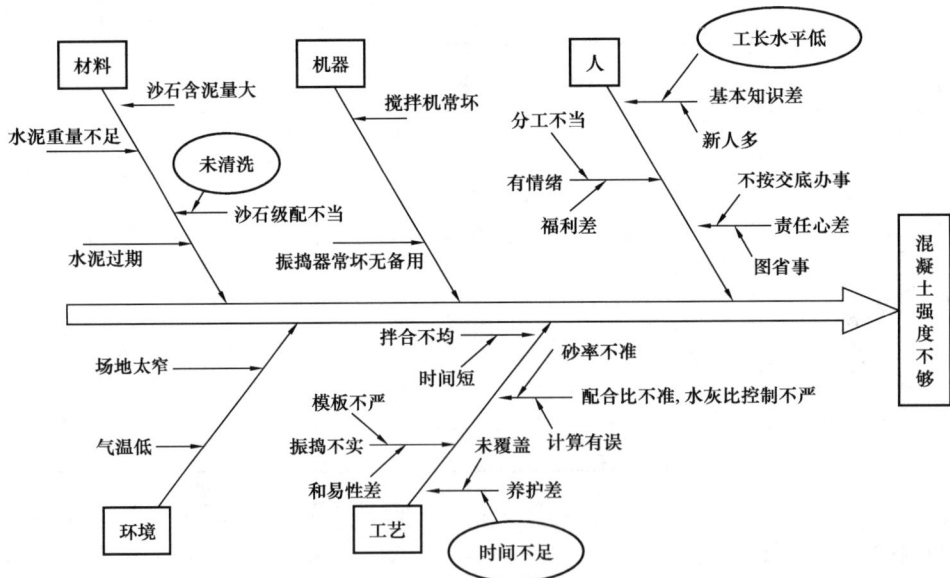

图 10-1　因果分析图示例

---

❶　4M1E 法指 Manpower（人），Machine（机器），Material（物），Method（方法），简称人、机、事、物方法，告诉我们工作中充分考虑人、机、事、物四个方面因素，通常还要包含 1E：Environments（环境），故合称 4M1E 法。

（6）制定对策。根据选定的主要原因，制定相应的对策，改善质量控制，提高项目质量。

绘制因果分析图时，需要注意的是：因为许多质量问题并不是凭直观就能发现的，对工程没有全面了解、较深入的认识和掌握是画不好的，要画好这个图，就要求参加分析的成员有一定的解决技术问题的能力，并对工程有全面的考虑和认识。对于有不同看法的问题，不要急于下结论，要经过实践验证后再做定论，对原因要分清主次。实践证明，大原因往往不是主要原因。定出主要原因后，一定要到现场进行必要的实验证明与情况调查，真正找出切中要害的原因，然后再制定改进措施，实施措施后，还应该用其他方法检查实际效果。

【例 10-2】 用因果分析图分析导致混凝土强度不足质量问题的原因。经过分析得知未清洗沙石、工长水平低和工艺程序上养护时间不足是导致混凝土强度不足的主要原因。

三、排列图法

排列图法是主次因素排列图法的简称，也称为帕雷托图法，是意大利经济学家帕雷托提出的，后经美国质量管理学家朱兰将其应用到质量管理中，用以分析质量问题的主次或质量问题原因的主次，以及评价所采取的改善措施的效果，即比较采取改善措施前后的质量情况。

排列图由一个横坐标和两个纵坐标组成。左侧纵坐标表示频数，右侧纵坐标表示累计频率；横坐标表示质量问题（或质量问题的原因），根据质量问题（或质量问题的原因）的数量将横坐标分为相应数量的等份，每一个等份代表一个质量问题，按项目频数的大小从左向右依次排列。纵、横坐标确定后，即可按照各项目的频数大小画出各项目长方形的柱状图，即项目的频数分布图；然后根据各项目的累计频率，在图上点出各项目相应的累计频率点，将这些点连接成曲线，即为项目的累计频率曲线——帕雷托曲线。

【例 10-3】 某工程建设项目地坪起砂原因调查得到的统计表见表 10-4。

表 10-4 地坪起砂原因统计表

地坪起砂原因	出现房间数	地坪起砂原因	出现房间数
砂含泥量过大	16	水泥标号太低	2
砂粒径过细	45	砂浆终凝前压光不足	2
后期养护不良	5	其他	3
砂浆配合比不当	7		

接下来根据起砂原因频数从大到小排列并计算累计频率，见表 10-5。

表 10-5 排列图计算表

序 号	地坪起砂原因	频 数	累计频数	累计频率（%）
1	砂粒径过细	45	45	56.2
2	砂含泥量过大	16	61	76.2
3	砂浆配合比不当	7	68	85.0
4	后期养护不良	5	73	91.3
5	水泥标号太低	2	75	93.8
6	砂浆终凝前压光不足	2	77	96.2
7	其 他	3	80	100.0

绘制排列图，如图 10-2 所示。

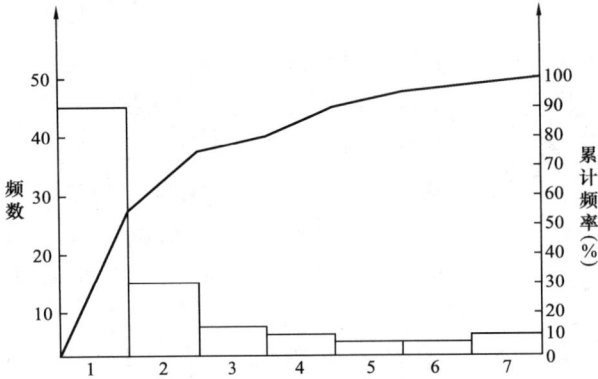

图 10-2　地坪起砂原因分析排列图

根据帕雷托和朱兰的研究和分析，一般将质量问题划分为三类：A 类（主要因素）、B 类（次要因素）、C 类（一般因素），并且在排列图中这三类因素的频率分布范围分别为

A 类（主要因素）：频率分布范围为 0～80%；

B 类（次要因素）：频率分布范围为 80%～90%；

C 类（一般因素）：频率分布范围为 90%～100%。

因此，根据排列图 6 得出结论：

A 类（主要因素）：频率分布范围为 0～80%，主要因素包括砂粒径过细、砂含泥量过大；

B 类（次要因素）：频率分布范围为 80%～90%，次要因素包括砂浆配合比不当、后期养护不良；

C 类（一般因素）：频率分布范围为 90%～100%，一般因素包括水泥标号太低、砂浆终凝前压光不足和其他原因。

四、直方图

直方图又称质量分布图、矩形图、柱形图、频数分布直方图。直方图适用于对大量计量数值进行整理加工，找出其统计规律，也就是分析数据分布的形态，以便对其整体分布特征进行推断。

直方图的做法是：

(1) 确定组数 K，根据数据量 n，一般取 $K = n^{1/2}$；

(2) 确定组距，根据最大值和最小值确定组界和极差，然后结合组数确定组距；

(3) 编制频数分布表，或计算频率；

(4) 绘制直方图。

根据直方图收集的数据进行统计分析，可以分析产品的不合格率，评价项目施工管理水平和过程能力。

五、相关图法

分析产品质量问题时，有时需要研究产品质量问题与影响质量的因素之间的量的关系。因为在二者之间常常有一定的依存关系，但它们之间不是一种严格的函数关系，即不能由一个变量的数据精确地求出另一个变量的数值，这种依存关系称为相关关系。相关图又叫散布图，就是把两个变量之间的相关关系，用直角坐标系表示出来，借以观察判断两个质量特性之间的关系，通过控制容易测定的因素达到控制不易测定的因素的目的，以便对产品或工序有效的控制。

相关图的形式有：正相关（当 X 增大时，Y 也增大）、负相关（当 X 增大时，Y 减小）非线性相关（两种因素之间不成直线关系）、无相关（Y 不随 X 的增减而变化）四种形式。

相关图的绘制方法：

（1）数据的收集。通常应收集 30 对以上互相对应的特性数据，这些相对应的特性数据必须来自同一对象的同一样本。

（2）绘制坐标，分别以 x、y 轴表示这两个质量特性值。

（3）分别将相对应的两个特征值通过 x、y 坐标绘在图上。

六、控制图法

控制图又叫管理图，用于分析生产过程中质量的波动情况和变化趋势。其所提供的是质量动态变化的数据，使质量情况的变化图示化，易于观察，为及时采取控制质量措施提供了动态的信息。这种方法在质量管理中广泛用于连续生产和大批生产，是常用统计方法中很重要的一种。

控制图的原理可以解释为：质量波动的两种形式是偶然波动和异常波动，假设在过程中异常波动已经被消除，剩下的只有偶然波动，很明显这是最小的波动。根据最小波动，应用统计学原理设计出控制图相应的控制界限，于是当异常波动发生时，点子就会落在界外。所以，点子频频出界就意味着存在异常波动。

举例来说，比如引起质量波动的因素主要有人员、材料、设备、工艺、环境等。它们可分为两类：一类是不可避免的偶然性因素，如操作人员前后操作上微小差异、材料的微小差异等，这些对质量波动的影响很小，是标准所允许的正常波动，它们在控制图上反映出来的是随机分布在中心线两侧附近，越接近上下控制界限的点子就越少。另一类是异常波动，呈现某种规律性的系统性因素。例如设备过度损磨，使用了不合格的材料，机械设备出现故障，操作人员不遵守操作规程等，都有可能出现系统性的质量问题，在控制图上的点子往往反映出比较明显的规律变化，尽管这些点不一定超出界限，但它们仍体现了一种不正常的变化趋势。

七、统计检查表法

统计检查表法又称为统计调查表法，是利用统计调查表对数据进行整理和分析，从而对质量问题的影响因素作粗略分析和判断。在质量控制活动中，使用这种方法简便灵活，便于数据整理，并能为其他方法提供依据。

统计调查表法可用于工序质量检查、缺陷位置检查、不良项目检查、不良项目原因检查等问题的统计检查。

第五节　评定建筑产品质量的依据、方法和标准

一、建筑产品质量管理的主要内容

建筑产品质量管理是建筑产品各项管理工作的重要组成部分，它是建筑产品从施工准备到交付使用的全过程中，为保证和提高工程质量所进行的各项组织管理工作。保证和提高建筑产品质量是工程项目经理和各有关职能部门或人员以及全体职工的责任，为此，质量统计应了解建筑产品质量内容，下面分几个小点介绍一下质量管理内容。

（1）认真贯彻国家和上级有关质量管理工作的方针、政策，贯彻国家和上级颁发的技术标准、规范、规程和各项质量制度并结合建筑产品的具体情况，拟定管理细则和工艺标准，认真组织实施。

（2）运用全面质量管理的思想和方法，实行方针目标管理，确定建筑产品的质量管理目标，依据建筑产品的重要程度和本建筑产品所能达到的管理、操作水平，确定建筑产品的计划的质量等级（如优良或合格），然后将方针目标展开，把实现质量目标的任务层层分解，

落实到有关部门、班组及个人。

（3）制定建筑产品的质量控制设计。在这里强调的是各分部、分项工程保证质量的措施，确定质量管理点；组成 QC 小组，进行 PDCA 循环，不断地克服质量的薄弱环节，以推动工程质量的提高。

（4）认真进行工程质量检查。贯彻群众自检、互检、交接检和分专业检查相结合方法，做好自检数据的积累和分析工作，加强在施工活动中的专职检查工作，作好隐蔽工程验收和预检工作，发现问题，及时处理，保证不留隐患。

（5）组织工程质量的检验评定工作。按照国家施工验收规范、建筑安装工程质量检验标准和设计图纸，对分项、分部工程和单位工程进行质量的检验与评定。

（6）做好工程质量的回访工作。工程交付使用后，要进行回访，听取意见，并检查工程质量的变化情况，及时捕捉质量信息，对于施工不善而造成的质量问题，要认真进行处理，并运用现代统计方法、系统地总结工程质量的薄弱环节，采取相应的对策，克服质量通病，不断提高质量水平。

二、工程质量的检验与评定的内容和依据

1. 建筑产品的质量检验包含两个方面的工作内容

（1）施工操作过程中的质量检验。

（2）施工结束后的质量评定。

通常在施工活动中，质量检验是全面检查，而质量评定则是用随机抽样的方法进行分部、分项的工程质量等级评定。

第一，分项工程的划分。

建筑工程的分项工程一般按主要工种工程及材料等划分，如土建工程的砌砖、钢筋、模板、混凝土、玻璃油漆等，主体分部二层以上还必须按楼层划分分项工程、单层必须按变形缝划分各自的分项工程。设备安装工程的分项划分，一般是按用途、种类、输送不同介质及设备组别等划分。如室内给水系统，配管及室内管内穿线工程，通风风管及部件安装工程，电梯导轨组装工程等。

第二，分部工程的划分。

建筑工程是按建筑物的主要部位划分，土建一般划分为地基与基础工程、主体工程、地面与楼面工程、门窗工程、装饰工程、屋面工程等。

设备安装工程是按工程的各类划分，如采暖卫生与煤气工程、建筑电气安装工程、通风与空调工程、电梯安装工程、自动化仪表安装等。

分部与分项工程的关系是：分部是由有关分项工程组成，如地基与基础工程所含分项工程有土方、灰土、混凝土、砌砖等，建筑采暖卫生与煤气工程所含的分项工程有给水管道安装、给水管道附件及卫生用具给水与配件安装等。

了解以上分部与分项工程的概念及关系对于搞好质量统计及质量检验与评定是十分重要的。

检验与评定是建筑工程质量管理中最根本的工作之一，其目的就是用质量检验的方法，对建筑工程的质量指标作出合理的评价，并判定承建企业的工作质量达到了哪一级的标准，因此，质量的检验与评定也是一种评价工程质量和企业工作质量等级的手段之一，是衡量和检查一个建筑业企业对国家下达的质量指标完成情况的重要标志，是改进工程质量，提高建筑业企业管理水平的有力杠杆，是工程交工验收、实现建筑产品使用价值的主要依据之一。

2. 工程质量检验的内容

工程质量检验具体有以下内容。

(1) 操作工人的工程质量检验。操作工人的工程质量检验主要是"三检制"（自检、互检、交接检），这三检制是建筑业经过几十年实践所得出的经验。

(2) 施工员的工程质量检验。施工员（项目经理、专业工长、专业质检员）不仅应领导班组工人进行"三检"，还应对正在操作的分项工程进行随机检查，并及时对工程质量进行"预检和隐检"。

预检：是对某工程项目或分项工程在未施工前所进行的预先检查，它是保证工程质量，防止可能出现差错，造成重大质量事故的重要措施。

通常预检项目有：

建筑物定位轴线、水准点的复测；基础或地槽的轴线、各层放线、标高及皮数杆（是指砌砖工程砌筑的标尺）的检查，模板拼装的尺寸、标高、预埋件（孔洞）、强度、刚度、清扫等检查，预制构件吊装的位置、型号、标高、搭接长度等，设备基础支模后的标高、位置尺寸、预留孔、预埋件等检查。水电进出口的位置、标高、走向等检查。

预检后要办理预检签证手续，列入工程技术档案。对于预检中提出的问题，要认真处理，对于预检不合格的分项工程一律不得进行下道工序施工。

隐检：是对隐蔽工程进行检查的简称，是指将被其他后续工程所覆盖的分项、分部工程在其被隐蔽前一定要进行检查、评定，否则也不能进行下道工序施工。

通常隐检的主要项目有：

基础分部中地基、垫层、防潮层、钢筋、防水或地下室防水、回填土；

主体分部中的钢筋、吊装、板缝、焊接、组合柱及圈梁、空腔防水等；

地面分部中的基层、垫层、厕所防水、盥洗室防水；

暖卫分部中的管道敷设与连接、试漏或试压、防腐、保温；

电气分部中的配线或配管敷设、防雷与接地；

电缆耐压绝缘与敷设；

屋面分部的防水层、保温层、各种变形缝等。

隐蔽工程的检查记录一般应列入工程档案。

(3) 施工单位技术负责人的质量检验的内容。施工单位技术负责人主持的工程质量检验主要是结构工程质量的验收。

结构工程质量验收是指在单位工程的结构施工完毕后，由施工单位邀请设计单位、建设单位共同对结构工程质量进行的检查，并对结构工程质量给予确切评价和签证验收，未经验收手续不得进行装修施工。

结构验收主要是外观检查和内业资料检查两个方面。

外观检查：主要查看结构施工质量是否满足质量要求和设计要求。

内业资料检查：主要查看原材料试验报告，土建施工实验记录（如砂浆、混凝土试块强度报告等），构配件出厂证明，隐蔽检验记录四个项目。除此之外，在检查中还应对施工过程中的有关记录资料进行检查，如土建施工记录（混凝土鉴定、拆模申请、冬季施工测量记录、构件损伤处理记录）等。分部分项工程质量评定记录以及设计变更情况也要进行查看。

（4）工程质量检查常用方法。目前现场质量检查方法，主要有八种："看、摸、敲、照、靠、吊、量、套"。在这八种方法中，前四种主要用于检验项目，后四种用于实测项目。

3. 工程质量评定

建筑工程质量评定是指根据国家颁发的质量标准评定工程质量等级，衡量建筑业企业完成质量指标的水平。正确地进行建筑工程的质量评价是工程质量管理工作的重要内容。

（1）评定依据。

国家现行的施工及验收规范和上级颁发的技术规定、工艺标准；

国家和有关部门颁发的工程质量检验评定标准及有关技术规定；

设计图纸、施工说明书、设计变更等技术文件；

特殊材料的技术规定和专业技术规定；

国务院各部门及各地区制定的有关标准；规范、规程和本企业内部有关标准规定等。

（2）原材料验收标准。

1）钢筋、焊条、水泥、添加剂、防水材料等必须要有生产厂的出厂合格证，出厂合格证由材料部门向生产厂家索取，并将原件或复印件交试验部门，连同复验单一起对号整理存档，定期交技术部门检查。

2）原材料进场，材料部门应以书面形式通知试验部门做试验，以避免漏试、漏验，原材料验收取样的批量、试件的数量必须符合有关规定的要求。

3）原材料验收中，除按规定进行力学、化学实验外，还应进行标牌、外观质量、几何尺寸、包装的验收及抽查袋装水泥的重量。

4）定点采购砂、石天然骨料、人工轻骨料、粉煤灰等地方材料、工业废料时，应先由材料部门、试验室和技术部门共同到产地勘察、进行详细的试验后才能决定是否购买，并应建立地方材料的厂外质量保证体系。

（3）构配件及成品的验收标准。

1）成品入库要严格办理入库手续，建立入库出库台账。

2）质量检验部门要设专人对构件成品的堆放进行质量检查，对违反操作规程的现象要坚决制止，并随时检查构配件损坏情况。在成品堆放中已损坏的构件，应改变质量等级，抹掉原有戳记，加盖降级后的戳记。

3）构件经质量检验合格后，在加盖标有厂名的合格品证后方可按合格品出厂。构件上应标明构件型号、生产日期、生产班组、质量检验人员的工号等。库工发放构件时应对戳记及型号验证后方可按合格或优良品出厂，装车前应与使用单位代表对该批构件作最后一次外观检查，检查无误后方可装车。构件成品出厂执行厂内验收交货；对有异议的产品，使用单位可当场要求更换。

4）构件按合同供齐后，应给用户开具出厂合格证。

三、工程质量评定方法

为了严格准确地对建筑物或构筑物进行工程质量检验评定，质量工作者必须对建筑物的每一个部位进行细致的质量评定，确定其质量等级，然后再将这些部位的质量等级加以综合，以反映整个建筑物的质量等级。按国家现行建筑安装工程质量评定标准规定；工程质量的检验评定应按分项工程、分部工程和单位工程进行划分。在这三级质量检验评定中，只有分项工程是在现场对建筑物进行检验与实测实量后而确定其质量等级，而分部工程与单位工程的质量评定是在分项质量评定的基础上进行的综合评定。

1. 建筑工程质量等级的划分

按国家标准规定现行建筑工程质量的等级无论是分项工程、分部工程还是单位工程均划分为"合格"与"优良"二级。

合格：是指工程质量符合建筑安装工程质量检验评定标准的基本规定。

优良：是指在合格的基础上，工程质量达到标准中优良要求的工程。

工程质量等级中未设废品等级，因为不合格的工程不能验收，不能交工，分项工程不合格时必须返工重做或加固补强，直到达到合格的质量标准为止。

2. 建筑工程质量评定的程序和方法

建筑工程质量评定的程序是先分项工程，再分部工程，最后是单位工程。

工程质量的评定应严格按照国家和有关部门颁发的标准进行，工程从开工至竣工交付使用，施工单位都应对每个分项工程坚持实测实量。评定的部位、项目、计量单位、允许偏差、检测的数量和方法以及检测所用的工具都要符合标准的规定，保持质量评定的统一标准。

（1）分项工程的质量评定。

分项工程的质量评定是工程质量评定的基础，一般应在班组自检的基础上，由单位工程负责人组织有关人员进行评定，专职质量检验员核定并填写分项工程质量检验评定表。

表 10 - 6　　　　　　　　　××××分项工程质量检验评定表

工程名称：

保证项目		项　目					质　量　情　况								
	1	××													
	2	××													

基本项目		项　目		质　量　情　况										等级
	1	××	1	2	3	4	5	6	7	8	9	10		
	2	××												
	3	××												

允许偏差项目		项　目	允许偏差（mm）	实　测　值									
				1	2	3	4	5	6	7	8	9	10
	1	××											
	2	××											
	3	××											
	4	××											
	5	××											
	6	××											
	7	××											

检查项目	保证项目	
	基本项目	检查　　项，其中优良　　项，优良率　　%
	允许偏差项目	实测　　点，其中合格　　点，合格率　　%

评定等级	工程负责人 工长 班组长 年　月　日	核定等级	质量检查员　　　　　　年　月　日

说明：分项工程质量检验与评定标准中一般规定二至五个保证项目。保证项目必需符合"标准"规定，方可进行分项工程质量的合格或优良的等级评定。检验项目是指不便实测实量，需进行目测的一些基本的要求和规定。

在检验项目中又分为主要项目和一般项目，主要项目是指"标准"条文中采用"必须"、"不得"的项目。"标准中"规定了检验项目每处的合格和优良等级的质量要求，需要实测实量的项目必须坚持实测实量。

在保证项目中，检验项目和实测、实量这三个部分内容中，任何部分不符合质量等级要求，均不能评为相应等级，具体讲，分项工程的质量等级应符合下列规定。

符合下列要求者，评为合格：

1）保证项目必须符合相应质量检验评定标准的规定；检验项目抽检处（或件）应符合相应质量检验评定标准的合格规定。

2）实测项目抽检的点数中，建筑工程有70％及其以上；设备安装80％及其以上的实测值在相应质量检验评定标准的允许偏差范围内，其余的测量值也应基本达到相应质量检验评定标准的规定。

符合下列要求者，评为优良：

1）保证项目必须符合相应质量检验评定标准的规定。

2）检验项目每项抽检处（或件）应符合相应质量检验评定标准的合格规定，其中有50％及其以上的处（或件）符合优良的规定，该项即为优良。

3）优良项数占检验项数50％及其以上，该检验项目即为优良。

实测项目抽检的点数中有90％及其以上的实测值在相应质量检验评定标准的允许偏差范围内，其余的实测值也应基本达到质量检验评定标准的规定。

关于评定代号的记录符号：优良为"√"，合格为"○"；不合格为"×"。

（2）分部工程质量的评定。

分部工程质量的评定是在分项工程质量评定的基础上进行的，所含分项工程的质量全部为合格，则分部工程质量为合格；所含分项工程的质量全部合格，且其中有50％及其以上为优良，则分部工程的质量为优良。

分部工程质量评定要由相当于施工队（项目经理部）一级的技术负责人组织，除地基与基础、主体分部工程质量由企业技术和质量部门组织核定外，其余由专职质量检查员进行核定并填写分部工程质量检验评定表。

（3）单位工程质量评定。

单位工程的质量等级是交工验收和鉴定工程质量的依据，也是考核建筑业企业完成工程质量指标情况的依据。其评定是在分项分部工程的基础上进行的。具体要求如下。

合格的单位工程：

1）所含分部工程的质量全部合格。

2）质量保证资料应符合"建筑安装工程质量检验评定标准"的规定。

3）观感质量评定得分率达到70％及其以上。

优良的单位工程：

1）所含分部工程的质量全部合格，其中有50％及其以上优良（建筑工程必须包含主体和装饰分部工程，以工业建筑设备安装工程为主的单位工程，其指定的分部工程必须优良）。

2）质量保证资料应符合检验评定标准规定。

3）观感质量评定得分率达到 85％及其以上，单位工程质量评定由建筑业企业技术负责人组织企业有关部门进行。同时，还要按规定填写质量保证资料核查表，单位工程观感质量评定表，单位工程质量综合评定表，之后将有关评定资料提交当地建筑工程质量监督站或主管部门进行核定。

四、工程质量统计指标

工程质量统计指标按其生产进度，可分为最终建筑产品质量统计与中间建筑产品质量统计。现行国家报表制度只要求统计最终建筑产品质量，其指标如下。

1. 单位工程优良品率和合格率

$$优良品率(\%) = \frac{报告期为优良品和合格品的单位工程个数或面积}{报告期进行验收鉴定的单位工程个数或面积} \times 100\% \quad (10-3)$$

$$合格品率(\%) = \frac{报告期评为优良品和合格品的单位工程个数或面积}{报告期进行验收鉴定的单位工程个数或面积} \times 100\% \quad (10-4)$$

上述公式中，报告期进行验收鉴定的单位工程个数计算应注意：

（1）凡在报告期内进行验收鉴定的单位工程，无论工程是报告期竣工的，还是报告期以前竣工的都应计算，其中包括评为优良和合格的工程；以及经检验定为不合格而同意验收（指不能计入合格个数中）的工程。

（2）评为不合格的工程，如可以返工修理后再交工的，则不论修理几次，应等返工修理合格时，才能计算验收鉴定的工程个数或面积。

（3）一个单位工程在报告期内进行了数次验收，统计规定只能以最后一次为准上报。

2. 分部分项工程优良品率和合格率

鉴于建筑业施工的工程工期一般较长，因此在较短的时间里，验收评定的工程数量不多，使统计指标的作用受到一定影响。为此，在企业内部有时还会采用以下的分部（分项）工程的优良品率，用以反映施工过程中的工程质量。

计算公式为

$$分部或(分项)工程优良品率(\%) = \frac{报告期评为优良的分部或(分项)工程数}{报告期进行验收鉴定的分部或(分项)工程个数} \times 100\%$$

$$(10-5)$$

$$分部或(分项)工程合格品率(\%) = \frac{报告期评为优良品和合格品的分部或(分项)工程个数}{报告期进行验收鉴定的分部或(分项)工程个数} \times 100\%$$

$$(10-6)$$

3. 单位工程第一次交验合格率

为了观察建筑业企业质量管理的真实水平，在建筑业行业管理（统计报表中）增设了"单位工程第一次交验合格率"的指标，目的在于反映第一次交付质量监督站核验的单位工程就是合格品，以及这些单位工程占全部交付核验的单位工程的比重。其统计根据就是"单位工程综合评定表"末端的记录。

凡是经过第一次核验的工程，经质监站评为不合格，返修后，第二次核验合格的工程，或第三次核验的单位工程，应统计在全部核验合格的单位工程合计中，不应计入第一次交验合格的单位工程内。

计算公式为

$$第一次交验合格率（\%）= \frac{报告期评为优良品和合格品的分部或（分项）工程个数}{报告期进行验收鉴定的分部或（分项）工程个数} \times 100\%$$

$$(10-7)$$

本 章 小 结

随着社会的发展，科学技术的进步，全球贸易竞争的加剧，用户对质量提出了越来越严格的要求。企业管理者已清醒地认识到，低廉价格不再是用户购买商品的唯一因素，高质量的产品和服务才是用户购买的真正原因。用户为得到高质量的产品或服务，制造商为了扩大和占领产品市场，以期获得更大利润，纷纷要求企业建立健全质量体系，不断改进产品和服务质量，使用户、企业、社会各方面都得到益处。

质量是反映产品或服务满足明确或隐含需要的能力的特征的总和。一般意义上，质量是指产品具有的使用价值和特性。比如：建筑工程的质量是从坚固、持久、适用、美观、经济等方面来衡量的，对于质量的含义可从以下几个方面理解：

质量管理是指为了保证产品或服务的质量，质量管理主体所进行的各种组织管理工作。

建筑企业质量管理是建筑企业从开始施工准备到工程竣工验收交付使用过程中，为保证工程质量所进行的各项管理组织工作，是建筑企业管理不可或缺的内容。尤其随着我国加入WTO 及与国际质量标准的接轨，建筑企业的质量管理工作已经成为企业管理的重中之重。质量管理可以提高工程的使用价值，降低工程费用，减少流通和返工、维修等费用，提高企业的经济效益，扩大企业的信誉和核心竞争力，对于建筑企业是一项很重要的管理工作。

全面质量管理的基本思想是通过一定的组织措施和科学手段，来保证企业经营管理全过程的工作质量，以工作质量来保证产品（工程）质量，提高企业的经济效益和社会效益。

1. 全面质量管理的基本观点

（1）"用户至上"的观点；

（2）"预防为主"的观点；

（3）"定量分析"的观点；

（4）"全面管理"的观点。

2. 全面质量管理的基本方法

全面质量管理的基本方法可以概况为四句话十八个字，即：一个过程、四个阶段、八个步骤、数理统计方法。

质量保证体系是为使人们确信某产品或某项服务能满足给定的质量要求所必须的全部有计划有系统的活动。在工程项目建设中，完善的质量保证体系可以满足用户的质量要求。质量保证体系通过对那些影响设计的或是使用规范性的要素进行连续评价，并对建筑、安装检验等工作进行检查，以取得用户的信任，并提供证据。因此，质量保证体系是企业内部的一种管理手段，在合同环境中，质量保证体系是施工单位取得建设单位信任的手段。

施工质量保证体系的运行，应以质量计划为主线，以过程管理为重心，按照 PDCA 循环的原理即计划、实施、检查和处理的方式展开控制。同时质量保证体系的运行状态和结果的信息应及时反馈，以便进行质量保证体系的能力评价。

质量管理体系的认证是由具有公正的第三方认证机构，依据质量管理体系的要求标准，审核企业质量管理体系要求的符合性和实施的有效性，进行独立、客观、科学、公正的评价，得出结论。认证应按申请、审核、审批与注册发证等程序进行。

质量事故统计范围，只计算在建筑产品生产过程中发生在工程上的质量事故。不包括：尚未使用到工程上去的；设备开箱验收时发现机械设备本身已损坏的；工程交付使用后发生的事故；由于自然灾害而造成的质量事故；返工损失金额在规定限额以下的事故。

在项目的质量控制中，常用的统计工具有排列图、因果图、分层法、直方图、控制图、相关图和调查表等。其中排列图是根据质量缺陷所出现的频数大小，找出主要质量缺陷的方法；因果图则用于分析质量问题的原因；分层法是将所收集的数据按不同情况和不同条件分组进行分析，找出解决问题的方法；直方图是根据质量数据所绘得直方图从图形与标准相对照来分析生产是否正常，质量是否稳定；控制图是根据质量数据是否超出控制界限和在控制界限范围内的排列情况来分析过程是否正常；相关图是通过分析两个因素直接是否存在相关性的方法，找出质量问题的原因；调查表用于调查资料数据，供进一步分析使用。

工程质量的评定应严格按照国家和有关部门颁发的标准进行，工程从开工至竣工交付使用，施工单位都应对每个分项工程坚持实测实量。评定的部位、项目、计量单位、允许偏差、检测的数量和方法以及检测所用的工具都要符合标准的规定，保持质量评定的统一标准。

工程质量事故是指建筑工程质量不符合设计图纸和国家颁发的施工技术验收规范或质量检验评定标准的要求，必须进行立即返工或加固处理的工程质量。

练　习　题

1. 简述全面质量管理的概念和基本观点。
2. 简述施工质量保证体系的内容。
3. 简述施工企业质量管理体系文件的构成。
4. 简述建筑产品质量评定的依据。
5. 简述建筑产品质量等级及其评定标准。
6. 根据某仓库施工工地 1 月份资料：

（1）施工中由于暴雨致使砂浆搅拌机电机损坏，发生修理费用 100 元。

（2）该仓库施工过程中，因隐蔽工程质量不合格进行返工，损失材料费 2000 元，人工费 1000 元，综合费率为材料、人工费的 30％，回收材料费 350 元。

（3）订购预制构件，运输过程中，损失 1200 元。

（4）1 月份该工地完成施工产值 77 万元。

计算该工地 1 月份的返工损失金额和返工损失率。

第十一章　建筑企业职工伤亡事故统计

第一节　职工伤亡事故统计范围及分类

一、伤亡事故统计的意义

建筑业生产露天、高空作业多，存在一些不安全的客观因素，随着施工机械化程度的不断提高，建筑机械、运输设备大量增加，各种事故又有上升的趋势。为了把生产过程中的伤亡事故减少到最低限度，除了加强对职工的安全生产的教育外，还应该按照国家的规定，采取切实措施，保障职工的健康和安全。

职工伤亡事故统计的任务是：反映企业安全生产情况，为各级领导机关制订安全生产的方针政策和规划的方向提供资料；检查企业执行安全生产的方针政策和规划的情况，供领导及时了解企业中职工伤亡事故情况及由此而引起的损失；通过调查分析，及时给事故责任者以必要的处理找出发生事故的规律，制订出预防事故重复发生的措施和办法，教育职工自觉遵守安全操作规程，实现安全生产和文明生产。

二、伤亡事故统计的概念和范围

1. 伤亡事故的概念

伤亡事故是指企业职工（包括临时职工和计划外用工）在劳动过程中所发生的与生产（工作）有关的伤亡事故，包括急性中毒的事故。

2. 伤亡事故统计的范围

具体范围如下：

(1) 在生产区域参加建筑施工以及生产劳动中，发生的伤亡事故和急性中毒事故；

(2) 从事与本单位工作有关的发明、创造和技术改革过程中发生的伤亡事故和急性中毒事故；

(3) 在车间或露天作业时，因高温中暑使工作中断的职工；

(4) 企业的临时简易工作棚、休息室或集体宿舍倒塌，造成伤亡的职工；

(5) 在生产区域内工作和上、下班过程中，被企业各种运输车辆撞压，造成伤亡的职工；

(6) 集体乘坐本单位汽车前往开会、听报告、劳动，以及上下班所乘坐的车辆发生事故，造成伤亡的职工；

(7) 受企业指派搬运重物，被压内伤造成吐血的职工；

(8) 企业汽车、吊车、拖拉机等机械设备在生产区域外执行任务的行程和装卸过程中发生意外事故，造成伤亡的司机和装卸、押运的职工；

(9) 从事企业工作，因劳动条件不良而造成职工的职业病，使工作中断及造成残废或死亡的职工；

(10) 生产过程中发生火灾及救火时造成伤亡的职工。

下列情况不作为本企业职工伤亡事故统计：

(1) 在生产或工作区域外造成的与生产无关的伤亡事故；

（2）民工、军工、实习学生等参加本企业劳动时所发生的事故；

（3）本企业职工借给外单位工作而造成的伤亡事故，由借人单位统计。

三、伤亡事故的分类

伤亡事故类别是指按直接使职工受到伤害的原因。按事故类别分组统计伤亡事故，便于不同的行业和企业了解本行业和本企业容易发生的事故种类，以便采取相应的预防措施。例如，据统计，建筑企业发生的伤亡事故中，高空坠落、物体打击、机具伤害及车辆伤害事故占的比例最大，这就为建筑企业的安全工作指出了工作的重点所在。

1. 按在一次事故中的伤亡人数及其伤害程度，分为四类。

（1）轻伤事故。指只有轻伤的事故。

（2）重伤事故。指负伤的职工中有 1～2 人重伤而没有人死亡的事故。

（3）重大伤亡事故。指一次死亡 1～9 人或者重伤 3 人以上的事故。

（4）特别重大伤亡事故。指一次死亡 10 人以上的事故。

2. 事故按其原因共划分为 20 种类别，见表 11-1。

表 11-1　　　　　　　　　　　　　　**事　故　类　别**

序号	事故类别	序号	事故类别	序号	事故类别	序号	事故类别	序号	事故类别
1	物体打击	5	触电	9	高空坠落	13	放炮	17	受压容器爆炸
2	车辆伤害	6	淹溺	10	坍塌	14	爆炸	18	其他爆炸
3	机器工具伤害	7	灼烫	11	冒顶片帮	15	瓦斯爆炸	19	中毒和窒息
4	起重伤害	8	火灾	12	透水	16	锅炉爆炸	20	其他伤害

第二节　职工伤亡事故情况统计

一、职工伤亡事故的统计指标

为了说明企业的伤亡事故的严重程度，需要计算事故严重程度、工伤事故频率、重伤事故频率和死亡率四个指标。

1. 伤亡事故严重率

它是指每一人次工伤事故所引起丧失劳动能力的平均天数，以反映事故的严重程度，其计算公式为

$$负伤事故严重程度 = \frac{报告期歇工总工日数}{报告期重伤轻伤人次} \qquad (11-1)$$

【例 11-1】　甲公司在报告期中发生事故 10 人次，歇工的总工日数为 30 工日；乙公司发生事故 5 人次，歇工的总工日数为 20 工日。试说明此二公司事故的严重程度。

解　甲公司负伤事故严重程度＝30 工日/10 人次＝3 工日/人次

乙公司负伤事故严重程度＝20 工日/人次＝4 工日/人次

说明乙公司的事故伤害程度比甲公司为重。

但这种计算方法有一定的局限性，从［例 11-1］即可看出，不论发生事故的人次还是由此而引起的损失工日数，以绝对数看，甲公司都比乙公司高。为了全面反映一个企业的安

全生产面貌，还需要计算一些其他有关的指标。

2. 千人工伤事故频率

它是指企业在报告期中发生工伤事故的人次与该企业报告期平均职工人数的比率，其计算公式为

$$千人工伤事故频率 = \frac{报告期因公负伤事故人次}{报告期平均职工人数} \times 1000‰ \qquad (11-2)$$

【例 11-2】 某企业在报告期（月、季或年）内发生工伤事故 45 人次，平均职工人数 2500 人，求该企业在报告期内的千人工伤事故频率。

解 千人工伤事故频率(‰) $= \frac{45}{2500} \times 1000‰ = 18‰$

这表明某企业在报告期（月、季或年）内平均每 1000 名职工中发生了 18 人次工伤事故。

3. 千人重伤频率

它是指企业在报告期内发生的重伤事故的人次与该企业报告期平均职工人数的比率，其计算公式为

$$千人重伤频率(‰) = \frac{报告期重伤人数}{报告期平均职工人数} \times 1000‰ \qquad (11-3)$$

4. 千人死亡率

它是指企业在报告期内发生的因工死亡人数与该企业报告期平均职工人数的比率，其计算公式为

$$千人死亡率 = \frac{报告期因公死亡人数}{报告期平均职工人数} \times 1000‰ \qquad (11-4)$$

二、建筑企业职工伤亡事故经济损失统计标准

1. 基本定义

（1）伤亡事故经济损失。指企业职工在劳动生产过程中发生伤亡事故所引起的一切经济损失，包括直接经济损失和间接经济损失。

（2）直接经济损失。指因事故造成人身伤亡及善后处理支出的费用和毁坏财产的价值。

（3）间接经济损失。指因事故导致产值减少、资源破坏和受事故影响而造成的其他损失。

2. 直接经济损失的统计范围

（1）人身伤亡所支出的费用。包括：医疗费用（含护理费用）；丧葬及抚恤费用；补助及救济费用；歇工工资。

（2）善后处理费用。包括：处理事故的事务性费用；现场抢救费用；事故罚款和赔偿费用；财产损失价值；固定资产损失价值；流动资产损失价值。

3. 间接经济损失的统计范围

包括：停产、减产损失价值；工作损失价值；资源损失价值；处理环境污染的费用；补充新职工；其他损失费用。

4. 计算方法

（1）经济损失。计算公式为

$$E = E_1 + E_2 \tag{11-5}$$

式中 E——经济损失（万元）；

$\quad E_1$——直接经济损失（万元）；

$\quad E_2$——间接经济损失（万元）。

（2）工作损失价值。计算公式为

$$V = D \cdot \frac{M}{SD} \tag{11-6}$$

式中 V——工作损失价值（万元）；

$\quad D$——一起事故的总损失工作日数（死亡一名职工按 6000 个工作日计算）；

$\quad M$——企业上一年税利（税金加利润）；

$\quad S$——企业上年职工平均人数；

$\quad D$——企业上年法定工作日数（日）。

（3）固定资产损失价值。按下列情况计算：

1）报废的固定资产。以固定资产净值减去残值计算。

2）损坏的固定资产。以修复费用计算。

（4）流动资产损失价值。按下列情况计算：

1）原材料、燃料、辅助材料等均按面值减去残值计算。

2）成品、半成本、在制品等均以企业实际成本减去残值计算。

（5）事故已处理结案而未能结算的医疗费、歇工工资等，采用测算方法计算。

（6）对分期支付的抚恤、补助等费用，按审定支出的费用，从开始支付日期累计到停发日期。

（7）停产、减产损失。按事故发生之日起到恢复正常生产水平时止，计算其损失的价值。

5. 经济损失的评价指标和程度分级

（1）经济损失的评价指标。

1）千人经济损失率。公式为

$$R = \frac{E}{S} \times 1000‰ \tag{11-7}$$

式中 R——千人经济损失率；

$\quad E$——全年经济损失（万元）；

$\quad S$——企业职工平均人数（人）。

2）百万元产值经济损失率。计算公式为

$$R = \frac{E}{V} \times 100\% \tag{11-8}$$

式中 R——百万元产值经济损失率；

$\quad E$——全年内经济损失（万元）；

$\quad V$——企业总产值（万元）。

（2）经济损失程度分级。

1）一般损失事故。指经济损失小于万元的事故。

2）较大损失事故。指经济损失大于1万元（含1万元）但少于10万元的事故。

3）重大损失事故。指经济损失大于10万元（含10万元）但少于100万元的事故。

4）特大损失事故。指经济损失大于100万元（含100万元）的事故。

三、建筑企业职工伤亡事故统计调查分析规程

1. 概念

伤亡事故是指企业职工在生产劳动过程中发生的人身伤亡、急性中毒。

2. 事故调查程序

伤亡、重伤事故，应按如下要求进行调查：

（1）现场处理。

1）事故发生后，应救护受伤害者，采取措施制止事故蔓延扩大。

2）认真保护事故现场，凡与事故有关的物体、痕迹、状态，均不得破坏。

3）为救护受伤害者，需要移动现场某些物质时，必须做好现场标志。

（2）物证搜集。

1）现场物证包括：破损部件、碎片、残留物、致伤物的位置。

2）在现场搜集到的所有物件均贴上标签，注明地点、时间、管理者。

3）所有物件均应保持原样，不准冲洗擦拭。

4）对健康有害的物品，应采取不损坏原始证据的安全防护措施。

（3）事故事实材料搜集。

1）与事故鉴别、记录有关的材料，包括：

① 发生事故的单位、地点、时间。

② 受害人和肇事者的姓名、性别、年龄、文化程度、职业、技术等级、工龄、支付工资的形式。

③ 受害人和肇事者的技术状况，接受安全教育情况。

④ 出事当天受害人和肇事者什么时间开始工作，工作内容、工作量、作业程序、操作时的动作。

⑤ 受害人和肇事者过去的事故记录。

2）事故发生的有关事实，包括：

① 事故发生前设备、设施等的性能和质量状况。

② 使用的材料。必要时进行物理性能或化学性能试验与分析。

③ 有关设计和工艺方面的技术文件、工作指令和规章制度方面的资料及执行情况。

④ 关于工作环境方面的状况，包括：照明、湿度、温度、通风、声响、色彩度、道路、工作面状况，以及工作环境中的有害、有害物质取样分析记录。

⑤ 个人防护措施状况。应注意其有效性、质量、使用范围。

⑥ 出事前受害人和肇事者的健康状况。

⑦ 其他可能与事故有关的细节或因素。

（4）证人材料。

要尽快找被调查者搜集材料。对证人的口述材料，应认真考证其真实程度。

（5）现场摄影。

1）显示残骸和受害者原始信息的所有照片。

2）可能被清除或践踏的痕迹，如刹车痕迹、地面和建筑物的伤痕、火灾引起的损害照片、冒顶下落物的空间等。

3）事故现场全貌。

4）利用摄影或录相，以提供较完善的信息内容。

（6）事故图。

事故报告中的事故图，应包括了解事故情况所必须的信息，如事故现场示意图、流程图、受害者位置图。

3. 事故分析

（1）事故分析步骤。

首先，整理和阅读调查材料。

其次，按以下七项内容进行分析：受伤部位；受伤性质；起因物；致害物；伤害方式；不安全状态；不安全行为。

（2）事故原因分析。

1）属于下列情况者为直接原因：

① 机械、物质或环境的不安全状态。

② 人的不安全行为。

2）属于下列情况者为间接原因：

① 技术和设计上的缺陷：工业物件、建筑物、机械设备、仪器仪表、工艺过程、操作方法、维修检验等的设计、施工和材料使用存在的问题。

② 教育培训不够，未经培训，缺乏或不懂安全操作技术知识。

③ 劳动组织不合理。

④ 对现场工作缺乏检查，或有指导错误。

⑤ 没有安全操作规程或不健全。

⑥ 没有或不认真实施事故防范措施，对事故隐患整改不利。

⑦ 其他。

3）在分析事故时，应从直接原因入手，逐步深入到间接原因，从而掌握事故的全部原因，再分析主次，进行责任分析。

（3）确定事故中的直接责任者和领导责任者。

应根据事故调查所确认的事实，通过对直接原因和间接原因的分析，确定事故的直接责任者和领导责任者。在直接责任者和领导责任者中，根据其在事故发生过程中的作用，确定主要责任者。

4. 事故结案归档材料

当事故处理结案后，应当归档的事故资料包括以下内容：

（1）职工伤亡事故登记表。

（2）职工死亡、重伤事故调查报告书及批复。

（3）现场调查记录、图纸、照片。

（4）技术鉴定和试验报告。

（5）物证、人证材料。

（6）直接和间接经济损失材料。

（7）事故责任者的自述材料。

（8）医疗部门对伤亡人员诊断书。

（9）发生事故时的工艺条件、操作情况和设计资料。

（10）处分决定和受处分人员的检查材料。

（11）有关事故的通报、简报及文件。

（12）参加调查组的人员、姓名、职务、单位。

四、伤亡事故分析报告

1. 伤亡事故分析报告的概念

建筑企业伤亡事故统计分析结果可以通过表格、图形和文章等多种形式表现出来。文章式的主要形式是统计分析报告。它是全部表现形式中最完善的形式，这种形式可以综合而灵活地运用表格、图形等形式；可以表现出表格式、图形式难以充分表现的活情况；可以使分析结果鲜明、生动、具体；可以进行深刻的定性分析。

建筑企业伤亡事故分析报告就是指运用伤亡事故统计资料和伤亡事故统计分析方法，以独特的表达方法和结构特点，表现建筑企业伤亡事故发生的特点和规律性。伤亡事故分析报告是建筑企业伤亡事故统计分析研究过程中所形成的论点、论据、结论的集中表现；它不同于一般的总结报告、议论文、叙述文和说明文；它是运用统计资料和统计方法、数字与文字相结合，对建筑企业伤亡事故进行分析研究结果的表现，是统计分析报告中的一种形式。

2. 伤亡事故分析报告的特点

（1）伤亡事故分析报告是以伤亡事故统计数据为主体。

伤亡事故分析报告主要以伤亡事故统计数字语言，来直观地反映建筑企业安全生产、伤亡事故等情况，以确凿的数据来说明具体的时间、地点、条件下的安全生产的经验、问题与教训、各种矛盾及其解决办法。它不同于博引论证进行探讨研究的各种论文，而是以统计数字为主体，用简洁的文字来分析叙述建筑企业安全生产、伤亡事故情况，进行定量分析。

（2）伤亡事故分析报告是以科学的指标体系和统计方法来进行分析研究，说明建筑企业伤亡事故的活情况。

（3）伤亡事故分析报告具有独特的表达方式和结构特点，它属于应用文体，基本表达方式是以事实来叙述，让数字来说话，在阐述中议论，在议论中分析。

（4）伤亡事故分析报告的行文，通常是先后有序，主次分明，详略得当，做到统计资料与基本观点统一，结构形式与文章内容统一，数据、情况、问题和建议融为一体。

3. 伤亡事故分析报告的分类

伤亡事故分析报告的分类，可从不同角度进行划分。

按内容范围可分为伤亡事故综合分析报告和专题分析报告；按时间不同可分为伤亡事故定期分析报告和不定期分析报告；按写作的形式不同可分为调查报告、综合分析报告、专题分析报告和预测分析报告；按具体写作类型分为总结型、调查型、说明型、分析型、资料型、信息型和预测型等。但按主要作用、基本内容和结构形式特征归纳起来，主要分为以下三种。

（1）伤亡事故专题分析报告。

伤亡事故专题分析报告是就建筑企业某一伤亡事故或某一安全问题进行的专门调查研究而写成的统计分析报告。伤亡事故专题分析报告的范围可以是一个部门，也可以是综合部门；题目可大可小，内容可多可少；但是，一般则强调内容的单一性、形式的多样性、表达的灵活性和意义的深刻性。它不受时间和空间的限制，要求写作具有针对性，单刀直入，深刻剖析。它最忌平铺直叙、面面俱到、泛而不专。伤亡事故专题分析报告较其他分析报告目标更集中，重点更突出，认识更深刻，是最常见的一种分析报告。

（2）伤亡事故综合分析报告。

伤亡事故综合分析报告是从企业施工的全过程、多方位综合反映建筑安全生产状况。它的对象可以是一个地区的所有建筑行业或一个建筑施工企业。它的主要特点是全面性、系统性和综合性。

（3）伤亡事故预测分析报告。

伤亡事故综合分析报告是在分析建筑企业安全生产的历史和现实的统计资料的基础上，运用统计预测方法，对建筑企业安全生产与伤亡事故的未来发展趋势做出的科学的判断和预计的分析报告。伤亡事故预测分析报告要求数据准确，定量分析与定性分析相结合，提出建筑企业伤亡事故预测结果具有的置信区间和可信度。

第三节　职工伤亡事故台账与报表

一、职工伤亡事故台账

职工伤亡事故台账是根据职工伤亡事故统计整理和分析的要求而设置的一种汇总资料的账册，它是统计台账的组成部分，是系统地积累职工伤亡情况的一种工具。

1. 职工伤亡事故统计台账的特点

（1）职工伤亡事故统计台账的资料，可以直接来源于统计台账，也可以从原始记录或经过加工整理以后的资料中获取。

（2）职工伤亡事故统计台账是将职工伤亡事故指标按照时间先后顺序，系统地登记在一个表册上，可以作为汇总企业职工伤亡事故统计数字资料的重要依据。

（3）职工伤亡事故台账的统计指标较为简单，所以其统计台账的账册也比较简单。

2. 职工伤亡事故台账的作用

（1）职工伤亡事故统计台账将职工伤亡事故指标进行序时登记，可据以监督检查安全生产计划的执行过程和结果；

（2）职工伤亡事故台账可以直观地反映建筑企业安全生产情况，并从动态分析中研究新情况、新问题及其发展变化的原因；

（3）职工伤亡事故统计台账是建筑企业编制各项安全生产计划、实现安全管理不可缺少的重要环节。

二、职工伤亡事故统计报表

职工伤亡事故统计报表是建筑企业安全生产管理的重要依据，是企业内部沟通安全生产信息的网络，也是完成国家和上级主管部门统计任务的工具，见表11-2。

表 11－2　　　　　　　　　　职工伤亡事故月报表

	合计			物体打击			车辆伤害			机具伤害			高空坠落			××	××
	死亡	重伤	轻伤	死亡	重伤	轻伤	死亡	重伤	轻伤	死亡	重伤	轻伤	死亡	重伤	轻伤		

职工伤亡事故统计报表，按照报送时间的长短，可分为日报、旬报、月报等，按照报送部门不同，分为内部报表和对外报表；按照事故类别不同，划分为高空坠落、物体打击、机具伤害、车辆伤害等报表。

本　章　小　结

建筑生产露天、高空作业多，存在一些不安全的客观因素，随着施工机械化程度的不断提高，建筑机械、运输设备大量增加，各种事故又有上升的趋势。为了把生产过程中的伤亡事故减少到最低限度，除了加强对职工的安全生产的教育外，还应该按照国家的规定，采取切实措施，保障职工的健康和安全。

伤亡事故是指企业职工（包括临时职工和计划外用工）在劳动过程中所发生的与生产（工作）有关的伤亡事故，包括急性中毒的事故。

伤亡事故类别是指按直接使职工受到伤害的原因。按事故类别分组统计伤亡事故，便于不同的行业和企业了解本行业和本企业容易发生的事故种类，以便采取相应的预防措施。

伤亡事故是指企业职工在生产劳动过程中发生的人身伤亡、急性中毒。

建筑企业伤亡事故统计分析结果可以通过表格、图形和文章等多种形式表现出来。文章式的主要形式是统计分析报告。它是全部表现形式中最完善的形式，这种形式可以综合而灵活地运用表格、图形等形式；可以表现出表格式、图形式难以充分表现的活情况；可以使分析结果鲜明、生动、具体；可以进行深刻的定性分析。

伤亡事故分析报告的分类，可从不同角度进行划分。按内容范围可分为伤亡事故综合分析报告和专题分析报告；按时间不同可分为伤亡事故定期分析报告和不定期分析报告；按写作的形式不同可分为调查报告、综合分析报告、专题分析报告和预测分析报告；按具体写作类型分为总结型、调查型、说明型、分析型、资料型、信息型和预测型等。但按主要作用、基本内容和结构形式特征归纳起来，主要分为以下三种：

（1）伤亡事故专题分析报告；

（2）伤亡事故综合分析报告；

（3）伤亡事故预测分析报告。

职工伤亡事故台账是根据职工伤亡事故统计整理和分析的要求而设置的一种汇总资料的

账册，它是统计台账的组成部分，是系统地积累职工伤亡情况的一种工具。

职工伤亡事故统计报表是建筑企业安全生产管理的重要依据，是企业内部沟通安全生产信息的网络，也是完成国家和上级主管部门统计任务的工具。

练　习　题

1. 什么是伤亡事故？其统计的范围如何？
2. 伤亡事故有哪几种类别？
3. 伤亡事故统计指标有哪些？
4. 如何编写伤亡事故分析报告？
5. 职工伤亡事故台账的作用如何？

第十二章　建筑企业附营业务活动统计

企业主营业务以外的多种经营按附营业务活动统计。

建筑业企业作为社会再生产活动的基本单位，在市场经济的大环境下，要以建筑工程施工及安装工程的施工作为自己的主营业务，随着市场竞争对企业生存能力要求的不断提高，在努力进行主营业务活动的同时，应根据自己的实际情况开展多种形式的附营业务活动，用以弥补企业在主营业务不畅时市场风险给企业带来的影响。建筑业企业附营业务活动统计，主要可以从附营工业产品生产统计、附营工业产品销售统计、附营批发零售贸易业商品销售与库存统计、附营交通运输业统计及其他指标等几个方面进行统计。

第一节　附营工业产品统计

一、附营工业产品生产统计

建筑企业作为社会再生产活动的一个基本单位，其所从事的生产活动是多种多样的，而且随着社会主义市场经济的发展，企业主营业务以外的多种经营的比重还将日益增加。从全社会角度看，这些附营业务同主营业务一样，同属于全社会产业活动的组成部分，因而都是国家统计调查的内容。

从建筑企业中将附营业务活动单独分出来进行统计，既为反映企业经营活动全貌，尤其是为反映附营第三产业活动情况创造了条件，同时又能将企业附营活动与各有关行业的主营业务活动结合起来，从而综合反映全社会产业活动的规模和成果。

作为建筑企业的附营工业单位，其生产的工业产品也是社会总产品的一部分。附营工业产品的生产、销售、库存统计的主要目的是反映工业产品生产、销售、库存的数量及构成，为分析企业、部门、地区生产经营情况提供依据。

附营工业产品生产的统计，主要包括两个方面，一是工业产品产量统计；二是工业产品价值量统计。

(一)附营工业产品产量统计

1. 工业产品的概念

凡是以实物产品形式或是以生产性劳务形式表现的生产单位进行工业活动的直接有效成果，都应算作工业产品。

2. 工业产品产量

工业产品产量是指工业单位在一定时期内生产的产品，并符合产品质量要求的实物数量。以实物量计算的工业产品产量，反映工业生产的发展水平，是制定和检查产量计划完成情况，分析各种工业产品之间比例关系和进行产品平衡分配及计算实物量生产指数的依据。

3. 工业产品产量统计范围

工业产品的特征决定了工业产品必须是本单位施加劳动的，经过本单位加工，符合生产的直接目的，符合国家颁发的生产质量标准或符合订货单位规定的技术条件的产品，因此，生产单位的工业产品统计首先应该明确产品产量统计的范围。

（1）工业产品产量应当包括工业单位生产的全部工业产品的产量，具体包括：

1）工业单位各车间（主要车间、辅助车间、附属品车间及副产品车间）生产的全部产品产量。不论是要销售的商品量或本单位的自用量，也不论是自备原料生产的或订货者来料生产的，均应统计生产量。

2）经正式鉴定合格的新产品、生产设备、未正式投入生产以前试生产的合格品，以及基本建设附营产业的合格品，都应包括在产品产量中。

3）在我国国土范围内的中外合资经营单位、中外合作经营单位、外资经营单位生产的产品。其产品产量全部统计在国内同类产品产量中。

4）用进口原料或关键零件生产的产品，无论在国内或国外销售，产量均应统计在国内同种产品产量中。如用进口纸浆生产的各种机制纸，用进口铁矿石冶炼的生铁，用进口显像管、集成电路板等关键件与国内其他元件器件装配的电视等。

5）用进口整套散装零件及用进口组装件加工和装配的产品，以及外商来料来件加工装配的产品，不管是国内销售还是外商经销，产量均统计在国内同种产品产量中。

（2）工业产品产量中不包括：

1）在生产工业产品的同时，生产的下脚余料和废料，如冶金工业的氧化铁、钢材切头切尾、机械工业的切屑、木材工业的锯末、粮食加工工业的糠麸、酿酒工业的酒糟等，一般作下脚料出售，不应统计为产品产量。

2）投入生产过程中原材料没有完全消耗掉，而加以回收，再供本企业生产自用的，如机械工业回收的润滑油，合成洗涤剂厂回收的盐酸、硫酸等都不计算产品产量。

3）工业单位外购的工业品，未经本单位任何加工的，一般不得作为本单位的产品产量统计。

4）由发包单位提供原材料，并负责产品检验和销售，而承包单位只进行加工，并在财务上以加工费作为结算形式的，产量由发包单位统计，承包单位不统计。

5）某些产品在检验产品质量时，需作破坏性试验（如试验弹药的效能、灯泡的使用寿命、手电池的间歇放电时间等），这些用作试验的产品，不计算在产品产量中。

4．工业产品产量统计的原则

（1）一切产品必须符合规定的质量标准或订货合同规定的技术条件，方可统计产量。

工业产品的质量标准，一律按国家标准或行业标准执行。没有国家标准或部颁标准的，应按照企业主管机关规定的标准，或订货合同规定的技术条件执行。各部门、各地区、各单位不得擅自更改标准或降低标准。

（2）报告期产品产量，应是截止到报告期最后一天的经检验合格并办理入库手续的产品产量。

产品经验收并合格，证明已达到有关标准及技术规范的要求，产品办完入库手续，表明产品已完成生产过程，要经历流通过程向消费过程转化，实现它的使用价值与价值。同时规定要求包装的产品，必须包装好，才能计算产品产量。在统计过程中，统计报告期产品产量的截止时间，应与会计核算的结算时间相一致。

（3）在统计时，应按产品目录规定的产品名称排列顺序，填制单位报表。

5. 工业产品产量的计算

（1）按实物单位计算产品产量。工业产品实物产量是对实物产品的计算，它是以符合产品的物理化学性能或外部特征的规定，并能体现产品使用价值的实物单位来计算产品产量。如混凝土及混凝土构件以立方米计算，门窗以平方米计算，建筑机械设备以台计算等。但在有些情况下，某些产品可以同时具有两个计算单位，例如木门窗可按樘和平方米表示，钢门窗可按吨和平方米表示。

实物单位只适用于反映同类产品的产量，在不具备同类型这一条件时，实物单位只能近似地说明作为使用价值量的产品产量及其动态。

（2）按标准实物单位计算产品产量。按标准实物单位计算产品产量是按实物单位计算产品产量的一种补充和发展，为了正确反映产量指标所代表的使用价值或生产的总成果，就有必要将经济用途相同，但品种规格不同的产品产量，折合成一种标准规格的产品产量。标准单位方法的本质在于所有产品的数量都用某一标准单位来表示。其计算公式为

$$标准实物产量 = 实际产量 \times 折合系数 \tag{12-1}$$

但标准实物单位法不能用于计算性质不同或不同名称的产品产量。标准实物单位亦不能表现具有不同消费用途的产品总量。

（3）按定额工时计算产品产量的方法，一般只用于产品加工工序复杂，加工每一道工序又需要较长的时间，加工的零部件又多种多样的建筑机械制造厂。为了便于制订计划，安排生产，掌握生产进度和检查生产计划完成程度，需要制订工时定额，并根据工时定额在企业内部计算产品数量，用工时定额计算的产品数量称为工时产量。

定额工时产量是各种零部件（半成品）的工时定额乘以经检验合格的各种零部件的产量之积的总和。这种计算产品产量的方法，只适用于生产单位内部。得到国家承认的建筑机械设备产品是完整的机械设备，而不是组成部分的零部件。因此，生产单位应根据设计要求或订货合同规定将机械设备的主机、辅机、备品、零件，以及单机配套范围内的附属品等全部配齐（不论本单位生产或外单位协作生产的），经检验合格，包装并办理入库手续后，方可计算产品产量。凡配套不齐全的，只能视为半成品，不得计入产量。

（二）附营工业产品产值统计

附营工业产品产值统计，是从实物方面体现了附营工业企业在报告期的生产规模。但这个指标在应用上有一定的局限性，因为各种产品的使用价值是不同的，所以不能汇总计算。为了计算不同使用价值的全部工业产品总量，就需要以货币的形式表示产量，通过产品的价格来核算产品的价值量，即计算产值指标。产品价值，就是产品的货币表现，是综合反映生产单位生产活动成果的总量指标，产品只有采用价值的形态，生产单位才能够把生产的成品、半成品和在制品加总，把产品和工业性作业加总，把不同用途、不同品种和规格的产品产量加总，以反映生产单位生产的产品总量。

工业总产值是指用货币表现的附营工业生产单位在报告期内生产的工业产品总量。它是反映一定时间内工业生产总规模和总水平的重要指标，是计算工业生产发展速度和主要比例关系，计算工业产品销售率和其他经济指标的重要依据。

1. 工业总产值的计算原则

工业总产值采用"工厂法"计算。所谓"工厂法"，就是以工业单位作为一个整体，按工业生产活动的最终成果来计算，单位内部不允许重复计算，不能把单位内部各个车间生产

的成果简单相加。例如，混凝土构件预制厂内部钢筋车间制作的成型钢筋件，提供给预制车间生产钢筋混凝土构件，则成型钢筋件不应计算产值，因其价值已包括在钢筋混凝土构件中。

2．工业总产值的范围

工业总产值包括成品价值、工业性作业价值和自制半成品、在产品期末期初差额价值。

（1）成品价值，指本单位在报告期内已完成全部生产过程，经检验、包装（规定不需包装的产品除外）入库的产品价值。成品价值包括次品的价值在内。次品是指虽没有完全达到规定的质量标准，但仍可在原定用途上使用并作为工业产品销售的产品。有些部门的产品，国家和主管部门规定不合格不销售，或只能作为废品和废料出售的，则不能将次品计入工业总产值。成品价值具体包括：

1）附营单位自备原材料生产的已经销售和准备销售的成品价值；

2）附营单位生产的提供本单位基本建设部门、其他非工业部门和生活福利部门等单位使用的成品价值；

3）附营单位自制设备的价值；

4）用订货者来料加工生产的成品价值（包括订货者来料的）；

5）已经销售和准备销售的半成品价值。

（2）工业性作业价值，是指附营工业单位在报告期内生产的以生产性劳务形式表现的产品价值。工业性作业只恢复或增加原来产品的使用价值。工业性作业按加工费计算工业总产值，即不包括被修理、加工产品的价值，但应包括在工业性作业过程中所耗用的材料和零件的价值。工业性作业价值具体包括：

1）对外承做的工业品修理（如机械设备、交通运输工具的修理）的价值；

2）对本单位专项工程、生活福利部门提供加工修理、设备安装等价值；

3）对外来材料、零件及未完制品所做的个别工序的加工（研磨、油漆、电镀、钉扣、印字等加工）价值；

4）对外来的产品所做的分包和分装工作的价值；

5）对外来的零件、配件进行简单装配工作的价值。

（3）自制半成品、在产品期末期初差额价值，是指附营单位在报告期内已经过一定生产过程，但尚未完成生产过程仍需继续加工的中间产品的价值，即报告期自制半成品、在产品期末余额减去报告期自制半成品、在产品期初余额后的差额价值。生产周期不长（在六个月以内）的企业，期初和期末的自制成品、在产品，价值一般变动不大，可以忽略不计。

3．工业总产值的计算价格

计算工业总产值采用的价格有两种：不变价格和现行价格。

（1）不变价格，是指在计算不同时期的总产值时，采用同一时期或同一时点工业产品出厂价格，它又称"固定价格"。采用不变价格计算工业总产值，主要是用以消除不同时期价格变动的影响，以保证计算工业发展速度时可比。

使用不变价格时应注意：

1）凡属全国范围内大量生产的产品，其不变价格由国家统计局制定，并在全国范围内统一使用。国务院部属系统大量生产的产品和其他少量产品，凡属国家统计局未制定不变价格的，由国务院各有关部门补充制定，征得国家统计局同意后，在全国范围内使用。各省、市、自治区生产的产品，如无国家统计局和国务院有关部门制定的不变价格的，由各省、市、自治区统计局补充制定，在本地区使用。

2）新产品，如果已有统一规定的不变价格，应采用统一规定的不变价格，如果没有统一规定的不变价格，凡未正式投入生产的新产品，可采用计划价格或合同价格，正式成批投入生产的新产品，在生产正常之后，应以实际出厂价格作为正式不变价格，报上级主管机关备案。

3）凡已有不变价格的工业性作业，按规定的不变价格计算；没有规定不变价格的，可按实际加工费收入计算。但在使用实际加工费收入作为不变价格计算总产值时，应遵守企业的同类产品的现行价格与其不变价格水平比较接近的原则。如现行价格与不变价格水平差距较大时，应采用换算系数来计算。其计算公式为

$$工业性作业不变价格 ＝ 现行价格 \times 换算系数 \qquad (12-2)$$

换算系数的计算公式为

$$换算系数 ＝ \frac{同类产品（或耗用的主要原材料）的不变价格}{同类产品（或耗用的主要原材料）的现行价格} \qquad (12-3)$$

（2）现行价格，是指计算工业总产值时，采用的报告期内的产品实际销售价格。报告期的产品销售价格前后有变动，或同一种产品在同一时期有几种销售价格的，应分别按不同价格计算总产值，如生产完成时还不能确定按哪一种价格销售，可按报告期实际平均销售价格计算。实际销售价格是指产品销售时的实际出厂价格。

工业总产值中有些项目，如自制设备、提供本单位基本建设和生活福利部门的产品和工业性作业等没有出厂价格，可以它们的实际成本作为现行价格。

用现行价格计算的产值指标，可以说明报告期附营工业生产的实际价值，可以分析产、销情况，并同产品成本和利润指标联系起来，研究企业的经济效益，对加强企业的经营管理有重要的意义。但是，由于现行价格在不同时期会受到价格变动因素的影响。因而，用现行价格计算产值，不适于用作各个不同时期工业总产值的比较。

二、附营工业产品销售统计

为适应建立社会主义市场经济体制的要求，附营工业产品生产单位不仅要重视产品的生产，更要重视产品的销售，只有将产品销售出去，才能实现价值，才能在激烈的竞争中立于不败之地。因此，对工业产品的销售统计也是很重要的一方面。

（一）附营工业产品销售统计

工业产品销售量是指报告期内工业单位实际销售的由本单位生产（包括上期生产和本期生产）的工业产品的实物数量，但不包括用订货者来料加工生产的成品（半成品）实物量。它反映工业单位生产成果已经实现销售的数量。

1. 产品销售量的统计原则

产品销售量的统计应以产品销售实现为原则。即在产品已发出，货款已经收到或者得到了收取货款的凭据作为销售实现统计产品的销售量。按照采取的销售方式不同，产品销售量统计可分为以下几种情况：

（1）采用送货制销售的，产品如由本单位运输部门发运，以产品出库单上的数量、日期为准；如委托专业运输部门发运，则以运输部门的承运单上的数量、日期为准。

（2）采用提货制销售的，以给用户开具的发票和提货单上的数量、日期为准。

（3）委托其他单位代销的产品，以工业单位收到代销单位的代销清单为准。

（4）采用预收贷款销售的，在发出产品时作为销售。产品尚未发出，已预收货款或预开提货单的不应作销售。

（5）出口销售的商品，陆运以取得承运货物收据或铁路运单，海运以取得出口装船提单，空运以取得空运运单，并向银行办理出口交单的数量、日期为准。

单位自营出口的产品，在委托外贸代理出口实行代理制的情况下，以收到外贸部门代办的运单和银行交单凭证的数量、日期为准。

2. 产品销售量的统计范围

弄清产品销售的统计范围，必须明确：产品销售量不同于产品产量，虽然产品销售量要以产品产量为依据，但产品销售量可以包括本期产品，也可以包括上期或以往的产品。统计产品销售量时，不应包括转售其他单位的产品。

产品销售量的统计，应包括：

（1）按合同向需用单位的供货量，包括交本期合同、补交上期和预付下期合同；

（2）在国家合同外按照市场需求、单位自行销售的产品；

（3）售给物资部门和商业部门等经营部门的产品；

（4）售给外贸部门供出口或单位自行出口的产品；

（5）供给国家储备的产品。

（二）附营工业产品销售价值统计

为了综合反映不同性质、不同形式和不同用途的各种工业产品的销售总规模，需要计算实现销售的工业产品价值量。工业销售产值是以货币表现的工业生产单位在一定时期内销售的本单位生产的工业产品总产量。包括已销售的成品、半成品的价值，对外提供的工业性作业价值和对本单位基本建设部门、生活福利部门等提供的产品和工业性作业及自制设备的价值。

工业销售产值的计算范围、计算价格和计算方法与工业总产值一致，但两者计算的基础不同。工业销售产值计算的基础是产品销售总量，工业总产值计算的基础是工业产品生产总量。

工业销售产值分别按现行价格和不变价格两种价格计算。

（1）不变价格工业销售产值，其计算公式为

工业销售产值 $=\sum[$ 报告期某种产品销售量 $\times$ 该产品（或工业性作业）基期不变价格$]$

$$(12-4)$$

（2）现行价格工业销售产值，包括：

1）成品价值，指附营工业单位在报告期内实际销售的（包括本期生产和上期生产）全部成品、半成品的总金额，包括为本单位基本建设部门、生活福利部门等提供的成品价值。其计算公式为

成品价值 $=\sum$（报告期某种产品销售量 $\times$ 该产品的实际销售单价）　　$(12-5)$

2）对外提供的工业性作业销售价值，是指附营工业单位按合同对外提供的工业性劳务，包括为本单位基本建设部门、生活福利部门等提供的工业性劳务，其价值按实际结算的劳务费计算。

附营工业单位为本单位基本建设部门、生活福利部门等提供的产品和工业性作业及自制

设备，可参照同类产品和设备的销售价格或实际成本价格计算其销售产值。

自行完成的本单位的工业性作业价值，按报告期实际完成工业性作业的核算成本计算其销售产值。

在工业统计报表中，还会涉及其他一些销售价值量指标，包括：

① 成品销售价值，指工业生产单位在报告期内实际销售（包括本期生产和上期生产）全部成品、半成品的总金额，包括为本单位基本建设部门、生活福利部门等提供的成品价值和自制设备价值。成品销售价值中不包括用订货者来料加工的成品、半成品的价值。

② 消费品零售额，指工业单位售给城乡居民、社会集团的用于直接消费的消费品。不论是本单位生产的产品，还是转售的商品，均应包括在内，但不包括企业附营批发零售贸易单位的消费品零售额。

三、附营工业产品库存统计

（一）产品库存量统计

产品库存量是指报告期期初或期末某一时点上，尚存在单位产成品仓库中而暂未售出的产品实物数量。它反映一定时点上企业所掌握的可供销售的产品数量。

1. *产品库存量核算的原则*

产品库存是生产和销售的中间环节，产品库存量必须与生产量和销售量相衔接。为此，核定库存的原则为：

（1）产品库存是处于"实际库存"状态的产品。有的产品虽已结束了生产过程，但是还没有验收合格，还没有办理入库手续，不能作为产品库存统计。有的产品已经售出，但按提货制要求还没有办理货款结算手续，按送货制的要求未办理承运手续，仍应视作本单位的产成品库存统计。

（2）计入库存的产品，必须是本单位有权销售的，对于已经销售并已办妥各项手续，但尚未提货的产品，本单位无权支配，这种产品虽然仍存在本单位仓库中，不应统计。凡本单位有权销售的产品，不论存放在什么地方，均应统计。

（3）产品库存不能出现负数，如果产品还没有来得及入库就已售出，应将售出的这部分产品补填入库和出库凭证，并相应计入产品产量中。

2. *产品库存量的核算范围*

按照上述原则，计入本单位产品库存量中的产品包括：

（1）本单位生产的、报告期内经检验合格入库的产品；

（2）库存产品虽有销售对象，但尚未发货的；

（3）订货者来料加工产品尚未拨出的；

（4）盘点中的账外产品；

（5）产品入库后发现有质量问题，但未办理退库手续的产品。

不应计入本单位库存中的产品包括：

（1）属于提货制销售的产品，已办理货款结算和开出提单，但是用户尚未提走的产品；

（2）代外单位保管的产品；

（3）已结束生产过程，但尚未办理入库手续的产品。

3. *产品的盘存*

产品库存量数字应根据实际盘存取得。产品的盘存方法包括：定期盘存和永续盘存。定期盘存是将盘存定在期末（或其他固定时点上），通过清点实物确定库存单位产品实物数量。该方法比较适合产品品种比较多、单价又较低的单位统计库存量的需要。永续盘存要求随时登记入库产品数量、销售量和库存量，适于品种单一、价格昂贵的产品的生产和经销单位。

在实际盘存中，因各种原因，盘存数量不一定与平时记录的数量相吻合，因而会发生账外收支，即盘盈或盘亏。

（二）产品库存价值统计

产品库存价值也称成品库存价值，指附营工业单位在报告期期初（期末）时点上尚未实现销售的全部成品（预定销售的半成品）库存的价值。它反映报告期一定时点上企业所掌握的可供销售的资源总量。

在附营单位的最终生产成果中，只有成品和准备出售的半成品才会形成库存。所以，产品库存价值与产品库存实物量的核算范围是一致的。

产品库存价值核算必须与生产价值和销售价值的核算相互衔接。为此，产、销、存价值核算都应使用统一的单价。因此，产品库存价值应按报告期期初（期末）成品（预定销售的半成品）实有库存量乘以报告期该产品的实际销售平均单价计算。计算公式为

$$成品库存价值 = \sum (产品库存量 \times 报告期实际销售平均单价) \tag{12-6}$$

第二节　附营批发零售贸易业商品销售与库存统计

一、附营批发零售贸易业商品销售统计

附营批发零售贸易业的基本职能是从事商品的买卖活动。因此，它所从事的批发零售过程就具体表现为商品的买进和卖出，即"货币—商品—货币"的交换过程。这是一个周而复始、持续不断的运动过程。在这一过程中，某一附营批发零售单位在一定时期内买进、卖出的商品数量往往是不等的，从而会形成一定数量的商品库存。因此，在批发零售贸易业的统计指标中，首先要设置商品购进、商品销售、商品库存三个指标，用以反映其买进、卖出和库存的商品数量，反映社会产品通过商品流通领域，从生产到销售的过程，研究批发零售贸易市场发展变化趋势、特点和规律性，为指导市场发展、制定商品流通领域的政策，合理组织商品流通提供依据。

（一）商品购进

一般地讲，凡是商业经营者购进商品的买卖行为，都可以叫做商品购进，但是作为统计指标，商品购进包括各种经济类型的商业经营者以商品流通职能机构的身份向一切非商业单位与个人购进的商品，以及对外贸易部门购进的进出口商品，但不包括它们以消费者身份购进自用的商品和从商业部门内部购进的商品。因此，这个指标能综合反映一定时期内第一次进入商业部门的商品总量，是进一步分析商品的来源、产销和市场商品供需情况的重要依据。这个指标通常计算商品购进总额。

商品购进总额，是指从本单位以外的单位和个人购进（包括从国外进口）作为转卖或加工后转卖的商品。

商品购进总额包括：

（1）从工农业生产者购进的商品；

（2）从出版社、报社的出版发行部门购进的图书、杂志和报纸；

（3）从各种经济类型的批发零售贸易企业和单位购进的商品（物资）；

（4）从其他单位购进的商品。如从机关、团体、企业单位购进的剩余物资，从餐饮业、服务业购进的商品，从海关、市场管理部门购进的缉私和没收的商品，从居民中收购的废旧商品等。

（5）从国（境）外直接进口的商品。

商品购进总额不包括：

（1）为了本单位自身经营使用，不是作为转卖而购进的商品，如材料物资、包装物、低值易耗品、办公用品等；

（2）未通过买卖行为而收入的商品，如接收其他部门移交的商品、借入的商品收入、其他单位保管的商品、其他单位赠送的样品、加工收回的成品等；

（3）经本单位介绍，由买卖双方直接结算，本单位只收取手续费的业务；

（4）销售退回和买方拒付货款的商品；

（5）商品溢余。

（二）商品销售

一般地说，凡是商品经营者出售商品的买卖行为，都可以叫商品销售。作为统计指标，商品销售包括各种经济类型的商业经营者以商品流通职能机构的身份售给一切非商业单位与个人的商品以及售给对外贸易部门供其出口用的商品，但是不包括它们以消费者身份出售的废旧物资和售给商业部门内部的商品。因此，这个指标能综合反映一定时期内流出商业部门的商品总量，全面说明商品销售为消费者服务的情况，是进一步分析商品去向、构成和市场商品供需状况的重要依据。对于该指标的统计，就是计算商品销售总额。

商品销售总额，是指对本单以外的单位和个人出售（包括对国外、境外出口）的商品（包括售给本单位消费用的商品）。

商品销售总额包括：

（1）售给城乡居民和社会集团消费用的商品；

（2）售给工业、农业、建筑业、交通运输邮电业、批发零售贸易业、餐饮业、服务业、公用事业等作为生产、经营使用的商品；

（3）售给批发零售贸易业作为转卖或加工后转卖的商品；

（4）对国（境）外直接出口的商品。

商品销售总额不包括：

（1）出售给本单位自用的废旧的包装用品和其他废旧物资；

（2）未通过买卖行为付出的商品，如随机构移交而交给其他单位的商品、借出的商品、交付代其他单位保管的商品，加工原料付出和赠送给其他单位的样品等；

（3）经本单位介绍，由买卖双方直接结算，本单位只收取手续费的业务；

（4）购货退出的商品；

（5）商品损耗和损失。

二、附营批发零售贸易业商品库存统计

商品库存是指商业部门已经购进尚未销售的商品，即商业部门掌握所有权的全部商品。它是商品在流通领域或商业部门的暂时停滞，是保证商品流通不致中断和商品销售正常进行的必要条件。商品库存指标能反映一定时点上商业部门库存商品的总量或水平，是进一步考察库存商品的结构、分布、适销状况及其对销售保证程度的依据。在统计中，使用期末库存这个指标。

期末库存，就是指批发零售贸易单位已取得所有权的全部商品。它包括：

（1）存放在本单位（如门市部、批发站、采购站、经营处）的仓库、货场、货柜和货架中的商品；

（2）挑选、整理、包装中的商品；

（3）已记入购进而尚未运到本单位的商品，即发货单位或银行承兑凭证已到而货未到的商品；

（4）已发出但未办妥银行收款手续或采取送货制，尚未取得运输凭证的商品；

（5）寄放他处的商品，如因购货方拒绝付款而暂时存放在购货方的商品和已办完加工成品收回手续而未提回的商品；

（6）委托其他单位代销（未作销售或调出）尚未售出的商品；

（7）代其他单位购进尚未交付的商品；

（8）外贸企业用作出口和内销用的库存商品。

期末库存不包括：

（1）所有权不属于本单位的商品，如商品已作销售但买方尚未取走的商品；代替他人保管、运输、加工的商品；代其他单位销售（未作购进或调入）而未售出的商品。

（2）委托外单位加工的商品（包括本单位所属独立核算加工厂和其他生产单位加工生产尚未收回成品的商品）。

前面所述的商品在购、销、存指标上，不仅各有其独立的经济意义，而且它们之间在数量上也存在着一定的联系。就一种商品实物量来讲，在不考虑其他商品收支的条件下，它们之间的联系直接表现为下面的平衡关系：

$$期初商品库存＋本期商品购进＋本期商品调入$$
$$＝本期商品销售＋本期商品调出＋期末商品库存 \qquad (12-7)$$

但就多种商品来讲，则须用金额来计算。

第三节　附营交通运输业统计及其他指标

一、附营交通运输业统计指标

运输设备是建筑企业的基本设备之一。借助企业的运输设备从事交通运输的活动，是建筑企业的一项重要的附营业务。

从事附营交通运输业活动的运输，是指营运汽车及营运机动船。营运汽车是指领有公安交通监理部门核发的车辆牌照，并经当地工商行政管理机关核准，领取营业执照，参加营业性运输的载客和载货汽车。包括使用权属于公路运输企业的在用营运汽车的租入、借入、代管的营运汽车。其中，又分载客汽车和载货汽车。载客汽车是指专门的客运设备，用于旅客运输的汽车。对于临时作为"代客车"使用的载货汽车，不能作为载客汽车统计。载客汽车的载客容量要按照交通监理部门核发的车辆行驶证上登记的座位数来统计。载货汽车是指用于货物运输的汽车，包括普通载货汽车和专用载货汽车（如冷藏车、罐车）。载货汽车的载货量，是指载货汽车的载货能力，按交通监理部门核发的车辆行驶证上登记的吨位数计算。

　　营运机动船是指由船检部门批准的运输许可证并经当地工商行政管理机关核准，领取营业执照，参加营业运输的船舶。在统计营运船舶数量时，只统计船舶实物数量，不包括船上备用的救生艇。营运船舶的净载重量，是指船舶用于载运货物的定额载货吨位，即船舶吨位数，不包括用于装载船上自用的燃料物、淡水等载重吨位。而船舶的载客量，亦是指船舶用于载运旅客的定额客位数（含铺位、座位），不包括船员自用的铺位。

　　附营交通运输业的统计指标，通常有：

　　（1）货运量。是指公路、水路营运运输工具在报告期内实际运送的货物重量。不包括其他机动车、拖拉机以及非营运运输工具完成的货运量。

　　（2）货物周转量。指公路、水路营运运输工具在报告期实际运送的每批货物重量与其运送里程的乘积之和。不包括其他机动车、拖拉机以及非营运运输工具的货物周转量。

　　（3）客运量。指公路、水路营运运输工具在报告期内实际运送的旅客人数，以客票或以实际乘载人数为计算依据。客运量计量单位：人。

　　（4）旅客周转量。指公路、水路营运运输工具在报告期内实际运送的旅客人数与其乘车（船）里程的乘积之和。旅客周转量的计量单位：人公里。

　　（5）载货（客）汽车总行程。指载货（客）汽车在运输生产过程中所行驶的总里程，计量单位：车公里。它必须是载货（客）汽车为进行营业性运输而行驶的里程，不包括为进行保养、修理而进出场（厂）及试车的行程。

　　（6）载货（客）车重车行程。指车辆在总行程中，载有客、货的行驶里程。车辆只要重车行驶，不管装载多少，均按重车行驶计算。

二、附营交通运输业统计分析

　　交通运输业是从事旅客和货物运输的一个社会生产部门，它的生产活动是实现人和物的空间位移，它本身并不创造新的使用价值，其生产活动的成果只是改变物质产品和人的空间位置，为社会各界提供服务。这里我们仅对货物运输进行统计分析。

　　货物运输将产品从产地运到消费地，使产品的使用价值得以实现，通过运送货物的劳动，也增加了原有产品的价值。它的主要作用是把社会的生产、分配、交换和消费各个环节有机的结合起来，起到纽带和桥梁作用。运输活动的生产过程与消费过程是同时进行的。因此，货物运输的统计分析，应以运输业生产作业量货运量和货物周转量为主。

　　（一）货运量

　　货运量指一定时期内货物运输实际运送货物的数量，按重量吨计算，它反映交通运输企业完成运输生产工作量的大小。货运量可分为发运量和到达量两个指标。附营交通运输业统计的货运量指的是到货量，即从货物运输已经完成了的角度反映运输活动的生产成果，表明运输业为国民经济各部门服务的最终成果。货运量以货票记载的货物实际重量为计算依据。

　　（二）货物周转量

　　货物运输业生产是货物的位移，运输企业在货的运输方面完成的工作量，不仅表现在运送了多少吨货物，还表现在把货物运送了多少距离。为了综合反映运输企业所完成的货运生产工作总量，还要计算包括货物重量和运送距离在内的综合指标，即货物周转量指标。计算公式为

$$货物周转量＝\sum（各批货物的重量×该批货物的运距） \qquad (12-8)$$

货物运送里程应以货票上记载的起讫地（港）和卸货地（港）之间距离为计算依据。货

物周转量的计量单位是吨公里。

由于货物周转量是由货运量与货物的平均运距两个因素构成，因而对货物周转量指标的分析，可用因素分析法分析两个因素变动对货物周转量变动的影响程度和增减绝对量。在进行统计分析时采用的是货运量与平均运距两个因素。计算公式为

$$平均运距(km) = \frac{货物周转量(t \cdot km)}{货运量(t)} \qquad (12-9)$$

$$货运量变动对货物周转量的影响程度 = \frac{实际货运量 \times 计划平均运距}{计划货运量 \times 计划平均运距} \times 100\%$$
$$(12-10)$$

$$货运量变动对货物周转量影响的绝对值 = (实际货运量 - 计划货运量) \times 计划平均运距$$
$$(12-11)$$

$$平均运距变动对货物周转量的影响程度 = \frac{实际货运量 \times 实际平均运距}{实际货运量 \times 计划平均运距} \times 100\%$$
$$(12-12)$$

平均运距变动对货物周转量影响的绝对值 ＝（实际平均运距 － 计划平均运距）× 实际货运量
$$(12-13)$$

三、其他指标

附营业务活动的其他指标有单位数、从业人数、从业人员的报酬和收入。

（一）单位数

单位数指附属于建筑企业的从事非建筑业生产活动的附营活动单位个数。列入附营经济活动统计范围的单位是指同时具备以下三个条件的单位：①具有同一个场所、从事一种或主要从事一种活动；②单独组织生产、经营或进行业务活动；③单独核算收入与支出。凡不同时具备以上三个条件的单位，不作为附营活动单位统计。另外，报表中未列出行业的附营活动单位暂不进行统计。

（二）从业人数

从业人数指报告期末在附营活动单位中从事生产劳动并由附营活动单位支付劳动报酬的全部人员，即包括期末在册的正式职工和返聘人员，也包括长期职工和临时工。

（三）从业人员报酬

从业人员报酬指报告期内附营活动单位以各种形式支付给从业人员的劳动报酬，既包括工资、奖金、各种津贴和补贴以及返聘人员的劳动报酬，也包括各种实物工资。

（四）收入

收入指附营活动单位通过生产经营活动所取得的全部收入。这里的收入一般指毛收入，即未扣除成本费用的总收入。有经营收入的单位，如餐饮业填写营业额；宾馆饭店填写营业收入。无营业收入的单位，如学校等填写经常性的支出，包括从业人员的工资、劳动报酬以及教学业务活动的正常支出。

本 章 小 结

建筑业为了满足现代化施工的需要，应在专业分工的基础上，形成综合生产能力。它不仅能直接从事建筑安装活动，而且拥有强大的为建筑施工服务的附属辅助企业的生产能力。

　　附营工业产品生产的统计，主要包括两个方面，一是工业产品产量统计；二是工业产品价值量统计。从建筑企业中将附营业务活动单独分出来进行统计，既为反映企业经营活动全貌，尤其是为反映附营第三产业活动情况创造了条件，同时又能将企业附营活动与各有关行业的主营业务活动结合起来，从而综合反映全社会产业活动的规模和成果。

　　工业产品产量统计是工业统计中最重要的一个环节。对工业产品进行统计，必须从企业的角度来确定工业产品的概念及其分类，并在此基础上核算产量、产值、品种、质量等一系列统计指标。

　　表示工业产品产量，可以按标准实物单位计算产品产量，或按定额工时计算产品产量和标准实物产量几种方法计算。同时，也可以采用产品的劳动量指标，即定额工时产量。它是用劳动量（工时）作为不同产品的共同尺度来计算的工业产品生产总量。

　　工业总产值是指用货币表现的附营工业生产单位在报告期内生产的工业产品总量。它是反映一定时间内工业生产总规模和总水平的重要指标，是计算工业生产发展速度和主要比例关系，计算工业产品销售率和其他经济指标的重要依据。

　　工业产品销售量是指报告期内工业单位实际销售的由本单位生产（包括上期生产和本期生产）的工业产品的实物数量，但不包括用订货者来料加工生产的成品（半成品）实物量。它反映工业单位生产成果已经实现销售的数量。

　　产品库存量是指报告期期初或期末某一时点上，尚存在单位产成品仓库中而暂未售出的产品实物数量。它反映一定时点上企业所掌握的可供销售的产品数量。

　　产品库存价值也称成品库存价值，指附营工业单位在报告期期初（期末）时点上尚未实现销售的全部成品（预定销售的半成品）库存的价值。它反映报告期一定时点上企业所掌握的可供销售的资源总量。

　　附营批发零售贸易业的基本职能是从事商品的买卖活动。因此，它所从事的批发零售过程就具体表现为商品的买进和卖出，即"货币—商品—货币"的交换过程。这是一个周而复始、持续不断的运动过程。在这一过程中，某一附营批发零售单位在一定时期内买进、卖出的商品数量往往是不等的，从而会形成一定数量的商品库存。

　　从事附营交通运输业活动的运输，是指营运汽车及营运机动船。营运汽车是指领有公安交通监理部门核发的车辆牌照，并经当地工商行政管理机关核准，领取营业执照，参加营业性运输的载客和载货汽车。包括使用权属于公路运输企业的在用营运汽车的租入、借入、代管的营运汽车。

练　习　题

　　1. 附营工业产品产值统计的原则是什么？范围是什么？
　　2. 附营工业产品销售量统计的原则是什么？范围是什么？
　　3. 附营工业产品库存量核算的原则是什么？范围是什么？
　　4. 附营交通运输业的统计指标有哪些？
　　5. 附营其他业务活动统计的内容有哪些？

第十三章　建筑企业财务状况、经营成果统计

改革开放以来，在市场经济条件下，建筑业企业无论其所有制形式如何，作为一个独立的经济组织，开展生产经营活动，自负盈亏，自担风险，必须拥有一定的资金量，用于施工生产活动当中，如支付工资、支付材料费等；另外，通过不同形态的资金运用，使其在不断周转当中为企业带来经济效益，不断地积累，推动企业发展。在资金运用的过程当中，还应该考查资金的利用效果，提高资金的有效利用程度，使企业在有限的资金量条件下创造更多的收益。

第一节　建筑业企业资本金、资产权益统计

一、建筑业企业资本金统计的概念、分类

（一）建筑业企业资本金的概念

资本金是指建筑业企业在成为独立经济组织过程中，按照国家法律、法规和合同、章程，在开办时筹集并在工商行政管理部门登记的注册资金。这部分资金对企业而言属于非负债资金，它可以以现金、实物、无形资产的形态存在，但无形资产的比重要符合国家有关规定。

（二）建筑业企业资本金的分类

这里主要是按投资主体的不同进行分类，分为国家资本金、法人资本金、个人资本金和外商资本金等部分。

1. 国家资本金

国家资本金也可称为国家投资，是指以国家预算资金为来源并列入国家计划的资产投资，投入企业而形成的资本金。

它包括国家预算、地方财政、主管部门和国家专业投资公司拨给或委托银行贷给建设单位的基本建设拨款或中央基本建设基金，拨给企业单位的更新改造拨款，以及中央财政安排的专项拨款中用于基本建设的资金。

国家资本金对于建筑业企业这样有独立偿还能力的经济组织来讲，在其资本金来源渠道中所占的比重较小，主要是以其他方式为主。

在统计过程当中，只要是以国家资金进行投资的，均作为国家资本金进行统计，而不需要区分企业的资本金是哪个政府部门或机构投入的，何时投入的。

法人资本金主要是指其他法人单位以其依法可支配的资产投入企业所形成的资本金。如其他的企业法人或社团法人通过购买企业发行的股票而进行的投资等。法人资本金是企业在筹建过程中吸收资金的主要渠道之一。

2. 个人资本金

个人资本金是指社会上个人或企业内部职工以其合法财产投入企业所形成的。如社会上的个人通过购买企业发行股票投资所形成的资本金。通过这样的方式可以在比较广泛的范围

内吸收较大量的资金。

3. 外商资本金

外商资本金是指外国或港、澳、台地区的投资者投入企业形成的资本金。

在外商资本金形成过程当中，吸收国外资本直接投资的主要方式包括外商合资经营、合作经营、合作开发及外商独资经营等形式。

以上各项指标的本年实际数，以企业在工商行政管理部门注册资金登记数统计，或以会计师事务所出具的验资报告中的数据统计。如当年增加或减少资本金时，要按变更后的数字统计。

（三）资本金的特点

可以从以下几个方面体现：

（1）从资金的筹集对象来看，资本金的筹集对象是投资人。这些投资人可以是国家、法人、个人及外商；

（2）从资金的偿还方式看，资本金是不需偿还的，投资人享有企业所有权，并有权按其投入企业的资本金份额取得红利；

（3）从资金的使用期限看，资本金一旦投入企业，便成为企业的一项永久性资金，企业享有使用权，并且对于投资人来讲，在企业持续经营期内，该投资是不能撤回的；

（4）从与企业生产经营的关系看，投资人有权按对企业资本投入的份额，参与企业的生产经营决策。

二、企业资产统计

建筑业企业作为市场主体从事生产经营活动，必须拥有一定的资产为保障，所谓资产，是指企业过去的交易或者事项形成的、由企业拥有或者控制的、预期会给企业带来经济利益的资源。如货币资金、设备、企业的债权、专利权等。

资产具有以下几个方面的特征：

（1）预期会给企业带来经济利益。

预期会给企业带来经济利益，是指直接或者间接导致现金和现金等价物流入企业的潜力。企业所拥有的厂房场地、机器设备、原材料等可以用于生产经营过程、制造商品或提供劳务，出售后收回货款，货款即为企业所获得的经济利益。

（2）资产是企业所拥有的，或者即使不为企业所拥有，也是企业所控制的。

由企业拥有或者控制，是指企业享有某项资源的所有权，或者虽然不享有某项资源的所有权，但该资源能被企业所控制。企业拥有资产，就能够排他性地从资产中获取经济利益。有些资产虽然不为企业所拥有但是企业能够支配这些资产，因此同样能够排他性地从资产中获取经济利益。如融资租入的固定资产。如果企业不能拥有或控制资产所能带来的经济利益，那么就不能作为企业的资产，如经营租赁方式租入的固定资产，企业对其不具有所有权，因此不能当作企业的资产。

（3）资产是由过去的交易或事项形成的。

企业过去的交易或者事项包括购买、生产、建造行为或其他交易或者事项。预期在未来发生的交易或者事项不形成资产。

三、企业资产的分类

企业资产可以按照不同的标准进行分类，比较常见的是按照流动性和按有无实物形态进行分类。

（一）按资产的流动性进行分类

按流动性进行分类，可分为流动资产和非流动资产。

所谓流动资产，是指可以在一年或者超过一年的一个营业周期内变现或耗用的资产，主要包括现金、银行存款、短期投资、应收及预付款、待摊费用、存货等。有些企业经营活动比较特殊，经营周期可能长于1年，如造船企业，此时，就不能以1年内变现作为流动资产的划分标准，而是将经营周期作为流动资产的划分标准。

在统计流动资产过程当中，其组成项目的资料来源可以从企业定期编制的"资产负债表"的期末余额的合计数得到。

除流动资产以外的其他资产，都属于非流动资产，如长期投资，固定资产、无形资产和其他资产。

1. 长期投资

长期投资是指除短期投资以外的投资，包括持有时间准备超过1年（不含1年）的各种股权性质的投资，不能变现或不准备随时变现的债券，其他债权投资和其他长期投资。

在统计过程当中，企业的长期投资应当以"资产负债表"期末的账面价值与可收回金额孰低计量，对可收回金额低于账面价值的差额，应当计提长期投资减值准备。在资产负债表中，长期投资项目应当按照减去长期投资减值准备后的净额反映。

2. 固定资产

固定资产，是指企业使用期限超过一年的房屋、建筑物、机器、机械、运输工具以及其他与生产、经营有关的设备、器具、工具等。不属于生产经营主要设备的物品，单位价值在2000元以上，并且使用年限超过2年的，也应当作为固定资产。

3. 无形资产

无形资产是指企业为生产商品或者提供劳务、出租给他人，或管理目的而持有的，没有实物形态的非货币性长期资产。

4. 其他资产

其他资产是指不能包括在流动资产、长期投资、固定资产、无形资产等以外的资产。

（二）按资产有无实物形态进行分类

1. 有形资产

如存货、固定资产等具有物质实体形态的资产。

2. 无形资产

如货币资金、应收款项、短期投资、长期投资、专利权、商标权等，它们没有物质实体，而是表现为某种法定权利或技术。一般来说，通常将无形资产作狭义的理解，仅将专利权、商标权等能够为企业带来超额利润的资产称为无形资产。

四、流动资产统计

（一）流动资产的概念及特征

流动资产是指在一年内或超过一年的一个营业周期内变现或运用的资产。包括货币资金、短期投资、应收及预付款项、存货等。流动资产具有以下特征：

（1）不断改变其形态。企业的生产经营过程中，其货币资金通过购买过程、转化为各种材料，材料通过施工过程，又转化为在建工程，在建工程完工后通过结算收回工程款，最后又形成货币资金。流动资产在企业生产经营过程中，是不断改变其形态的。

（2）周转速度快。企业流动资产从货币资金投入施工开始运行，到收回价款还原为货币资金，完成这个周转过程所需时间较短，其周转速度快于其他资产的周转速度。

（3）变现能力强。除货币资金本身外，企业持有的各种有价证券、股票能够随时上市出售，应收的各种款项可以到期收回，库存的产成品可以上市销售，多余的材料可以随时上市转让等。企业的流动资产具有较强的变现能力。

（4）属于有形资产。企业的流动资产具有实物形态，是一种有形资产，不同于企业拥有的不具有实物形态的专利权、商标权等资产，这些资产属于无形资产。

（二）流动资产的种类

建筑企业的流动资产一般分为四类。

（1）货币资金。是指企业在生产经营活动中，处于货币形态的那部分资金。包括现金、银行存款和其他货币资金，而其他货币资金又包括企业的外埠存款、银行汇票存款、银行本票存款和在途货币资金等。

（2）短期投资。是指企业购入的各种能够随时变现、持有时间不超过一年的有价证券以及不超过一年的其他投资，包括各种股票、债券等。

（3）应收及预付款项。是指企业在生产经营过程中，由于销售或购买产品、劳务时应收或预付其他单位或个人的各种款项。包括应收账款（应收工程款、应收销货款）、其他应收款、应收票据、待摊费用、预付账款（预付分包工程款、预付分包备料款、预付购货款）等。

（4）存货。是指企业在生产经营过程中为销售或耗用而储备的物资。包括主要材料、其他材料、周转材料、低值易耗品、机械配件、在建工程、在产品、产成品、结构件等。

（三）流动资产的统计

流动资产统计是将企业期末流动资产占有数量以货币形式反映的实际金额数进行统计。其数据可以直接从财务部门的"资产负债表"中取得。通过对流动资产的统计，可以得到企业全部流动资产在某一期末的价值总量；通过对流动资产的某一项目的统计，可以得到这一项目的期末占用量，以及这一项目占总量的比例，借以分析流动资产总量与分量的关系，及占用结构的情况等。

【例 13 - 1】 某企业某年 12 月 31 日的流动资产占用情况见表 13 - 1，试进行分析。

表 13 - 1　　　　　　　　　某企业某年 12 月 31 日的流动资产占用情况表

指 标 名 称	代　　码	本年实际（元）
流动资产合计	04	10 000 000
其中：货币资金	70	3 000 000
应收账款	71	500 000
存货	05	5 000 000
其中：再建工程	07	800 000

表 13 - 1 的说明：表中各项其中数相加不等于流动资产合计数；表中"其中"数只是流动资产的一部分主要项目，除此之外还有应收票据、其他应收款、待摊费用等。

分析如下：

（1）以流动资产合计数为总量，各项占用情况为：货币资金占 30％；应收账款占 5％；存货占 50％；其他项目占 15％。

（2）对各项目占用比例分析。

1）货币资金存量 300 万元。从企业使用资金角度看，存量大使用起来方便；但从另一方面看，过大的存款额说明企业货币资金的沉淀，没有得到充分的利用。

2）应收账款占用 50 万元，是企业的债权，所占比例为 5％，说明收款情况较好，应收账款数额少，可以减少坏账损失的发生。

3）存货占用 500 万元，占流动资产的 50％，说明占用量过大，存货中的在建工程仅占 80 万元，说明除在建工程以外的其他项目占用量过大，可能为库存材料、结构件等项目提前购入、存量过大、库存积压等原因，需要进一步分析。

五、固定资产统计

（一）固定资产的概念和特征

固定资产是指使用期限超过一年的房屋及建筑物、机器、机械、运输工具以及其他与生产经营有关的设备、器具等。不属于生产经营主要设备的物品、单位价值在 2000 元以上、并且使用期限超过两年的，也应作为固定资产。

固定资产有以下特征：

（1）使用期限长。固定资产的使用期限少则一年、一般十几年，能在多个生产经营周期内发挥作用。

（2）保持原有实物形态。固定资产可以多次参加生产过程，但仍然保持原有实物形态不变，不因磨损而消失。

（3）价值逐渐转移。固定资产在使用过程中，其价值随着固定资产的磨损逐渐分次转移到成本、费用中去。

（4）不以出售为目的。企业的固定资产是用于生产经营活动，而不是为了出售。如果购入物品的目的是为了销售，则不能作为固定资产管理。

（二）固定资产的分类

固定资产按其经济用途和使用情况分为以下七类。

（1）生产用固定资产。指直接服务于生产经营过程的固定资产。包括以下几项。

1）房屋：指施工生产单位和行政管理部门使用的房屋，如厂房、办公楼、工人休息室等。与房屋不可分割的各种附属设备，如水、暖、卫、通风、电梯等设备，其价值均应包括在房屋价值之内。

2）建筑物：指除房屋以外的其他建筑物。如水塔、蓄水池、储油罐、企业的道路、围墙停车场、铁路等。

3）施工机械：指施工用的各种机械。如起重机械、挖掘机械、土方铲运机械、凿岩机械、基础及凿井机械、筑路机械、钢筋混凝土机械等。

4）运输设备：指运载货物用的各种运输工具。如铁路运输用的机车，水路运输用的船舶，公路运输用的汽车、畜力车等。

5）生产设备：指加工、维修用的各种机器设备。如木工加工设备、金属切削设备、锻压设备、焊接及切割设备、铸造及热处理设备、动力设备、传导设备等。

6）仪器及实验设备：指对材料、工艺、产品进行研究试验用的各类仪器设备。如计量用的精密天平，测绘用的经纬仪，水准仪、探伤用的探伤仪，以及材料试验用的各种试验机、白金坩埚、高压釜等。

7）其他生产使用的固定资产：指不属于以上各类的生产用固定资产。如消防用具、办公用具，以及行政管理用的汽车、电话总机等。

（2）非生产用固定资产：指非生产单位使用的各种固定资产。如职工宿舍、招待所、医院学校、幼儿园、托儿所、俱乐部、食堂、浴室等单位所使用的房屋、设备、器具等。

（3）租出固定资产：指出租给外单位使用的多余、闲置的固定资产。

（4）未使用固定资产：指尚未使用的新增固定资产，调入尚待安装的固定资产，进行改建、扩建的固定资产，以及长期停止使用的固定资产。

（5）不需用固定资产：指本企业目前和今后都不需用，准备处理的固定资产。

（6）融资租入固定资产：指企业以融资租赁方式租入的施工机械、机器设备、运输设备、生产设备等固定资产。

（7）土地：指按规定已经估价单独入账的土地。

按照固定资产的类别，对各类固定资产、以及所占比例进行统计，分析企业固定资产构成是否合理。

（三）固定资产价值的统计

固定资产的主要特征是可供长期使用，并在使用过程中保持原有的实物形态不变。然而，固定资产的价值都在使用过程中随着固定资产磨损而逐渐减少。这部分逐步转移到企业生产经营费用中去的价值，即为固定资产折旧，折旧体现着企业固定资产的消耗。因此，对固定资产进行统计时，需要对"固定资产原价"、"累计折旧"和"固定资产净值"三个指标进行统计，以便全面地、正确地反映固定资产的总量价值水平。

1. 固定资产原价

固定资产原价指企业为获得某项固定资产所实际发生的全部支出。由于固定资产来源渠道不同，固定资产的原始价值的构成也不同。

（1）购入的固定资产。按照买价加上支付的运输费、保险费、包装费、安装调试费和缴纳的税金计价。

（2）自行建造的固定资产。按照建造过程中实际发生的全部支出计价。

（3）在原有固定资产基础上进行改建、扩建的固定资产。按照固定资产原价加上改、扩建发生的支出减去改、扩建过程中发生的固定资产变价收入后的余额计价。

（4）投资者投入的固定资产。按照评估确认或者合同、协议约定的价值计价。

（5）融资租入的固定资产。按照租赁协议或者合同确定的价款加上运输费、保险费、安装调试费等计价。

（6）接受捐赠的固定资产。按照发票账单所列金额（无发票账单的，按照同类设备市价）加上由企业负担的运输费、保险费、税金、安装调试费等计价。

（7）盘盈固定资产。按照同类固定资产的重置完全价值计价。

固定资产原价是按每一项固定资产确定的，各单项固定资产原价之和，就构成企业全部固定资产的原价总额，根据财务部门"资产负债表"资产项目中"固定资产原价"的期末数填列。统计固定资产原价，可以说明企业占有固定资产的总规模。

2. 固定资产折旧

（1）固定资产折旧的概念。固定资产的一个主要特征是能够连续在若干个生产周期内发挥作用，并保持其原有的实物形态，而其价值是随着固定的磨损逐渐转移到产品中去，这部分转移到产品成本中的固定资产价值，就是固定资产折旧。正确计算和计提折旧，不仅是正确计算建筑产品成本的一个前提条件，也是保证固定资产再生产正常进行的重要措施。

（2）固定资产折旧的方法。企业计提固定资产折旧一般采用平均年限法和工作量法。技术进步较快或使用寿命受工作环境影响较大的施工机械和运输设备，经财政部批准，可采用双倍余额递减法或年数总和法计提折旧。

企业固定资产折旧，从固定资产投入使用月份的次月起，按月计提。停止使用的固定资产，从停用月份的次月起，停止计提折旧。提足折旧的逾龄固定资产不再计提折旧。

（3）固定资产折旧的统计。企业的固定资产按照规定的范围和计提方法，按期计提折旧并计入成本、费用。固定资产折旧的统计就是对这些已计提的折旧数额进行统计，包括本年计提折旧额的统计和固定资产累计折旧额的统计。本年计提折旧根据财务部门"固定资产明细表"有关项目填列，累计折旧根据"资产负债表"资产项目中"累计折旧"期末数填列。

3. 固定资产净值

固定资产净值又称折余价值，是固定资产原值减去已提折旧后的余额，反映固定资产现存账面价值。统计固定资产净值，主要是为了与原价对比说明固定资产的新旧程度，也是安排企业固定资产更新计划的依据。

【例 13 - 2】　某企业固定资产原值为 1000 万元，累计折旧 300 万元则净值为 700 万元，求固定资产新度系数。

解　固定资产新度系数 $= \dfrac{700}{1000} = 0.70$

该系数说明企业设备比较新，设备能力较强。如果原值为 1000 万元，累计折旧 550 万元，则净值为 450 万元，则固定资产新度系数 $= \dfrac{450}{1000} = 0.45$，说明该企业设备比较陈旧，设备能力较差需要及时更新设备，满足生产的需要。

六、无形资产和其他资产的统计

（一）无形资产的概念和特征

无形资产是指企业长期使用，但没有实物形态的资产，是企业拥有的一种特别权利。主要包括：专利权、著作权、土地使用权、非专利技术、商誉等，它具有以下特点：

一是不存在实物形态；二是有偿取得的；三是可以在许多会计期间为企业提供经济效益；四是所提供的未来经济效益具有很大的不确定性。

（二）无形资产的统计

1. 无形资产的计价

无形资产按取得时的实际成本计价。

投资者作为资本金或者合作条件投入的，按照评估确认或者合同、协议约定的金额计价。

购入的，按照实际支付价款支付。

自行开发并且依法申请取得的，按照开发过程中实际支出计价。

接受捐赠的，按照发票账单所列金额或者同类无形资产市价计价。

除企业合并外，商誉不得作价入账，非专利技术和商誉的计价，应当经法律评估机构评估确认。

2. 无形资产的摊销

无形资产从受益之日起，在有效使用期限内平均摊入管理费用。

有效期限的确定原则：

法律和合同或者企业申请书分别规定有法定有效期限和受益年限的，按照两者孰短的原则确定。

法律没有规定有效期限，企业合同或者申请书中规定受益年限的，按照合同或者企业申请书规定的受益年限确定。

法律和合同或者企业申请书均未规定法定有效期限或者受益年限的，按照不少于 10 年的期限确定。

无形资产是企业总资产的组成部分，与有形资产一样，无形资产也有一定的使用期限，在无形资产的有效期内，其价值是逐渐转移的，根据配比原则，无形资产的价值应分期摊销，其摊销额冲减无形资产的账面价值。无形资产的统计为无形资产的入账价值减去摊销额的价值，即"尚未摊销的无形资产价值"。

（三）其他资产的统计

1. 其他资产的范围

建筑企业的其他资产，是指除固定资产、流动资产、无形资产以外的各项资产。包括临时设施、特种储备物资、银行冻结存款、冻结物资、涉及诉讼中的财产。

（1）临时设施。是指企业为保证施工和管理进行建造的各种简易设施，它包括现场临时作业棚、机具棚、材料库、办公室、休息室、厕所、化灰池、储水池、沥青锅灶等设施；临时铁路专用线、轻便铁路、临时道路、围墙、临时给排水、供电、供热等设施；临时简易周转房；以及现场临时搭建的职工宿舍、食堂、浴室、医务室、理发室、托儿所等临时性福利设施。临时设施以建造时发生的实际支出计价。实际支出包括建造临时设施发生的土地使用及拆迁补偿费、材料费、人工费、机械使用费、其他直接费和分担的间接成本费用。

临时设施按工程受益期限分期摊入工程成本，报废清理回收的残值扣除清理费用后列作营业外支出。

（2）特种储备物资。是指具有专门用途，但是不参加企业生产经营的经国家批准储备的特种物资。

（3）冻结存款和物资。是指企业未履行裁定的义务，被人民法院依照民事诉讼的规定，强制冻结的存款和物资。

（4）涉及诉讼中的财产。是指企业由于涉及民事诉讼而被查封、扣压、冻结的各项财产。

2. 其他资产的统计

对于企业来说其他资产一般占有数额较少，对企业资产总额影响不大，可根据财务部门"资产负债表"期末数填列。

七、建筑企业负债统计

负债是指企业过去的交易或者事项形成的、预期会导致经济利益流出企业的现时义务。

现时义务是指企业在现行条件下已承担的义务。未来发生的交易或者事项形成的义务，不属于现时义务，不应当确认为负债。例如借入的资金以及应付未付款项等。负债是企业筹措资金的重要渠道，但它不能归企业永久支配使用，必须按期归还或偿付，因此它实质上反映了企业与债权人之间的一种债权债务关系。企业负债按其偿还期限的长短分为流动负债和长期负债。

（一）流动负债统计

1. 流动负债的概念

流动负债是指可以在一年内或超过一年的一个营业期内偿还的债务。包括：短期借款、应付及预收款项、应付税金、预提费用等。

2. 流动负债的内容

（1）短期借款。是指企业向银行或非银行金融机构借入的期限在一年以内的各种借款。

（2）应付款项包括：

1）应付票据。是指企业对外发生债务时开出、承兑的商业汇票，包括银行承兑汇票和商业承兑汇票。

2）应付账款。是指企业因购买材料、物资和接受劳务供应等而应付给供应单位的款项，以及因分包工程应付给分包单位的工程款。

3）应付工资。是指企业应付给职工的工资总额，包括工资总额内的各种工资、奖金、津贴等。

4）应付福利费。是指企业从成本、费用中提取的职工福利费。

5）应交税金。是指企业按照规定应付的各种税金。如营业税、城市维护建设税、房产税、车船使用税、所得税等。

6）应付利润。是指企业应付给投资者的利润。

7）其他应付款。是指企业除以上应付款项以外的其他各种应付、暂收单位或个人的款项。

（3）预收款项。是指企业按照工程合同规定预收发包单位的款项，包括预收的工程款和备料款，以及按照购销合同规定预收购货单位的购货款。

（4）预提费用。是指企业预先提取但尚未实际支付的各项费用，如预提收尾工程费用，预提固定资产修理费用等。

期末，企业将所有流动负债项目余额相加，即为企业期末（年末、季末、月末）的流动负债总额。

（二）长期负债统计

1. 长期负债的概念

长期负债是指偿还期在一年或超过一年的一个营业周期以上的债务，是企业向债权人筹集、可供企业长期使用的资金。这项债务是必须以资产或劳务偿还的经济责任，包括长期借款、应付债券和长期应付款。

2. 长期负债的内容

（1）长期借款。是指企业向金融机构和其他单位借入的偿还期在一年或超过一年的一个营业周期以上的各种借款。

（2）应付债券。是指企业为筹集长期资金而实际发行的债券及应付的利息。

（3）长期应付款。是指企业除长期借款、长期债券以外的其他各种长期应付款，如应付融资租入的固定资产的租赁费等。

期末，企业将所有长期负债项目余额相加，即为企业期末（年末、季末、月末）长期负债总额。

八、所有者权益统计

所有者权益是指企业资产扣除负债后由所有者享有的剩余权益。所有者权益的来源包括所有者投入的资本、直接计入所有者权益的利得和损失、留存收益等。

直接计入所有者权益的利得和损失，是指不应计入当期损益、会导致所有者权益发生增减变动的、与所有者投入资本或者向所有者分配利润无关的利益或者损失。

利得是指由企业非日常活动所形成的、会导致所有者权益增加的、与所有者投入资本无关的经济利益的流入。

损失是指由企业非日常活动所发生的、会导致所有者权益减少的、与向所有者分配利润无关的经济利益的流出。

所有者权益具有以下特征：

（1）除非发生减资、清算，企业不需要偿还所有者权益；

（2）企业清算时，只有在清偿所有的负债后，所有者权益才返还给所有者；

（3）所有者凭借所有者权益能够参与利润的分配。

所有者权益包括实收资本、资本公积、盈余公积和未分配利润。其数额可以从"资产负债表"中的所有者权益（股东权益）期末余额的合计数中得到。

第二节　建筑业企业损益及利润分配统计

建筑业企业在生产经营过程中，为完成施工任务和其他业务活动，必然要发生各种形式的消耗。同时，通过工程结算和服务酬金的取得，形成了企业的损益，即企业的经济效益。企业所取得的经济效益，要在国家、企业法人、所有者和职工之间进行合理的分配。

一、建筑企业损益情况统计

为了反映企业的损益情况，在工作中要通过统计并计算下列指标来完成。

1. 工程结算收入

工程结算收入，是指企业承包工程实现的工程价款结算收入，包括向发包单位收取的合同变更收入、索赔款和奖励款。对于施工企业而言，工程结算收入属于企业的主营业务收入。本指标可根据"利润表"中"工程结算收入"项目的本年累计数统计。

2. 工程结算成本

工程结算成本，是指企业已办理工程价款结算的已完工程实际成本。本指标可根据"利润表"中"工程结算成本"的项目的本年累计数统计。

3. 工程结算税金及附加

工程结算税金及附加是指企业因从事工程施工生产活动取得的工程价款收入按规定应交纳的营业税及根据营业税计算交纳的城市维护建设税和教育费附加。本指标可根据"利润表"中"工程结算税金及附加"项目的本年累计数统计。

4. 工程结算利润

工程结算利润 ＝ 工程结算收入 － 工程结算成本 － 工程结算税金及附加　　　（13－1）

5. 其他业务利润

其他业务利润是指除工程结算收入以外的，企业其他业务收入相抵其他业务支出后的净收益，即

$$其他业务利润 ＝ 其他业务收入 － 其他业务支出 \qquad （13－2）$$

式中　其他业务收入——除工程结算收入以外的开展其他业务所取得的相应收入，如产品销售收入、机械作业收入等；

其他业务支出——企业经营其他业务发生的成本、费用、经营税金及附加；

"其他业务利润"——根据"利润表"中"其他业务利润"项目的本年累计数统计。

6. 管理费用

施工企业的管理费用是指企业行政管理部门即公司总部为管理和组织经营活动所发生的各项费用，包括行政管理人员工资、职工福利费、折旧费、修理费、低值易耗品摊销、办公费、差旅交通费、工会经费、职工教育经费、劳动保险费、待业保险费、董事会费、咨询费、审计费、诉讼费、绿化费、税金、土地使用费、技术转让费、技术开发费、无形资产摊销、开办费摊销、业务招待费、坏账损失、存货盘亏、毁损和报废损失，其他管理费用。本指标可根据"利润表"中"管理费用"余年累计数统计。

7. 财务费用

施工企业的财务费用是指企业为筹集施工生产经营所需资金而发生的各项费用，包括利息净支出、汇总净损失、金融机构手续费，以及企业筹资发生的其他财务费用。本指标可以根据"利润表"中"财务费用"本年累计数统计。

8. 营业利润

$$营业利润 ＝ 工程结算利润 ＋ 其他业务利润 － 管理费用 － 财务费用 \qquad （13－3）$$

本指标可以根据"利润表"中相应指标的本年累计数统计并计算得到。

9. 投资净收益

施工企业的投资净收益，是指企业对外投资收益减对外投资损失后的净额。本指标根据"利润表"中"投资净收益"的本年累计数统计。

10. 利润总额

利润是指企业在一定会计期间的经营成果。利润包括收入减去费用后的净额、直接计入当期利润的利得和损失等。直接计入当期利润的利得和损失，是指应当计入当期损益、会导致所有者权益发生增减变动的、与所有者投入资本或者向所有者分配利润无关的利得或者损失。施工企业的利润总额是企业在一定时期内施工经营活动经济效益的集中反映，是企业最终的财务成果。它可以通过下式计算得到。

$$利润总额 ＝ 营业利润 ＋ 营业外收入 － 营业外支出 \qquad （13－4）$$

新会计准则要求利润表中利润部分的格式分为三步：

第一步，以经营收入为基础，减去营业成本、营业税金及附加、销售费用、管理费用、财务费用、资产减值损失，加上公允价值变动收益（减去公允价值变动损失）和投资收益（减去投资损失），计算出营业利润；

第二步，以营业利润为基础，加上营业外收入，减去营业外支出，计算出利润总额；

　　第三步，以利润总额为基础，减去所得税费用，计算出净利润（或净亏损）。

　　投资收益：是指企业对外投资获得的净收益或净损失。如果对外投资收益减去投资损失的差额为正数，则为净收益；如果是负数，则为净损失。

　　投资收益包括：对外投资分得的利润、股利，债券利息收入，投资到期收回或中途转让取得款项高于账面价值的差额，以及按照权益法核算的股权投资在被投资单位增加的净资产中所拥有的份额等。

　　投资损失包括：对外投资分担的亏损，投资到期收回或中途转让取得款项低于账面价值的差额，以及按照权益法核算的股权投资在被投资单位减少的净资产中所分担的份额等。

　　营业外收入：是指与企业生产经营无直接关系的各项收入。包括：固定资产盘盈、处理固定资产净收益、罚没收入、确实无法支付的应付款项、罚款收入、教育费附加返还款、临时设施报废清理净收入等。

　　营业外支出：是指与企业生产经营无直接关系的各项支出。包括：固定资产盘亏、处理固定资产净损失、固定资产和存货非常损失、临时设施报废清理净损失，自办技工学校经费、职工子弟学校经费、公益救济性捐赠、赔偿金和违约金等。

　　11. 净利润

　　净利润是指企业利润总额减去所得税以后的余额。其计算公式为

$$净利润（或净亏损）= 利润总额 - 应交所得税 \qquad (13-5)$$

　　应交所得税：是指企业按照应纳税所得额乘以规定的税率（一般是 25%）而计算出的应缴纳的所得税额。

　　【例 13-3】 某企业 2008 年工程结算收入 1000 万元，工程结算成本 700 万元，工程结算税金及附加 33 万元，其他业务收入 100 万元，其他业务支出（含税金及附加）90 万元，投资收益 15 万元，营业外收入 5 万元，营业外支出 7 万元，管理费用支出 120 万元，财务费用支出（净支出）20 万元，所得税税率为 25%，计算营业利润、利润总额和净利润。

$$营业利润 = 1000 - 700 - 33 + 100 - 90 - 120 - 20 + 15 = 152（万元）$$
$$利润总额 = 152 + 5 - 7 = 150（万元）$$
$$应纳所得税 = 150 \times 25\% = 37.5（万元）$$
$$净利润 = 150 - 37.5 = 112.5（万元）$$

二、建筑企业利润分配统计

　　企业取得的净利润，应按照规定顺序进行分配。利润分配的过程和结果，关系到所有者权益，也关系到企业能否长期、稳定地发展。

　　1. 利润分配的顺序

　　《企业财务通则》对企业利润分配的顺序作了如下规定："缴纳所得税后的利润，除国家另有规定者外，按照下列顺序分配：①被没收财物损失，违反税法规定支付的滞纳金和罚款；②弥补企业以前年度亏损；③提取法定盈余公积金；④提取公益金；⑤向投资者分配利润。"

　　2. 利润分配统计

　　企业利润分配统计是指对企业本年净利润的分配内容及其结果的统计，通过利润分配统计，了解企业净利润各项分配比例及其金额，以及年末未分配利润的金额。

　　在利润分配统计过程中应注意以下几点：

（1）企业如果发生亏损，可以用以后年度实现的利润在 5 年内连续弥补，也可以用以前年度提取的盈余公积金弥补。

（2）企业以前年度亏损未弥补完，不得提取盈余公积金、公益金。

（3）在提取盈余公积金、公益金以前，不得向投资者分配利润。

（4）企业以前年度未分配利润，可以并入本年度利润分配，因此，未分配利润（或未弥补亏损）的余额是历年的累计数。

【例 13 - 4】 某企业 1996 年实现净利润 67 万元，按 10％提取法定盈余公积金，按 5％提取公益金，分配给投资者利润 10 万元，且 1995 年未分配利润 8 万元。

则该企业 1996 年利润分配为：

（1）提取法定盈余公积金＝670 000×10％＝67 000（元）

（2）提取公益金＝670 000×5％＝33 500（元）

（3）分给投资者利润 10 万元。

（4）年末未分配利润＝80 000＋（670 000－67 000－33 500－100 000）

＝80 000＋469 500＝549 500（元）

第三节　工 程 成 本 统 计

一、工程成本的概念

建筑企业是按照制造成本法计算建筑产品成本的。具体来讲，就是把生产经营过程中所有费用划分为直接费用、间接费用、管理费用、财务费用、销售费用，前两项组成产品成本。后三项组成期间费用，直接记入当期损益。

工程成本是将生产经营最直接和最密切关系的直接材料、直接工资、其他直接支出、间接支出的费用进行归集和分配。工程成本由直接成本和间接成本组成。

工程成本统计的主要任务是：正确及时反映企业工程成本水平及具体构成项目情况，对工程成本进行分析，找出各项耗费和支出变化规律，为正确预测工程成本未来变化的趋势，编制工程成本计划提供科学的依据。并为企业加强经营管理、提高经济效益服务。

二、工程成本项目的构成

1. 直接成本

直接成本是指施工过程中耗费的构成工程实体或有助于工程形成的各项支出，包括人工费、材料费、机械使用费和其他直接费。

人工费包括企业从事建筑安装工程施工人员的工资、奖金、工资性津贴、劳动保护费等。

材料费包括施工过程中耗用的构成工程实体的原材料、辅助材料、构配件、零件、半成品的费用和周转材料的摊销及租赁费用。

机械使用费包括施工过程中使用自有施工机械所发生的机械使用费和租用外单位施工机械的租赁费、施工机械安装、拆卸和进出场费。

其他直接费包括施工过程中发生的材料二次搬运费、生产工具使用费、检验试验费、工程定位复测费、工程点交费及竣工清理费、工程水电费、脚手架使用费、冬雨季施工费、大型垂直运输机械使用费、中小型机械使用费、高层建筑超高费、排污费、预拌混凝土增加费。

　　2. 间接成本

　　间接成本是指企业所属的直接从事施工生产的单位为组织和管理工程施工所发生的全部支出。包括施工单位管理人员工资、低值易耗品摊销、办公费、差旅费、劳动保护费、排污费、临时设施费等。

三、工程预算成本

　　工程预算成本是指对实际完成的分部分项工程量，按照预算单价和取费标准计算的工程成本。它是考核工程实际成本节约超支情况的依据。

　　工程预算成本与工程预算造价是两个不同的概念，它们所包含的内容不一样。工程预算造价是指建筑产品的全部工程费，即全部工程价款收入。而预算成本只是成本法下的工程实际成本相对应的项目，是工程造价中的一部分，不含工程造价中的企业管理费、利润和税金项目。

$$工程预算成本 = 工程价款收入 - 企业管理费 - 利润 - 税金 \qquad (13-6)$$

公式中的企业管理费、利润、税金均指按工程预算造价计取的数额。

四、工程实际成本

　　工程实际成本是指施工过程中实际发生，并按规定的成本核算对象和成本项目汇集的实际生产费用，实际成本与预算成本对比反映工程成本的盈亏。

　　(1) 成本核算对象。是指归集生产费用的具体目标。施工企业一般以每一单位工程作为成本核算对象。这是因为每一独立编制的施工图预算是按单位工程编制的。而且，以单位工程作为成本对象来核算实际成本，也便于与预算成本进行比较，计算成本的盈亏，分析成本的升降原因。

　　(2) 工程实际成本的计算。工程实际成本应按成本项目进行归集和分配。属于人工费、材料费、机械使用费、其他直接费等直接成本费用，按成本对象直接计入有关工程成本各项目，间接成本费用，按一定的分配标准，分配计入有关的工程成本。

　　(3) 已完工程成本。建筑安装工程由于生产周期长，一般不能等到全部工程竣工以后才能作为已完工程办理结算。因此，已完工程是按月（或分段）进行工程价款结算的。凡是已经完成预算定额规定的全部工程内容的分部分项工程，称为"已完工程"。已完工程的结转应以成本对象为单位进行计算结转。公式为

$$\frac{已完工程}{实际成本} = \frac{期初未完工}{程实际成本} + \frac{本期发生}{工程费用} - \frac{期末未完工}{程实际成本} \qquad (13-7)$$

　　(4) 未完工程成本是指在期末尚未完成预算定额规定的全部工序和内容的分部分项工程。这种未完的分部分项工程虽然不能作为已完工程向建设单位办理工程价款结算，但是为了正确计算已完工程成本，也必须正确计算未完工程已耗的成本费用。一般是通过未完施工盘点采用估量法，即将未完施工按工序比重折合为已完施工工程量，再乘以预算单价求得。或以估价法计算，即按工序比重求出工序的单价，然后乘以未完工程各工序的完成数量，确定未完施工的预算成本。

　　(5) 竣工工程成本是指以已竣工的单位工程为核算对象而计算的成本。它包括该单位工程从开工起到竣工止所发生的全部成本费用，用以反映单位工程的完整的成本水平。

五、工程成本降低情况

　　工程成本降低情况是指通过计算工程成本降低（或超支）额和工程成本降低（或超支）

率来反映工程成本的完成情况的。

工程成本降低额和降低率是以工程实际成本与预算成本进行比较而求得的。计算公式为

$$工程成本降低额 = 工程预算成本 - 工程实际成本 \qquad (13-8)$$

$$工程成本降低率 = \frac{工程成本降低额}{工程预算成本} \times 100\% \qquad (13-9)$$

六、计划成本

计划成本是指企业为实现降低成本计划、而依据各项消耗定额和费用定额，以及其他有关资料计算确定的计划生产费用。它是企业内部控制成本费用支出的依据，也是计划期内应达到的成本水平和奋斗目标。计划成本计算公式为

$$计划成本 = 预算成本 - 成本计划降低额 \qquad (13-10)$$

或

$$计划成本 = 预算成本 \times (1 - 成本计划降低率) \qquad (13-11)$$

计划成本降低额，是根据企业施工生产计划和施工技术组织措施，以及其他费用的节约指标进行逐项计算而得。

七、工程成本统计分析

工程成本分析是对工程成本计划完成情况和工程成本构成、成本升降因素等进行分析。工程成本分析的目的是查明成本升降的影响因素，掌握成本变动的规律，挖掘降低成本潜力，不断改进成本管理，以较少的耗费，取得较大的经济效益。工程成本分析的方法有：

（1）实际成本与预算成本比较，检查企业工程成本实际支出情况，降低成本的主要来源，或成本超支项目的主要因素，为企业制定降低成本计划提供依据。

（2）实际成本与计划成本比较，检查企业各成本项目开支计划的节约超支情况，执行技术节约措施情况，总结完成或超额完成成本计划的经验，查找未完成成本计划的原因。

（3）本期降低成本额、降低成本率与上期或去年同期，以及同行业的先进水平数据的比较，找出主要成绩和差距，提出改进措施。

（4）企业所属单位之间降低成本情况进行比较，检查所属单位完成降低成本指标情况及水平，发现单位之间的差距和原因，组织单位之间的经验交流，提高所属单位降低成本水平。

（5）单位工程之间进行比较，考核相同类型的单位工程成本水平，查找各单位工程不同的降低成本主、客观因素，为搞好单位工程成本管理提供数据和资料。

（6）对工程成本项目进行分析。即分别对人工费、材料费、机械使用费、其他直接费和间接费用各成本项目的预算成本与实际成本进行比较，查明各项目节约超支原因，以便加强成本管理，降低工程成本。

第四节　建筑业企业其他财务指标及补充资料财务指标统计

一、应付工资和应付福利费统计

1. 应付工资统计

应付工资是企业对职工个人的一种负债，是企业使用职工的知识、技能、时间和精力等而给予职工的一种补偿。

应付工资在统计时，应集中反映企业应付职工的工资总额，包括实行工资总额同经济效益挂钩企业提取的工资及工资增长基金，未实行工资总额同经济效益挂钩企业以及实行其他工资办法的企业应付职工的工资。

该项目在"资产负债表"中反映。

2. 应付福利费统计

应付福利费是企业准备用于企业职工福利方面的资金。这也是企业对职工的一项义务。我国企业中按规定用于职工福利方面的资金来源，包括从费用中提取和从税后利润中提取。从费用中提取的职工福利费主要用于职工个人的福利；从税后利润中提取的福利费主要用于集体的福利设施，从费用中提取的职工福利费，按职工工资总额的14%提取。

该项目可以在"资产负债表"中反映。

二、应由三资企业填报的财务指标

三资企业，是指中外合资经营企业、中外合作经营企业和外资企业。

由三资企业填报的财务指标主要有以下几种。

(1) 本期实收外商资本。本期实收外商资本，是指按照合同、协议或企业申请书中所规定的注册资本及其所占比例。

(2) 协议内本年从境外借款。协议内本年从境外借款，是指批准的企业投资总额内，以企业法人或中外各方的名义从境外（或境内外资金融机构）借入的资金。

(3) 本年已分配给外方股利。本年已分配给外方股利，是指经企业董事会决定分配给合营、合作双方的利润股息中按比例属于外商的那部分。

(4) 本年末分配利润中应分给外方股利。本年末分配利润中应分给外方股利，是指企业的年末未分配利润股息中按比例属于外商的那部分。

第五节 企业经营效果统计

一、固定资产利用效果统计

对于施工企业来讲，固定资产占有很大的比重，发挥着重要的作用。固定资产的使用状况决定着固定资产的使用效果，不断寻求提高固定资产使用效果的措施和途径，可以在固定资产有限的条件下，创造更多的效益，更好地发挥固定资产的生产能力。

固定资产的利用效果指标主要有以下几类。

1. 固定资产产值率

固定资产产值率，是指企业占用的每万元固定资产所完成的施工产值或总产值。该指标越大，说明固定资产的利用效果越好。

$$固定资产产值率 = \frac{年度完成施工产值或总产值(万元)}{固定资产全年平均原值(万元)} \times 100\% \qquad (13-12)$$

固定资产占用率，是指每万元施工产值或总产值占用的固定资产的价值。与上一指标相反，该指标越小，则说明固定资产的利用程度越好。

$$固定资产占用率 = \frac{固定资产全年平均原值(万元)}{年度完成的施工产值或总产值(万元)} \times 100\% \qquad (13-13)$$

2. 固定资产利润率

固定资产利润率，是指一定时期内企业创造利润与平均占用的固定资产原值的比率。

$$固定资产利润率 = \frac{利润总额(万元)}{固定资产平均原值(万元)} \times 100\% \qquad (13-14)$$

该指标越高，说明企业固定资产利用效果越好。

二、流动资金利用效果统计

按照建筑施工的过程和流动资金的运动阶段，由储备资金、生产资金、成品资金、结算资金和货币资金构成了建筑业企业的全部流动资金。

在反映企业流动资金利用效果时，常用的统计指标有流动资金周转率、产值资金率和流动资金利润率等指标。

1. 流动资金周转率

流动资金周转率，是反映企业生产经营活动的一项综合性财务统计指标，一般用流动资金周转次数来表示。

$$周转次数 = \frac{报告期施工产值}{流动资金平均占有额} \qquad (13-15)$$

2. 产值资金率

产值资金率，表明企业每完成百元施工产值或总产值所占用的流动资金数额。

$$产值资金率 = \frac{流动资金平均占用额}{年度完成建筑业产值} \times 100\% \qquad (13-16)$$

3. 流动资金利润率

流动资金利润率，表明每百元流动资金与一定时期内企业创收利润的比率。

$$流动资金利润率 = \frac{利润总额}{流动资金平均占用额} \times 100\% \qquad (13-17)$$

三、企业综合经营效果统计

在反映建筑业企业综合经营效果过程中，常用的指标有总资产报酬率、资本金利润率、销售利润率等。

1. 总资产报酬率

总资产报酬率用于衡量企业运用全部资产获利的能力，从而反映企业资产经营的效果。

$$总资产报酬率 = \frac{利润总额 + 利息支出}{平均资产总额} \times 100\% \qquad (13-18)$$

其中

$$平均资产总额 = \frac{期初资产总额 + 期末资产总额}{2}$$

2. 销售利润率

销售利润率反映企业销售收入的获利水平。

$$销售利润率 = \frac{利润总额}{销售总额} \times 100\% \qquad (13-19)$$

对施工企业来讲，式中销售额应为企业总收入或工程结算收入。

3. 资本收益率

资本收益率反映企业运用投资者投入资本获得收益的能力。

$$资本收益率 = \frac{净利润}{实收资本} \times 100\% \qquad (13-20)$$

4. 资本保值增值率

资本保值增值率反映投资者投入企业的资本在企业营运中的完整性和保全性。如果计算结果大于100%，则为增值，相反则为减值。

$$资本保值增值率 = \frac{期末所有者权益总额}{期初所有者权益总额} \times 100\% \qquad (13-21)$$

【例13-5】 某企业1999年12月31日会计报表有关项目如下。

应收账款	12 000万元（期初11 000万元）
存货	14 700万元（期初15 000万元）
流动资产合计	40 300万元
资产总计	49 100万元（期初48 400万元）
流动负债合计	28 000万元
负债合计	36 800万元
实收资本	10 000万元
所有者权益合计	12 300万元（期初11 630万元）
工程结算收	30 365万元
工程结算成本	26 607万元
利润	1000万元
净利润	670万元
利息支出	200万元

解

（1）销售利润率。

$$销售利润率 = \frac{利润总额}{销售总额} \times 100\% = \frac{1000}{30\ 365} \times 100\% = 3.29\%$$

（2）总资产报酬率。

$$总资产报酬率 = \frac{利润总额 + 利息支出}{平均资产总额} \times 100\% = \frac{1000 + 200}{48\ 765} \times 100\% = 2.46\%$$

$$平均资产总额 = （期初资产总额 + 期末资产总额）\div 2$$

$$= （48\ 400 + 49\ 100）\div 2$$

$$= 48\ 750（万元）$$

（3）资本收益率。

$$资本收益率 = \frac{净利润}{实收资本} \times 100\% = \frac{670}{10\ 000} \times 100\% = 6.7\%$$

（4）资本保值增值率。

$$资本保值增值率 = \frac{期末所有者权益总额}{期初所有者权益总额} \times 100\% = \frac{12\ 300}{11\ 630} \times 100\% = 105.76\%$$

四、企业财务状况指标

从债权人的角度来看，侧重于关心企业财务状况指标，即企业资产负债率水平和偿债能力。其指标包括资产负债率、流动比率、速动比率、应收账款周转率、存货周转率。

（1）资产负债率。它是反映企业全部资产总额中，借用外部资金所占份额的指标，用于衡量企业负债水平高低情况。计算公式为

$$资产负债率 = \frac{负债总额}{资产总额} \times 100\% \qquad (13-22)$$

（2）流动比率。它是衡量企业在某一时点偿付即将到期债务的能力，又称短期偿债能力比率。计算公式为

$$流动比率 = \frac{流动资产}{流动负债} \times 100\% \qquad (13-23)$$

（3）速动比率。它是衡量企业在某一时点运用随时可变现资产偿付到期债务的能力。计算公式为

$$速动比率 = \frac{速动资产}{流动负债} \times 100\% \qquad (13-24)$$

$$速动资产 = 流动资产 - 存货 \qquad (13-25)$$

（4）应收账款周转率。

$$应收账款周转率 = \frac{赊销净额}{平均应收账款余额} \times 100\% \qquad (13-26)$$

$$赊销净额 = 销售收入 - 现销收入 - 销售退回、折让、折扣 \qquad (13-27)$$

由于企业赊销资料作为商业机密不对外公布，所以，应收账款周转率一般用赊销和现销总额，即销售净收入。

对于施工企业来讲，公式中赊销净额应是工程结算收入。应收账款应为应收工程款。计算公式为

$$应收账款周转率 = \frac{工程结算收入}{平均应收工程款余额} \times 100\% \qquad (13-28)$$

（5）存货周转率。它是用于衡量企业在一定时期内存货资产的周转次数，反映企业购、产、销平衡的效率的一种尺度。计算公式为

$$存货周转率 = \frac{工程成本}{平均存货成本} \times 100\% \qquad (13-29)$$

$$平均存货成本 = \frac{期初存货 + 期末存货}{2} \qquad (13-30)$$

【例 13-6】　以上例资料计算财务状况指标。

解　（1）资产负债率。

$$资产负债率 = \frac{负债总额}{资产总额} \times 100\% = \frac{36\ 800}{49\ 100} \times 100\% = 74.95\%$$

（2）流动比率。

$$流动比率 = \frac{流动资产}{流动负债} \times 100\% = \frac{40\ 300}{28\ 000} \times 100\% = 143.93\%$$

（3）速动比率。

$$速动比率 = \frac{速动资产}{流动负债} \times 100\% = \frac{25\ 600}{28\ 000} \times 100\% = 91.43\%$$

（4）应收账款周转率。

$$平均应收账款余额 = （期初应收账款余额 + 期末应收账款余额）\div 2$$

$$= (12\ 000 + 11\ 000) \div 2$$

$$= 11\ 500 （万元）$$

$$应收账款周转率 = \frac{工程结算收入}{平均应收工程款余额} \times 100\% = \frac{30\ 365}{11\ 500} \times 100\% = 264.04\%$$

（5）存货周转率。

$$存货周转率 = \frac{工程成本}{平均存货成本} \times 100\% = \frac{26\ 607}{14\ 850} \times 100\% = 179.17\%$$

$$平均存货成本 = \frac{期初存货 + 期末存货}{2} = \frac{15\ 000 + 14\ 700}{2} = 14\ 850（万元）$$

本 章 小 结

财务成本统计在于阐述和运用资金、成本、利润等一系列价值指标，表明企业生产、经营活动的过程和成果，反映建筑企业的经济效益，为改进企业经营管理提供依据。

固定资金是企业用于建筑房屋和构筑物以及购置机械设备等固定资产而占用的资金。固定资金的实物形态，称为固定资产。

固定资产的特点是：它在生产中长期使用而不改变其实物形态。它的价值随着它本身在生产过程中的磨损程度，以折旧形式逐步转移到产品中去，并通过产品的结算而得到补偿。固定资产的这一特点，表明它在生产过程中，具有相对的稳定性或固定性。

固定资产价值指标，主要有固定资产原值和固定资产净值。一般采用固定资产原值来表明固定资产总量；而用固定资产净值表明企业所余存的固定资产价值。

固定资产按经济用途，分为生产用固定资产和非生产用固定资产。

固定资产按使用情况，分为使用中的、未使用的、不需用的和封存的固定资产。

在实际工作中，则是按照经济用途和使用情况相结合的分类方法。

固定资产变动情况可以通过计算固定资产动态指标，编制固定资产平衡表以及计算固定资产磨损、新旧程度指标来反映。

反映固定资产利用效果是通过固定资产投入量与产品产出量比值计算的。主要有固定资金产值率、固定资产利税率指标。

流动资金是指企业用于购买原材料、支付工资及其他费用的资金。它的特点是随着生产过程的进行，不断地由一种形态转化为另一种形态，经常地处于循环周转之中。

流动资金从某一特定时间上看，表现为：储备资金、生产资金、成品资金、结算及货币资金等形态。流动资金按其在企业再生产中的作用不同，可分为生产领域流动资金和流通领域流动资金。按其管理方法不同，又可分为定额流动资金和非定额流动资金。

反映流动资金利用效果的指标，一般有流动资金周转速度，流动资金占用率和流动资金利润率等指标。

利润是劳动者创造的社会纯收入，它是企业生产经营收入扣除支出以后的盈余部分。它是由工程结算利润、产品销售利润、作业销售利润、材料销售利润、其他销售利润，以及营业外收支净额所组成。

利润计划完成情况，主要是检查利润总额计划完成程度和利润增长额、利润增长率等指标。

利润率是从企业生产经营活动的财务成果方面，考核企业经济效益水平的指标。主要有产值利润率、成本利润率、资金利润率，人均利税额等。

工程成本是将生产经营最直接和最密切关系的直接材料、直接工资、其他直接支出、间接支出的费用进行归集和分配。工程成本由直接成本和间接成本组成。

工程成本按其作用划分：预算成本、计划成本、实际成本。

工程成本的构成，按照成本项目分组，分为直接成本、间接成本（即施工管理费）两方面，直接成本又可分为人工费、材料费、机械使用费、其他直接费四个成本项目。

工程成本降低情况是指通过计算工程成本降低（或超支）额和工程成本降低（或超支）率来反映工程成本的完成情况的。

练 习 题

一、填空题

1. 建筑业企业资本金按投资主体不同可分为国家资本金，法人资本金、_____ 和_____。

2. 企业资产按其流动性可分为_____和_____。

3. 企业的负债按照偿还时间的长短可分为流动负债和_____。

4. 利润总额＝营业利润＋_____＋_____－营业外支出。

5. 企业经营效果主要是从对企业的_____的使用情况来考察的。

二、多项选择题

1. 企业所拥有的资本金的表现形态可以是（　　）。

  A. 现金   B. 实物资金

  C. 无形资产   D. 场地、设备、房屋等

2. 企业的流动资产包括（　　）。

  A. 现金   B. 短期投资   C. 商誉   D. 土地所有权

3. 企业所发生的财务费用有（　　）。

  A. 利息净支出   B. 汇兑净损失

  C. 金融机构手续费   D. 折旧费

三、简答题

1. 简述企业资本金的特点。

2. 了解企业资产的概念及其分类方式。

3. 企业负债的概念、特征及分类。

4. 试述所有者权益的概念、特征。

5. 了解企业经营效果统计指标的主要内容。

第十四章　建筑业行业管理统计

第一节　建筑业行业统计的现状

行业，是社会经济活动中，根据分工的不同，对职业类别进行划分的一种称谓。建筑业行业，如本书前面所讲是国民经济中从事建筑生产活动的建筑业企业的集合体。因此，没有建筑业企业，就不存在建筑业行业。建筑业企业是进行建筑生产活动的基本单位。建筑业统计，就是通过统计调查的方式，以统计资料（包括文字和数字的资料）的形式，反映建筑产品的生产、经营和效果等经济活动的专业统计。

现行统计制度规定：国家统计局负责全行业的宏观统计，由各部门和地区按国家统计局的规定，综合本部门直属单位和地区所辖范围内的建筑业企业统计资料，并报国家统计局综合为全行业资料。建筑业行业统计报表的基层填报单位为建筑业企业，调查方式以全面调查为主。

随着改革的深化，政府职能的转变，政府对企业的管理，已由政企不分直接管理转变为宏观调控、间接管理。这种转变，对于行业静态、动态信息，从广度和深度方面都有了更多更高的需求。而目前只掌握少量生产、财务指标的状况，显然不适应新形势的要求。因此，加强行业统计已迫在眉睫。

第二节　建立多层次的建筑业行业统计体系

加强行业统计，必然增加行业统计的调查内容，也势必牵涉财力、物力、人力等问题，仅靠国家统计局确实有相当的难度。因此，设想建立一个多层次的建筑行业统计体系，调动各方面的积极性，同心协力，最终把我国建筑业行业统计提高到一个新水平。

所谓"多层次"，就是由宏观、中观、微观三个层次，形成一个稳定的宝塔形结构的统计工作体系。上层，主要为国民经济宏观调控、资源配置服务、设置的统计内容要少而精，由国家统计局直接掌握；中间一层，为政府进行行业管理服务，主要为制定产业政策、法规和进行执法、监督服务，设置的统计内容应略多于上层，但不宜与上层重复和矛盾，这部分工作由政府行业主管部门负责为好；底层为建筑业企业的微观统计，其任务除向政府、行业主管部门提供企业基本统计资料外，主要是为企业内部经营管理服务，统计内容应贯穿于建筑产品生产全过程以及经营管理的各个方面。这部分工作由建筑企业自身承担。这样一个宝塔形的、完整的建筑行业统计体系，是一个有机整体，是一个稳定的结构形式。其各层之间的关系是相互依托、相互联系、相辅相成、缺一不可，体现了上层建筑与经济基础的关系，基础雄厚，则上层稳定，稳定的上层更好服务于基础，则基础更加坚实。

目前建筑业行业统计的现状，上层和底层均有较为系统、完整的统计调查制度和相应的机构、人员，只有中观层是个薄弱环节，还没有在调查内容方面形成固定、完善的制度，机构和人员还有待于建筑业行业主管部门建立和配备。

建筑业行业的中观统计，由于是为建筑业行业管理服务而建立，为便于与建筑业行业的宏观统计相区别，这个层的中观统计的名称，叫做"建筑行业管理统计"较妥。下文即按此称谓阐述。

那么，建筑业行业管理统计究竟应包括哪些内容呢？

第三节　建筑业行业管理统计

一、建筑业行业管理统计的基本概念

在阐述建筑业行业管理统计之前，首先要弄清楚什么是建筑业行业管理。行业管理是建筑业深化改革的一项成果。1994年建设部、国家体改委建法〔1994〕193号文件提出：

行业管理是组织社会化大生产和建立社会主义市场经济体制的客观要求，是政府转变职能、加强宏观调控的重要途径，也是促进企业深化改革、转变经营机制的重要措施之一。建筑业是一个大行业，肩负形成扩大再生产能力的建设任务，全国从事建筑业的职工达2500多万。建筑产品具有固定性、分散性；施工队伍具有流动性以及企业隶属关系的复杂性；各种所有制成分并存；建筑施工力量随国家基建规模的变化而不断变化。建筑业所有这些特点都决定了必须不断加强对建筑业的行业管理。

建法〔1994〕193号文件对建筑业行业管理的性质和主要目标做出了规定。

现阶段，由计划经济体制向社会主义市场经济体制过渡的过程中，建筑业行业管理，主要是政府行业主管部门选用法律的、经济的和必要的行政手段，面向建筑业全行业进行的管理。建筑业行业协会是协助政府做好行业管理的重要助手。政府行业主管部门应注意充分发挥行业协会的作用。

建筑业行业管理的主要目标是：适应建立社会主义市场经济体制的需要，使建筑业提供更多的质量优、工期短、投资省的建筑产品，成为国民经济的支柱产业；建立对建筑业进行有效宏观调控的体系，促进建筑业持续稳定协调发展；积极推动国有建筑安装企业转换经营机制，建立现代化企业制度，使各种不同所有制企业在市场中公平竞争；逐步将政府行业主管部门的部分职能转移给行业协会，发挥行业协会的作用。

从以上文件摘录中可以看出行业管理的内容，一是行业主管机关行使政府职能，对全行业行为进行立法、指导和监督；二是研究产业经济，制定产业政策，大力发展生产力。行业管理的结果要体现在搞活建筑业企业。

建筑业行业管理统计，就是要围绕行业管理开展工作，把行业管理的工作内容数量化，对行业内的各种经济现象，通过大量观察，运用统计分组和综合分析等方法，研究、分析行业管理中的情况和问题，为政府制定方针、政策，提供科学、正确、有价值的依据，使行业管理做到"胸中有数"。

二、建筑业行业管理统计的内容

建筑业行业管理统计是为行业管理服务，其内容主要是根据行业管理的需要而设置。但是，并不是所有的行业管理工作的内容都是统计工作的内容，这是由统计工作的特点所决定的。统计工作所研究的是可以进行大量观察的数量，并在大量观察基础上分析数量的关系，从而找出其客观发展规律。同样，建筑业行业管理的内容，也必须是可以进行大量观察的内容，才能纳入行业管理统计的范畴。说明了建筑业行业管理统计的范畴之后，当前建筑业行业管理统计的内容（不包括与宏观统计重复的部分），可以大体归纳如下。

1．反映建筑业行业与国民经济运行的关系方面

（1）行业发展带动了相关产业的发展。主要是行业生产所消耗的材料、设备等方面带动各有关产业生产的发展，即不少产业的发展有赖于建筑业的发展而发展。目前，建筑业行业内对这方面的内容，还没有统计，大多是采用别的部门的资料。

（2）行业调节经济、聚集资金的情况。建筑业建造的生产、生活设施，聚集了大量资金，这部分资金有多少，行业内没有统计。目前，对固定资产大多使用固定资产投资统计的数字，众所周知，固定资产投资统计并不等于建筑业统计。

（3）为国民经济提供了物质技术基础。这部分统计就是建筑业行业的最终产品统计。目前，行业最终成果的总量是采用国家统计局固定资产投资统计中的固定资产新增能力来表示，这个总成果不反映建筑技术方面的状况，有多少建筑工程设计和施工方面达到了世界水平？哪些建筑是雄踞亚洲？行业内没有统计，有的是零星的、不完全的资料。行业最终成果是说明行业整体技术水平在"质"上的肯定，应该通过统计工作对各个时代行业的代表性建筑有个历史的记载。

对于产业容纳社会劳动力的能力，国家统计局已有统计资料，行业管理统计不必重复进行。

2．反映建筑市场方面

建筑产品不论采用何种方式生产，其本质仍是一种商品交易行为，尽管与工商业的交易相比有着自己的特殊性，但在客观上存在着卖方与买方；有卖买就有市场，不论建筑市场是否完善、是有形或无形。政府进行行业管理也就要对建筑产品交易的各方，通过立法、执法、监督来加以管束、制约，保证进入市场的各方能公平、公正、合理、合法地开展竞争。

建筑市场是行业管理的核心，能够进行大量观察的内容，有以下几方面：

（1）受约束的交易各方的资质状况，包括静态和动态的内容。

（2）生产要素的基本情况。进行行业管理应该掌握行业的生产要素的数量、质量、价格等资料。

（3）招标投标情况。

（4）合同签订履行情况。

（5）工程质量监督情况。

3．反映产业自身的状况

（1）产业组织结构方面。包括企业体制改革情况、集团化公司、企业多元化经营、进入我国境内外国企业的状况以及各种所有制企业的基本情况。

（2）技术状况。掌握适用技术、新技术的应用程度，大型设备的拥有、利用情况。

（3）工程质量及安全生产情况。

（4）产品价格情况。

行业管理统计的内容，在现阶段主要有以上几项。今后将随着改革的深化，市场经济体质的不断完善，适时加以调整。但主要内容不可大动，以保持行业管理统计资料的连续性，维护行业形象的完整。

三、建筑行业管理统计的实施

行业管理统计的实施，还有大量工作要做，而且短期内难见成效，只能先易后难，逐步完善。如何实施，这里谈两点参考性意见。

1. 行业管理统计的方法

行业管理统计的内容十分丰富，在统计方法上应采用全面调查、典型调查和抽样调查相结合的做法，不能一概采用定期报表、年度报表全面布置，以收到事半功倍的效果。

2. 行业管理统计的分工

行业管理统计的最终目的是为行业管理服务。行业管理统计的内容有相当部分是政府现行行政工作范畴，理应由政府机构承担；还有一些产业状况，较多地是为相关产业所需要，这部分内容按建法［1994］193号文及建设部"建计［1996］564号文"的精神，以中国建筑业协会承担为宜。

以上关于行业统计的设想，是从行业总体出发来考虑，与当前各级各部门工作职责的划分不完全一致，本书之所以提出行业统计及行业管理统计的概念，一方面是客观现实的需要；另一方面也是促进基层统计人员拓宽思路，增强整体观念，自觉把本职工作与行业整体相联系，从而把自身的工作提高到一个新水平；同时，也期望政府能够从行业整体的需要上来统筹考虑统计工作，调动各方面积极性，发挥建筑业行业管理统计在振兴建筑业中的作用。

本 章 小 结

建筑业企业是进行建筑生产活动的基本单位。建筑业统计，就是通过统计调查的方式，以统计资料（包括文字和数字的资料）的形式，反映建筑产品的生产、经营和效果等经济活动的专业统计。

现行统计制度规定：国家统计局负责全行业的宏观统计，由各部门和地区按国家统计局的规定综合本部门直属单位和地区所辖范围内的建筑业企业统计资料，并报国家统计局综合为全行业资料。建筑业行业统计报表的基层填报单位为建筑业企业，调查方式以全面调查为主。

加强行业统计，必然增加行业统计的调查内容，也势必牵涉财力、物力、人力等问题，仅靠国家统计局确实有相当的难度。因此，设想建立一个多层次的建筑行业统计体系，调动各方面的积极性，同心协力，最终把我国建筑业行业统计提高到一个新水平。

目前建筑业行业统计的现状，上层和底层均有较为系统、完整的统计调查制度和相应的机构、人员，只有中观层是个薄弱环节，还没有在调查内容方面形成固定、完善的制度，机构、人员还有待于建筑业行业主管部门建立和配备。

建筑业行业管理统计，就是要围绕行业管理开展工作，把行业管理的工作内容数量化，对行业内的各种经济现象，通过大量观察，运用统计分组和综合分析等方法，研究、分析行业管理中的情况和问题，为政府制定方针、政策，提供科学、正确、有价值的依据，使行业管理做到"胸中有数"。

当前建筑业行业管理统计的内容（不包括与宏观统计重复的部分），可以大体归纳如下：

（1）反映建筑业行业与国民经济运行的关系方面。

（2）反映建筑市场方面。

（3）反映产业自身的状况。

练 习 题

1. 什么是建筑业行业管理统计?
2. 建筑业行业管理统计的内容有哪些?
3. 谈谈你对加强建筑业行业统计的认识。

第十五章 建筑企业统计分析

第一节 统 计 分 析 概 述

统计分析是整个统计工作中一个非常重要的阶段，是提供统计研究成果的阶段，是继统计调查和统计资料整理后的第三阶段。我们通过统计调查，搜集了大量原始资料，这些资料对于评价成绩，制定有关政策，编制计划和指导今后工作有一定的意义。但事物的发展过程是十分复杂的，各方面的因素相互依存，相互制约。如果单从一、两个方面或是未经分析的表面现象看问题，往往会只见树木，不见森林，不能给人们更为全面、深刻的认识。也就是说，未经分析的统计资料是不可能表明事物的本质及其发展规律的。为了使统计工作真正起到对客观认识的作用，就必须在占有资料的基础上，从感性认识上升到理性认识，总结经验，进一步提高企业的经营管理水平。因此，必须根据统计研究的目的，结合应用各种统计分析方法，将有关指标和具体情况结合起来，由此及彼，由表及里，从各个方面对所研究的现象进行深入细致的分析，及时发现并分析事物发展过程中的新情况、新问题，从中揭示了事物运动的内在联系及其发展的规律性，充分发挥统计的认识作用和监督、服务作用。

为了保证统计分析工作的质量，必须遵循下列原则：

（1）必须运用科学的政治经济理论为指导，通过对统计数据的分析，正确地认识事物的发展规律及其本质。统计分析只有服从于辩证唯物主义、历史唯物主义和马克思政治经济学原理，并以党的方针、政策为出发点，进行全面分析，才能得出科学的结论。

（2）坚持实事求是。统计分析所采用的资料、数字要准，情况要实，而且典型材料必须要有充分的代表性，切忌为符合某些主观的结论而随意拼凑材料。要反映真实情况，这是统计分析工作中的最基本原则。

（3）统计分析必须全面分析问题，既要看到有利的因素，又要看到不利的因素；既要肯定成绩，又要客观的指出缺点；既要看到局部，又要顾全大局。只有这样，才能正确地反映客观事物的规律性，才能对企业的生产经营活动做出科学的评价，并就企业存在的问题提供解决的途径。

（4）客观事物是互相联系互相制约的，统计分析必须重视大量现象的综合研究，从事实总体出发，从事物的相互联系中进行研究，把主客观因素、内部和外部条件全面联系起来观察，以便找出主要矛盾和矛盾的主要方面。切忌随意抽取个别现象或事例来概括全体。但同时又要注意对个别现象的研究，以典型的事例对事物的发展做出生动的说明，做到胸中有全局，手中有典型，达到逐渐认识客观事物本质的目的。

（5）在统计分析工作中，要充分依靠群众。统计工作人员在统计分析过程中，要深入到群众中去，了解情况，听取意见，争取获得更多有价值的资料，集思广益。

第二节 统计分析的特点、作用

一、统计分析的特点

统计分析不同于一般经济研究中的定性分析,它有其自己的特点。

(1)统计分析是以统计资料为主要依据的定量分析。即从数量入手,分析研究现象之间的数量关系和数量界限,从数量变化中发现并提出问题,然后予以分析,并提出解决问题的具体措施。

(2)采用统计特有的分析方法。在分析过程中,也采用会计等其他学科的分析方法,但主要采用统计特有的分析方法。如大量观察法、对比分析法、分组分析法、平均分析法、动态分析法等。

(3)统计分析带有综合性。统计分析的对象不是个别的事物和个别的现象,而是分析对象的总体的综合特征。

(4)统计分析的范围具有广泛性。它既可以分析宏观经济现象,又可以分析微观经济问题。既可以分析经济基础,又可以分析上层建筑。

(5)具有灵活性。统计分析既可进行专题分析(如质量、生产、材料),也可以把各专题研究对象联系起来,进行综合分析。

二、统计分析的作用

(1)进行统计分析,才能更好地发挥统计认识社会的作用。因此,统计分析的过程就是由感性认识到理性认识的过程。通过统计分析才能认识社会经济的相互联系和相互制约的关系。

(2)统计分析是表现统计成果的好形式。

1)它能综合和灵活地运用表格式、图形式等表现方式。

2)它可以表现出表格式与图形式所不能充分表现的活情况。

3)它可以表现出表格式与图形式所不能表现的定性分析。

4)它可以表现出研究过程中的条理性和逻辑性。

(3)统计分析是发挥统计整体功能,提高统计地位的重要手段。统计分析把数据、情况、问题、建议等融为一体,既有定量分析,又有定性分析,比一般统计数据更集中、更系统、更鲜明地反映客观实际,又便于阅读、理解和利用,因而是发挥统计信息、咨询、监督的主要手段。与此同时,也可以提高统计工作的社会地位。

(4)只有进行统计分析,才能提高统计人员分析现象、解决问题的能力,才能充分利用统计部门所掌握的大量统计资料为企业服务,从而提高企业统计工作的水平和工作质量。

第三节 建筑企业统计分析的任务

我们认识世界的目的是为了改造世界,所以,统计分析的任务不只是认识世界,认识社会,更重要的要为改造世界,推动社会前进作贡献,这就要求统计分析必须应用各种统计分析的方法进行分析研究,也就是要"占有资料、加以分析、找出矛盾、提出办法",以促进所研究事物的再发展。从这样的要求出发,建筑业企业统计分析的任务,主要有:

（1）为各级党政领导的决策提供主要依据；

（2）检查、总结和分析计划执行情况，对生产经营活动做出综合评价；

（3）及时分析研究建筑业企业生产经营活动过程中的成就和薄弱环节，揭露矛盾，找出差距，提出解决问题的措施；

（4）综合分析各项经济技术指标的动态，相互依存平衡关系，研究建筑业企业生产经营活动过程中的规律，不断提高建筑业企业经营管理水平和经济效益。

一、建筑业企业统计分析的步骤

建筑业企业统计分析的步骤，一般可分为四步：

（1）明确分析目的，编制分析提纲。明确分析的目的，是为了有的放矢，防止为分析而分析。只有根据工作需要，确定分析什么问题，才能拟定分析提纲，决定分析过程中采用哪些分析指标以及采用什么分析方法等。所以，确定分析的目的，是进行统计分析工作必须解决的首要问题。

（2）汇集和整理资料，对统计资料审核、评价及再加工。统计分析目的确定之后，就要对用来进行分析的统计资料进行审核，并对其正确性做出评价。一般是审核统计资料是否准确、完整；统计资料的计算方法是否科学，计算范围和口径是否一致；典型调查材料和抽样调查材料是否具有代表性；采用的历史资料和其他间接材料是否具有可比性；必要时，要根据统计分析的需要进行再加工整理。

总之，对统计资料进行审核、评价和加工，是保证统计分析工作质量，正确反映客观事物的一个关键问题。

（3）进行系统分析，做出分析结论。在整理、审核资料的基础上，利用科学的方法，进行周密的分析研究工作，这是统计分析的中心环节。统计分析一般按下列程序进行。

1）多方面对比检查：即运用统计方法将各项经济指标的实际完成数与计划数、去年同期数、上期数、某一基期数、本企业历史最好水平、同行业水平、国外水平等进行多方面对比，以评定成绩，找出差距，为进一步分析提供线索。

2）重点深入分析：通过多方面对比检查，反映出企业生产经营活动所取得的成绩，同时，也暴露出一些问题。在此基础上，应对成绩和问题形成的原因进行深入的分析研究，注重突出重点，抓住关键，总结经验教训。

3）进行综合评价：通过各方面的对比检查和重点问题的深入分析，对企业生产经营活动的方向，计划完成的情况，实现增产节约所取得的经济效益等方面进行综合评价。

4）提出措施和建议：通过深入的分析，发现问题，揭露矛盾，最后还需要从实际情况出发，提出切实可行的建议和措施，供领导参考。

（4）根据分析结果，撰写分析报告。统计分析的结果，最后要用文字写成报告。统计分析报告是统计资料表现的一种重要形式，写好统计分析报告也是统计人员的一项基本功。统计分析报告必须紧扣分析的目的、要求，抓住问题的关键，重点突出，内容要有观点、有材料、有分析、有建议。分析报告层次要分明，概念要清楚，文字要精练，力求做到立论准确，观点鲜明，文字生动，言简意赅。

统计分析必须坚持实事求是，一切从实际出发，看本质抓主流，树立全面观点，防止主观片面，特别是防止人为地或是有意识地选取部分统计资料（数字）进行所谓分析，以达到预定的目的。同时，在统计分析中还应既要用数字说话，又不要忽视现实情况，因为在实际的生产经营中有些情况是无法用数字表达的。例如，工作制度、工人情绪等。作为统计分析，就要面对现实，使情况和数字相结合。

二、统计分析的种类

1. 按分析内容的不同，可分为综合分析和专题分析

综合分析是对建筑企业生产经营活动的各个方面所做的较全面的分析。它联系的范围广，反映的问题较全面。这种分析需要研究各项经济指标的水平及其相互关系，不仅要剖析企业的内部因素，也要考虑外部条件，从而找出生产经营活动中的主要矛盾，并对企业工作做出全面的评价。

专题分析是对某一专门问题进行分析。例如：围绕生产中的某个关键问题（如施工质量下降，材料消耗增加等），或典型事例（如先进或后进的典型）所做的分析。这种分析，课题集中，涉及面小，指标少，便于深入，一事一议，简单易行，实效性强，适于经常的进行。

2. 按分析时间的不同，可分为期末分析和预计分析

期末分析是在报告期结束后所做的分析。它的特点是：对一定时期内（月、季、半年或全年）生产经营活动情况进行总结性分析。例如计划完成情况的分析，它可以是全面的分析，也可以是单项指标的专题分析。

预计分析是在报告期结束前，在计划执行过程中对计划完成的可能性，进行的一种科学预测。这种分析的作用，在于能够对计划执行过程中所产生的情况和出现的问题及时地分析研究，抓住薄弱环节，及时采取措施，以保证本期计划任务的完成。

三、如何写统计分析报告

什么是统计分析报告？用一句话来说，统计分析报告就是应用统计资料和统计方法来研究与反映社会经济情况的一种文章。它不仅为领导了解情况、解决问题提供依据，而且是一种研究成果。

1. 统计分析报告的基本要点

（1）统计分析报告并不是简单的统计数字的文字化，而是一种以统计数据为基点，遵循文章的共同规律，讲究写作方法的经济分析文章。

（2）统计分析报告的写作对象是整个社会经济。当然，作为行业统计分析报告，则是以建筑经济为主要写作对象。

（3）统计分析报告的写作任务是研究和反映。即是研究，在统计分析报告中就不能简单地罗列一些统计数据和表面情况，而是要以深入地、科学的态度去进一步认识社会经济、建筑经济现象，求得更为深刻且全面的理解，形成正确的观点。

（4）统计分析报告的基本特色是应用统计资料和统计方法，无论是摆情况、说问题、搞分析、做研究，都要运用统计资料和统计方法。

2. 统计分析报告的一般构成

作为统计分析报告，它没有固定的结构和组成，要由所分析研究的对象（或事物）以及作者对统计分析报告本身的构思来决定。

在通常情况下，统计分析报告有如下一般构成。

（1）基本情况；

（2）根据分析目的，应用一定的方法展开分析研究；

（3）肯定成绩，找出问题做出判断或结论；

（4）提出建议或措施。

另外，对分析报告的基本要求是：

（1）数字有据，情况真实；

（2）观点鲜明，论述有力；

（3）重点突出，层次分明；

（4）通俗易懂，生动具体。

第四节　生产经营活动分析

改革开放以来，计划作用日益减弱，市场作用不断增强，企业有了更多的生产经营自主权，原有的通过计划了解企业生产经营状况的方法愈益显示了其局限性，还必须对企业的产销情况、经济效益情况和外部环境作出分析研究，必须对企业的分配关系判断，以便为国家宏观调控提供依据，对企业自身的行为做出校正，以适应市场经济的需要。与此同时，影响企业生产经营活动的因素大大增加，不仅有市场因素，还有政策因素，不仅有国内因素，还有国外因素，使对企业生产经营活动的判断程度也增加了。在上述因素的综合作用下，对企业生产经营活动的分析也就具有了现实上的要求。

一、企业生产经营活动分析的作用

企业生产经营活动分析的作用可以从两方面去理解：一是国家了解企业信息的要求。我国实行的是社会主义市场经济，而企业是国民经济的基层单位，企业的生产经营活动是社会再生产运行的基本组成部分。对于负担整个经济运行的国家而言，从整体上把握企业生产经营活动的主要动向，以便做出宏观决策，而这必须了解单个企业对它们生产经营活动的判断；二是企业了解本身信息的要求。对于在社会主义市场经济条件下运行的企业来说，欲想获得好的效益，必须按照经济规律的要求，根据市场需求，对于生产经营过程进行严格的控制和管理。为达到此目的，需要各种有效的管理手段，对于企业生产经营活动进行分析就是重要的方法之一。有了企业生产经营活动的分析结果，企业决策者就可以有的放矢，不打无准备之仗。

重视市场经济条件下的企业生产经营活动分析，就是重视信息的作用，就是承认信息对价值增值的作用。

（1）通过企业生产经营活动的分析，可以帮助国家了解企业生产的现状与趋势。现代市场经济的一个重要特点就是法制与服务。所谓法制就是把国家与企业之间的关系用相应的法律固定下来，法律即规定国家和权利和义务，也规定了企业的权利和义务。与企业有关的区别以往的主要变化是：一是国家对企业的生产经营将减少直接干预，同时代之于间接的调控手段；二是企业有权要求国家为他们的生产经营活动提供相应的服务。因而为适应这种变化，必须了解企业生产经营活动的进展及其存在的问题也就自然产生了对企业生产活动进行分析的要求。

（2）通过企业生产活动的分析，可以帮助企业掌握企业生产经营活动的成果与问题。企业的生产经营活动是由人、财、物、供、销各个方面及它们之间的相互关系的运动，是一个十分复杂的整体。为了有效管理，必须全面深入的掌握企业生产经营的各个环节、各个方面的情况，以便使企业领导对企业生产经营的过程和结果有一个比较全面、系统的认识，并对企业生产经营活动做出客观评价，同时发现生产经营活动中存在的问题并分析产生问题的原因，及时采取相应对策。

（3）通过企业生产经营活动的分析，可以帮助企业寻求生产经营困难的良策。社会主义的市场经济使企业的生产经营决策变得越来越重要，生产决策的重要与否，企业的生产经营计划是否可行，将决定企业的命运。要制定正确的生产经营计划和生产经营决策，必须通过广泛的调查和缜密的分析研究，搞清企业内部的生产经营状况和外部的市场条件。对于企业生产经营活动的正确分析，是企业制定经营策略、调整生产方向、改善生产经营质量的重要依据，是保证企业在国家调控的前提下，增强市场应变能力，做到长盛不衰的重要手段。

（4）通过企业生产经营活动的分析，有助于沟通企业内部各种信息的交流，强化企业统计、会计和业务核算。企业的各种核算，在市场经济条件下，拥有其存在的价值。它们以其特有的内容和方法，把企业生产经营的过程和结果记录下来，综合成一系列指标，为企业的管理提供数据。但各种核算又是分别进行的，通过经营活动分析，可以把它们合成一个整体。这样做，有助于企业内部各种信息的沟通和交流，有助于发现问题改进各自的核算工作，共同为提高企业的经营管理水平服务。

二、企业生产经营活动分析的主要内容

根据市场经济取向的要求，企业生产经营活动分析也包括两个方面的内容：一是与本企业生产经营活动有关的外部市场因素。外部的市场因素包括同行业各企业的发展状况，为本企业生产提供原材料企业的生产状况，使用本企业产品企业的状况，直接的消费者对本企业产品的需求变化，甚至包括宏观经济的景气状况、国家发展经济的大政方针、物价涨落、体制改革对本企业生产的影响等。总之，外部环境对本企业生产经营活动的直接和间接的影响都要做出准确而全面的分析。二是视企业的内部状况。包括企业本身的人、财、物、产、供、销各个方面。企业的生产过程就是价值的形成过程和价值的增值过程。它的价值增值与否、价值增值程度是由上述人、财、物、产、供、销各环节及其它们的协调配合决定的。通过对企业生产经营活动的分析，可以在较短的时间内正确地判断问题所在，以便迅速找出解决问题的对策。从两个方面内容之间的关系看，应在兼顾外部市场因素的前提下，重点对企业内部的生产经营状况做出判断。

影响企业生产经营活动因素的复杂性决定了企业生产经营活动分析内容的广泛性。要一一列出影响企业生产经营活动的内容，既费时费力费钱，也无必要，应抓住主要的因素加以具体的分析，也能牵住牛鼻子，从而达到对企业的生产活动进行分析的目的。

对于企业生产经营活动分析的主要内容，具体说来，应包括以下四个方面。

1. 企业的偿债能力分析

偿债能力是指企业对债务的清偿承受能力，或者说是企业偿还债务的资金保证程度。因现代市场经济条件下，任何企业都会有债务，债务的多少将会直接影响企业的生产经营，因此，对于企业的生产经营活动分析首先应该对目前企业的债务状况做出判断。根据企业的偿债能力，做出下一步的生产规模的决策。偿债能力通常由以下指标反映。

（1）流动比率。

流动比率是流动资产与流动负债的比值，其计算公式为

$$流动比率 = 流动资产 \div 流动负债 \tag{15-1}$$

流动比率是将流动资产与流动负债相比,反映短期债务偿还的保证程度。一般说来,流动比率越高,企业的短期偿债能力越强,反之,则越差。至于流动比率多大值合适,应根据具体情况而定,但至少应大于1。

(2)速动比率。

速动比率是速动资产与流动负债的比率。这里的速动资产是指能迅速变现的资产,即流动资产减去变现能力较差且不稳定的资产(存货、待摊费用、待处理流动资产损失等)后的余额。因此速动比率较流动比率能更加准确地反映企业偿还短期负债的能力。其计算公式为

$$速动比率 = 速动资产 \div 流动负债 \tag{15-2}$$

速动比率的高低反映企业偿还短期债务能力的强弱。一般认为速动比率为1或大于1时,企业债务偿还才具有安全性。

(3)流动资产负债率。

流动资产负债率是流动负债与流动资产的比率,其计算公式为

$$流动资产负债率 = (流动负债 \div 流动资产) \times 100\% \tag{15-3}$$

这个指标的分子和分母与流动比率正好相反,表明观察问题的角度有区别,反映在每100元流动资产中有多少元是通过举债得来的,一般说来,这个指标越小越好,但也不是绝对的,需要结合其他指标进行分析。

(4)总资产负债率。

总资产负债率是指负债总额与资产总额的比率,反映了资产总额中有多大比例是通过负债筹资形成的,其计算公式为

$$总资产负债率 = (负债总额 \div 资产总额) \times 100\% \tag{15-4}$$

总资产负债率揭示了资产与负债的依存关系,即负债偿还的物质保证程度,该比率高,表明企业在较大程度上靠债权人提供的资金维持经营周转,企业债务偿还的物质保证程度较低;该比率如果较低,情况则正好相反,此时,企业债务的物质保证程度就高一些。

总资产负债率与流动资产负债率相比,衡量的要求更严格一些,流动资产负债率可以高一些,但总资产负债率却不能太高。

2. 企业的获利能力分析

企业的获利能力是企业生产经营活动好坏的主要表现之一,如果一个企业的资产回报较多,那么,这个企业就会在激烈的市场竞争中生存下去,因此,对企业获利能力的分析应成为企业生产经营活动分析的主要内容。具体可选用以下指标。

(1)资本金利润率。

资本金利润率是指利润额与实收资本的比率。其公式为

$$资本金利润率 = (利润净额 \div 实收资本) \times 100\% \tag{15-5}$$

该指标主要反映企业所有者投入资本的获利水平。由于所有者的获利只能来自税后利润,所以,这里的获利水平是税后利润净额的获利水平。该比率越高,说明所有者投入资本的获利越高,反之,则说明获利水平较低。

(2)销售利润率。

销售利润率是指利润总额与销售收入的比率,其计算公式为

$$销售利润率 = (利润总额 \div 销售收入) \times 100\% \tag{15-6}$$

销售利润率反映企业销售的综合获利水平,该指标数值越大,表明企业获利水平越高,

反之，获利水平较低。由于利润总额中包含了营业外的净收入和投资收益等销售以外的因素，所以销售利润率的分子也可用营业利润或产品销售利润计算，这样更能直接反映销售获利的能力。

（3）总资产报酬率。

总资产报酬率又称总资产贡献率，反映企业全部资产的获利能力，是企业经营业绩和管理水平的集中体现。它是指利润总额、税金总额、利息支出之和与平均资产总额率，其计算公式为

$$总资产报酬率 = \frac{利润总额 + 税金总额 + 利息支出}{平均资产总额} \times 100\% \qquad (15-7)$$

式中　利润总额——企业获得的报酬；

　　　税金总额——企业为国家所作的贡献；

　　　利息支出——企业对使用银行资金所作的贡献；

　　平均资产总额——按分析期的不同而分别加以确定。

具体计算方法如下：

$$月平均占用额 = (月初 + 月末) \div 2 \qquad (15-8)$$

$$季平均占用额 = \left(\frac{1}{2}季初 + 第一月末 + 第二月末 + \frac{1}{2}季末\right) \div 3 \qquad (15-9)$$

$$年平均占用额 = \left(\frac{1}{2}年初 + 第一季末 + 第二季末 + 第三季末 + \frac{1}{2}年末\right) \div 4 \qquad (15-10)$$

如果缺乏详细资料，只有期初期末数，可直接采用式（15-8）。

总资产报酬率从资金来源角度说明资产的使用效益或者资产的总的获利水平，一般说来，这个指标越高越好。

3. 企业的营运能力分析

企业生产经营活动分析还必须分析企业的营运能力，因为企业的营运能力反映了企业的整体水平，它既包括外部环境对企业的影响，也包括各生产要素之间的协调程度，还包括了企业的管理水平。具体可选用以下指标。

（1）总资产周转率。

总资产周转率是指销售收入与平均资产总额的比值。企业的总资产营运能力，集中反映在总资产的销售水平即周转速度上，总资产周转率可用两种方式反映：

$$总资产周转次数 = 销售收入 \div 平均资产总额 \qquad (15-11)$$

$$总资产周转天数 = 计算期天数 \div 总资产周转次数$$

$$= 计算期天数 \times 平均资产总额 \div 销售收入 \qquad (15-12)$$

周转次数和周转天数从不同角度反映了资金的周转速度，前者为正指标，一定时期内周转次数越多，表明周转速度越快；后者为逆指标，周转一次所需天数越少则周转速度越快。两者互为倒数关系。

（2）流动资产周转率。

流动资产周转率是指成本费用总额与流动资产平均余额的比值，反映企业投入的流动资产的周转速度。其计算公式也有正指标和逆指标两种：

$$流动资产周转次数 ＝ 成本费用总额 \div 流动资产平均余额 \qquad (15-13)$$

$$流动资产周转天数＝ 计算期天数 \div 流动资产周转次数$$

$$＝计算期天数\times流动资产平均余额\div成本费用总额 \qquad (15-14)$$

式中　成本费用总额——为营业成本（或产品销售成本）、营业费用（或销售费用）、管理费用和财务费用之和；

　　流动资产平均余额——与平均总资产额计算方法相同。

　　（3）存货周转率。

　　存货周转率是指销售成本与存货平均资金占用额的比值，其计算公式为

$$存货周转次数 ＝ 销售成本 \div 平均存货额 \qquad (15-15)$$

$$存货周转天数＝ 计算期天数 \div 存货周转次数$$

$$＝计算期天数\times平均存货额\div销售成本 \qquad (15-16)$$

式中　　　　销售成本——是指销售进价成本或销售制造成本；

平均存货额的计算方法——与平均资产总额的计算方法相同。

　　存货周转率着重反映短期资金的周转速度，体现了短期的经营效益，它可与总资产周转率、流动资产周转率配套使用。

　　（4）应收账款周转率。

　　应收账款周转率是指商品或产品赊销收入净额与应收账款平均余额的比值，其计算公式为

$$应收账款用转次数 ＝ 赊销收入净额 \div 应收账款平均余额 \qquad (15-17)$$

$$赊销收入净额 ＝ 销售收入 － 现销收入 － 销售折扣与折汇 \qquad (15-18)$$

式中　应收账款平均余额——其计算方法与平均资产总额的计算相同。

$$应收账款周转天数＝ 计算期天数 \div 应收账款周转次数$$

$$＝计算期天数\times应收账款平均余额\div赊销收入净额 \qquad (15-19)$$

　　应收账款周转率反映了企业应收账款变现速度的快慢及管理效率的高低，周转次数越多或周转 1 次所需天数越少，表明应收账款收账越迅速，流动性越强，收账费用和坏账损失越少。

　　4. 企业的发展能力分析

　　企业的发展能力主要是对目前企业适应社会与市场程度的判断。如果一个企业的发展能力不强，应居安思危，增强紧迫感，在充分利用目前生产能力的同时加紧更新设备，进行技术改造或采用其他方法解决自己发展能力不足的问题；而如果一个企业有充足的发展能力，则应抓紧扩大生产。反映企业发展能力的具体指标如下。

　　（1）总资产增长率。

　　总资产增长率反映资产总额的增长速度，计算公式为

$$总资产增长率 ＝ \frac{期末资产总额 － 期初资产总额}{期初资产} \times 100\% \qquad (15-20)$$

　　如果总资产增长率比较高，表明在一定时期内增加了新的生产手段和资金，企业发展有后劲。

　　（2）净资产增长率。

　　净资产增长率也称资本保值增值率，它是企业所有者权益的期末数与期初数的比值。所

有者权益是企业资产总额减去负债总额后的净资产，所以净资产增长率更能确切地反映企业由资产保值增值而增强企业的发展能力。其计算公式为

$$净资产增长率 = \frac{期末所有者权益 - 期初所有者权益}{期初所有者权益} \times 100\% \qquad (15-21)$$

该指标为正数时表明净资产增长速度，为负数时表明企业资产不仅没有增值，而且未能保值。

（3）固定资产净值率。

固定资产净值率是指固定资产净值与固定资产原值的比例，其计算公式为

$$固定资产净值率 = 期末固定资产净值 \div 期末固定资产原值 \times 100\% \qquad (15-22)$$

固定资产净值率反映固定资产的新旧程度和先进程度，一般说来，这个比例越高，表明固定资产越新、先进程度越高，固定资产尚有更长的使用时间，与固定资产净值率较低的企业相比，在发展上就处于有利地位。

在分析企业生产经营活动时，要特别注意外部环境对企业的影响，如价格因素等，以正确判断形势。

由于企业的生产经营活动是一个连续不断的过程，无论是国家，还是企业领导人，都需要连续了解企业的生产经营活动状况。应分析以下三个方面较具体的内容：一是产销是否衔接，可用产销率反映；二是企业效益是否良性。对于企业效益的分析应结合企业的各种条件具体分析；三是分配政策是否符合企业生产的实际情况。分配政策是否合理决定着企业的成本高低，还涉及企业的长远发展，因此，对于企业的分配政策必须经常监测。

三、企业生产经营活动分析的方法

企业生产经营活动分析的方法取决于企业生产经营活动的特点，不过，由于企业生产经营活动的复杂性，企业生产经营活动分析的方法还是很多的。但是要把具体的方法一一列举，又很繁杂，而且也没有必要。摘其主要的介绍如下。

1. 静态分析与动态分析相结合中突出动态

静态分析是对企业生产活动在现阶段所达到的水平、规模和发展程度的分析，着重现实状况。动态分析则是从企业生产经营活动变化的角度，揭示变化的方向，并对变化的趋势做出判断。一篇好的生产经营活动的分析报告，一般都必须具备静态分析和动态分析两种特性，因为，分析的最终目的是为找出问题、总结经验、摸清规律，以便将来有的放矢、不做盲目决策。静态分析是为前者服务的，动态分析则是后者的要求，因此，静态分析与动态分析缺一不可，前者是后者的基础，后者则是前者的逻辑结果。在市场经济体制下，动态分析的重要性更大，因为企业的决策与市场选择是否一致将在相当程度上决定企业的生存。

2. 定性分析与定量分析相结合中突出定量

任何分析都需要定性与定量相结合，企业生产经营活动分析当然也不例外。不过，由于企业的生产经营活动是非常微观而具体的活动，因此，定量分析特别重要，因为：

（1）企业的生产经营活动大多可以定量表示，这与宏观有所区别；

（2）对企业生产经营活动的定性可以较容易地用量化指标表示，而且一般不用较复杂的指标体系，这也是与宏观的不同之处；

（3）市场经济条件下的企业生产经营活动一定要行之有据，这个根据不能靠主观判断，须得用数字说话。当然不能作无意义的数字游戏，更不能用数字夸大成绩、缩小缺点。

3. 微观分析与宏观分析相结合中突出微观

企业的生产经营活动是构成国民经济运行的基本单位，国民经济的运行总要对企业的生产经营活动产生影响，因此，在对企业的生产经营活动进行分析时，一定要就宏观形势对本企业的影响做出判断。这就要求把眼光看得远一些，不仅要看到本企业，还要看到同行业，甚至整个国民经济；不仅要看到生产，还要看到经营和技术进步；不仅要看到国内市场，还要看到国际市场；不仅要看到经济因素，还要看到非经济因素。因此，进行企业生产经营活动的分析必须与宏观相结合，不过，由于企业分析主要是为微观服务的，因此，应该围绕微观看宏观。围绕微观看宏观应该做到：

（1）准确地判断宏观经济形势的可能走向及对本行业的影响；

（2）对国家颁布的宏观调控政策既要及早做出预见；又要仔细分析，找出其对本企业生产经营活动的有利和不利影响。

四、企业生产经营活动分析应注意的事项

作为一种较具体的企业活动，对企业生产经营活动的分析应遵循以下要求。

1. 分析的科学性

具体说来，就是运用的分析方法要科学、选择素材要科学，目的是做到资料准确、定量准确、预测趋势准确。要大胆地学习借鉴国外的先进方法和技术，结合国情灵活运用。

2. 分析的层次性

目前，企业活动越来越复杂，所涉及的矛盾也越来越多，要想判断准确，必须抓住最本质的问题。这就需要有层次地进行分析，切忌主次不分，反而发现不了主要的矛盾和问题。

3. 分析的真实性

分析的真实性首先是分析素材的真实可靠，要坚决反对弄虚作假的不良倾向。其次是分析思路的真实可靠，不能凭空臆想。要求做到：一方面，要求分析人员具有全面的观点，切忌以偏概全；另一方面要求分析人员用数字说话、用事实说话，切忌无根据的主观判断。

企业生产经营活动分析还应注意一些其他事项，如篇幅不宜太长、论点鲜明有力、论据尽量全面、结论简明扼要等。

本　章　小　结

统计分析是统计工作的最后阶段，它是在马列主义理论的指导下，以统计资料为基础，运用统计方法，对企业生产经营活动过程和结果进行科学的分析和综合的研究，为加强经营管理服务。统计分析的任务是分析各项计划执行情况，运用统计特有的方法，分析各项指标的动态及相互关系，研究企业生产经营活动的经济效益。

统计分析必须运用科学的政治经济理论为指导，坚持实事求是，一切从客观实际出发，坚持一分为二的观点，从事实总体出发，全面分析问题，从事物的相互联系中进行研究。

统计分析的特点是以统计资料为主要依据的定量分析；采用统计特有的分析方法；统计分析带有综合性；统计分析的范围具有广泛性、灵活性。

统计分析的步骤包括明确分析目的，编制分析提纲；汇集和整理资料，对统计资料审核、评价及再加工；进行系统分析，做出分析结论；根据分析结果，撰写分析报告。

统计分析按分析内容的不同，可分为综合分析和专题分析；按分析时间的不同，可分为期末分析和预计分析。

统计分析报告有如下一般构成：基本情况；根据分析目的，应用一定的方法展开分析研究；肯定成绩，找出问题做出判断或结论；提出建议或措施。

对于企业生产经营活动分析的主要内容，具体说来，应包括以下四个方面：企业的偿债能力分析、企业的获利能力分析、企业的营运能力分析、企业的发展能力分析。

企业生产经营活动分析的方法是静态分析与动态分析相结合中突出动态；定性分析与定量分析相结合中突出定量；微观分析与宏观分析相结合中突出微观。

练 习 题

1. 什么是统计分析？其意义何在？统计分析有哪几种？
2. 统计分析一般需要经过哪几个步骤？
3. 统计分析的原则？
4. 统计分析的特点和任务有哪些？
5. 统计报告的构成？
6. 企业生产经营活动分析的主要内容有哪些？

附

中华人民共和国统计法

(1983 年 12 月 8 日第六届全国人民代表大会常务委员会第三次会议通过 根据
1996 年 5 月 15 日第八届全国人民代表大会常务委员会第十九次会议
《关于修改〈中华人民共和国统计法〉的决定》修正)

第一章 总 则

第一条 为了有效地、科学地组织统计工作，保障统计资料的准确性和及时性，发挥统计在了解国情国力、指导国民经济和社会发展中的重要作用，促进社会主义现代化建设事业的顺利发展，特制定本法。

第二条 统计的基本任务是对国民经济和社会发展情况进行统计调查、统计分析，提供统计资料和统计咨询意见，实行统计监督。

第三条 国家机关、社会团体、企业事业组织和个体工商户等统计调查对象，必须依照本法和国家规定，如实提供统计资料，不得虚报、瞒报、拒报、迟报，不得伪造、篡改。

基层群众性自治组织和公民有义务如实提供国家统计调查所需要的情况。

第四条 国家建立集中统一的统计系统，实行统一领导、分级负责的统计管理体制。

国务院设立国家统计局，负责组织领导和协调全国统计工作。

各级人民政府、各部门和企业事业组织，根据统计任务的需要，设置统计机构、统计人员。

第五条 国家加强对统计指标体系的科学研究，不断改进统计调查方法，提高统计的科学性、真实性。

国家有计划地加强统计信息处理、传输技术和数据库体系的现代化建设。

第六条 各地方、各部门、各单位的领导人领导和监督统计机构、统计人员和其他有关人员执行本法和统计制度。

统计工作应当接受社会公众的监督。任何单位和个人有权揭发、检举统计中弄虚作假等违法行为，对揭发、检举有功的单位和个人给予奖励。

第七条 各地方、各部门、各单位的领导人对统计机构和统计人员依照本法和统计制度提供的统计资料，不得自行修改；如果发现数据计算或者来源有错误，应当提出，由统计机构、统计人员和有关人员核实订正。

各地方、各部门、各单位的领导人不得强令或者授意统计机构、统计人员篡改统计资料或者编造虚假数据。统计机构、统计人员对领导人强令或者授意篡改统计资料或者编造虚假数据的行为，应当拒绝、抵制，依照本法和统计制度如实报送统计资料，并对所报送的统计资料的真实性负责。

统计机构、统计人员依法履行职责受法律保护。任何地方、部门、单位的领导人不得对拒绝、抵制篡改统计资料或者对拒绝、抵制编造虚假数据行为的统计人员进行打击报复。

第八条 统计机构和统计人员实行工作责任制，依照本法和统计制度的规定，如实提供统计资料，准确及时完成统计工作任务，保守国家秘密。

统计机构和统计人员依照本法规定独立行使统计调查、统计报告、统计监督的职权，不受侵犯。

第二章　统计调查计划和统计制度

第九条　统计调查必须按照经过批准的计划进行。统计调查计划按照统计调查项目编制。

国家统计调查项目，由国家统计局拟订，或者由国家统计局和国务院有关部门共同拟订，报国务院审批。

部门统计调查项目，调查对象属于本部门管辖系统内的，由该部门拟订，报国家统计局或者同级地方人民政府统计机构备案；调查对象超出本部门管辖系统的，由该部门拟订，报国家统计局或者同级地方人民政府统计机构审批，其中重要的，报国务院或者同级地方人民政府审批。

地方统计调查项目，由县级以上地方各级人民政府统计机构拟订，或者由县级以上地方各级人民政府统计机构和有关部门共同拟订，报同级地方人民政府审批。

发生重大灾情或者其他不可预料的情况，县级以上地方各级人民政府可以决定在原定计划以外进行临时性调查。

制定统计调查项目计划，必须同时制定相应的统计调查表，报国家统计局或者同级地方人民政府统计机构审查或者备案。

国家统计调查、部门统计调查、地方统计调查必须明确分工，互相衔接，不得重复。

第十条　统计调查应当以周期性普查为基础，以经常性抽样调查为主体，以必要的统计报表、重点调查、综合分析等为补充，搜集、整理基本统计资料。

重大的国情国力普查，需要动员各方面力量进行的，由国务院和地方各级人民政府统一领导，组织统计机构和有关部门共同实施。

进行经常性抽样调查，应当在调查前查明基本统计单位及其分布情况，按照经批准的抽样调查方案，建立科学的抽样框。

发往基层单位的全面定期统计报表，必须严格限制。凡通过抽样调查、重点调查、行政记录能取得统计数据的，不得制发全面定期统计报表。

第十一条　国家制定统一的统计标准，以保障统计调查中采用的指标含义、计算方法、分类目录、调查表式和统计编码等方面的标准化。

国家统计标准由国家统计局制定，或者由国家统计局和国务院标准化管理部门共同制定。

国务院各部门可以制定补充性的部门统计标准。部门统计标准不得与国家统计标准相抵触。

第十二条　对违反本法和国家规定编制发布的统计调查表，有关统计调查对象有权拒绝填报。

禁止利用统计调查窃取国家秘密、损害社会公共利益或者进行欺诈活动。

第三章　统计资料的管理和公布

第十三条　国家统计调查和地方统计调查范围内的统计资料，分别由国家统计局、县级以上地方各级人民政府统计机构或者乡、镇统计员统一管理。

部门统计调查范围内的统计资料，由主管部门的统计机构或者统计负责人统一管理。

企业事业组织的统计资料，由企业事业组织的统计机构或者统计负责人统一管理。

第十四条　国家统计局和省、自治区、直辖市的人民政府统计机构依照国家规定，定期公布统计资料。

各地方、各部门、各单位公布统计资料，必须经本法第十三条规定的统计机构或者统计负责人核定，并依照国家规定的程序报请审批。

国家统计数据以国家统计局公布的数据为准。

第十五条　属于国家秘密的统计资料，必须保密。属于私人、家庭的单项调查资料，非经本人同意，不得泄露。

统计机构、统计人员对在统计调查中知悉的统计调查对象的商业秘密，负有保密义务。

第四章　统计机构和统计人员

第十六条　县级以上地方各级人民政府设立独立的统计机构，乡、镇人民政府设置专职或者兼职的统计员，负责组织领导和协调本行政区域内的统计工作。

第十七条　县级以上地方各级人民政府统计机构和乡、镇统计员的管理体制由国务院具体规定。

地方各级人民政府统计机构的人员编制由国家统一规定。

第十八条　国务院和地方各级人民政府的各部门，根据统计任务的需要设立统计机构，或者在有关机构中设置统计人员，并指定统计负责人。这些统计机构和统计负责人在统计业务上并受国家统计局或者同级地方人民政府统计机构的指导。

第十九条　企业事业组织根据统计任务的需要设立统计机构，或者在有关机构中设置统计人员，并指定统计负责人。

企业事业组织执行国家统计调查或者地方统计调查任务，接受地方人民政府统计机构的指导。

企业事业组织应当设置原始统计记录、统计台账，建立健全统计资料的审核、交接和档案等管理制度。

第二十条　国家统计局和地方各级人民政府统计机构的主要职责是：

（一）制定统计调查计划，部署和检查全国或者本行政区域内的统计工作；

（二）组织国家统计调查、地方统计调查，搜集、整理、提供全国或者本行政区域内的统计资料；

（三）对国民经济和社会发展情况进行统计分析，实行统计监督，依照国务院的规定组织国民经济核算；

（四）管理和协调各部门制定的统计调查表和统计标准。

国家统计局管理国家的统计信息自动化系统和统计数据库体系。

乡、镇统计员会同有关人员负责农村基层统计工作，完成国家统计调查和地方统计调查任务。

第二十一条　国务院和地方各级人民政府的各部门的统计机构或者统计负责人的主要职责是：

（一）组织、协调本部门各职能机构的统计工作，完成国家统计调查和地方统计调查任务，制定和实施本部门的统计调查计划，搜集、整理、提供统计资料；

（二）对本部门和管辖系统内企业事业组织的计划执行情况，进行统计分析，实行统计监督；

（三）组织、协调本部门管辖系统内企业事业组织的统计工作，管理本部门的统计调查表。

第二十二条　企业事业组织的统计机构或者统计负责人的主要职责是：

（一）组织、协调本单位的统计工作，完成国家统计调查、部门统计调查和地方统计调查任务，搜集、整理、提供统计资料；

（二）对本单位的计划执行情况进行统计分析，实行统计监督；

（三）管理本单位的统计调查表，建立健全统计台账制度，并会同有关机构或者人员建立健全原始记录制度。

第二十三条　统计机构、统计人员有权：

（一）要求有关单位和人员依照国家规定，如实提供统计资料；

（二）检查统计资料的准确性，要求改正不确实的统计资料；

（三）揭发和检举统计调查工作中的违法行为。

统计人员依照前款规定执行职务，依法对统计调查对象进行统计调查时，应当出示县级以上人民政府统计机构颁发的工作证件。

第二十四条　统计人员应当坚持实事求是，恪守职业道德，具备执行统计任务所需要的专业知识。统计机构应当加强对统计人员的专业培训，组织专业学习。

第二十五条　国务院和地方各级人民政府的统计机构、各部门和企业事业组织，应当依照国家规定，评定统计人员的技术职称，保障有技术职称的统计人员的稳定性。

第五章　法　律　责　任

第二十六条　地方、部门、单位的领导人自行修改统计资料、编造虚假数据或者强令、授意统计机构、统计人员篡改统计资料或者编造虚假数据的，依法给予行政处分，并由县级以上人民政府统计机构予以通报批评。

地方、部门、单位的领导人对拒绝、抵制篡改统计资料或者对拒绝、抵制编造虚假数据行为的统计人员进行打击报复的，依法给予行政处分；构成犯罪的，依法追究刑事责任。

统计人员参与篡改统计资料、编造虚假数据的，由县级以上人民政府统计机构予以通报批评，依法给予行政处分或者建议有关部门依法给予行政处分。

第二十七条　统计调查对象有下列违法行为之一的，由县级以上人民政府统计机构责令改正，予以通报批评；情节较重的，可以对负有直接责任的主管人员和其他直接责任人员依法给予行政处分：

（一）虚报、瞒报统计资料的；

（二）伪造、篡改统计资料的；

（三）拒报或者屡次迟报统计资料的。

企业事业组织、个体工商户有前款违法行为之一的，由县级以上人民政府统计机构予以警告，并可以处以罚款。但对同一当事人的同一违法行为，已按照其他法律处以罚款的，不再处以罚款。

第二十八条　违反本法规定，篡改统计资料、编造虚假数据，骗取荣誉称号、物质奖励或者晋升职务的，由做出有关决定的机关或者其上级机关、监察机关取消其荣誉称号、追缴物质奖励和撤销晋升的职务。

第二十九条　利用统计调查窃取国家秘密或者违反本法有关保密规定的，依照有关法律规定处罚。

利用统计调查损害社会公共利益或者进行欺诈活动的，由县级以上人民政府统计机构责令改正，没收违法所得，可以处以罚款；构成犯罪的，依法追究刑事责任。

第三十条　统计机构、统计人员违反本法规定，泄露私人、家庭的单项调查资料或者统计调查对象的商业秘密，造成损害的，依法承担民事责任，并对负有直接责任的主管人员和其他直接责任人员依法给予行政处分。

第三十一条　国家机关违反本法规定，未报经审查或者备案，擅自制发统计调查表的，由县级以上人民政府统计机构责令改正，予以通报批评。

第六章　附　　　则

第三十二条　民间统计调查活动的管理办法，由国务院规定。

中华人民共和国境外的组织、个人在中华人民共和国境内进行统计调查活动，须事先依照规定报请审批。具体办法由国务院规定。

第三十三条　国家统计局根据本法制定实施细则，报国务院批准施行。

第三十四条　本法自 1984 年 1 月 1 日起施行。1963 年国务院发布的《统计工作试行条例》即行废止。

参 考 文 献

［1］ 苏铁岳. 建筑统计. 北京：中国建筑工业出版社，2003.

［2］ 袁卫等. 新编统计学教程. 北京：经济科学出版社，1999.

［3］ 张梅琳. 新编统计学. 北京：立信会计出版社，2001.

［4］ 丛培经. 建筑企业统计. 北京：中国建筑工业出版社，1998.

［5］ 宋伟，刘岗. 工程项目质量管理. 北京：科学出版社，2006.

［6］ 全国二级建造师执业资格考试用书编写委员会. 建设工程施工管理. 北京：中国建筑工业出版社，2007.

［7］ 项建国. 建筑工程项目管理. 北京：中国建筑工业出版社，2007.

［8］ 孙兴民. 建筑企业管理. 北京：科学出版社，2007.

［9］ 李金林，赵中秋. 管理统计学. 北京：清华大学出版社，2006.

［10］ 娄庆松. 统计原理. 北京：高等教育出版社，2004.